Atlas de Arquitectura Actual

Atlas de Arquitectura Actual

Francisco Asensio Cerver

KÖNEMANN

THE ATLAS OF MODERN ARCHITECTURE
All Rights Reserved
Copyright © Atrium Group 2003
Text Copyright © Atrium Group 2003
Artwork and Commissioned Photography Copyright © Atrium Group 2003

Autor:
Francisco Asensio Cerver
Editor:
Paco Asensio
Diseño:
Mireia Casanovas Soley
Maquetación:
Ricardo Álvarez, Jaume Martínez Coscojuela, Emma Termes Parera
Redacción:
Paco Asensio, Ivan Bercedo, Aurora Cuito
Fotografías de la cubierta:
Cubierta anterior: © Mitsuo Matsuoka, Shigeo Ogawa
Cubierta posterior: (De arriba a abajo) © Juri Havran, © Eugeni Pons, © Sasaki and Associates, © Eugeni Pons
Diseño de la cubierta:
Oliver Hessmann

Para esta edición
© 2005 Tandem Verlag GmbH
KÖNEMANN is a trademark and an imprint of Tandem Verlag GmbH

Printed in Germany

ISBN 3-8331-1769-9

10 9 8 7 6 5 4 3 2 1
X IX VIII VII VI V IV III II I

Reservados todos los derechos. Quedan rigurosamente prohibidas, sin la autorización escrita de los titulares del copyright, bajo las sanciones establecidas en las leyes, la reproducción total o parcial de esta obra por cualquier medio o procedimiento, comprendidos la reprografía, el tratamiento informático y la distribución de ejemplares de ella mediante alquiler o préstamo público.

Introducción 16

INFRAESTRUCTURAS Y URBANISMO 22

Aeropuertos 24

Aeropuerto de Denver	28	Curtis W. Fentress	
Chek Lap Kok	30	Foster and Partners	
Aeropuerto de Kuala Lumpur	32	Kisho Kurokawa Architect & Associates, Arkitek Jururancag	
Aeropuerto internacional de Kansai	34	Renzo Piano y Noriaki Okabe	
United Airlines Terminal 1, aeropuerto de O'Hare	36	Murphy & Jahn	
Terminal 2, aeropuerto de San Diego	38	Gensler Architecture Design & Planning Worldwide	
Aeropuerto de Stuttgart	40	Meinhard von Gerkan	
Módulo de intercambio del aeropuerto Charles de Gaulle	42	Paul Andreu, Jean-Marie Duthilleul	
Aeropuerto de Stansted	44	Norman Foster & Associates	
Aeropuerto de Schiphol	46	Benthem Crouwel NACO	

Estaciones de tren 48

Estación del TGV en el aeropuerto de Lyón-Satôlas	52	Santiago Calatrava
Estación de autobús de Estocolmo	54	Bengt Ahlqvist, Ralph Erskine, Anders Tengbom
Estación de Atocha	56	Rafael Moneo
Terminal del Puerto de Nagasaki	58	Shin Takamatsu
Módulo de intercambio del aeropuerto Charles de Gaulle	60	Paul Andreu, Jean Marie Duthilleul
Estación de tren de Liverpool Street	62	A & DG
Estación de Slependen	64	Arne Henriksen
Estación de Solana Beach	66	Rob Wellington Quigley

Transporte urbano 68

Estación de metro en Bilbao	72	Sir Norman Foster
Estación de metro en Valencia	74	Santiago Calatrava i Valls
Estación de metro en Lyón	76	Jourda & Perraudin
Estación de metro de Vuosari	78	Esa Piironen
Estación de autobuses Nils Ericson	80	Niels Torp AS Arkitekter MNAL
Estación de tranvía en Estrasburgo	82	Gaston Valente
Estación de Stuttgart	84	Günter Behnisch & Partners
Estación de tranvía en Hannóver	86	Alessandro Mendini
Estación de tren de Greenwich norte	88	Alsop & Störmer

Puentes y torres de comunicación 90

Puente de Normandía	94	Charles Lavigne
Puente de Höffdabakkabrú	96	Studio Granda
Proyecto Eastern Scheldt	98	West 8
Puente Ohnaruto	100	Honshu-Shikoku Bridge Authority

Puente Vasco de Gama	102	Ayuntamiento de Lisboa	
Puente de la Barqueta	104	Juan J. Arenas y Marcos J. Pantaleón	
Torre de Montjuïc	106	Santiago Calatrava	
Torre de Collserola	108	Norman Foster & Partners.	

Plazas 110

Plaza del Tribunal Federal	114	Martha Schwartz, Inc.
Schouwburgplein	116	West 8
Plaza de los ciudadanos	118	Kenzo Tange Associates
Solid Square	120	Nikken Sekkei
Pershing Square	122	Legorreta Arquitectos
Plaça de la Constitució	124	J. A. Martínez, E. Torres, J. Esteban, A. Font, J. Montero
Place des Terraux	126	Christian Drevet
Fuente Tanner	128	Peter Walker
Plaza de Olite	130	Francisco José Mangado Beloqui
Plaza Berri	132	Peter Jacobs, Philippe Poullaouec-Gonidec

Paseos y calles 134

Espacios públicos en el centro de Nantes	138	Bruno Fortier & Italo Rota
Overtown Pedestrian Mall	140	Wallace, Roberts & Todd: Gerald Marston
Paseo marítimo de la Barceloneta	142	J. Henrich, O. Tarrasó, J. Artigues, M. Roig, A. M. Castañeda
Reestructuración de la Avenida de los Campos Elíseos	144	Bernard Huet
The Citadel	146	Martha Schwartz
Mejora urbanística en East Couplet Street	148	Randall D. Beck, Carol F. Shuler, Kevin Berry
Cleveland Gateway	150	Sasaki Associates
Schiedgraben y Hirschgraben en Schwäbisch Hall	152	Wilfried Brückner
Remodelación urbana en Christiania Quartalet	154	Niels Torp Arkitekter MNAL
Indiana White River State Park Promenade	156	Angela Danadjieva & Koenig Associates
Voie Suisse	158	Georges Descombes
Paseo de Gavá	160	Imma Jansana
Estación de tranvía de San Francisco	162	Sasaki Associates

Parques urbanos 164

Le Jardin Atlantique	168	François Brun, Michel Pena
Paisaje Vertical: 4 proyectos en Manhattan	170	West 8
Parque de Santo Domingo de Bonaval	172	Alvaro Siza Vieira & Isabel Aguirre
Parque del centenario de Doosan	174	Sasaki Associates
Story Garden	176	Doug Macy y Larry Kirkland
Battery Park	178	Hanna & Olin, Paul Friedberg, Child Associates
Parque André Citroën	180	J. P. Viguier, J. F. Jodry, A. Provost, P. Berger, G. Clément
La Villete	182	Bernard Tschumi

Plaza Stalingrad	184	Bernard Huet
Parque de la Vall d'Hebrón	186	Eduard Bru
Piccolo Giardino a Gibellina	188	Bruno Fortier & Italo Rota
Parques periféricos	**190**	
Parque del Besós	194	Viaplana & Piñón Arquitectes
Parque Histórico Culhuacán	196	Grupo de Diseño Urbano
Parque Xochimilco	198	Grupo de Diseño Urbano
Parque Cultural Candlestick Point	200	Hargreaves Associates
Byxbee Park	202	Hargreaves Associates
Parque Papago	204	Steve Martino
Parque Princesa Sofía	206	José Antonio Martínez Lapeña, Elías Torres Tur
Le Domaine du Rayol	208	Atelier Acanthe & Gilles Clément
Le Jardin des Retours	210	Bernard Lassus
Parque Poblenou	212	M. Ruisánchez y X. Vendrell
Monumentos urbanos y *land art*	**214**	
Montaña de Tindaya	218	Eduardo Chillida Juantegui
Wrapped Reichstag	220	Christo & Jeanne-Claude
Torre de los Vientos	222	Toyo Ito & Associates
Ice Walls	224	Michael Van Valkenburgh Associates
Boundary Split, Annual Rings, Formula Compound	226	Dennis Oppenheim
Proyecto Islandia	228	Magdalena Jetelová
Fieldgate, Oak Tree, Elm Leaves, Red Pool	230	Andy Goldsworthy
Bird's Nest, Niña desnuda, Varios juegos de flores	232	Nils-Udo
Toronto Project, Prefabrications, Frauenbad	234	Tadashi Kawamata
Triangular Pavilion	236	Dan Graham
Le Grand Arch	238	J.O. von Spreckelsen & Paul Andreu
Capsa de mistos	240	Claes Oldenburg y Coosje van Bruggen
EQUIPAMIENTOS PARA LA CULTURA	**242**	
Museos	**244**	
Museo Nariwa	248	Tadao Ando
Museo Funerario	252	Tadao Ando
Museo de Arte Moderno de Fort Worth	256	Tadao Ando
Museo de Arte de la Perfectura de Hyogo y plaza de Kobe	260	Tadao Ando
Galerías de arte	**266**	
Palacio de Bellas Artes de Lille	270	Jean Marc Ibos y Myrto Vitart
Museo Guggenheim	272	Frank O. Gehry
Museo de Arte Moderno de Estocolmo	274	Rafael Moneo

Museo de Arte Contemporáneo de Chicago	276	Kleiues + Kleiues	
Museo de Arte Moderno de Arken	278	Soren Robert Lund	
Museo Hamburger Bahnhof	280	Kleihues + Kleihues	
Museo de Arte Moderno de San Francisco	282	Mario Botta	
Museo P.S.1	284	Frederick Fisher	
MACBA	286	Richard Meier	
The Lounge	288	Zaha Hadid Architects	
Pirámide del Museo del Louvre	294	I.M.Pei	
Museo de arte rupestre	296	William P. Bruder	
Galería Gagosian	298	Richard Gluckman	
Centros culturales y fundaciones	**300**		
Fundación Chinati	304	Donald Judd	
Fundación Louis Jeantet	306	Domino Architects	
Fundación Cartier	308	Alvaro Siza	
Centro Gallego de Arte Contemporáneo	310	Jean Nouvel	
Centro de arte y tecnología japonesa de Cracovia	312	Arata Isozaki & Associates	
Centro Cultural Stiklestad	314	Jens Petter Askim, Sven Hartvig	
Instituto del Mundo Árabe	316	Jean Nouvel	
Centro de Arte Visual Yerba Buena Gardens	318	Maki & Associates	
Escuelas y Universidades	**320**		
Escuela de diseño y moda en Utrecht	324	Erick van Egeraat	
Escuela de Arte Dramático	326	TEN Arquitectos	
Centro de Educación de Bitburg	328	Behnisch & Partners	
Facultad de Derecho de Cambridge	334	Norman Foster & Partners	
Facultad de Periodismo de Pamplona	336	Ignacio Vicens/José Antonio Ramos	
Departamento de Geociencias de la Universidad de Aveiro	338	Eduardo Souto de Moura	
Ampliación de la Facultad de arquitectura	340	LWPAC	
Bibliotecas	**346**		
Biblioteca Nacional de Francia	350	Dominique Perrault	
Biblioteca Pública de la Mesa	352	Antoine Predock	
Biblioteca Central de Denver	354	Michael Graves	
Biblioteca Peckham	356	Alsop & Stormer	
Biblioteca Central de Monterrey	362	Legorreta Arquitectos	
Biblioteca Infantil de Oporto	364	Paula Santos	
Centros religiosos	**366**		
Iglesia y Centro Parroquial de Männistön	370	Juha Leiviskä	
Templo Kol Ami	372	William P. Bruder	
Crematorio de Kaze-no-Oka	374	Fumihiko Maki & Associates	

Necrópolis y lugar de culto	376	Bernard Desmoulin
Iglesia de Cristo en Tokio	378	Maki Associates
Capilla de San Ignacio	380	Steven Holl
Iglesia Católica de Paks	382	Imre Markovecz
Cementerio Civita Castellana	384	Massimiliano Fuksas, Anna Maria Sacconi
Iglesia de Santa María-Marco de Canaveses	386	Alvaro Siza
CENTROS DE OCIO	**388**	
Auditorios	**390**	
Auditorio Niccolà Paganini	394	Renzo Piano
Auditorio de Barcelona	400	Rafael Moneo
Auditorio Parco della Musica	402	Renzo Piano
Teatros y cines	**408**	
Multicines Pathé	412	Koen van Velsen
Kosmos UFA - Palast	414	Rhode Kellermann Wawrowsky
Cine-Planetario de la Ciudad de las Artes	416	Santiago Calatrava
La Géode	418	Adrien Fainsilber
Teatro del Conservatorio Americano	420	Gensler & Associates
Chassé Theater	422	Herman Hertzberger
Centro Cultural de Tapiola	424	Arto Sipinen
Centro de Artes Escénicas	426	James Stirling & Michael Wilford Ass.
Teatro de Danza de La Haya	428	Rem Koolhaas
Instalaciones deportivas	**430**	
Club de golf Tobu	434	Masayuki Kurokawa Architects & Associates
Club de golf Fuji Chuo	436	Desmond Muirhead
Le Stadium	438	Rudy Ricciotti
Balneario Bad Elster	440	Behnisch & Partners
Pabellón de la Utopía	446	Regino Cruz - Arquitectos, SOM Skidmore, Owings & Merrill
Palau Sant Jordi	448	Arata Isozaki & Associates
Gimnasio municipal de Tokio	450	Fumihiko Maki
Hamar Olympic Hall	452	Niels Torp AS Arkitekter Mnal
Instalaciones para el tiro con arco olímpico	454	Enric Miralles, Carme Pinós
Parques de atracciones	**456**	
Centro acuático internacional de Sidney	460	Philip Cox
Parque Duisburg-Norte	462	Latz & Partner
Port Aventura	464	Peckham, Guytin Albers & Viets
Euro Disney	466	Derek Lovejoy Partnership
Parque Nasu Highland	468	Swa Group

Parque Asahikawa Shunkodai	470	Mitsuro Man Senda	
Ski Dome	472	Kajima Design	
Acuario de Florida	474	Hellmut, Obata, Kassabaum, Inc.	
Oceanario	476	Peter Chermayeff	
Itäkeskus	478	Hyvämäki, Karhunen & Parkkinen	
Mad River Trips	480	William P. Bruder	
Centro Cultural Shonandai	482	Itsuko Hasegawa	
Planetario de las luces	484	John Kristoffersen	
Bares, discotecas y salas de juego	**486**		
Pachinko Parlor	490	Kazuyo Sejima	
Stop Line	492	Studio Archea	
Café Charbon/Casino Nouveau	494	Louis Paillard & Anne Françoise Jumeau, de Périphériques	
Restaurante Iridium	500	Jordan Mozer	
Club de Teatro y Comedia Caroline's	502	Paul Haigh, Barbara H. Haigh	
Obslomova	504	Shiro Kuramata	
Teatro Circus	506	Sjoerd Saeters	
Centros comerciales	**508**		
Centro comercial en Emmen	512	Ben van Berkel	
Galerías Lafayette	514	Jean Nouvel	
Triangle des Gares. Euralille	516	Jean Nouvel, Emmanuel Cattani & Associés	
L'Illa Diagonal	518	Rafael Moneo, Manuel de Solà-Morales	
Centro comercial Bercy 2	520	Renzo Piano	
Nordwest-Zentrum	522	Estudio RKW	
Stockmann	524	Gullichsen, Kairamo & Vormala	
Haas Haus	526	Hans Hollein	
Saar Galerie	528	Volkwin Marg	
Centro comercial Rio	530	Martha Schwartz	
Centro Torri	532	Aldo Rossi	
Boutiques y showrooms	**534**		
Calvin Klein Madison Avenue	538	John Pawson	
Maison Hermès	540	Renzo Piano	
Dr. Baeltz	546	Shigeru Uchida	
Boutique Christian Lacroix	548	Caps Architects	
Carita	554	Andrée Putman	
Restaurantes	**556**		
Oxo Tower	560	Lifschutz Davidson	
One Happy Cloud	562	Marten Claesson, Eero Koivisto, Ola Rune	
Brindleyplace Café	564	CZWG Architects	

Restaurante Thèatron	566	Philippe Starck
Río Florida	568	Roberto Ercilla, Miguel Ángel Campo
Wagamama	570	David Chipperfield, Victoria Pike, Pablo Gallego-Picard
Gagnaire	572	Studio Naço
Restaurante del Ministerio de Asuntos Exteriores	574	Bernard Desmoulin
Restaurante Petrofina	576	Samyn et Associes
Restaurante Televisa	578	Ten Arquitectos

EDIFICIOS PÚBLICOS, CORPORATIVOS Y DE NEGOCIOS 580

Organismos públicos 582

Tribunal de los Derechos Humanos	586	Richard Rogers
Deutscher Bundestag	588	Günter Behnisch
Embajada Finlandesa en Washington D.C.	590	Mikko Heikkinen y Markku Komonen
Asociación Europea de Libre Comercio	592	Samyn & Partners
Reichstag	594	Hellmuth, Obata & Kassabaum
Edificio Federal en Foley Square	596	Sir Norman Foster
Edificio de Juzgados en Foley Square	598	Kohn Pedersen Fox Associates
Oficinas del Gobierno del Departamento de Bouches-du-Rhône	600	Alsop & Störmer
Ayuntamiento de Tokio	602	Kenzo Tange
Ayuntamiento de La Haya	604	Richard Meier
Ayuntamiento de Rezé-le-Nantes	606	Alessandro Anselmi
Pabellón de Portugal	608	Álvaro Siza

Servicios públicos y pequeños edificios 610

Área de montaña de Manliu	614	Enric Batlle y Joan Roig
Torre de señalización	616	Herzog & De Meuron
Edificio de oficinas en Klaus	618	Oskar Leo Kaufmann
Pincelli	624	Domenico Biondi/Progettisti Associati

Oficinas 630

Riddell's	634	William P. Bruder
Loop Telecom	636	Roger Bellera
Estudio para Elisabeth Alford	642	Elisabeth Alford

Bancos 648

Commerzbank	652	Norman Foster and Partners
Banco Hypo Alpe Adria	654	Morphosis
Norddeutsche Landbank	660	Behnisch, Behnisch & Partners

Sedes empresariales 666

Hotel Industrielle Jean-Baptiste Berlier	670	Dominique Perrault
Ampliación de Centraal Beheer	672	Herman Hertzberger

Servicio al cliente de los ferrocarriles alemanes	674	Rhode Kellermann Wawrowsky
Oracle	676	Gensler
La ciudad digital	678	Studio Naço (Alain Renk, Marcelo Joulia)
Central de oficinas de NTT	680	Cesar Pelli & Partners, Fred W. Clarke
Morgan Stanley Madrid	682	Gabriel Allende
Oficina central de la compañia TRW	688	Sasaki Associates
Oficinas de British Airways ("Waterside")	690	Niels A. Torp
Centros de conveciones y recintos feriales	**692**	
Feria de Muestras de Leipzig	696	Von Gerkan, Marg & Partner
Foro Internacional de Tokio	698	Rafael Viñoly
Recinto Ferial Kunibiki	700	Shin Takamatsu
Palacio de Congresos de Lille	702	Rem Koolhaas
EXPO-Lisboa'98	704	Corporativo
Cartuja 93	706	Corporativo
Millennium Experience	708	Richard Rogers Partnership
Centro de Exposiciones de Bruselas	710	Samyn & Associes
Palacio de Congresos de Valencia	712	Sir Norman Foster
Centro de Convenciones y Exhibiciones de Brisbane	714	Philip Cox
Torhaus	716	O.M. Ungers
Centros de investigación	**718**	
Oficinas y Centro de Investigación Seibersdorf	722	Coop Himmelb(l)au
Centro de Investigación de la Universidad de Cincinnati	724	Michael Graves
OCAS	726	Samyn & Partners
M & G Ricerche	728	Samyn & Partners
Cubo de diseño	730	Ortner & Ortner
Instituto de Neurología	732	Burton Associates, Tod Williams, Billie Tsien
IMPIVA	734	Ferrater, Bento y Sanahuja
Instituto Skirball de Medicina Biomolecular	736	James Stewart Polshek and Partners Architects
Centro Wexner de Artes Visuales	738	Peter Eisenman
Centro de Ciencia de Estudios Sociales	740	James Stirling, Michael James Wilford
Heureka	742	Mikko Heikkinen y Markku Komonen
Pacific Design Center	744	Cesar Pelli & Associates
Instituto Hysolar	746	Behnisch & Partner
Jardín Botánico Lucille Halsell	748	Emilio Ambasz
Jardín Botánico en Graz	750	Volker Giencke
Estec	752	Aldo van Eyck, Hannie van Eyck
Fábricas	**754**	
Almacenes Ricola	758	Herzog & de Meuron

The box	760	Eric Owen Moss
Toto	762	Naoyuki Shirakawa Atelier
Almacén y sala de exposición Holz Altenried	764	Carlo Baumschlager, Dietmar Eberle
Centro Técnico del Libro de Marne la Vallée	766	Dominique Perrault
Planta de tratamiento de grano	768	Samyn and Partners
Planta de fosfatos	770	Gustav Peichl
Fábrica de muebles Herman Miller	772	Frank O. Gehry
Pabellón Vitra de Conferencias	774	Tadao Ando
Fábrica Funder Werk 3	776	Coop Himmelblau
Financial Times	778	Nicholas Grimshaw & Partners
Terminal 8 Oeste de MTR	780	Koen van Velsen
Rascacielos	**782**	
Petronas Towers	786	Cesar Pelli & Associates
Osaka World Trade Center	788	Nikken Sekkei
Suntec City	790	Tsao & McKown
Torres Puerta de Europa	792	Burgee & Johnson, Dominguez y Martin
Umeda Sky Building	794	Hiroshi Hara
Melbourne Central	796	Kisho Kurokawa
750 Seventh Avenue	798	Kevin Roche, John Dinkeloo and Associates
Torre Carnegie Hall	800	Cesar Pelli & Associates
Shangai World Financial Center	802	Kohn, Pedersen & Fox
Jin Mao Building	804	Adrian D. Smith (SOM)
Millennium Tower	806	Foster & Partners
VIVIENDAS	**808**	
Vivienda plurifamiliar en la ciudad	**810**	
Viviendas en Haarlemmerbuurt	814	Felix Claus, Kees Kaan
Apartamento Gasometer B	816	Coop Himmelb(l)au
Edificio de viviendas en La Croix Rousse	822	Jourda & Perraudin Architectes
Edificio de viviendas en Oporto	824	Eduardo Souto de Moura
Complejo residencial Kop van Zuid	826	Frits van Dongen
Apartamentos en Tilburg	828	Wiel Arets S.L.
Residencia Les Chartrons	830	Francois Marzelle, Isabelle Manescau, Edouard Steeg
Edificio 113 de la calle Oberkampf	832	Frédéric Borel
Viviendas en el centro histórico de Maastricht	834	Mecanoo
Grand Union Walk	836	Nicholas Grimshaw & Partners Ltd
Vivienda plurifamiliar en la periferia	**838**	
Viviendas en Fukuoka	842	Steven Holl
Viviendas en Makuhari	844	Steven Holl

M-30	846	Francisco Javier Sáenz de Oíza
Nemausus I	848	Jean Nouvel y Jean-Marc Ibos
Wozocos	850	MRVRDV
Conjunto Residencial La Venerie	852	Dubosc & Landowski
Viviendas sociales en Alcobendas	854	Manuel de las Casas
Bloque de viviendas en Graz	856	Riegler & Riewe
Apartamentos en Graz	858	Ernst Giselbrecht
Residencias y hoteles	**860**	
Centro para visitantes en Yusuhara	864	Kengo Kuma ob Associates
Hotel Kempinski	866	Helmut Jahn
Hotel Martinspark	868	Dietmar Eberle & Karl Baumschlager
Hotel Paramount	870	Philippe Starck
Sea Hawk Hotel	872	César Pelli & Associates
Residencia Cooper Union	874	Prentice & Chan, Olhausen
Pousada Santa Maria do Bouro	876	Eduardo Souto de Moura, Humberto Vieira
Hotel Il Palazzo	878	Aldo Rossi
Sapporo Beer	880	Toyo Ito
Casa de agua y vidrio	882	Kengo Kuma
Centro de visitantes del Parque Nacional de Timanfaya	884	Alfonso Cano Pintos
Hotel Arts	886	SOM (Skidmore, Owings & Merrill), Bruce J. Graham
Residencia de ancianos de Vantaa	888	Heikkinen & Komonen
Vivienda colectiva para el Cheesecake Consortium	890	Fernau & Hartman
Viviendas adosadas y entre medianeras	**892**	
Casa estudio en Islington	896	Caruso St. John
Casa Price/O'Reilly	898	Tina Engelen, Ian Moore
Casa y estudio (para un artista de Ikebana)	900	Hiroshi Nakao
Oficinas y vivienda del arquitecto Stanley Saitowitz	902	Stanley Saitowitz
Residencia Zorn	904	Krueck & Sexton
Casa Duffy	906	Bercedo + Mestre
Casas unifamiliares en Montagnola	908	Mario Campi, Franco Pessina
Viviendas panorámicas sobre el lago Gooi	910	Neutelings & Riedijk
Casa doble	912	Thomas Herzog y Michael Volz
Patio Villas	914	Rem Koolhaas (OMA)
Casa Plateada	916	Thom Mayne y Michael Rotondi, Morphosis
Vivienda unifamiliar en la periferia	**918**	
Casa Burnette	922	Wendell Burnette
Villa Wilbrink	924	Ben van Berkel
Casa con estudio en Rotterdam	926	Mecanoo Architekten

Casa Lawson-Western	928	Eric Owen Moss
Casa Koechlin	930	Herzog & de Meuron
Casa Hakuei	932	Akira Sakamoto
Casa Kidosaki	934	Tadao Ando
Casa en Yokohama	936	Kazuo Shinohara
Casa Blades	938	Morphosis
Casa Check	940	KNTA
Casa Phyche	942	Rene van Zuuk
Casa en Vaise	944	Françoise-Helene Jourda, Gilles Perraudin
Vivienda unifamiliar en el campo	**946**	
Villa M	950	Stéphane Beel
Villa en el bosque	952	Kazuyo Sejima
Casa en Tateshina	954	Iida Archischip Studio
Casa Barnes	956	Patkau Architects
Casa Typo / Variante	958	Vincent James, Paul Yaggie
Casa Huf	960	Ernst Beneder
Casa Häusler	962	Karl Baumschlager y Dietmar Eberle
Casa Dub	964	Bolles + Wilson
Aktion Poliphile	966	Studio Granda
Casa Bom Jesus	968	Eduardo Souto de Moura
Casa Grotta	970	Richard Meier
Casa Bernasconi	972	Luigi Snorzzi
Villa Neuendorf	974	Claudio Silvestrin
Vivienda unifamiliar junto al mar	**976**	
Ampliación de la casa Neutra	980	Steven Ehrlich Architects
Casa en Sag Pond	982	Mario Gandelsonas, Diana Agrest
Casa Cashman	984	Ed Lippmann
Casa en Capistrano	986	Rob Wellington Quigley
Casa Schnabel	988	Frank O. Gehry
Casa en Venice	990	Antoine Predock
Casa Villangómez	992	Salvador Roig, F. J. Pallejà, J.A Martínez Lopeña, Elías Torres
Residencia en el lago Weyba	994	Gabriel Poole
Casa en Sausalito	996	Mark Mack
Casa Ackerberg	998	Richard Meier

Introducción

El panorama actual de la arquitectura, así como el de otras muchas disciplinas humanas como, por ejemplo, la literatura, el diseño industrial o la moda, presenta un grado de imbricada complejidad en el que la crítica especializada no siempre consigue establecer unos criterios claros y significativos que ayuden a dilucidar el complicado entramado.
Sin embargo, esta revisión del contexto arquitectónico mundial de la última década revela una gran variedad de estilos y tendencias, de los que se deriva una innegable riqueza. Es precisamente la diversidad la que define todos los proyectos nacidos del trabajo de individualidades y colectivos, quienes, lejos de perseguir la adecuación de sus obras a las premisas ya existentes, batallan por encontrar soluciones funcionales y estéticas precisas a problemas concretos. De esta búsqueda nace la originalidad. Con esta gran selección de proyectos arquitectónicos internacionales no se pretende más que manifestar una realidad determinada que se ajuste a un conjunto de proyectos que, en gran medida, vienen a ser una recopilación de las últimas y más significativas construcciones llevadas a cabo a lo largo de los últimos diez años.
No se intenta sentenciar de modo categórico unas actitudes personales, sino facilitar el acercamiento del público en general a este material mediante la

determinación de unas tendencias y el análisis de sus características, con la única intención de ofrecer al lector no necesariamente especializado una visión amplia y actualizada del panorama de la arquitectura actual.
El presente volumen tiene también, por tanto, una clara finalidad divulgativa: pretende servir de orientador al público general, para acercarse al extenso, fértil e interesantísimo campo de la arquitectura contemporánea.
Es evidente que ha resultado difícil establecer una selección precisa de los proyectos, la cual debía fundamentarse en la probada calidad y originalidad no solo de las obras sino de los arquitectos propuestos. Asimismo, debemos tener en cuenta que el balance se ajusta a un marco temporal concreto (el de cambio de década y de siglo), caracterizado por la exacerbación y defensa del individualismo. Esta actitud se evidencia consecuentemente en la ejecución de unas obras que a menudo vienen a ser la expresión personalizada y subjetiva de un grupo heterogéneo de maestros que tan pronto establecen un diálogo sincero, abierto y claro con la arquitectura, fruto de una rica personalidad, como se erigen en figuras aisladas y distanciadas, dando lugar a proyectos de virtuosismo estructural, más alejados y despreocupados de la tan discutida

relación entre la arquitectura y el público. Entre uno y otro extremo, otras posturas más tecnológicas o bien artísticas vienen a completar una de las posibles clasificaciones que, dentro de su amplia gama de propuestas, nos ofrece la arquitectura mundial contemporánea.
De entre el conjunto de las obras presentadas, las hay que manifiestan su incondicional prolongación de los esquemas teóricos modernos, como, por ejemplo, algunas de las construcciones nórdicas, de una tradición e importancia incontestables y que son homenaje a un lenguaje estilístico y funcional.
En oposición a éstas, otras obras abren la puerta hacia el futuro, hacia la arquitectura del año 2.000, una arquitectura que pretende crear una nueva realidad desvinculada de su entorno y que recoge de lleno los valores en crisis de una sociedad uniforme decisivamente determinada por los medios de comunicación de masas.
Una vez más, la arquitectura norteamericana parece erigirse como paradigma. Sin embargo, éstas son actitudes aún por confirmar y que serán aceptadas con titubeos y matices.
Indudablemente, lo que sí aportarán estas opciones será una bocanada de aire fresco que va a permitir la revisión de ciertas costumbres susceptibles de modificación, a la vez que inducirán a incluir nuevas

matizaciones que aclaren el estado actual de la arquitectura. Y este es, precisamente, el motivo por el cual el presente volumen ha hecho un esfuerzo para incluir una importante representación de proyectos construidos en EE.UU. o por autores de EE.UU. La nota común de todos los proyectos aquí publicados es la variedad, reflejo de la multiplicidad de gustos y tendencias de hoy, donde toda manifestación arquitectónica parece ser aceptada, siempre y cuando proponga un resultado satisfactorio y meditado, ya sea desde la óptica constructivista, la estética o la funcional. Se trata del prágmatismo llevado a su máxima expresión. También es cierto que esta realidad se ve condicionada por factores externos como el del contexto en el que se ubica el proyecto, y por factores internos como es el peso de la historia y de la trayectoria profesional e intelectual de cada uno de los arquitectos.

Ahora bien, sí es cierto que el elemento aglutinador de todos estos aspectos y el que determinará y condicionará el proyecto es su propia naturaleza. Es decir, no es igual plantearse el diseño y construcción de una iglesia, de un museo, una torre de comunicación, un puente, unas oficinas, una vivienda unifamiliar que una sala de espectáculos. Cada uno de los edificios incluidos en este libro debe

someterse a unos requisitos funcionales estrictos que el arquitecto no puede obviar sino solucionar. Su aportación será lo que otorgue al resultado un valor de singularidad indiscutible, supeditado, entonces, a las circunstancias externas e internas antes referidas.
En definitiva, los proyectos presentados a continuación han sido realizados tanto por figuras de consolidada fama, con una larga trayectoria profesional, como por nombres más jovenes que ya definen por sí mismos el estado de la arquitectura actual y su futuro más próximo. Resulta interesante tener la posibilidad de comparar, a través de las 1.000 páginas de este libro, el trabajo de dos generaciones distintas de arquitectos. La de Antoine Predock, Cesar Pelli o Michael Graves, que han sobrepasado los sesenta años, y la de los que se encuentran alrededor de los cuarenta, como Studio Granda, Christian Drevet o Enrique Norten. Sin embargo, se podrá constatar tras el análisis de todas las obras, que no existe una ruptura entre ambas, sino al contrario, en algunos casos se aprecian menos puntos en común entre arquitectos de la misma edad, que entre otros con más de treinta años de diferencia. Es decir, las preocupaciones del arquitecto no responden tanto a su formación, como a su visión de la realidad. Las corrientes de pensamiento se extienden con gran velocidad hasta todos

los lugares del planeta, afectando a unos y otros por igual.
De esta idea se concluye que la variedad arquitectónica es una realidad innegable en la que tanto priman actitudes tradicionalistas como otras indiscutiblemente rupturistas. Una mirada panorámica como esta revela un crisol de voces. Los grupos o los movimientos son particularmente débiles. Aunque existen determinados materiales o soluciones técnicas ampliamente extendidas, la respuesta al proyecto se produce casi siempre a partir de una visión personal concreta y no como traducción formal de una ideología aceptada.
Con la publicación de este Atlas de la arquitectura actual se pretende dar acceso al público mayoritario a una serie de temas que hasta el momento parecían coto cerrado de una clase de lector muy concreto y especializado. Esperamos haberlo conseguido.

Francisco Asensio Cerver

Infraestructuras y urbanismo

Discutir sobre cuestiones de Transporte y Urbanismo se ha convertido en actividad esencial en el seno de la sociedad actual, y se hace, en la mayoría de las ocasiones, desde un desconocimiento de los principios que rigen estas disciplinas tan estrechamente ligadas al individuo social. El propósito del primer apartado de este estudio sobre la Arquitectura Internacional Contemporánea pretende presentar los proyectos que han conformado las líneas de actuación de estas dos disciplinas de la Arquitectura con el fin de llegar a perfilar los conceptos básicos que permitan al lector una aproximación más rigurosa y fiable a este vastísimo territorio compuesto por aquellas instalaciones de transporte e intervenciones urbanísticas que definen nuestro actual comportamiento social.
Los centros de Transporte pueden ser calificados como redefinidores del sistema jerárquico entre ciudades, desde el momento en que se erigen en emblemas del desarrollo de un territorio.
La expansión económica de los años noventa conlleva el aumento del número de intercambios comerciales y el de los desplazamientos que realiza diariamente la población. Todo ello, unido a la difuminación de las fronteras, explica el que los medios de locomoción más utilizados sean el tren y el avión, objeto de estudio en este apartado del libro junto a las connotaciones y ventajas del uso del transporte urbano.
Se ha querido hacer mención especial a dos tipos de construcción a medio camino entre el transporte y el urbanismo: los puentes y las torres de comunicación.
El término Urbanismo, por su parte, no responde sólo al estudio, planificación y ejecución de las ciudades, sino también a la relación con la región en que éstas se asientan. En cualquier caso, su sentido último pretende, como objetivo primordial, diseñar el ámbito espacial donde tienen lugar las actividades sociales del hombre.
En este volumen encontraremos una serie de proyectos (plazas, calles, parques urbanos, parques periféricos, *land art*, mobiliario urbano...) que tratan de dignificar este entorno urbano a través de una revitalización del sector ciudadano, la unificación de barrios aislados y la recuperación y adaptación de áreas patrimoniales.

Aeropuertos

Estaciones de tren

Transporte urbano

Puentes y torres de comunicación

Plazas

Paseos y calles

Parques urbanos

Parques periféricos

Monumentos urbanos y *land art*

Aeropuertos

En el diseño de los Aeropuertos intervienen muy variadas determinantes que van desde las condiciones atmosféricas hasta la accesibilidad del transporte terrestre, pasando por la posible presencia de otros aeropuertos en la zona, las obstrucciones circundantes o la proximidad de cierta demanda aeronáutica. Todos los trabajos compilados en este apartado coinciden en combinar con armonía los conceptos de estética y funcionalidad, demostrando que no son incompatibles el pragmatismo de la elección de materiales y la belleza, destilada por las formas sugerentes, las sutiles estructuras, el equilibrio cromático, la vegetación incorporada...

Aeropuerto de Denver

Chek Lap Kok

Aeropuerto de Kuala Lumpur

Aeropuerto Internacional de Kansai

United Airlines T1, aeropuerto de O'Hare

Terminal 2, aeropuerto de San Diego

Aeropuerto de Stuttgart

Módulo de intercambio del Aeropuerto Charles de Gaulle

Aeropuerto de Stansted

Aeropuerto de Schiphol

Aeropuerto de Denver

Curtis W. Fentress

Localización: Denver, Colorado, EE.UU. **Fecha del proyecto:** 1994. **Cliente:** Kaiser Bautechnick. **Arquitectos:** Curtis W. Fentress. **Colaboradores:** Reinhold Meyer (ingeniero de estructuras), Kaiser Bautechnik (control de obra), Roger Preston (ingeniero mecánico y eléctrico). **Fotografías:** Timothy Hursley, Nick Merrick (también páginas 26/27).

 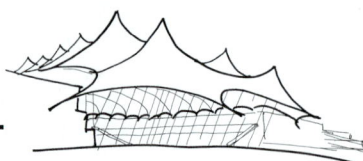

Un edificio alargado, con un gran vestíbulo central, dividido en varios niveles asociados a funciones independientes. En ambos laterales, tres bloques con varias plantas destinadas a aparcamiento. Los espacios entre los bloques se convierten, al llegar al vestíbulo central, en los elementos de conexión de los distintos niveles de la terminal. El vestíbulo está cubierto con una enorme lona sustentada sobre dos líneas de pilares y atirantada. El acceso directo desde el exterior se produce por dos vías para tráfico rodado construidas en el nivel superior, que flanquean el vestíbulo justo encima de todas las plantas de aparcamiento. A lo largo de ambas vías, figura un porche de acceso realizado con el mismo tipo de lona que la cubierta del vestíbulo central.

La capacidad de Fentress de traducir en arquitectura las vastas praderas de Colorado y sus horizontes quebrados por el perfil de las montañas permite al viajero llegar a la ciudad a través de su imagen poética.

Chek Lap Kok

Foster and Partners

Localización: Hong Kong, China. **Fecha de construcción:** 1998. **Arquitectos:** Foster and Partners. **Equipo de diseño:** Foster and Partners (arquitectura), Mott Connell Ltd (ingeniería), BAA plc (plan aéreo). **Consultores:** Ove Arup and Partners (estructuras), WT Partnership (coste), Fisher Marantz Renfro Stone (iluminación), O'Brien Kreitzberg (programa de construcción), Wilbur Smith Associates (tráfico). **Superficie:** 516.000m². **Fotografías:** John Nye, Airphotos International.

El nuevo aeropuerto de Hong Kong tiene la capacidad de Heathrow y JFK juntos. Con 516.000 m² de superficie y 1,27 km. de longitud, la terminal de Chek Lap Kok es el espacio cubierto más grande construido nunca. Es más, antes de construir la terminal, fue necesario crear el emplazamiento. En 1992, Chek Lap Kok era una montaña que emergía del mar. La construcción del aeropuerto ha convertido esta isla en una superficie plana cuatro veces mayor, elevada siete metros por encima del nivel del mar. El elemento que confiere unidad a esta inmensa estructura y permite al viajero orientarse por los inmensos vestíbulos de la terminal es la cubierta, formada por una serie de bóvedas metálicas. Norman Foster ha desarrollado aquí a otra escala el mismo concepto que ensayó con éxito en el aeropuerto Stansted: una cubierta ligera y luminosa, una planta libre y abierta y un sótano destinado a albergar los servicios, las instalaciones y el sistema de transporte del equipaje.

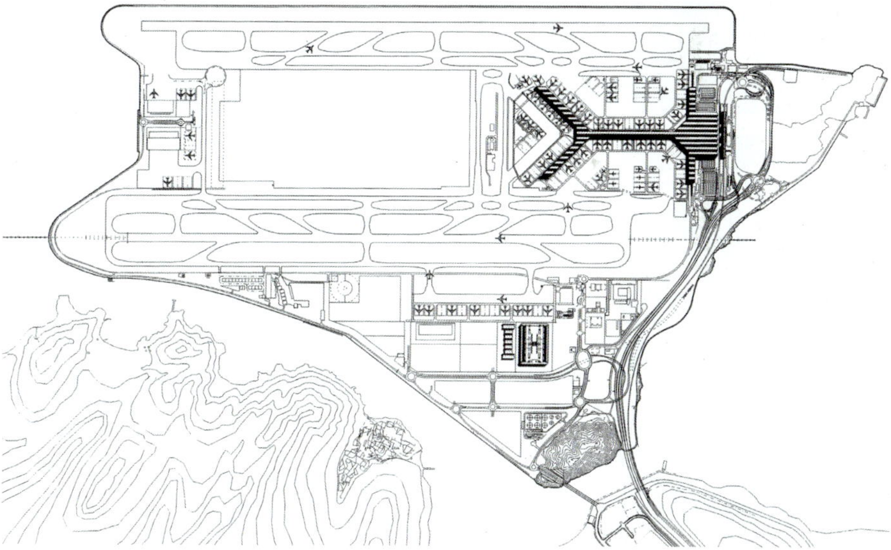

Chek Lap Kok 31

Aeropuerto de Kuala Lumpur

Kisho Kurokawa Architect & Associates, Arkitek Jururancag.

Localización: Kuala Lumpur, Malasia. **Fecha de realización:** 1998. **Arquitectos:** Kisho Kurokawa Architect, Arkitek Jururancag. **Superfície:** 400.000 M². **Programa:** terminales nacionales e internacionales. **Fotografías:** Loo Keng Yip.

Ante el desafío de construir un aeropuerto a la medida del crecimiento económico del país, que asegurase la organización del tráfico aéreo hasta el 2020, las autoridades de Malasia vieron la oportunidad de convertir este equipamiento en un símbolo de la política de puertas abiertas a la inversión, del compromiso de la industria local con las nuevas tecnologías y del afianzamiento de la identidad nacional.
A pesar de la preocupación por desarrollar una arquitectura típicamente malaya, que convirtiese el edificio en el primer punto de encuentro de los visitantes con la cultura del país, el encargo del proyecto fue encomendado al arquitecto japonés Kisho Kurokawa, quien trabajó, eso sí, en colaboración con la firma nacional Arkitek Jururancang.
La superficie total del edificio es de 400.000 m². El diseño del aeropuerto plantea una simetría perfecta entre las dos terminales (nacional e internacional), que son además simétricas ellas mismas. El edificio de la terminal tiene una planta sótano y cinco pisos sobre rasante. El elemento más característico del edificio es su cubierta y la estructura de pilares cónicos de la última planta: el vestíbulo de salidas.

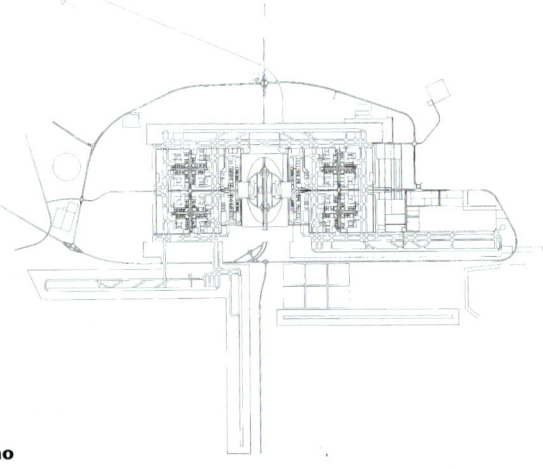

Aeropuerto internacional de Kansai

Renzo Piano y Noriaki Okabe

Localización: Osaka, Japón. **Fecha de realización:** 1994. **Arquitectos:** Renzo Piano y Noriaki Okabe. **Cliente:** Kansai International Airport Co. Ltd. **Colaboradores:** Peter Rice, Tony Stevens, Philip Dilley, Alistair Guthrie (Ove Arup & Partners); Kimiaki Minai (Nikken Sekkei Ltd.); Paul Andreu, Jean Marie Chevallier (Aéroports de Paris); Takeshi Kido, Misao Matsumoto (Japan Airport Consultants, Inc.). **Fotografías:** Sky Front, Yasuhiro Takawawa, Kanji Kiwatashi.

Para la implantación de la isla en la bahía, con una extensión superior a las quinientas hectáreas, se buscó su emplazamiento mar adentro, atendiendo tanto a la necesidad de disponer del suficiente espacio libre como de evitar la contaminación. Ello supuso un trabajo previo de consolidación del subsuelo marino, que en esa cota era más profundo e inestable. Mediante inyecciones de arena en los estratos arcillosos se aumentó su resistencia, añadiéndose posteriormente un relleno de consolidación. En menos de cinco años se consiguió cubrir la isla empleando unos 150 millones de metros cúbicos de tierra. Pero, aun siendo viable el grado de consolidación alcanzado, el firme seguía cediendo, aunque ya dentro de unos límites aceptables. Por ello, hubo que prever una cimentación capaz de absorber los movimientos del subsuelo y de hacerlos compatibles con la estabilidad del edificio.
El edificio se ha concebido para que, pese a su gran magnitud –se despliega a lo largo de una línea de más de un kilómetro y medio–, el usuario pueda orientarse en todo momento cuando lo atraviesa. Las claves para lograr este propósito son la transparencia y diafanidad absolutas, junto con la adecuación de las correspondientes escalas a cada zona.

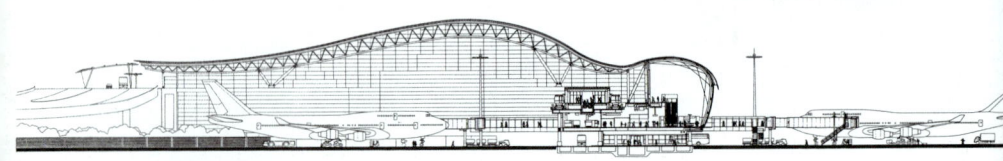

United Airlines Terminal 1, aeropuerto de O'Hare

Murphy & Jahn

Localización: Chicago, Illinois, EE.UU. **Fecha de construcción:** 1987. **Arquitecto:** Murphy & Jahn. **Fotografías:** Murphy & Jahn.

La terminal 1 de United Airlines consta de tres volúmenes, dos de los cuales están unidos por un pasillo de gran longitud que recorre todo el complejo. Los dos componentes básicos, los bloques B y C, forman dos estructuras lineales de unos 460 m de largo cada uno; ambos se hallan separados por un espacio libre de unos 250 m que permite el desplazamiento de varios aviones en ambas direcciones. La edificación C contiene un total de 30 puertas de embarque, mientras que las 18 restantes se hallan en la B. El área de despacho de billetes es una amplia sala que dispone de 56 mostradores. La altura de este volumen ha sido coronada con una bóveda de cañón. El punto más elevado se halla en la entrada que da a la terminal; desde aquí empieza un recorrido descendente hacia uno de los extremos.

La planificación de la terminal se basa en el concepto de volúmenes paralelos, diseño que se aleja del tradicional esquema en forma de Y que prevalece en el aeropuerto de O'Hare. Los muros que se curvan en su parte superior y la cubierta traslúcida aparecen iluminados por la parte posterior a partir de una amplia gama de colores. Este recurso amplia el sentido espacial del edificio.

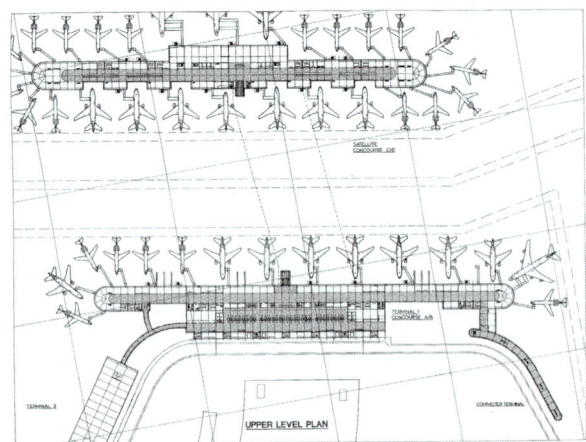

36 Infraestructuras y urbanismo

Terminal 2, aeropuerto de San Diego

Gensler Architecture Design & Planning Worldwide

Localización: San Diego, California, EE.UU. **Fecha de construcción:** 1998. **Arquitectos:** Gensler Architecture Design & Planning Worldwide (oficina de Santa Mónica). **Programa:** Nueve Puertas de embarque, vestíbulo de venta de billetes, área de recogida de equipajes, zonas de tiendas, restaurantes y servicios. **Superficie:** 11.000 m². **Fotografías:** Marco Lorenzetti, G. Cormier.

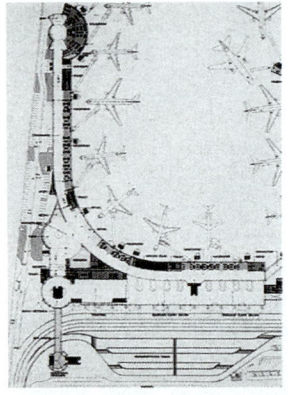

Gensler recibió el encargo de ampliar la Terminal 2 con motivo de la final de la Superbowl XXXII. La Terminal tiene forma de L, en cuyo vértice Gensler construyó dos rotondas interconectadas, en las que se ubican las zonas de espera, las cafeterías y las tiendas. Los dos brazos albergan los vestíbulos de llegadas y partidas. La fachada está formada por un plano de vidrio inclinado con una estructura de pesadas columnas de hormigón que soporta una cubierta metálica que evoca el ala de un avión. El uso extensivo del vidrio permite disfrutar de vistas sobre la bahía de San Diego. En el interior Gensler ha optado por una paleta de colores inspirada en el paisaje local: dorados (arena), verdes (árboles), y azules (cielo y mar).

Aeropuerto de Stuttgart

Meinhard von Gerkan

Localización: Stuttgart, Alemania. **Fecha de construcción:** 1992. **Arquitecto:** Meinhard von Gerkan.
Fotografías: Richard Bryant/Arcaid.

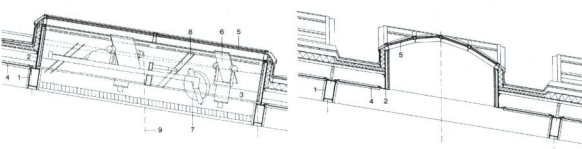

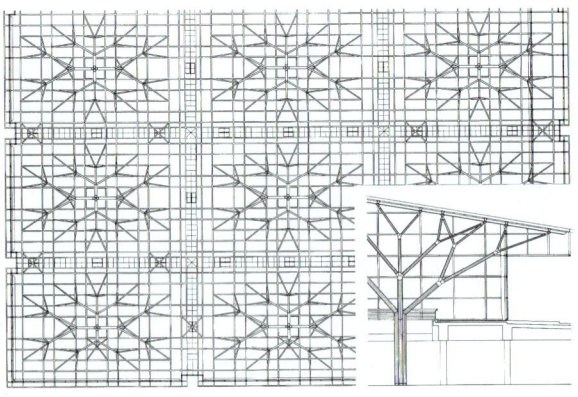

En el aeropuerto de Stuttgart, los pilares son troncos que se bifurcan en ramas extendidas, y la cubierta, un follaje espeso que filtra la luz y deja pasar solo algunos rayos, convirtiendo algunos de los símbolos más emblemáticos de la técnica en seres y paisajes melancólicos que añoran la naturaleza.
La cubierta diseñada por von Gerkan permite tanto la iluminación natural mediante lucernarios, como la artificial, gracias a las luminarias instaladas en algunos casetones.
La cubierta inclinada y las plataformas escalonadas de los niveles del vestíbulo introducen un movimiento latente, una imagen que ha sido comparada con el mítico bosque de Birnam de *Macbeth*. Para que la cubierta pudiese apreciarse mejor, von Gerkan colocó los conductos de la climatización sobre los mostradores de venta de billetes y los bloques de ascensores.

Módulo de intercambio del aeropuerto Charles de Gaulle

Paul Andreu, Jean-Marie Duthilleul

Localización: Roissy, París, Francia. **Fecha de construcción:** 1994. **Arquitecto:** Paul Andreu, Jean-Marie Duthilleul. **Programa:** Módulo de intercambio y conexiones entre terminales. **Fotografías:** Paul Maurer.

El aeropuerto de Roissy-Charles de Gaulle tiene el aspecto de un organismo viviente, como una esponja analizada en el microscopio. En su interior se produce un movimiento constante de fluidos. En Roissy no existe un único concepto de espacio, sino muchos estratos diferentes: escalas, redes, circuitos y dimensiones contrapuestas, entre los que se abren brechas. La estancia del TGV está integrada en el módulo 2 del aeropuerto, un módulo de intercambio que se convertirá en el centro del aeropuerto a su finalización. Este módulo permitió renovar el esquema espacial. En sus inicios (1974) el aeropuerto había crecido como una yuxtaposición de elementos: Terminal 1, Terminal 2, estación de tren, zonas de aparcamiento... La construcción del Tren de Alta Velocidad permitió construir unas nuevas instalaciones para el sistema de transporte interno, bajo una inmensa cubierta de vidrio y con ausencia del túnel, lo que provoca que los recorridos de intercambio sean fácilmente reconocibles. Roissy es un lugar complejo y sugerente al mismo tiempo, donde tal vez esté reflejado el sentimiento de un siglo.

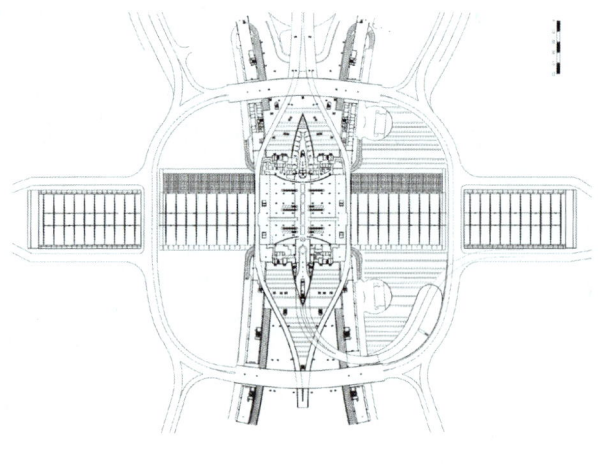

Aeropuerto de Stansted

Norman Foster & Associates

Localización: Londres, Reino Unido. **Fecha de realización:** 1990. **Arquitecto:** Norman Foster & Associates.
Programa: Nueva terminal del aeropuerto de Stansted: terminal de salidas y llegadas, andenes para conexión con estaciones de tren y metro, bancos, tiendas, cocinas, servicios médicos, oficinas y servicios.
Fotografías: Richard Davies.

Es a principios de los 80 cuando se hace imprescindible la edificación de una terminal en el sureste de Inglaterra para satisfacer las acuciantes demandas de tráfico aéreo de la zona de Londres. El edificio en cuestion es una planta cuadrangular de 200 x 200 m. Los lados opuestos, transparentes, emplazados en el sureste y noroeste, se hallan retranqueados con respecto a la cubierta. Los lados restantes presentan un carácter traslúcido que contrasta con la transparencia de los lados. La cubierta complementa arquitectónicamente la planta y constituye una estructura sustancial del conjunto. Ésta se eleva por encima del recinto gracias a seis grupos de soportes entre los que media una separación de 36 m. Una estructura en árbol es la que permite una sólida configuración y el poder concentrar en ellas todos los sistemas técnicos: calefacción, ventilación, iluminación y el acondicionamiento.Todos los servicios incluidos en la planta del suelo (bancos, tiendas, cocinas, servicios médicos, etc), se conciben como cabinas o módulos fácilmente desmontables. Con una capacidad inicial de ocho millones de pasajeros anuales, Stansted posee un crecimiento potencial de hasta 15 millones de usuarios al año.

Aeropuerto de Schiphol

Benthem Crouwel NACO

Localización: Amsterdam, Holanda. **Fecha de construcción:** 1993-1995. **Arquitectos:** Benthem Crouwel NACO. **Programa:** Instalaciones de Aeropuerto, Centro comercial y Estación de Ferrocarril. **Fotografías:** Jannes Linders, Claes de Vrieselaan.

La primera fase del nuevo aeropuerto de Schiphol data de 1967. Las nuevas instalaciones reemplazaban un viejo aeropuerto cercano, conocido hoy como Schiphol-Oost. El proyecto se inspiraba en la terminal de O'Hare (Chicago) y presentaba la novedad de un vestíbulo de partidas elevado sobre las pistas y con fachadas completamente

acristaladas, de modo que los pasajeros que esperaban el vuelo podían ver el ir y venir de los aviones en las pistas. Esta idea posteriormente se ha generalizado. Los arquitectos han descubierto que tal vez una de las posibilidades poéticas más sugerentes de los aeropuertos es, seguramente, sentarse a ver aterrizar y despegar aviones.

La terminal de Schiphol es un ejemplo de la relación entre lo nuevo y lo moderno.

Dos años después de la conclusión de las obras de la terminal 3, se inauguró el centro comercial Schiphol Plaza, también diseñado por Benthem Crouwel/NACO. Construido en el triángulo central que forman las diferentes terminales, este espacio constituye la principal vía de acceso a todas ellas y a la conexión con la estación de ferrocarril. Una retícula de pilares metálicos de contorno triangular soporta una cubierta-jardín inclinada punteada de lucernarios. El interior está concebido como una auténtica plaza de carácter urbano: un espacio abierto y libre.

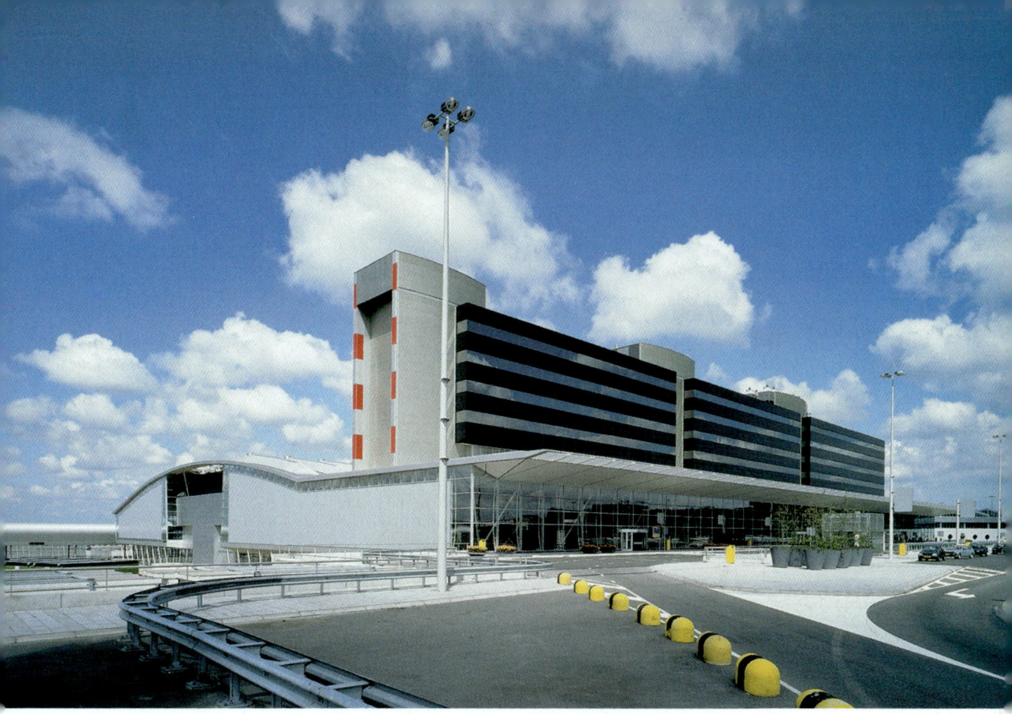

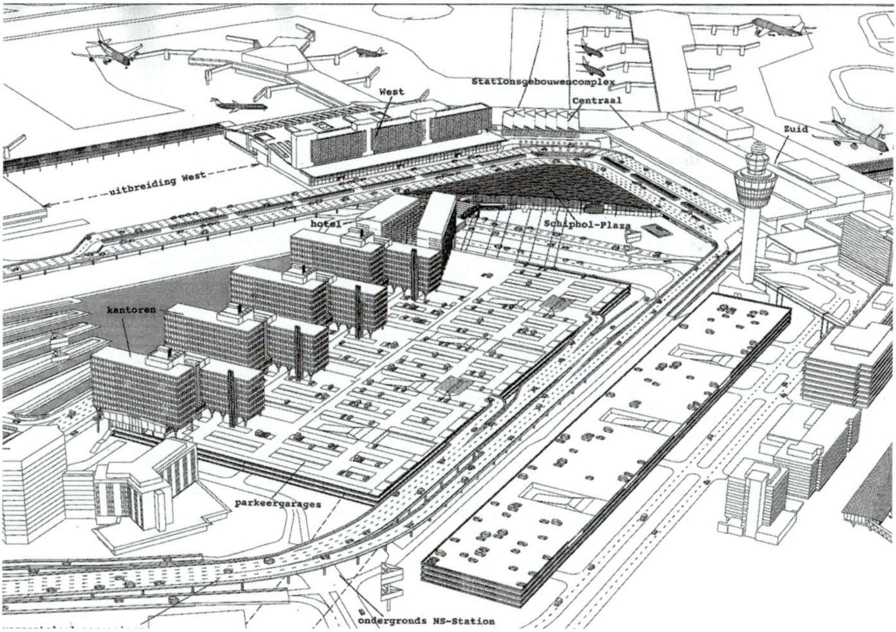
Stationsgebouwencomplex
West
Centraal
Zuid
uitbreiding West
hotel
Schiphol-Plaza
kantoren
parkeergarages
ondergronds NS-Station

Estaciones de tren

Ya en el siglo XXI, el ferrocarril está cambiando su uso. Con el desplazamiento de la población de las ciudades a los suburbios, el tren se ha convertido en el medio de unión entre la periferia residencial y el centro comercial. Sin embargo, los diseñadores de estaciones de tren a menudo se limitan a proyectar el edificio considerando solo la organización de los flujos de viajeros y el programa funcional inmediato y no tienen en cuenta la faceta urbana que puede convertir a la estación en uno de los elementos diferenciadores de una ciudad, en el edificio capaz de aportar una imagen particular, convirtiéndose en seña de identidad. La imagen de las nuevas estaciones está todavía por cerrar. Sin embargo, se incluyen aquí los ejemplos más representativos a nivel internacional de estas construcciones que sí ayudarán a completar esta nueva imagen de estación en los próximos años.

Estación del TGV en el aeropuerto de Lyón-Satôlas

Estación de autobuses de Estocolmo

Estación de Atocha

Terminal del Puerto de Nagasaki

Módulo de Intercambio del Aeropuerto CDG

Estación de tren de Liverpool Street

Estación de Slependen

Estación de Solana Beach

Estación del TGV en el aeropuerto de Lyón-Satôlas

Santiago Calatrava i Valls

Localización: Lyón, Francia. **Fecha de realización:** 1996. **Promotor:** Cámara de Comercio e Industria de Lyón y SNCF. **Arquitecto:** Santiago Calatrava i Valls. **Colaboradores:** Alexis Burret, Sebastien Mémet (arquitectos jefes), David Long, L. Burr (asistentes). **Fotografías:** Ralph Richter/Architekturphoto.

En la estación de Lyón-Satôlas, Santiago Calatrava emplea sus dos mecanismos compositivos preferidos: simetría y dualidad. La simetría viene dada por la voluntad de simplificar la planta. Su arquitectura se basa en lo constructivo y por ello la visión esencial de sus proyectos es la visión en sección.

Para Calatrava, la planta es el orden y la sección la belleza. La dualidad o el diálogo tensiona el proyecto, pero también le da unidad. La estación cubre dos movimientos perpendiculares con dos estructuras diferentes que ponen de manifiesto ese cruce. Una cubierta abovedada, construida con una malla oblicua de vigas de hormigón blanco y tragaluces de vidrio en forma de rombos, cubre a lo largo de medio kilómetro las seis vías de tren proyectadas. Transversalmente, esta cubierta está cruzada por encima por un gran vestíbulo de planta triangular que conecta la entrada principal con, en un vértice, el conjunto y las terminales de taxi y autobús, y, en el extremo opuesto, con una cinta peatonal transportadora de 180 m que lleva a la terminal de pasajeros del aeropuerto.

Dos arcos gigantescos de acero se apoyan en el vértice del triángulo situado frente a la entrada y en los dos vértices del lado opuesto, definiendo las fachadas norte y sur. Sobre ellos se construye una estructura de perfiles de acero y vidrio, que puede rotar para mejorar la ventilación del vestíbulo.

Estación del TGV en el aeropuerto de Lyón-Satôlas

Estación de autobuses de Estocolmo

Bengt Ahlqvist, Ralph Erskine, Anders Tengbom

Localización: Estocolmo, Suecia. **Fecha de realización:** Enero, 1989. **Cliente:** Ayuntamiento de Estocolmo y Compañía de Ferrocarriles de Estocolmo (SJ). **Arquitecto:** Bengt Ahlqvist, Ralph Erskine, Anders Tengbom. **Programa:** Estación central de autobuses, plaza pública interna, cafetería-restaurante, hotel, restaurante, complejo de oficinas y conexión con la estación central de ferrocarriles. **Fotografías:** Kjell Appelgren.

El edificio, de 270 m. de longitud, está dividido en cuatro bloques. Las aberturas entre ellos corresponden al trazado de calles existente. Cada bloque consiste en un edificio más alto, enfrentado a la ciudad, y de uno más bajo, que mira a la parte externa de la explanada para las vías. Las cajas de escalera y de ascensores ligan estos volúmenes, formando cuatro patios o atrios con cubiertas curvas de vidrio transparente. La conexión interna entre los patios se consigue mediante una galería-calle situada en el mismo nivel que el complejo de oficinas.
El primero de los atrios cuenta con una recepción y una vista panorámica sobre Estocolmo. El segundo atrio, el mayor de todos, es el que se abre a la terminal. El tercero de ellos es el centro del complejo de oficinas y el vestíbulo del World Trade Center. Su diseño responde al de una plaza pública interna, con un café-restaurante. El cuarto atrio es el hall norte de entrada, con terrazas ajardinadas y escaleras mecánicas, desde el que se llega a otro restaurante y al hotel incluido en el complejo. Como material de cobertura destaca el uso de chapas metálicas.
El concepto arquitectónico, basado en las grandes estaciones clásicas de ferrocarril, pretende convertirse en culminación de la era de los edificios de vidrio; en una moderna versión del gran hall de pasajeros que comparte luz y espacio con los locales de su entorno.

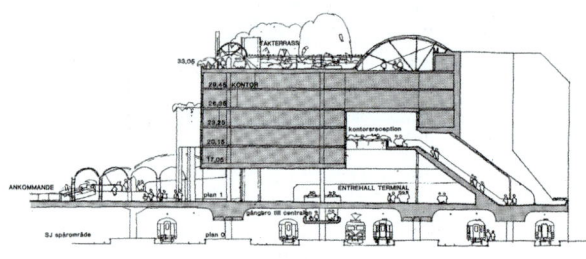

Estación de Atocha

José Rafael Moneo

Localización: Madrid, España. **Fecha de construcción:** 1990. **Arquitecto:** José Rafael Moneo.
Programa: Estación de cercanías, estación de tren de alta velocidad, estación de autobuses, estación de metro, aparcamiento y remodelación de la antigua estación como vestíbulo. **Fotografías:** Lluís Casals.

La estación de Atocha se encuentra en el centro de Madrid, a poca distancia del Museo de Arte Reina Sofía y del Museo del Prado. La gran cubierta de vidrio y acero de la antigua estación del s. XIX debía conservarse y rehabilitarse y, paralelamente, el nuevo edificio debía albergar tanto una estación de tren de alta velocidad como otras de cercanías, de autobuses y de metro, además de una gran superficie de aparcamiento. Moneo afronta este complejo programa descomponiendo los diferentes elementos y jugando con las diferencias de cotas entre cada una de las estaciones. Su intención es que, a pesar de las dimensiones del edificio, la estación no altere la escala de la ciudad ni de la antigua estructura decimonónica reconvertida en vestíbulo-invernadero. Muy pocos elementos nuevos emergen de la superficie: una rotonda de acceso y una torre con un reloj. Las otras zonas de la estación se esconden gracias a un hábil trabajo en sección.

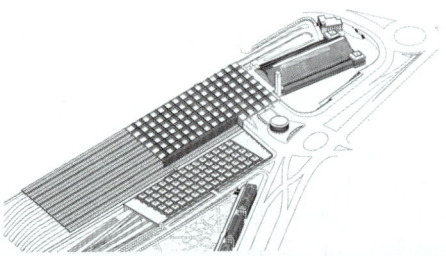

Terminal del Puerto de Nagasaki

Shin Takamatsu

Localización: Nagasaki, Japón. **Fecha de construcción:** 1995. **Arquitecto:** Shin Takamatsu. **Consultores:** Mitsubishi Estate A & E (estructura e instalaciones). **Superficie:** 3.950 m². **Programa:** Salas de espera, zona de venta de billetes, vestíbulo, oficinas y servicios. **Fotografías:** Nacasa & Partners.

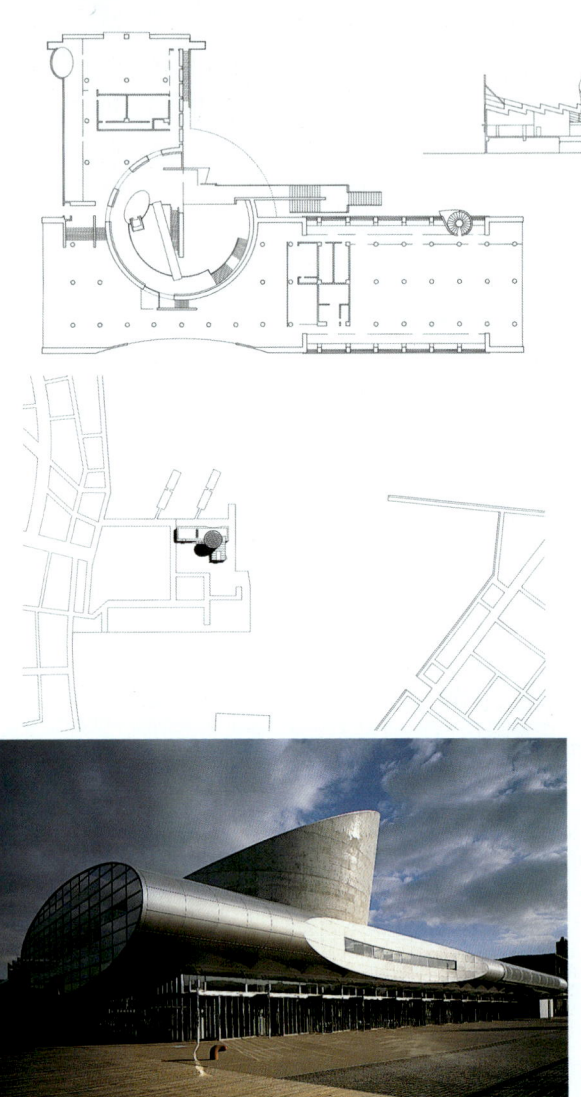

El puerto de Nagasaki, situado en el sur de Japón, históricamente ha tenido una gran importancia, pues era tradicionalmente el único abierto a los países extranjeros. En Nagasaki se están realizando una serie de proyectos de reordenación siguiendo el plan Renacimiento Urbano de Nagasaki 2001, supervisado por el arquitecto local Hideto Horiike.
La terminal del ferry se encuentra en el área de Mofune, en el centro del puerto, rodeada por las montañas y el mar, de manera que el proyecto debía prever una visión distante desde ambos lugares. Esta localización privilegiada la convierte en un elemento simbólico dentro de la nueva ordenación urbanística. Takamatsu ha planteado el proyecto como una encrucijada recorrida por un tráfico de personas de culturas diversas.

Módulo de intercambio del aeropuerto Charles de Gaulle

Paul Andreu, Jean Marie Duthilleul

Localización: París, Francia. **Fecha de construcción:** 1994. **Arquitectos:** Paul Andreu, Jean Marie Duthilleul.
Fotografías: Paul Maurer

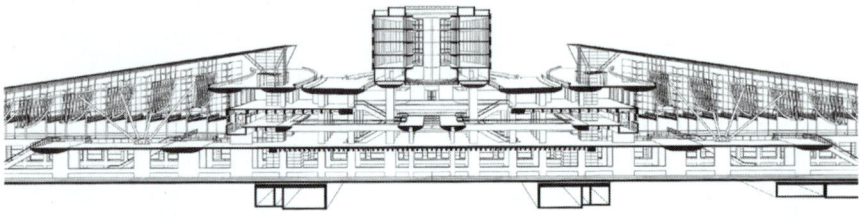

Se trata de un edificio encrucijada: líneas de tren, vías de comunicación interna, conductos de instalaciones... Los diferentes elementos se sitúan en estratos: los viaductos en la parte más alta y, más abajo, se ubican sucesivamente: la planta de servicios relacionada con la terminal aérea, el sistema de transporte interno, el vestíbulo de la estación de ferrocarril y, finalmente, los andenes bajo la planta baja, formando una trinchera con las viaductos para taxis. Sólo el hotel se alza entre los recorridos como un volumen sólido y opaco. La cubierta de vidrio y la ausencia de un túnel que cubra las vías de tren provoca que los recorridos de intercambio sean fácilmente reconocibles. El desarrollo de las relaciones visuales se basa en el tratamiento de la luz, que constituye uno de los principales materiales del proyecto, junto con el acero y el hormigón.

Estación de tren de Liverpool Street

A & DG

Localización: Londres, GB. **Fecha del proyecto:** 1979. **Fecha de realización**:1991. **Cliente:** British Rail.
Arquitecto: A & DG. **Programa:** Remodelación de una antigua estación de tren: instalaciones, nuevas conexiones con el metro, andenes, vestíbulo, taquillas, oficinas y servicios.

Habiéndose prevista la desaparición de la estación de Liverpool Street y su sustitución por modernas construcciones, en 1979 se alcanzan acuerdos para su remodelación, y en 1983 se obtiene la aprobación real. Los objetivos principales fijados por la British Rail (la compañia ferroviaria estatal británica), que encargó el proyecto al estudio A & DG, fueron modernizar y mejorar las instalaciones de la estación, las conexiones con el metro y las aproximaciones de las vías a la estación. Se habían de conseguir andenes de igual longitud (los existentes se agrupaban en longitudes variables) y un nuevo vestíbulo, respetando los condicionantes histórico-estéticos de la estructura existente. Con esta remodelación, la Liverpool Street Station se ha convertido en modelo del nuevo espíritu de cooperación pública-privada y de hábil fusión entre lo mejor del pasado con lo mejor del futuro, preparando la estación para el siglo XXI.

62 Infraestructuras y urbanismo

Estación de Slependen

Arne Henriksen

Localización: Baerum, Oslo, Noruega. **Fecha de construcción:** 1993. **Arquitecto:** Arne Henriksen.
Programa: Acceso, estación de trenes, aparcamiento, zona de billetes, oficinas y servicios. **Fotografías:** Jiri Havran (también páginas 50/51).

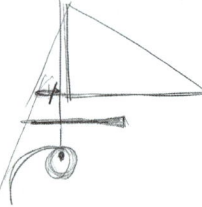
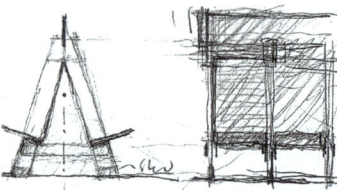

En la estación de Slependen en Baerum, en las afueras de Oslo, existía la posibilidad de crear un paso arquitectónico. El paisaje era profundamente irregular a causa de la inclinación de la pendiente y de la gran variedad de planos a diferentes niveles. Para conectar todos los caminos existentes con los andenes de la estación, era necesario construir rampas y escaleras.

Así pues, la estación de Slependen tiene una gran cantidad de edificios y de elementos singulares: dos rampas, una recta y otra curva, una rotonda, una escalera, una rampa-escalera y dos puentes. El hormigón representa lo pesado, mientras que las estructuras de madera constituyen las partes ligeras y activas.

La rotonda con la rampa en forma de espiral, construida a partir de elementos corridos de hormigón oscuro, es una construcción particular. Tanto la curva exterior del muro como la pendiente de la rampa y la imagen arquitectónica están codificadas en el elemento que va construyendo la rotonda.

Estación de Solana Beach

Rob Wellington Quigley

Localización: Solana Beach. California. EE.UU. **Fecha de construcción:** 1995. **Arquitecto:** Rob Wellington Quigley.
Programa: Estación de trenes, aparcamiento, instalación de isolación acústica. **Fotografías:** Richard Barnes.

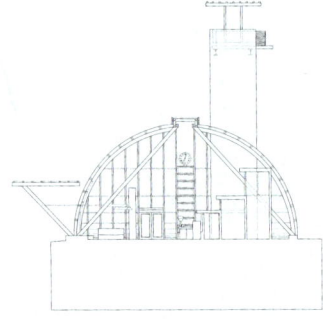

manera completamente distinta a lo habitual, más abierta y democrática, ya que los propios ciudadanos de la ciudad de Solana Beach participaron junto a los arquitectos en el diseño del centro. Desde el inicio se organizaron pequeños talleres en los que se buscó llegar a un acuerdo entre la comunidad y los profesionales en las decisiones sobre las grandes líneas del proyecto: el tráfico, el aparcamiento, los mecanismos de aislamiento acústico, el tamaño de las construcciones, la relación entre edificios comerciales y residenciales...

El edificio de la estación constituye la primera fase de un proyecto urbanístico de unos 35.000 m² (454.000 pies cuadrados), destinado a convertirse en el nuevo centro de la ciudad de Solana Beach en los próximos años. Además de la estación, el complejo incluye un extenso aparcamiento, un parque, comercios, restaurantes, cines, viviendas de bajo coste para ancianos, lofts para artistas... El conjunto tiene una forma alargada, un rectángulo de aproximadamente setenta metros (255 pies) de ancho por quinientos metros (1.780 pies) de largo, colindante con la autopista 101 que conecta con el centro de San Diego y con las vías del tren.
El proyecto se ideó de una

Transporte urbano

Este capítulo está dedicado en su integridad a estaciones de metro y autobús, de uso estrictamente ciudadano. Son proyectos en los que el arquitecto ha encontrado un nuevo lugar para inventar; esos lugares capaces de unir calles y galerías subterráneas, fachadas neoclásicas y túneles, en una imagen que englobe los diferentes niveles de la ciudad. Aunque normalmente las paradas de autobús se producen de manera seriada e industrial, las que aparecen a continuación están pensadas a partir de su relación con el contexrto urbano. Cada uno de los proyectos ha sido diseñado como un objeto particular vinculado a un emplazamiento concreto, como si se tratase de una escultura. Estos proyectos muestran, en definitiva, la capacidad de enriquecer la ciudad a partir de estas intervenciones arquitectónicas mínimas, cuyas posibilidades se ignoran demasiado a menudo.

Estación de metro en Bilbao
Estación de metro en Valencia
Estación de metro en Lyón
Estación de metro de Vuosari
Estación de autobuses Nils Ericson
Estación de tranvía en Estrasburgo
Estación de Stuttgart
Estación de tranvía en Hannóver
Estación de tren de Greenwich norte

Estación de metro en Bilbao

Sir Norman Foster

Localización: Bilbao, España. **Fecha de construcción:** 1996. **Arquitecto:** Sir Norman Foster. **Programa:** Marquesina de acceso, módulo de salida, iluminación, señalización, cubierta, oficinas y servicios.
Fotografías: Lluís Sans.

Bilbao es una ciudad que tradicionalmente se ha visto afectada por las consecuencias ambientales que genera su importante densidad industrial. Foster procuró que, en el interior del metro, el ciudadano se sintiese dentro de la tierra, que fuera consciente de la singularidad del lugar en que se hallaba.

El túnel es el principal tema del proyecto. Con unas medidas de 16 m de ancho por 8 de alto, fue construido mediante el sistema Nat (el nuevo método de tunelización austriaco).
Para evitar las molestas inclemencias del tiempo, Foster quiso crear un espacio en las bocas de metro que, aunque estuviese cerrado, fuera ligero y transparente.
De ahí su idea de diseñar unas marquesinas de vidrio con estructura de acero inoxidable, que al mismo tiempo cobijan al pasajero y, por la noche, hacen la función de enormes lámparas que iluminan la ciudad, convirtiéndose en referencias ineludibles.

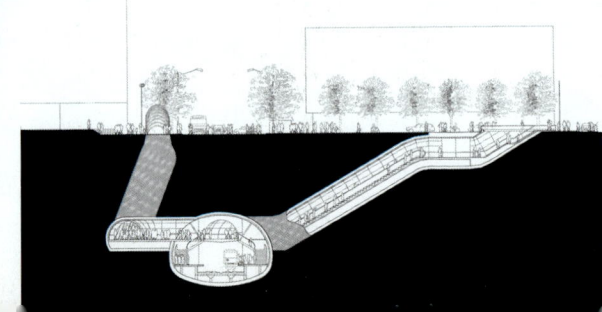

Estación de metro en Valencia

Santiago Calatrava

Localización: Valencia, España. **Fecha de construcción:** 1995. **Arquitecto:** Santiago Calatrava. **Programa:** Estación de metro, taquillas de venta de billetes, servicios, aseos, marquesina de acceso. **Fotografías:** Paolo Rosselli (también páginas 70/71).

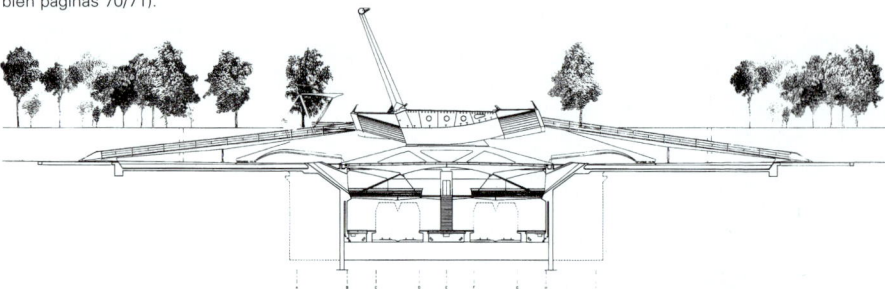

La estación Alameda está situada bajo lo que había sido el cauce del río Turia. Aun siendo subterránea, mantiene una relación con el exterior a través de una cubierta nervada y traslúcida que es, a su vez, el suelo de la plaza.
La estación se divide en tres niveles: la entrada, las taquillas y el andén. El nivel de acceso consiste en unas bocas mecánicas móviles construidas con tubo de acero que conducen a las taquillas en cada extremo de la estación, desde las que se percibe tanto el espacio a doble altura del andén como la forma de la cubierta.
La estructura es de hormigón armado blanco. Los lucernarios de vidrio traslúcido se apoyan en marcos metálicos. Además de permitir la entrada de luz y aire, las hileras de lucernarios definen, por la noche, los límites de la plaza.

74 Infraestructuras y urbanismo

Estación de metro en Lyón

Jourda & Perraudin

Localización: Lyón, Francia. **Fecha de construcción:** 1993. **Arquitecto:** Jourda & Perraudin. **Programa:** Estación de metro, oficinas y equipamientos. **Fotografías:** George Fessy.

La estación de Vénissieux-Parilly está situada en un suburbio escasamente urbanizado, en la encrucijada de numerosas carreteras importantes. La mezcla de geometrías distintas llevó a crear una estructura de arcos y bóvedas de hormigón

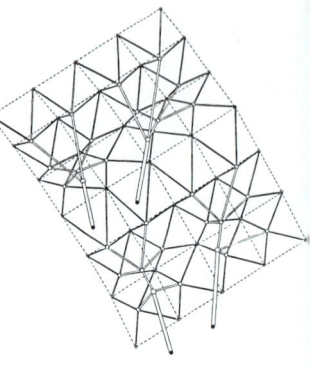

que se ajustaba a los diagramas de transmisión de fuerzas de la planta baja al nivel de los andenes. Todos los elementos (columnas, capiteles, bóvedas y arcos) se diseñaron ajustándose a las técnicas de fabricación empleadas: encofrados metálicos, hormigonado in situ y bóvedas prefabricadas. Se trata de una arquitectura de lo subterráneo, del vacío operado en la masa. Explota la plasticidad del hormigón y conjuga la expresividad de las líneas de fuerza de los arcos con la inclinación de las columnas laterales. La luz natural penetra gracias a dos huecos practicados en el vestíbulo principal.

Estación de metro de Vuosari

Esa Piironen

Localización: Helsinki, Finlandia. **Fecha de construcción:** 1998. **Arquitecto:** Esa Piironen. **Programa:** Andenes, taquillas y servicios. **Superficie:** 4.394m². **Fotografías:** Veikko Niemelä.

La estación de Vuosari en Helsinki tiene una vocación de transparencia. La principal preocupación de Esa Piironen ha sido resolver la cubierta y las fachadas de vidrio, así como integrar esa estructura en el paisaje. En sección se superponen dos estructuras: una primera de hormigón, que soporta las plataformas de los andenes, y una segunda de acero y vidrio, que conforma las cubiertas.

Como en gran parte de la arquitectura del norte de Europa, se identifica transparencia con democracia, cercanía con el ciudadano y compromiso con el usuario: una concordancia literal. Evidentemente, la gran estructura de vidrio y acero funciona como un invernadero, lo que si bien resulta altamente beneficioso en Finlandia, sería impensable en otras latitudes.

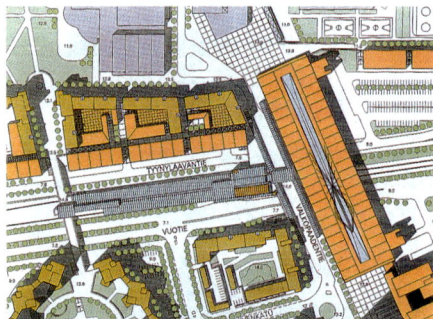

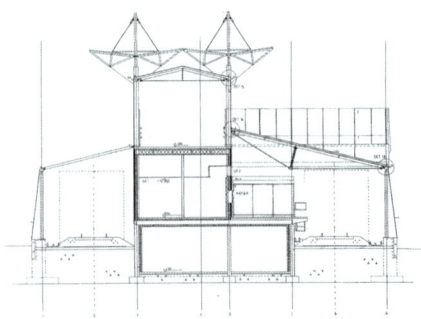

Estación de autobuses Nils Ericson

Niels Torp AS Arkitekter MNAL

Localización: Gotemburgo. Suecia. **Fecha de realización:** 1996. **Cliente:** GLAB - Stefan Ekmann. **Arquitectos:** Niels Torp AS Arkitekter MNAL. **Colaboradores:** ABACO Arkitektkontor AB; VBB Markplanlaggare (paisajismo); RF Byggkonsult (constructor). **Superficie:** 4.500 m². **Programa:** Terminal para la estación central de autobuses de Gotemburgo. **Fotografías:** Hans Wretling.

El proyecto es resultado de un concurso convocado a finales de los 80. Inicialmente consistía no solo en la construcción de esta terminal sino tambien de una nueva estación de tren que debía contener un centro comercial y cafeterías, así como un pequeño centro de negocios. Por otra parte, la plaza Nils Ericson había sido rediseñada como parque urbano y se convertía en una preciosa esplanada verde que contrastaba con el sonoro tráfico de automóviles.

La entrada de la terminal es de forma rectangular y a través de ella se puede tambien conectar con una parada de tranvía, los trenes de la línea SJ, los autobuses metropolitanos y una parada de taxis.

La escala e intimidad de este recibidor está relacionada con las otras zonas del conjunto, que mantienen la misma importancia y funcionalidad del inicio de la construcción.

El edificio principal incluye finalmente una arcada con vistas al parque exterior, que protege del frío y del viento. Es precisamente aquí donde la terminal se encuentra con la ciudad.

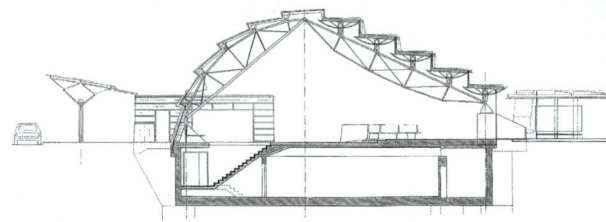

Estación de tranvía en Estrasburgo

Gaston Valente

Localización: Estrasburgo, Francia. **Fecha de construcción:** 1994. **Arquitecto:** Gaston Valente. **Programa:** Estación de tranvía, aparcamiento, accesos, galería comercial y servicios. **Fotografías:** Accent Visvel, Stéphane Speck, Rob Fleck, L. Lecat.

La estación de la Place de La Gare constituye el nudo principal de la nueva línea de tranvía promovida por las instituciones locales de Estrasburgo con el fin de substituir las formas de transporte tradicionales por otras menos contaminantes. La línea de tranvía discurre a una profundidad de 17 m. Gaston Valente ha dividido la estación en cuatro niveles. Los dos más elevados se organizan en torno a una plaza central vacía, en la que se han plantado dos hileras de árboles y se ha cubierto con una estructura de acero y vidrio. Alrededor de este espacio, como en un atrio clásico o como en una de las famosas galerías comerciales del siglo pasado, se han ubicado numerosos comercios a lo largo de todo el perímetro distribuidos en dos niveles. Sobre los andenes y las escaleras mecánicas, la artista norteamericana Barbara Kruger ha instalado unas grandes vigas de hormigón en las que, con enormes letras mayúsculas, se interpela a los viajeros:
¿Dónde va?
¿Quién os pensáis que sois?
¿Dónde tienes la cabeza?
¿Quién ríe el último?

82 Infraestructuras y urbanismo

Estación de tranvía en Estrasburgo 83

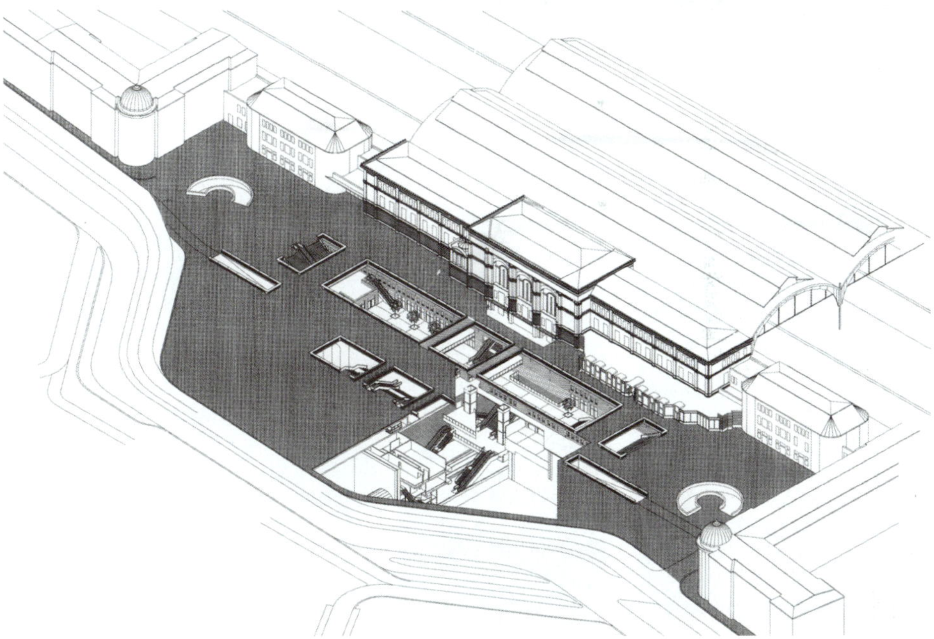

Estación de Stuttgart

Günter Behnisch & Partners

Localización: Stuttgart, Alemania. **Fecha del proyecto:** 1985. **Fecha de realización:** 1991. **Arquitecto:** Günter Behnisch & Partners. **Colaboradores:** Manfred Sabatke (supervisor), Ulrich Mangold, Matthias Tusker (arquitectos de proyecto). **Programa:** Estación de tren, marquesina de protección, plataformas de acogida de pasajeros, taquillas, túnel peatonal, aseos y remodelación del pavimentado exterior. **Fotografías:** Christian Kandzia.

La imposibilidad de una gran reforma estructural obligó a los autores a adoptar otros criterios menos radicales, basados en la transformación a partir del aprovechamiento de los componentes preexistentes, entre los que destaca la presencia de un búnker defensivo, cuya potente volumetría destaca verticalmente en el conjunto y lo convierte en elemento focalizador del diseño de la nueva plaza-estación, diseño que, hábilmente, se ha visto contrarrestado por una serie de componentes de gran ligereza formal y estética que conforman una marquesina. A ambos lados de las vías por las que transita el rápido de cercanías se han dispuesto dos plataformas de acogida de pasajeros, con sendas pérgolas de protección en acero y cristal acrílico. Por último, se diseñó un túnel peatonal que salva el obstáculo de la calle de comunicación entre el centro de la ciudad y la autopista.

Estación de tranvía en Hannover

Alessandro Mendini

Localización: Kurt-Schumacher Strasse. Alemania. **Fecha de construcción:** 1994. **Diseñador:** Alessandro Mendini. **Programa:** Marquesiana, paneles de señalización y elementos de decoración urbana. **Fotografías:** Thomas Deutschmann.

En este último siglo, las esculturas se apropian sutilmente de las plazas y de las avenidas, se convierten en sus puntos de referencia, les confieren siginificados añadidos, se superponen a la volumetría de los edificios, a la textura de las fachadas, propician flujos de imágenes, hilvanan asociaciones a través de sus ángulos y actúan como símbolos. La idea de convertir las paradas de autobús y metro en piezas singulares, cada una de ellas concebida como una obra artística aislada e independiente, vinculada a un emplazamiento específico, recupera, en cierto modo, la tradición perdida de combinar ambas disciplinas: escultura y arquitectura. Mendini es uno los personajes que desde los años cincuenta, como responsable de Casabella o Domus, ha trabajado con mayor ahínco para promover un arte próximo a la sociedad, cercano a los métodos de trabajo de la publicidad y los medios de comunicación de masas. El arte popular de Mendini se basa en referencias simbólicas e históricas que apelan al imaginario colectivo. Paradójicamente, su parada de la Kurt-Schumacher Strasse resultó ser una de las más polémicas.

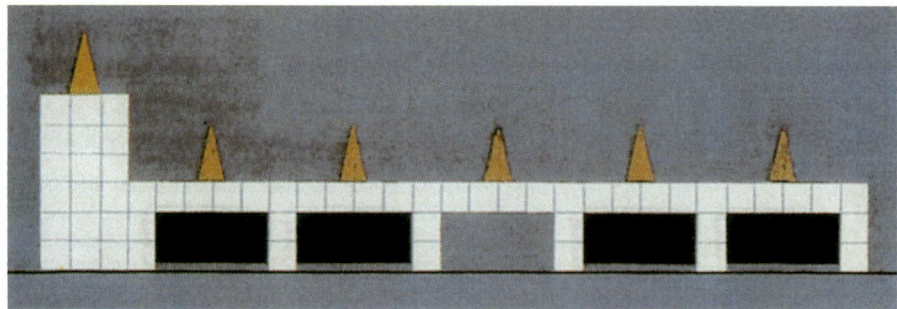

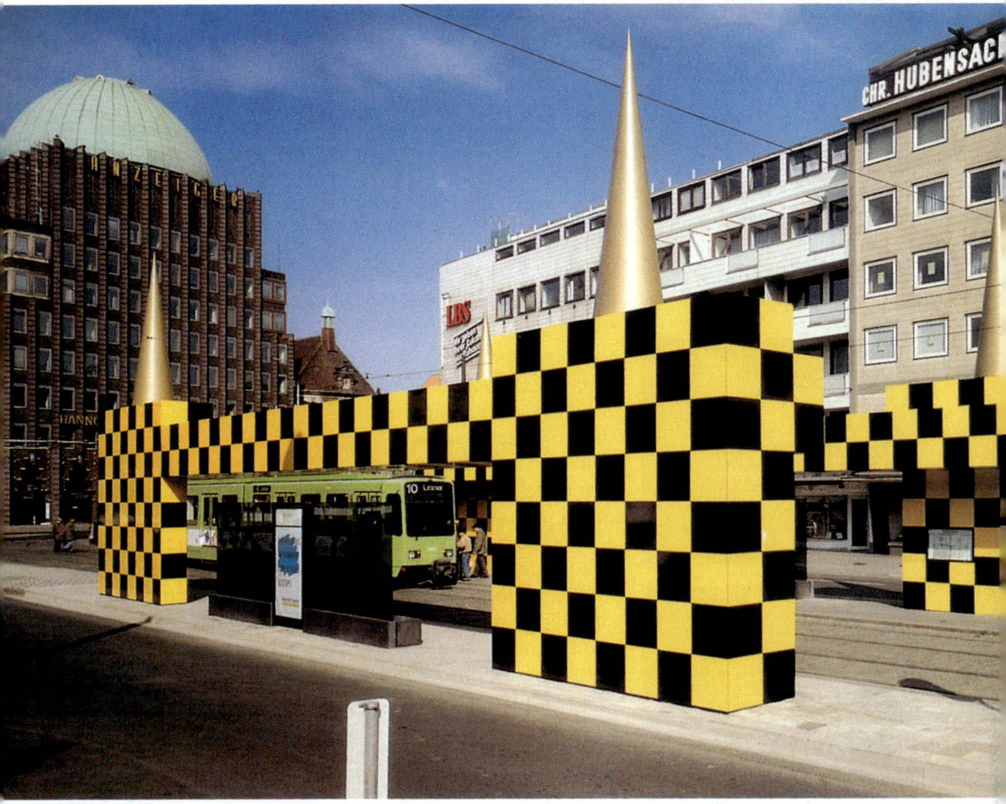
CHR. HUBENSAC
ANZEIGER
LBS
10 Limmer

CITIBANK

10 Limmer

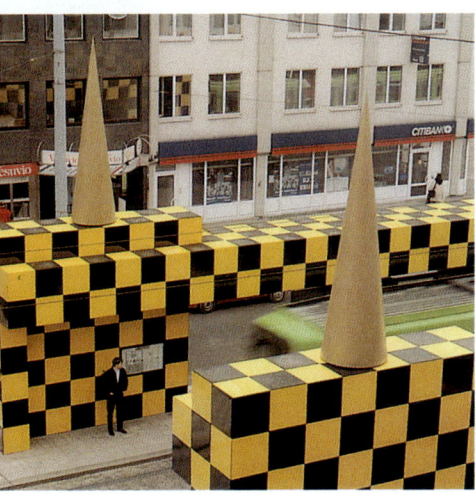

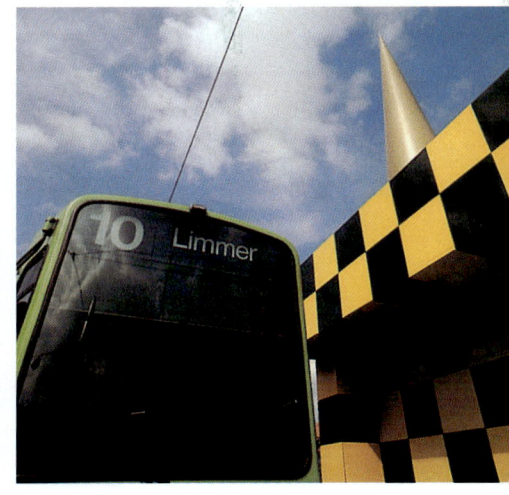

Estación de tren de Greenwich norte

Alsop & Störmer

Localización: Greenwich. Gran Bretaña. **Fecha del proyecto:** 1991. **Fecha de construcción:** 1998.
Arquitectos: Alsop & Störmer. **Colaboradores:** JLE E + M (ingeniería de servicios). **Programa:** Estación de tren, zona de venta de pasajes, escaleras de acceso a andenes, sistema de ventilación, oficinas y servicios.
Fotografías: Roderick Coyne.

El diseño inicial consiste en una estación abierta que permita a los pasajeros entrar en la zona de la estación desde la zona de venta de billetes, situada en el piso superior y orientada hacia el oeste, a través de un pasillo suspendido del techo de hormigón por cables a ambos lados de la estación. La situación de esta entrada permite vistas a la plataforma de espera, que conecta con la zona de entrada por medio de un par de escaleras automáticas en sentido ascendente y descendente.

Las áreas de uso público (60 x 13 m) quedan abiertas. Esta distribución permite ventilación natural ademas de buena iluminación. Los conductos de ventilación por aire también quedan suspendidas del techo. La gran proporción y simple elegancia de la estructura se ha aumentado por el uso de la pintura azul marino ultra en paredes, suelos y techos. Los conductos del aire y las escaleras, por su parte, se han acabado en acero inoxidable.

Estación de tren de Greenwich norte

Puentes y torres de comunicación

Para el mejor entendimiento de cada uno de los trabajos que constituyen este capítulo del *Atlas de Arquitectura Actual*, es necesario hacer mención a la complejidad que acompaña a la proyección y construcción de los puentes y torres de comunicación, por ser resultado de una combinación equilibrada de estética y pragmatismo y, asimismo, de arquitectura e ingeniería. Por ello, el análisis de cada uno de los proyectos publicados es revisado en función de cómo éste satisface los requisitos funcionales (estructuras, antenas, elementos tecnológicos, vigas, arcos, colgantes...) y cómo responde a unos criterios armónicos, de cuya articulación se desprende el concepto de belleza. Paralelamente, en el examen de todos estos proyectos incluidos, se pone de manifiesto la imposibilidad de desligar arquitectura e ingeniería y, en consecuencia, la habilidad de los autores para aplicar los conocimientos de una y otra simultáneamente.

Puente de Normandía

Puente de Höfdabakkabrú

Proyecto Eastern Scheldt

Puente Ohnaruto

Puente Vasco de Gama

Puente de la Barqueta

Torre de Montjuïc

Torre de Collserola

Puente de Normandía

Charles Lavigne

Localización: Honfluer-Le Havre, Francia. **Realización:** 1995. **Promotor:** Cámara de Comercio e Industria de Le Havre. **Arquitecto:** Charles Lavigne. **Colaboradores:** F. Doyele (dirección de la obra), Quadric, Sogelerg, Eeg (viaducto), Seee (estructura hormigón), Sofresid (estructura metálica), Onera, Cstb, Eiffel, Sogelerg (impacto del viento), Cete (cimentaciones), Yann Kersalé (iluminación). **Fotografías:** Soenne/architekturphoto.

Justo donde se entrelazan las aguas dulces del Sena y las saladas del canal de la Mancha, entre las ciudades de Le Havre y Honfleur, la construcción del Puente de Normandía supone un nuevo paso que evita los 58 kilómetros de rodeo que eran necesarios para atravesar el río por el puente interior de Tancarville.

Junto a la A29, el proyecto establecerá un eje norte-sur de abertura en la región de Normandía que contribuirá al desarrollo de la ciudad de Le Havre como centro logístico, a la diversificación de su tejido industrial, a reforzar la posición de su importante puerto y a la implantación de nuevas actividades en el estuario.

Los arquitectos consideraban primordial la continuidad en toda su longitud. La pendiente no supera el 6 %. El perfil transversal del tablero es idéntico para las partes de hormigón pretensado y la parte metálica central. Una cornisa de aluminio lacado azul perfila el canto de la obra mejorando el comportamiento aerodinámico y unificando, aún más, ambas estructuras. Se consigue una resistencia al viento para velocidades superiores a 300 km/h.

Cada torre, con forma de A o compás, emerge del suelo sobre dos patas, deja pasar la circulación entre ellas y se convierte después en un único mástil de anclaje que alcanza los 210 metros de altura. Construidas con hormigón pretensado y cabeza mixta combinada con acero, las torres son de una gran rigidez y aseguran la transmisión de esfuerzos a la cimentación. Los pilotes, también de hormigón, alcanzan la estabilidad en el profundo banco de plomo del Sena, mientras que los viaductos arraigan en una capa de rocas calcáreas.

Puente de Höfdabakkabrú

Studio Granda

Localización: Reykiavik, Islandia. **Fecha de finalización:** Septiembre de 1995. **Promotor:** Administración pública de carreteras. **Coste:** $ 1.730.000. **Arquitecto:** Studio Granda. **Colaboradores:** Línuhönnun (estructuras), Landslagsarkitekar (paisajismo). **Fotografías:** Sigurgeir Sigurjónsson (también páginas 92/93).

El puente de Höfdabakkabrú constituye un nudo viario de intercambio entre una carretera secundaria y la autopista que conecta con Reikiavik.

La forma viene prácticamente predeterminada por el trazado preciso de los recorridos que deben seguir los vehículos y por la lógica estructural establecida por los ingenieros. Es decir, la arquitectura en este caso no se encuentra en el origen del proyecto, sino que debe adaptarse a unas decisiones previas y conferirles, posteriormente, un sentido adicional.

Según los propios arquitectos, la principal motivación del proyecto consistió en suavizar el impacto en el entorno inmediato de una infraestructura de dimensiones tan grandes.

Los muros de contención que flanquean el puente se adaptan al trazado de la topografía y en los taludes se han plantado árboles y arbustos para propiciar esa integración.

Desde una estrategia opuesta, para el acabado de los muros se ha escogido piedra artificial de un color negro brillante, a fin de construir un fondo sobre el que discurran las ráfagas de colores de los coches a toda velocidad. En el centro del intradós del puente, los pilares metálicos se han pintado a su vez de colores vivos. En la oscuridad del túnel estallan como pinceladas verticales de amarillo, naranja y rojo.

Proyecto Eastern Scheldt

West 8

Localización: Eastern Scheldt Delta, Holanda. **Fecha de realización:** 1991- 1992. **Cliente:** Directoraat generaal Rijkswaterstaat directie Zeeland. **Arquitecto:** West 8. **Colaboradores:** Adriaan Geuze, Paul van Beek, Dirry de Bruin (maqueta). **Programa:** Construcción de una barrera-puente como parte del proyecto Delta: cierre de estuarios y ensenadas en el suroeste de los Países Bajos; proyecto de paisajismo integral. **Fotografías:** Hans Werleman, Mectic Pictures Rotterdam, Bart Hofmeester.

Esta obra de ingeniería hidráulica es la mayor del mundo en su género. En 1953, tras una inundación de extensas zonas de Zelanda, se decidió devolver al mar la mitad de las tierras, erigiendo diques frente a la antigua línea de costa. La construcción de la parte final del proyecto destruía un ecosistema único y a esta destrucción se oponían frontalmente ecologistas y criadores de mejillones y ostras.

A finales de 1974, el gobierno hizo caso de estas protestas y decidió que la boca del Scheldt Oriental quedara parcialmente abierta, si bien provista de un sistema para cerrarla completamente en caso de emergencia. El proyecto de paisajismo integral de West 8 para los restos de la construcción de la barrera y sus dos extremos no podía ser menos, por lo que propuso formar una serie de enclaves en el paisaje. Este postulado de trabajo quedó especialmente plasmado en las "Planicies de conchas": tras allanar todas las zonas, nivelándolas con el entorno, West 8 las hizo cubrir de conchas, de los productos de desecho de las explotaciones de marisqueo vecinas. Los berberechos y los mejillones se dispusieron en alternancia rítmica, formando contrastados dibujos blancos y negros, en cuadrícula o de líneas. Situada 13 m por encima del mar, la autopista que sigue la suave curva de la barrera de protección del delta ofrece ahora una espectacular panorámica sobre el paisaje acuático de Zelanda.

Puente Ohnaruto

Honshu-Shikoku Bridge Authority

Localización: Honshu-Shikoku, Japón. **Fecha de realización:** 1990. **Arquitecto:** Honshu-Shikoku Bridge Authority.
Programa: Puente de conexión entre islas. Intervención paisajística para integración del conjunto y respeto de la fauna marina.

En 1970 se fundó la Honshu-Shikoku Bridge Authority, organización que está encargada de las operaciones de diseño de las redes ferroviarias y autopistas que comunican las islas de Honshu y Shikoku. Esta corporación considera primordial la integración de la obra en el magnífico entorno paisajístico. Por este motivo se decidió por la construcción de un puente en suspensión (1.629 m) tras considerar las condiciones geológicas del fondo marino. Las consideraciones más importantes para el diseño de un puente en suspensión son las referidas a los tifones y a los fenómenos sísmicos. En este sentido, se efectuaron estudios preliminares para prever vibraciones a causa del viento y construir unas superestructuras capaces de resistir seísmos de hasta 8° en la escala de Richter. Llevadas a cabo las investigaciones de seguridad, el diseño del puente se dividio en dos partes: la infraestructura (tecnicas de anclaje para fijar el sistema de cableado) y la superestructura (relacionada con las piezas verticales de sustentación de los tirantes). Los cables constituyen la parte esencial de un puente: en total el puente consta de 19.558 alambres de un diámetro de 5,37 mm, que, en caso de ser unidos, podrían dar dos veces la vuelta al planeta.

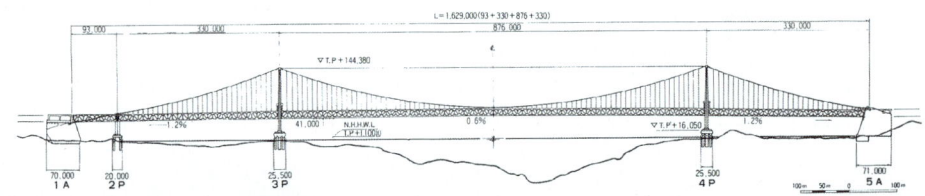

Puente Vasco de Gama

Localización: Lisboa, Portugal. **Realización:** 1995-1998. **Fotografías:** Paco Asensio.

La organización de la última feria mundial del milenio ha permitido impulsar la transformación urbana de Lisboa a través de grandes infraestructuras, como el puente Vasco de Gama. La candidatura para la celebración de la Expo de la capital lusa estuvo acompañada de lo que podemos designar como una opción "periférica y acuática" para su localización, y en ella se propusieron dos hipótesis alternativas: a oriente y a occidente del casco moderno de la ciudad.

Los déficits más dramáticos de infraestructura, vivienda y medioambiente se acumulaban en el sector oriental, a ambos lados del Tajo, exactamente el lugar elegido para la feria, invocando expresamente este argumento reformista. Planteada la renovación de esta zona se hacía imprescindible mejorar todos los accesos desde y para la ciudad. La actuación más significante en este sentido fue la construcción del puente Vasco de Gama que comunica Lisboa con la periferia ubicada en la península adyacente.

Esta intervención ha facilitado el acceso a Lisboa, que se realizaba por un puente situado demasiado lejos del centro y que obligaba a hacer un recorrido mucho más largo. Estructuralmente el puente está constituido por unos primeros pilares de los que cuelga el cableado metálico que sustenta las partes más cercanas a tierra firme. La parte central está compuesta por una plataforma sobre pilares sin que exista un apoyo adicional.

Puente Vasco de Gama 103

Puente de la Barqueta

Juan J. Arenas y Marcos J. Pantaleón

Localización: Sevilla, España. **Fecha de realización:** 1992. **Arquitectos:** Juan J. Arenas y Marcos J. Pantaleón. **Programa:** Puente de conexión entre la isla de la Cartuja y el centro histórico de la ciudad de Sevilla. **Fotografías:** Fernando Alda / Archivo fotográfico Expo'92.

El puente de la Barqueta se erige como nexo de unión entre el casco histórico de la ciudad con la isla de la Cartuja, donde se desplegó todo el vasto complejo que acogió la Exposición Universal de 1992. Los pórticos triangulados en los extremos del tablero, aparte de salvar los obstáculos de la estabilidad, se convierten en un formidable pórtico de entrada al recinto de la exposición. Uno de los aspectos más sobresalientes de su diseño es el hecho de que su arco central vuele por encima del tablero de manera totalmente exenta y que además tenga, como referencia de partida, dos puntos triangulares, con lo que se realza de un modo notable su fuerte carácter tridimensional y aerodinámico. Por lo que concierne a los materiales empleados, se recurre al acero en contra de la tendencia general de decantarse por el hormigón u otros componentes de similares características.

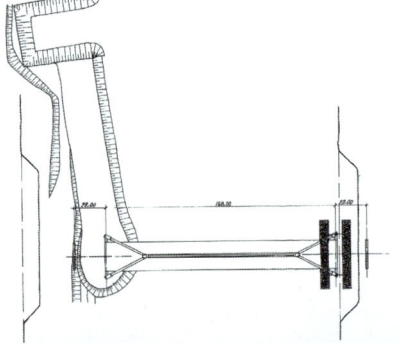

Torre de Montjuïc

Santiago Calatrava

Localización: Barcelona, España. **Fecha de realización:** 1992. **Cliente:** Compañía Telefónica Nacional de España. **Arquitecto:** Santiago Calatrava. **Programa:** Torre de comunicaciones junto a una intervencion de ajardinamiento. **Fotografías:** David Cardelús.

La torre de telecomunicaciones de Montjuïc debía erigirse como uno de los símbolos del espíritu de la Barcelona olímpica. La idea propuesta por Santiago Calatrava se materializaba en una figura blanca de 119 m de altura, de inspiración antropomórfica y actitud oferente, en la que la inclinación del fuste (17° con respecto a la vertical) coincide con el ángulo del solsticio de verano en la ciudad, con lo cual deviene un monumental reloj solar. Una corona semicircular culmina la orgánica imagen de la torre.
Las funciones que debía cumplir la torre de Montjuïc eran múltiples: en primer lugar, debía constituirse en nudo de radioenlaces de servicio fijo, en nudo de la infraestructura radio-eléctrica de restauración y en soporte para la composición de radio-enlaces de pequeña capacidad y corto alcance; en segundo término, había de facilitar las conexiones de servicio móvil (telefonía móvil automática); y, por último, tenía que permitir la sustitución de la antigua Estación de Radio de Montjuïc. Pasada la vorágine olímpica y debido a su actual infrautilización, la torre ha pasado a convertirse en un elemento decorativo del paisaje de la ciudad.

Torre de Collserola

Norman Foster & Partners

Localización: Barcelona, España. **Fecha de realización:** 1992. **Cliente:** Ayuntamiento de Barcelona. **Arquitecto:** Norman Foster & Partners. **Programa:** Torre de telecomunicaciones, restaurante-mirador y aparcamiento. **Fotografías:** John Edward Linden.

amplio aparcamiento.
El proyecto es una mezcla de las tradicionales torres de televisión con fuste de hormigón y los mástiles metálicos atirantados propios de las antenas de radiodifusión, todo ello pasado por el tamiz high tech característico del autor.
Así pues, la torre combina tres elementos básicos: un fuste de hormigón de 4,5 m de diámetro y 209 m de altura; un cuerpo central con 13 plataformas cuya altura equivale a un edificio de 23 plantas, donde se instalan los equipos electrónicos; y los cables de tracción que sujetan el conjunto.

La torre de comunicación proyectada por Norman Foster constituye una compleja operación de ingeniería. Situada en una de las colinas de la sierra de Collserola, la construcción afecta a 10 hectáreas de un terreno situado a 448 m sobre el nivel del mar.
La torre constituye solo 3,5 ha, mientras que el resto del solar acoge un

Plazas

El concepto de Plaza como algo proyectado de un solo trazo es algo reciente dentro de la historia del urbanismo. Por otra parte, se ha producido una ampliación del concepto tanto en el sentido funcional como en el espacial. Una plaza ya no es solo un ensanchamiento de una calle delimitada por una edificación sino que la denominación admite conceptos más ambiguos que convierten a la plaza en "lugar". Además, ahora muchas plazas carecen de un uso específico y pretenden únicamente crear un espacio de reunión agradable y conseguir dotar de carácter a zonas descuidadas o degradadas. En este capítulo dedicado al reciente diseño y construcción de plazas internacionales, encontraremos tanto casos de rehabilitación como proyectos que crean una topografía y potencian ciertos usos y aquellos otros proyectos que generan sus propios argumentos de forma independiente respecto al entorno y se convierten de esta forma en revitalizadores de espacios. Sin embargo, todos ellos tienen algo en común: la voluntad de crear espacios dignos en los que las personas puedan reunirse y simplemente estar.

Plaza del Tribunal Federal

Schouwburgplein

Plaza de los ciudadanos

Solid Square

Pershing Square

Plaça de la Constitució

Place des Terraux

Fuente Tanner

Plaza de Olite

Plaza Berri

Plaza del Tribunal Federal

Martha Schwartz, Inc.

Localización: Minneapolis, Minnesota, EE.UU. **Fecha de construcción:** 1996. **Arquitectos:** Martha Schwartz, Inc. **Superficie:** 4.645 m². **Fotografías:** George Heinrich.

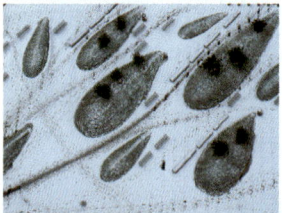

En el centro de la ciudad de Minneapolis, frente al viejo Ayuntamiento de la ciudad, esta plaza se extiende a los pies del nuevo Tribunal Federal de los Estados Unidos, recientemente terminado por la importante firma neoyorquina Kohn Pedersen Fox. Se trataba de dotar a la plaza de un carácter que atendiera al conjunto de la ciudad como gran espacio cívico y que, además, fuera capaz de posibilitar el desarrollo de actividades individuales. Para ello se han utilizado elementos propios del paisaje del estado de Minnesota, que colocados en el lugar adquieren nuevos valores. Elementos descontextualizados que se tornan escultóricos, y que son capaces de simbolizar tanto el paisaje natural de Minnesota como la manipulación de éste por el hombre para sus propios propósitos.

El elemento más característico del espacio son unos túmulos oblongos orientados en la dirección este-oeste, cubiertos de verde. Los largos troncos de árbol a modo de bancos, evocadores de una de las actividades económicas más importantes de la región, una industria maderera de larga tradición.

Estos dos elementos principales se apoyan sobre un plano neutro que resuelve casi toda la plaza: un pavimento de bandas orientadas hacia el edificio del Tribunal Federal.

La plaza se hace especialmente sensible a los cambios de estación bruscos del clima de Minnesota. En invierno, la nieve sólo deja ver los bordes y el paso central. En primavera y verano, los túmulos se cargan de color. Unos permanecen cubiertos con el verde del césped, mientras que otros se cubren de narcisos blancos o escilas azules, resiguiendo las bandas azuladas del pavimento.

Schouwburgplein

West 8

Localización: Schouwburgplein, Rotterdam, Holanda. **Fecha de proyecto:** 1990. **Fecha de realización:** 1992-1995. **Arquitecto:** West 8. **Programa:** Espacio público. **Fotografías:** Jeroen Musch.

Schouwburgplein ocupa un lugar privilegiado en el centro de la ciudad holandesa de Rotterdam. Rodeado de tiendas, oficinas y cercano a la estación central de ferrocarril, constituye uno de los polos culturales de la ciudad. A la oferta del teatro municipal y un complejo de salas de conciertos, se le ha añadido los recién construidos multicines Pathé.

Lo que el equipo de arquitectos West 8 se encontró antes de realizar el proyecto era un lugar sin ningún carácter, demasiado condicionado por la existencia de un aparcamiento subterráneo que se encontraba en muy malas condiciones.

El objetivo de la propuesta era la intensificación de los usos de la plaza. El proyecto conserva la cualidad de vacío que ya existía. El diferente asoleamiento a lo largo del día ha condicionado su división en distintas partes, y el diferente uso de materiales para los pavimentos en cada una de ellas.

Como atracción adicional, cuatro enormes postes-grúa hidráulicos de más de 35 metros van tomando diferentes posiciones a lo largo del día, el ciudadano, metiendo una moneda en un panel de control, los puede dirigir a su antojo, cambiando así constantemente la apariencia de la plaza.

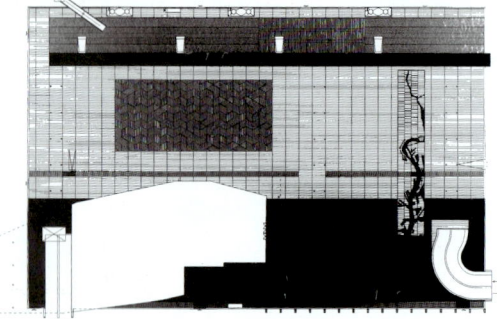

116 Infraestructuras y urbanismo

Schouwburgplein 117

Plaza de los ciudadanos

Kenzo Tange Associates

Localización: Tokio, Japón. **Fecha de construcción:** 1991. **Arquitectos:** Kenzo Tange Associates.
Fotografías: Osamu Murai, Shinkenchiku Shashiubu.

La plaza y el complejo del Ayuntamiento se localizan en uno de los subcentros de Tokio, Shinjuku, en tres manzanas colindantes propiedad del Ayuntamiento que limitan con el parque de Shinjuku al oeste, rodeadas por los restantes lados de torres de oficinas en una trama viaria de autopistas a distintos niveles.

Uno de los aspectos más importantes del proyecto radica en el hecho de haber concebido este gran espacio cívico en medio de un paisaje en altura, en una ciudad que carece casi de plazas, donde el peatón no encuentra su sitio entre grandes torres de oficinas, comercios, aparcamientos y autopistas urbanas. La inexistencia de modelos en Tokio hace que la referencia sea ineludible a las plazas históricas de Europa, donde los palacios cívicos disponían de espacios públicos a sus pies, en los que discurría una parte importante de la vida de la ciudad.

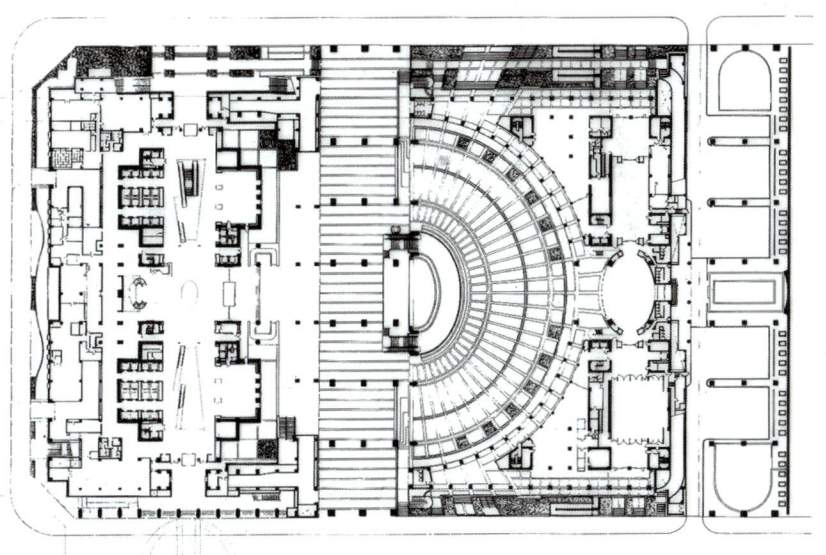

Plaza de los ciudadanos

Solid Square

Nikken Sekkei

Localización: Kanagawa, Japón. **Fecha de construcción:** 1995. **Arquitecto:** Nikken Sekkei. **Fotografías:** Kokyu Miwa Architectural.

Solid Square forma parte de un complejo de oficinas, apartamentos y servicios varios junto a la estación Kawasaki en la ciudad japonesa de Kanagawa, a 20 minutos de la estación de Tokio. Funciona tanto de atrio de acceso a las torres de oficinas de 100 metros de altura como de lugar de reposo en la zona de transición entre el exterior y el interior del edificio. Dentro del atrio, un gran estanque de 27 metros de diámetro domina el espacio y acapara la atención del visitante. Cada hora, el silencio y quietud de esta lámina circular de agua es interrumpido por el suave borboteo del agua que renueva el estanque y que con su sonido introduce una pauta en el silencio dominante. El agua, cuya profundidad máxima es sólo de 7 cm, puede ser drenada convirtiendo así el gran espacio que ocupa en un lugar utilizable para otros eventos. Aparte del agua, es la luz la otra gran protagonista de este atrio. En los cerramientos verticales que van desde la cota del suelo hasta el nivel del primer forjado, una gran superficie acristalada continua, ilumina a la vez un contacto visual sin obstáculos con el exterior ajardinado.

Pershing Square

Legorreta Arquitectos

Localización: Los Ángeles, EE.UU. **Fecha de construcción:** 1994. **Arquitectos:** Legorreta Arquitectos.
Fotografías: Lourdes Legorreta.

Pershing Square es una plaza histórica de la ciudad de Los Ángeles con más de 120 años de antigüedad. La plaza es un rectángulo alargado en una proporción aproximada 1:2, rodeado por calles de intenso tráfico y con el condicionante previo de las rampas de entrada y salida del aparcamiento subterráneo colocadas en los cuatro lados del terreno. La propuesta es sencilla: situar las entrada en las cuatro esquinas libres de la plaza facilitando su acceso, concentrar la vegetación en los bordes para intentar aislar la Pershing Square del ruidoso entorno y, al mismo tiempo, esconder la maniobra de entrada y salida de los coches del aparcamiento, consiguiendo, además, liberar todo espacio central para el disfrute de los vecinos.

El resultado de estas decisiones es un espacio horizontal, ligeramente deprimido respecto a las calles que lo rodean y rodeado de vegetación que lo aleja de los edificios del entorno. Sobre este suelo, los arquitectos proyectan una plaza como si «fundasen» una nueva ciudad, como una metáfora y homenaje a la fundación de ciudades españolas en América, y en particular, al origen mismo de Los Ángeles.
El primer gesto de la colonización del lugar es trazar dos ejes imaginarios en cruz. El brazo mayor está orientado norte-sur y el menor este-oeste. Sobre este esquema primario se colocan los elementos de la plaza tal como se disponían los edificios públicos sobre la malla de las ciudades hispanas.

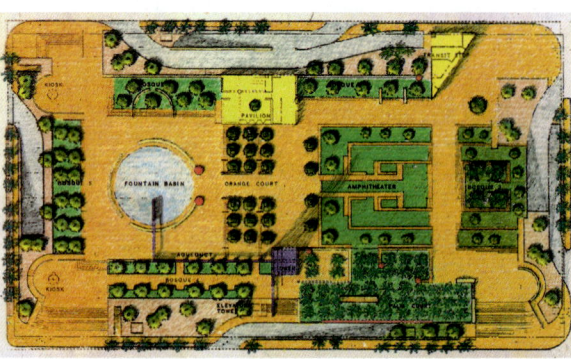

Plaça de la Constitució

J. A. Martínez Lapeña, E. Torres Tur, J. Esteban, A. Font, J. Montero

Localización: Girona, España. **Fecha de construcción:** 1993. **Arquitectos:** J. A. Martínez Lapeña, E. Torres Tur, J. Esteban, A. Font, J. Montero. **Fotografías:** Lourdes Jansana.

El Ayuntamiento de Girona decidió en 1983 dedicar una plaza a conmemorar la Constitución española del año 1978. Para ello escogió una parcela triangular situada en el ensanche de la ciudad. Limitada por un lado con la Gran Vía de Jaime I y con el nuevo edificio del Banco de España, por el otro lado linda con el patio de un colegio y la rampa de acceso al aparcamiento subterráneo.

Los arquitectos han construido la plaza partiendo de una metáfora: «la plaza es una maceta en la ciudad». El proyecto quiere ser fiel a esta imagen y la primera tarea que se impone es pensar la forma del recipiente para un jardín urbano; cómo tiene que ser el caparazón capaz de alojar un pequeño fragmento de naturaleza en medio de la ciudad, de la misma manera que las macetas lo consiguen hacer en las casas.

Pero estos muros no están hechos con arcilla sino con hormigón, no buscan formas blandas y suaves que se adapten a la mano, sino aristas vivas y ángulos agudos que la hieran. En estos muros facetados se expresa el resultado de las tensiones generadas entre el fragmento de naturaleza cercado y constreñido y la ciudad que lo envuelve. Estos largos volúmenes poliédricos son como plegamientos tectónicos surgiendo del terreno que, incapaces de soportar las fuerzas a las que están sometidos, estallan en formas cristalinas inmediatamente solidificadas en contacto con el aire.

Place des Terraux

Christian Drevet

Localización: Lyón, Francia. **Fecha de construcción:** 1994. **Arquitecto:** Christian Drevet. **Fotografías:** Eric Saillet.

La plaza está situada en el centro histórico de Lyón, y es el mayor espacio público de la ciudad. Los edificios que la definen se han ido construyendo gradualmente, desde el siglo XVII al XIX.
El proyecto intenta minimizar las actuaciones sobre la plaza, calibrando prudentemente cada decisión y reconociendo los valores del lugar.
La primera actuación es desplazar, deslizar suavemente, el conjunto escultórico de la fontana Bartholdi, desde el centro de la plaza hacia la fachada norte y girarla 90 grados hasta enfrentarla al Palais Saint-Pierre.
Este mínimo movimiento obtiene unos resultados sorprendentes: ordena y clarifica el espacio indiferenciado de la plaza y realza súbitamente la fachada del Palais Saint-Pierre.
El siguiente paso en el razonamiento de Cristian Drevet es sencillo: convertir este espacio de miradas, su suelo, en el plano que permita la reunificación de todos estos enfrentamientos, el lugar donde se produzca la síntesis cívica que justifica la existencia del espacio público.
Para esto usa sólo dos materiales: el agua y la luz. 69 fuentes integradas en el pavimento con sus chorros formando un bosque de agua, con el murmullo de los surtidores, como el susurrar de las hojas, compitiendo con el tráfico urbano y construyendo un lugar para el paseo y la conversación.

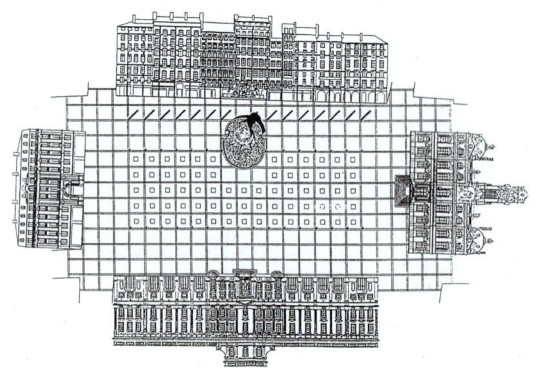

Fuente Tanner

Peter Walker

Localización: Cambridge. EE.UU. **Fecha de construcción:** 1985. **Arquitecto:** Peter Walker. **Colaboradores:** SWA Group. **Programa:** Diseño y construcción de una plaza urbana. **Fotografías:** P. Walker, A. Ward.

El espacio escogido para la fuente Tanner era un espacio falto de definición que funcionaba como cruce de caminos peatonales. Era un vacío entre el edificio georgiano de ladrillo de Harvard, el moderno centro científico proyectado por J.L. Sert y el paraninfo conmemorativo en estilo gótico victoriano. Sin embargo al ser uno de los pocos espacios abiertos del campus, se hacía un uso intensivo del área.
El reto para Peter Walker era hacer a la gente consciente del lugar y de su identidad sin coartar el movimiento habitual de la zona.

Se disponen aleatoriamente 159 piedras rodadas de 1,2 x 0,6 x 0,6 m en un círculo de 18 m de diámetro a caballo entre el asfalto y el césped de un parterre. Se asienta sin relación geométrica alguna con ninguno de los dos, independiente incluso de los caminos peatonales de asfalto.
En el centro del círculo de piedra flota una fina bruma de unos seis metros de diámetro y 1,5 m de altura, formada por cinco anillos concéntricos de surtidores de agua encajados en el asfalto. En invierno, cuando las temperaturas bajan de cero, el agua vaporizada se sustituye por vapor de agua caliente del sistema de calefacción del centro científico adyacente. La nieve del terreno se funde a distinta velocidad que la que ha caído sobre las piedras, pero la configuración resultante es imposible de prever ya que intervienen también el viento y las sombras de los árboles. El agua en sus diferentes formas se convierte en fuego por la noche, cuando la bruma o el vapor reflejan y refractan la luz proyectada desde el plano de tierra.

Plaza de Olite

Francisco José Mangado Beloqui

Localización: Olite, Navarra, España. **Fecha de realización:** Octubre,1996 - Enero,1998. **Cliente:** Ayuntamiento de Olite. **Arquitecto:** Francisco José Mangado Beloqui. **Colaboradores:** Fernando Redón, Arturo Pérez (aparejador). **Programa:** Diseño y construcción de plaza urbana con acceso a galerías subterráneas: mobiliario urbano, paisajismo e iluminación. **Fotografías:** Francesc Tur.

La obra se sitúa en la villa medieval de Olite. El arquitecto debía tener en cuenta la existencia de unas galerías antiguas construidas entre los siglos XI y XII, de gran valor histórico, que probablemente constituían el acceso a los sótanos de un palacio. Tres son los conflictos a los que debe enfrentarse el autor. En primer lugar, se imponía uniformizar un trazado geométrico asimétrico, fruto de la desorganización del crecimiento urbanístico; también se precisaba comunicar con el exterior las galerías subterráneas que, durante siglos, habían permanecido ocultas. Por último, se debía solucionar el problema que plantea el enfrentamiento entre materiales antiguos y nuevos. Sobre la planta se pueden distinguir tres tramos: las escalinatas de acceso a la plaza, el paseo y el espacio que corresponde más propiamente a la definición de la plaza. La configuración geométrica del bulevar se completa a través del mobiliario urbano, bancos, luminarias y fuentes que se disponen de manera lineal, produciendo una sensación de horizontalidad en contraste con la verticalidad del fondo de los muros. En relación a los materiales, se decidió la utilizacion de piedras extraídas de canteras, cuyo tono grisáceo permite ese contraste que confiere autonomía a la nueva creación. Aprovechando el tratamiento geométrico mediante pirámides, círculos y conos, el conjunto queda unificado en toda su disposición.

Plaza Berri

Peter Jacobs, Philippe Poullaouec-Gonidec

Localización: Montreal, Quebec, Canadá. **Fecha de realización:** 1992. **Cliente:** Ayuntamiento de la ciudad de Montreal. **Arquitectos:** Peter Jacobs, Philippe Poullaouec-Gonidec. **Colaboradores:** Beauchemin, Beaton, Lapointe Inc.; Consultants Geniplus Inc.; Montreal City Council. **Programa:** Plaza urbana de uso público en el centro de Montreal. **Fotografías:** Philippe Poullaouec-Gonidec.

La plaza Berri se sitúa en pleno centro del barrio latino. Así, el plano inclinado, recubierto de césped y enmarcado por hileras de arces plateados y espinas de Cristo, que componen una playa verde a semejanza de la ladera este del monte Royal, simboliza la falda aterrazada del monte que la urbanización ha ido borrando. El agua que circula en dirección tangencial a la playa simboliza aquella otra que, brotando de las antiguas terrazas, desaparece en la ciudad para verter su caudal en el invisible río. Las esculturas de Melvin Charney, metafóricamente atravesadas por puentes y calles que recuerdan la estructura urbana, también actúan físicamente como fuentes del agua que atraviesan la plaza. La parte dura, construida con cientos de losas de granito rosado, dispuestas a unos 90 cm por debajo del nivel de las aceras, permite acoger una inmensa pista de patinaje sobre hielo abierta cinco meses al año. Un muro de retención de granito negro pulido, de 40 cm de ancho, sirve de separación entre la plaza dura y el plano inclinado. Con sus 46 centímetros de altura, sirve tambien de banco para los viandantes a lo ancho de la plaza Berri. Una zona de grava de tonos rojizos, a la que dan sombra tres hileras de arces plateados, recorre toda la fachada norte. La plaza se convierte, en definitiva, en un fórum que exhorta a una amplia y diversa ocupación del espacio.

Paseos y calles

El objetivo de este capítulo dedicado al análisis de calles y paseos urbanos está dirigido a la observación e interpretación de las propuestas paisajísticas más interesantes dentro del contexto urbanístico actual; todas aquellas calles, viales, paseos o cualquier intervención urbanística que conforme el paisaje de la ciudad.Todos los proyectos que nos encontramos a continuación responden a unos criterios y principios que acreditan su presencia en este libro y que se pueden resumir en su adscripción a unas características físicas, culturales, históricas o humanísticas del lugar.
Todos estos ejemplos han sido incluidos por su especial atención al respeto de recursos prestados por la naturaleza (luz, agua, especies vegetales), así como por su comprensión de los ritmos biológicos cambiantes.

Espacios públicos en el centro de Nantes
Overtown Pedestrian Mall
Paseo marítimo de la Barceloneta
Reestructuración de la Avenida de los Campos Elíseos
The Citadel
Mejora urbanística en East Couplet Street
Cleveland Gateway
Schiedgraben y Hirschgraben en Schwäbisch Hall
Remodelación urbana en Christiania Quartalet
Indiana White River State Park Promenade
Voie Suisse
Paseo de Gavá
Estación de tranvía en San Francisco

Espacios públicos en el centro de Nantes

Bruno Fortier & Italo Rota

Loalización: Nantes, Francia. **Concurso:** 1991. **Realización (1.ª fase):** 1992-1994. **Cliente:** Ayuntamiento de Nantes. **Arquitectos:** Bruno Fortier, Italo Rota. **Colaboradores:** Jean-Thierry Bloch (ingeniero), Roger Narboni (iluminación), Jean-Claude Hardy (paisajista). **Fotografías:** Phillippe Ruault.

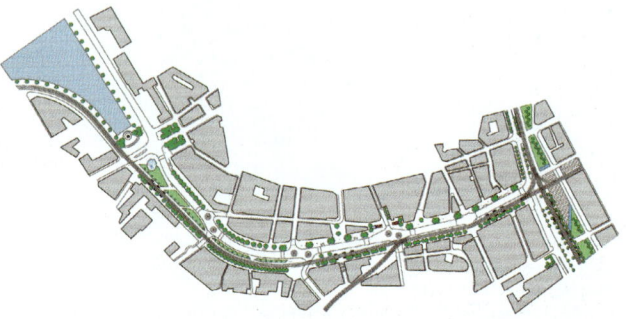

El trabajo de Bruno Fortier e Italo Rota es el resultado de un concurso convocado por el Ayuntamiento de Nantes en 1991 a fin de resolver la adecuación y rehabilitación de una superficie importante de espacio público en el centro de Nantes, ocupado por grandes extensiones de aparcamientos y por los restos de lo que antaño fue su uso comercial e incluso en algunos casos militar, en relación con los dos ríos que están en el origen de la formación de estos grandes espacios urbanos: el Loira y el Erdre.
El hecho de que el estado anterior de estas grandes superficies fuera abierto y extenso, «un gran vacío», se retoma para generar una ordenación que mantiene sus características de gran extensión de espacio, mucho más dilatado que el que normalmente corresponde a la idea de espacio urbano, pero al mismo tiempo sujeto a una ordenación que discrimina sus usos, que ordena los recorridos de los distintos objetos que deben circular por él, que a través del mobiliario y de todos los accesorios urbanos ligados a su función logra crear una atmósfera opuesta a la desolación del desorden, y que se adapta a las necesidades funcionales de la ciudad-máquina actual, con sus circulaciones, sus flujos, todos aquellos aspectos propios del transporte que deben ser satisfechos.

Overtown Pedestrial Mall

Wallace, Roberts & Todd: Gerald Marston

Localización: Miami, EE.UU. **Fecha de construcción:** 1994. **Arquitectos:** Wallace, Roberts & Todd: Gerald Marston. **Fotografías:** Gary Knight & Associates (también páginas 112/113).

Overtown es el nombre con el que se denomina el distrito afroamericano de Miami, en el cual se encuentra este proyecto de zona peatonal.
La zona peatonal para Overtown se inscribe dentro de una política de revitalización, tanto económica como cultural, para estimular la inversión privada y el orgullo comunitario de este distrito histórico.
El proyecto y la ejecución del mismo fueron llevados a cabo en el tiempo récord de cuatro meses, más teniendo en cuenta que en el proceso estuvieron implicados tanto organismos públicos y asociaciones de vecinos como arquitectos paisajistas, ingenieros civiles e incluso un artista local, Gary Moore.
Este último, junto con el arquitecto paisajista de la firma Wallace, Roberts & Todd: Gerald Marston, fueron los máximos artífices de la génesis y coordinación del concepto básico del proyecto, en el que se dio especial importancia a las referencias históricas y culturales, el sentido del color afro-americano y el uso de significados metafóricos.
El proyecto se compone de dos partes: una obtenida al cerrar al
tráfico rodado una porción de vía pública y la otra, perpendicular a la primera, bajo las vías del ferrocarril Dade County.

Paseo marítimo de la Barceloneta

J. Henrich, O. Tarrasó, J. Artigues, M. Roig, A. M. Castañeda

Localización: Barcelona, España. **Fecha de construcción:** 1996. **Arquitectos:** J. Henrich, O. Tarrasó, J. Artigues, M. Roig, A. M. Castañeda. **Fotografías:** David Cardelús, Josep Gri, Jordi Henrich, Juli Espinás, David Manchón (también páginas 136/137).

La Plaza del Mar y el Nuevo Paseo Marítimo se extienden por una zona que hasta 1994 estuvo ocupada por baños, merenderos y clubs deportivos, cuyas instalaciones colmaban todo el frente de la Barceloneta, antiguo barrio de pescadores, e impedían la relación de éste con el mar. Gracias a la Ley de Costas se pudo liberar toda esa superficie de terrenos de dominio público marítimo-terrestre.

Una vez retiradas las instalaciones que ocupaban la playa, las calles de la Barceloneta miran al mar sin obstáculos; conservar estas perspectivas fue un objetivo primordial a la hora de decidir que la rasante del nuevo Paseo sería la misma que la del barrio, para integrarlos plenamente. Sin necesidad de salvar ningún desnivel, el paseante accede desde cualquier calle a la gran superficie que le ofrece el Paseo Marítimo.

Todo el Paseo se pavimenta con cuarcita de Alta gris verdosa, de tonos, texturas y reflejos muy parecidos a los del mar; las piedras se colocan en hiladas de diferente anchura que prolongan la dirección principal de la trama de la Barceloneta hasta el límite quebrado.

El límite irregular del Paseo en el lado de la edificación, las pequeñas plazas frente al mar, lo dota de muchas más posibilidades que en el caso de un paseo con sección transversal constante. Las variaciones de dimensión definen por sí mismas el carácter diverso de los espacios, que es subrayado por la colocación del mobiliario urbano.

Reestructuración de la Avenida de los Campos Elíseos

Bernard Huet

Localización: París, Francia. **Fecha de construcción:** 1994. **Cliente:** Ayuntamiento de París. **Arquitecto:** Bernard Huet. **Colaboradores:** Olivier Bressac, Jean Baptiste Suet (diseñadores del proyecto); Omnium general de ingeniería (ingeniería); Jean Michel Wilmotte, Marc Dutoit (mobiliario urbano); GTM-DS (constructor del aparcamiento). **Fotografías:** Alessandro Gui, Alexandra Boulat.

Sin duda, el Arc de Triomphe de l'Étoile supone un punto focal memorable en la perspectiva; pero, por lo que respecta al conjunto arquitectónico que flanquea la avenida, son sobre todo los conceptos de alineamiento y unidad dimensional, antes que la calidad, a veces modesta, de sus fachadas contempladas por separado, los que contribuyen a la coherencia de esta composición urbana. Tal como señala Bernard Huet, el protagonismo es asumido en este contexto por factores como la superficie de los suelos, la alineación de los árboles y el diseño del mobiliario urbano.

Las aceras, que se han dispuesto al mismo nivel, obligando en consecuencia a diseñar un adecuado sistema de drenaje de aguas, se han organizado en dos grupos que se distinguen por su funcionalidad y por el tratamiento del suelo. En el paseo peatonal, completamente despejado a excepción de las salidas de metro y aparcamientos, el diseño de grandes losas de granito gris claro, puntuado con pequeñas baldosas de un gris azulado. En el segundo grupo de aceras, entre la nueva hilera de árboles y los inmuebles, el ritmo lo marcan pequeñas baldosas claras, cortadas por series de dobles bandas

laterales más oscuras, en línea con los árboles. Este sistema sirve de base para la implantación del mobiliario urbano. Este principio de implantación y la unidad de aspecto, colores y materiales buscada por los proyectistas debían reforzar la percepción espacial y la coherencia de un proyecto urbano en el que el conjunto de las intervencio-nes a lo largo de los siglos serían el fruto de un mismo y único pensamiento rector.

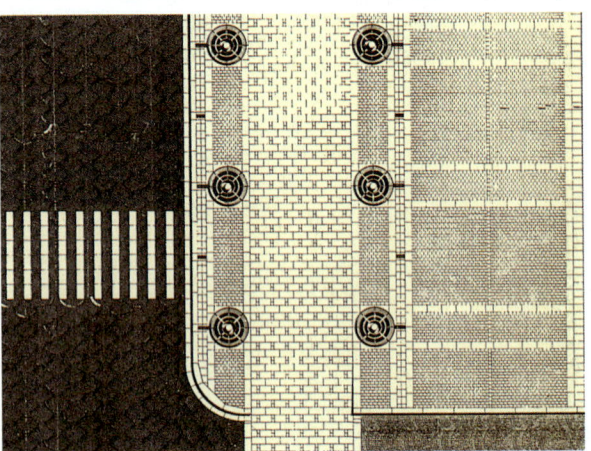

The Citadel

Martha Schwartz

Localización: City of Commerce, California, EE.UU. **Fecha de construcción:** 1990-1991. **Arquitecto:** Martha Schwartz. **Fotografías:** G. Leadmon.

El diseño paisajista es una doctrina, una forma de percibir lo humano y su relación con la naturaleza y el universo. Martha Schwartz parte de la idea de que el hombre, especialmente el norteamericano, ha usado y abusado de la Madre Tierra; al volverse materialista y perder contacto con la naturaleza, ha perdido buena parte de la percepción de sí mismo. El aparente descoyuntamiento que se opera en el entorno humano no anula, sin

embargo, su inspiración, sino que constituye su punto de partida para trabajar.
En The Citadel, el origen de la inspiración está en la forma de la antigua factoría UniRoyal Tire and Rubber. Sobre un suelo pavimentado a modo de damero en tonos grises, verdes y ocres, unas hileras de palmeras datileras plantadas en una especie de blanquísimos neumáticos convergen hacia una plaza que nos traslada a otro tiempo y lugar.

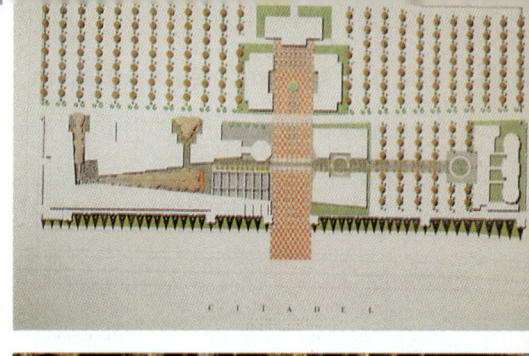

Mejora urbanística en East Couplet Street

Randall D. Beck, Carol F. Shuler, Kevin Berry

Localización: Scottsdale, Arizona, EE.UU. **Fecha de construcción:** 1995. **Cliente:** Ciudades de Scottsdale y Phoenix. **Arquitectos:** Randall D. Beck, Carol F. Shuler, Kevin Berry. **Colaboradores:** Sandy Gonzales Conner (administradora de contactos para el diseño y la construcción). **Fotografías:** Richard Maack, Carol Shuler.

La reforma emprendida en la zona de East Couplet incluyó la creación de un jardín. Éste se extiende de forma sinuosa a lo largo del trazado viario, ofreciendo diferentes espacios. El objetivo era convertir esta zona ajardinada en un santuario para aves. La vegetación fue seleccionada con el objeto de proporcionar cobijo y alimento a una amplia variedad de especies ornitológicas. También se plantaron árboles y matorrales que sirvieran de pantalla contra el viento, aminoraran los ruidos del tráfico y proporcionaran sombra a quienes frecuenten el lugar. En el centro del Hummingbird Garden, se instalaron cinco esculturas en acero de poco más de 4,50 m, que evocan la forma de trompeta de la corola de algunas flores. El trazado de los paseos reproduce en planta la forma estilizada de estas esculturas-flor. A lo largo de los paseos y plazoletas se levantan unos muros bajos y serpenteantes a modo de asientos que, al igual que el pavimento, fueron pintados de color rojo y amarillo ocre. Estos colores fueron escogidos por ser los de las flores a las que aluden las esculturas. El conjunto logrado contribuyó a la transformación de una zona poco grata para el paseo y el ocio en un lugar relajante y de original concepción estética.

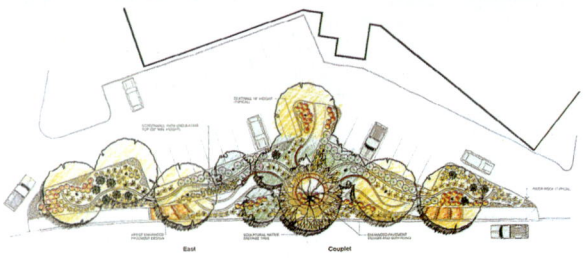

Cleveland Gateway

Sasaki Associates Inc.

Localización: Clevelan-Ohio, EE.UU. **Fecha de construcción:** 1994. **Arquitecto:** Sasaki Ass. Inc. **Programa:** Complejo deportivo, estadio de béisbol, estadio de baloncesto y aparcamiento. **Fotografía:** Sasaki Associates.

El cliente, una fundación, contrató a Sasaki Ass. Inc. para el diseño y realización de un plan urbanístico del complejo deportivo en el centro de Cleveland. El proyecto, situado en un terreno de 11 hectáreas bajo la Public Square (Plaza Pública), incluye un estadio de béisbol al aire libre para el equipo de los Cleveland Indians, con capacidad para 45.000 espectadores; un estadio multiuso para 20.000 espectadores utilizado por el equipo de baloncesto de los Cleveland Cavaliers; una zona residencial y un garaje-aparcamiento para 2.100 vehículos.

Un importante objetivo del proyecto original fue la incorporación de esta zona de entretenimiento y deporte en el centro financiero de la ciudad, consiguiendo, a la vez, un espacio que permitiera la continuación del desarrollo económico de la zona. Sasaki Associates fue asimismo responsable del diseño final del plan, de la formalización documental y de la administración de la fase constructiva de todas las localizaciones, incluyendo plazas, calles, señalización y diseños para tráfico rodado.

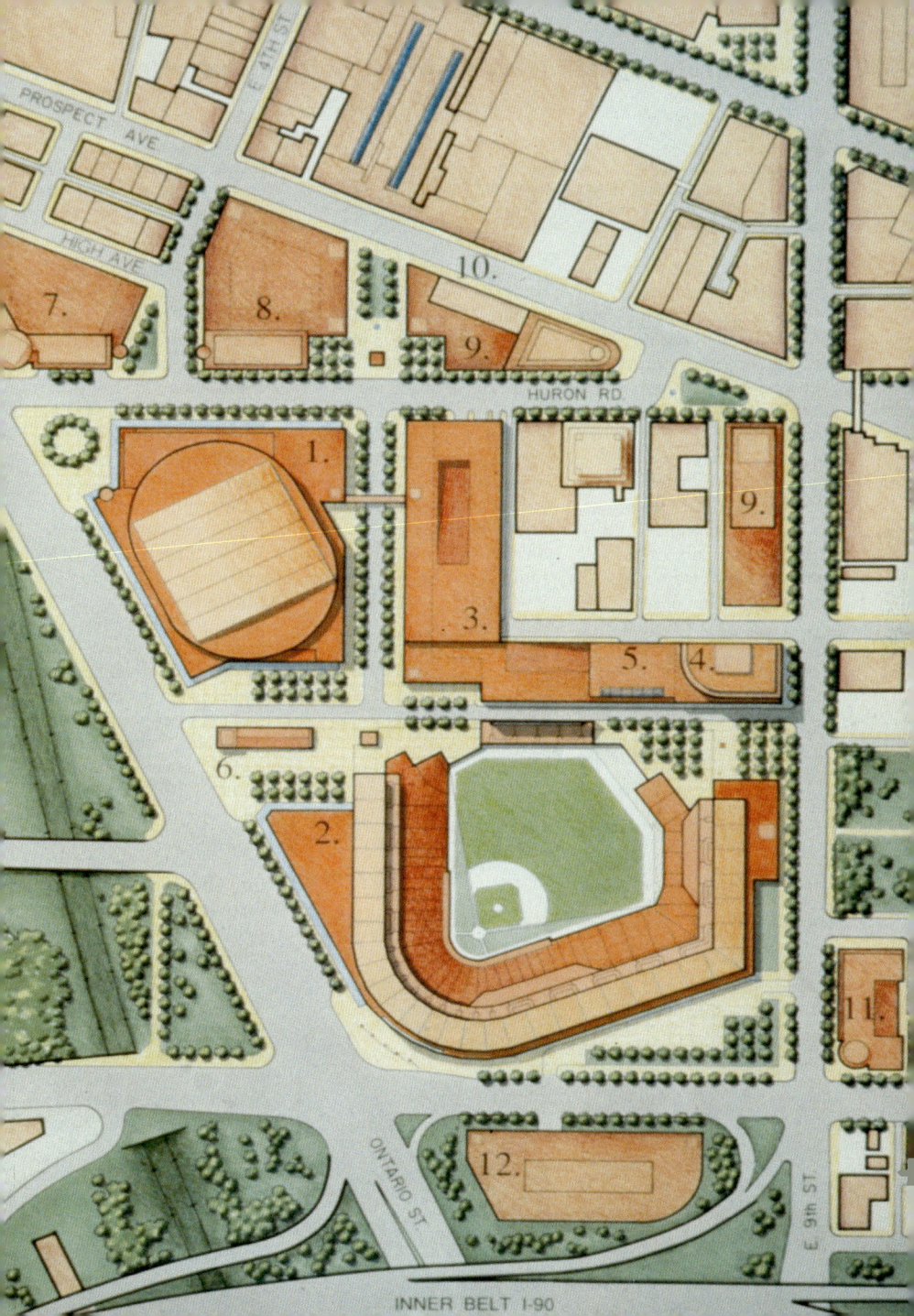

Schiedgraben y Hirschgraben en Schwäbisch Hall

Wilfried Brückner

Localización: Schwäbisch Hall, Baden-Württemberg, Alemania. **Fecha de construcción:** 1990-1992. **Cliente:** Ayuntamiento de Schwäbisch Hall. **Arquitecto:** Wilfried Brückner. **Colaboradores:** Rolf Kronmüller (arquitecto); Stiefel Engineering Office (planimetría); Volker Ellsäßer (paisaje); Edgar Gutbub y Michael Turzer (colaboración artística). **Fotografías:** Wilfried Dechau.

La arquitectura de la ciudad se caracteriza por su histórico casco antiguo, con sus casas de paredes entramadas y un amurallado con puentes y torreones. Con el objeto de respetar los requisitos ecológicos se recogió el material de la obra y de otros lugares de derribo siguiendo las líneas formales y ecológicas, se realizó una selección y se repartió sobre las superficies. Con ello se consiguió, por una parte, la reutilización de los materiales y, por otra, la base para una flora diversa, dinámica y versátil.

Una rampa de escaleras que surge de la muralla interior de la ciudad une dos antiguas construcciones defensivas; sobre estas ruinas se han erigido las obras de acero que diseñaron el escultor Turzer junto al arquitecto. El peso y naturalidad de la piedra se diluye en la transparencia y perfección técnica del acero, de forma que el observador siente al mismo tiempo y de igual modo la tranquilidad horizontal y el crecimiento vertical. La continuidad del foso y de los elevados muros de piedra natural queda interrumpida por los elementos constructivos modernos, cuyas escaleras, portales y sotechados realizados en acero se abren paso entre los lugares que marcan las torres destruidas. Las bases de éstas están constituidas por los sillares de los muros originales, mientras que las capas de transición hacia el pie de la construcción de acero se componen de piedras tratadas. Una obra en barras de acero se eleva formando una figura de resonancias aeronáuticas, parcialmente revestida por planchas perforadas y un tableado barnizado en color. Los cuerpos forman puntos rítmicos en el conjunto del amurallado. El efecto estético complementa la funcionalidad de esta obra arquitectónica que, consciente de su valor, utiliza la sustancia histórica y la desarrolla de forma consecuente a la idea original.

Remodelación urbana en Christiania Quartalet

Niels Torp Arkitekter MNAL

Localización: Oslo. Noruega. **Fecha de realización:** 1994. **Cliente:** Aspelin Ramm AS. **Arquitecto:** Niels Torp Arkitekter MNAL. **Colaboradores:** Pal Ring Giske, Per S. Schjeldsoe, Trine Rosenberg, Lina Hyll; Selmer AS (contratista). **Superficie:** 20.000 m². **Programa:** Remodelación y construcción de espacio de oficinas de nueva planta en el centro histórico de Oslo. **Fotografías:** Jiri Havran, Hans Wrettling.

La zona urbana denominada Christiania Quartalet forma parte de una organización urbanística fechada en 1624 y situada en el barrio antiguo de Oslo.

Los colores, materiales y detalles reflejan la importancia histórica de esta parte de la ciudad. Antes de iniciar la remodelación, los arquitectos se encontraron con una serie de edificios muy poco heterogéneos en cuanto a su tamaño y altura.

Estéticamente se quiso incidir más en las fachadas que dan a la calle que en la propia vía urbana. Por este motivo, los diferentes muros de la manzana debieron ser tratados de distinta forma en función del ambiente exterior del que se veían rodeados. Obviamente, uno de los objetivos más importantes del proyecto fue la construcción de un nuevo y gran edificio frente al Norges Bank, el Banco Real de Noruega.

En este caso, el presupuesto obligó a la utilización de elementos de hormigón prefabricados en lugar de bloques de piedra natural como se preveía en el proyecto inicial.

Una vez más, para no desentonar con el ambiente de alrededor, se pintaron las paredes del mismo color del banco vecino. Lo antiguo inspiraba otra vez lo nuevo.

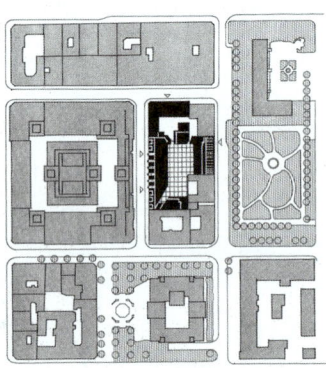

Indiana White River State Park Promenade

Angela Danadjieva & Koenig Associates

Localización: Indianapolis, EE.UU. **Fecha de construcción:** 1988. **Cliente:** White River State Park Development Comission. **Arquitectos:** Angela Danadjieva & Koenig Associates. **Programa:** Intervención urbanística para recuperación de un río. **Fotografías:** T.Hursley, .F.Housel, A.Danadjieva.

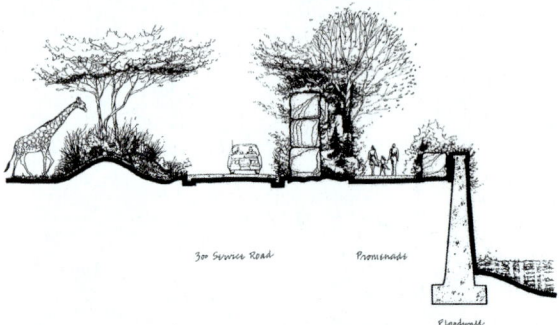

El paseo proyectado por Angela Danadjieva en la orilla del río White se inscribe en una vasta planificación urbanística que pretende recuperar la presencia del río a su paso por el centro de Indianápolis. Las directrices promovidas por la White River State Park Development Comission se concretaban en una voluntad de disponibilidad pública a partir de una propuesta que combinara el ocio ciudadano con la identidad histórica y cultural del lugar y en la integración en una escala más amplia a traves del empleo recurrente y simbólico de la caliza indiana. Los cerca de cinco metros de anchura del paseo se amoldan a la suave curvatura del río White, flanqueados por los 1.272 bloques irregulares de caliza indiana, dispuestos para conformar una escena que oscila entre el naturalismo agreste y la abstracción escultórica. El trazado, suavemente ondulado, permite crear distintas secuencias a lo largo del recorrido, por lo que la variedad de perspectivas, texturas y sensaciones, constituye uno de los principales logros de la intervención.
Las especies arbóreas contribuyen a sugerir la división formal del paseo, articulado en cuatro episodios paisajísticos: el anfiteatro, la galería del rosetón, la de los bajorrelieves y la dedicada a la historia geológica de la piedra caliza. Estos cuatro sectores conjugan la finalidad recreativa y de ocio con un anhelo pedagógico e instructivo.

Voie Suisse

Georges Descombes

Localización: Lago Uri, Suiza. **Fecha de realización:** Mayo, 1991. **Cliente:** Ayuntamiento de Ginebra. **Arquitecto:** Georges Descombes. **Colaboradores:** C.Chatelain y B.Spichiger (botánica), A.Coboz (desarrollo urbanístico), H.Cauville (escritor y crítico), A.Leveille, R.Schaffert (arquitectos y urbanistas), F-Y. Morin (crítico de arte), M.Pianzola (historiador de arte), B.Tottet (geógrafo), J.P.Cetre (ingeniero civil). **Programa:** Trazado y acondicionamiento de un camino peatonal alrededor de un lago en Suiza. **Fotografías:** Georges Descombes, Françoise Goria, Herve Laurent.

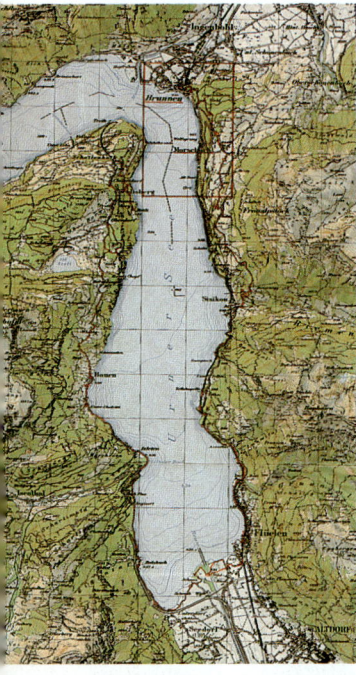

La Voie Suisse es un camino peatonal de 35 km. que bordea el lago Uri y en cuyo trazado y acondicionamiento han intervenido los 26 cantones de la Confederación Helvética. Cada uno de ellos asumió un sector, sin perder de vista el sentido unitario del proyecto. La extensión de los tramos adjudicados a cada cantón se hizo en función del número de habitantes. Se plantearon diferentes tipos de actuación. Se trató de preservar el medio sin por ello sustraerlo a los transeúntes; así, se salvaron importantes desniveles, escalonando pendientes mediante graderías de madera y hierba que permitían sentarse, observar el paisaje y acceder a posiciones más elevadas. En otras ocasiones, el deseo fue el de revalorización: en este sentido hay que entender el trabajo del músico Max Neuhaus, que realizó una instalación sonora a base de altavoces en un claro del bosque, que permitía oír la vida oculta en él. En 1991, tras la conclusión de las celebraciones que acompañaron el séptimo centenario de la Confederación Helvética, desaparecieron muchos elementos efímeros de este proyecto; la vegetación fue recuperando terreno, pero una huella discreta subsistió, dispuesta a ser redescubierta en próximas ocasiones.

Paseo de Gavá

Imma Jansana

Localización: Gavá, Barcelona, España. **Fecha de construcción:** 1992. **Cliente:** Ayuntamiento de Gavá y Facultad de Biología de la Universidad de Barcelona. **Arquitecto:** Imma Jansana. **Colaboradores:** S. Juan, J. Navarro (plan especial), Bet Figueras (paisajismo), F. Giro (intervención botánica), C. de la Villa, J. Lascurain, N. Abad, M. Jorba (dirección de obra). **Programa:** Recuperación de un frente marítimo de 20 km en Gavá. **Fotografías:** David Cardelús.

Desde antiguo, la relación que Barcelona mantuvo con su playa natural fue escasa y marginal. Uno de los recientes esfuerzos encaminados a proteger lo que queda de este delicado ecosistema, lo ha constituido el nuevo paseo marítimo de Gavá, operación que forma parte de un ambicioso plan que contempla la recuperación del frente marítimo en una franja de más de 20 km de costa. La intervención urbanizadora se ha centrado en resolver con sencillez la ordenación de unos recorridos peatonales que discurren a lo largo de la playa y atraviesan un paisaje de dunas fijadas por la vegetación. En un entorno donde también podemos encontrar dunas jóvenes, generadas por el viento, se diseñaron dos bandas sinuosas de pavimento que juegan con el límite de la playa y discurren paralelas al mar. También se ha procurado minimizar el impacto ecológico derivado de la propia actividad urbanizadora: durante la construcción del paseo se procedió al rescate y traslado a un vivero de todas aquellas plantas a las que afectaba el trazado de las nuevas zonas pavimentadas.

Estación de tranvía en San Francisco

Sasaki Ass. Inc.

Localización: San Francisco, EE.UU. **Fecha de realización:** 1998. **Arquitecto:** Sasaki Ass. Inc. **Programa:** Pérgola para parada de tranvía, señalización y pavimento. **Fotografía:** Sasaki Ass.

La línea del tren eléctrico de la Compañía Municipal de San Francisco significa un enlace clave en el sistema de transporte público de esta ciudad y a la vez un elemento más en la reanimación del paseo marítimo de la zona sur del barrio Embarcadero. Los diseños iniciales de esta pérgola formada a partir de una estructura en forma de vueltas fueron objeto de fuertes críticas por parte de los habitantes y de algunos comerciantes de la zona que pensaban que la construcción les bloquearía sus valiosas vistas sobre la bahía. Sasaki Ass. Inc fue contratada por la empresa municipal en 1994 para actuar como consultores en diseño urbano, para liderar el equipo encargado del diseño de la pérgola y coordinar los diferentes grupos públicos y privados involucrados en el proyecto. Sasaki identificó, por tanto, tres objetivos principales en el diseño, a partir del contexto urbano en el que se enclava el proyecto y de las necesidades del paseo marítimo. Las pérgolas deberían contribuir a la revitalizacion cívica y comercial del barrio y preservar asímismo las vistas sobre la bahía, de ahí que se construyeran finalmente en vidrio laminado transparente. Finalmente, deberían desarrollar un sistema modular que redujera los costes de construcción. La forma sinuosa de la cubierta es obra de la artista Anna Murch y alude al dinamismo de las olas de la bahía y a las colinas distantes a lo lejos.

162 Infraestructuras y urbanismo

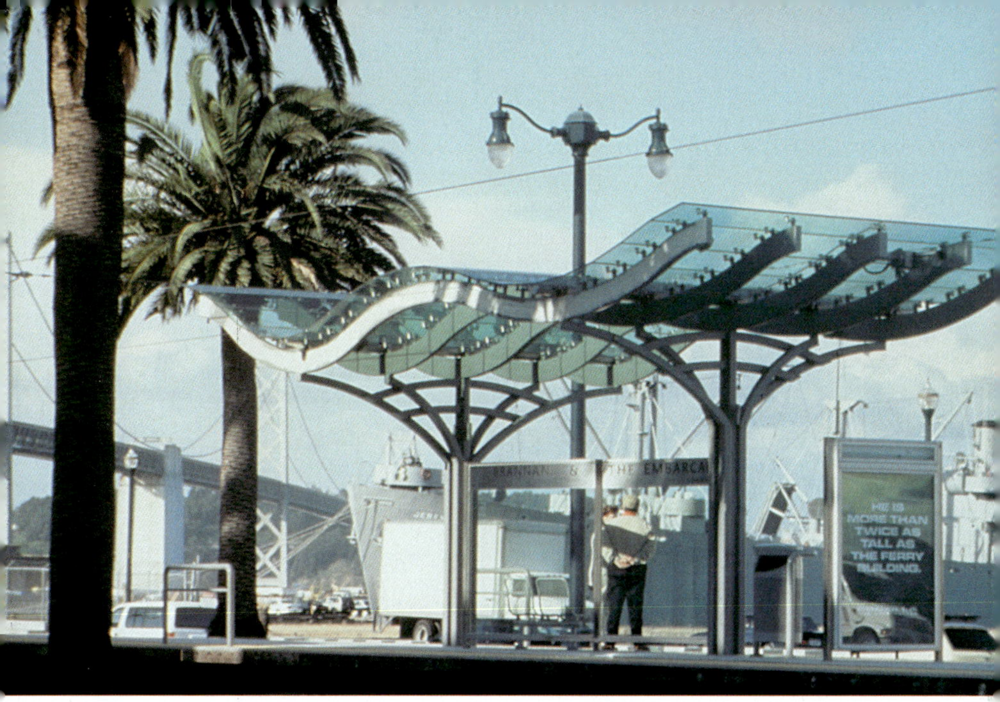
HE IS
MORE THAN
TWICE AS
TALL AS
THE FERRY
BUILDING.

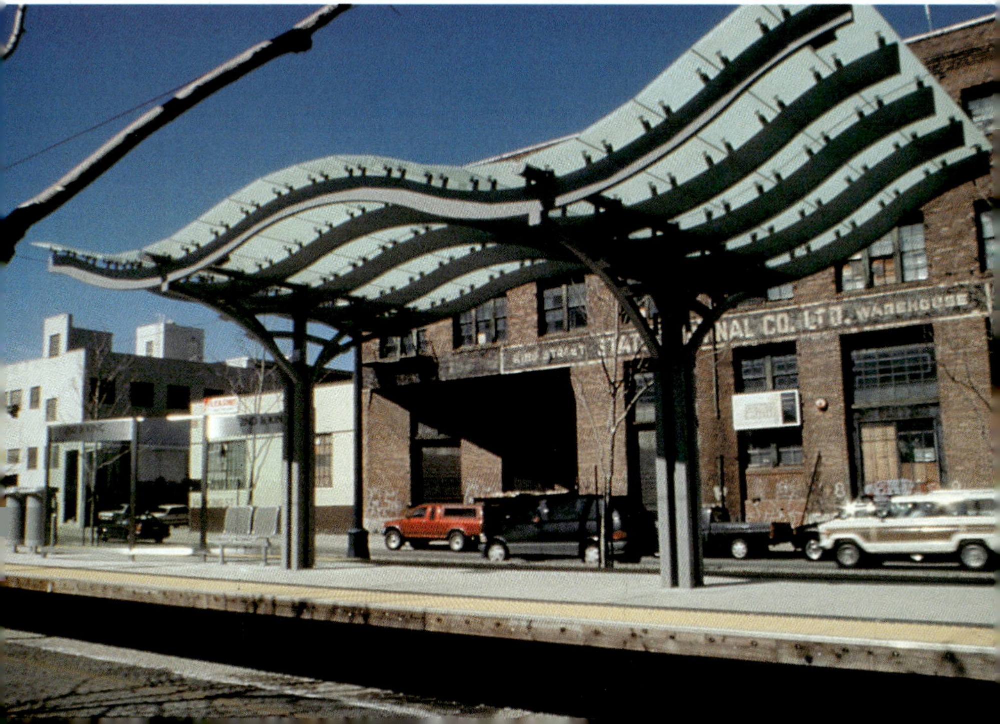
WAREHOUSE

Parques urbanos

Las realizaciones que se agrupan en este capítulo lo hacen en función de una terminología tan amplia como ambigua: la noción de parque urbano presenta una compleja significación derivada del desmesurado crecimiento de las ciudades así como de la confusión tipológica que dicha urbanización ha generado. Esta selección de proyectos contemporáneos pretende únicamente delimitar la amplitud semántica de lo que debería entenderse como parque urbano, justificando a partir de tales consideraciones la presencia de las construcciones incluidas.

Le Jardin Atlantique
Paisaje vertical: 4 proyectos en Manhattan
Parque de Santo Domingo de Bonaval
Parque del centenario de Doosan
Story Garden
Battery Park
Parque André Citröen
La Villete
Plaza Stalingrad
Parque de la Vall d'Hebrón
Piccolo Giardino a Gibellina

Le Jardin Atlantique

François Brun, Michel Pena

Localización: París, Francia. **Fecha de construcción:** 1994. **Arquitectos:** François Brun, Michel Pena.
Fotografías: J.C. Ballot, P. Marechaux, M. Pena.

El Jardin Atlantique se sitúa literalmente sobre las estaciones de tren de Montparnasse y Pasteur, incorporando a París una superfície de tres hectáreas y media ganadas a las vías del ferrocarril. Totalmente ajeno a los flujos de circulación y rodeado de edificios de construcción reciente, nada lo liga a la tradición de los jardines parisienses.
El proyecto tuvo que resolver problemas técnicos y medioambientales particularmente complejos, como los problemas de espesor de tierras y de límite de cargas, un aparcamiento de 700 plazas situado sobre las vías de tren pero bajo el jardín, la presencia de un centenar de aberturas para iluminación de los espacios inferiores y los conductos de ventilación y la sombra arrojada de los inmuebles circundantes.
La distribución en planta del parque se organiza a partir de un gran cuadrado central rodeado por un deambulatorio que lo separa de las otras zonas. El jardín se estructura en franjas que abrazan esta extensión central de césped y en cuyos flancos se distribuyen, a un lado, los espacios arbolados donde se encadenan una serie de recintos temáticos menores y, al otro, las instalaciones habilitadas para la práctica deportiva.

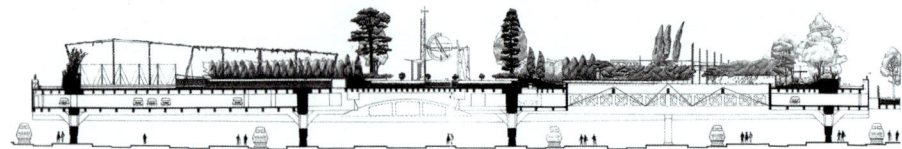

Le Jardin Atlantique

Paisaje vertical: 4 proyectos en Manhattan

West 8

Localización: Nueva York, EE.UU. **Fecha de construcción:** 1996. **Arquitectos:** West 8. **Programa:** Diseño de cuatro alternativas a la ordenación urbanística de Manhattan (NYC). **Fotografías:** Jeroen Musch.

Habíamos oído hablar de esta ciudad vertical. Habíamos visto las imágenes de sus rascacielos y deseado encontrar, en su sublime postulado de construcción en altura, piezas sorprendentes de paisaje vertical, parques tan ambiciosos como el edificio Chrysler, el Empire State o el Rockefeller Center. Lo primero que descubrimos fue el Central Park, el vacío perfecto. Un paisaje bruscamente delimitado por 150 manzanas, que estimula el skyline de Manhattan y satisface el deseo de la ciudad de exponerse al sol. El resto de los espacios verdes de Manhattan se presentan como jardines babilónicos. La cubierta ajardinada del edificio RCA, el jardín de bambú de la IBM, las cascadas interiores de la Trump Tower, los retranqueos en altura y las plazas pueden ser considerados como verdaderos intentos de llevar el verde adentro de los edificios y hacerlo formar parte del gran espectáculo que en definitiva es Manhattan. Esta ambición babilónica se revela como superficial y decepcionante cuando se observa más cuidadosamente.

Para desvelar el potencial de Manhattan, exploramos las posibilidades de la retícula y el principio de Manhattan de ambición y verticalidad ilimitadas mediante intervenciones paisajísticas.

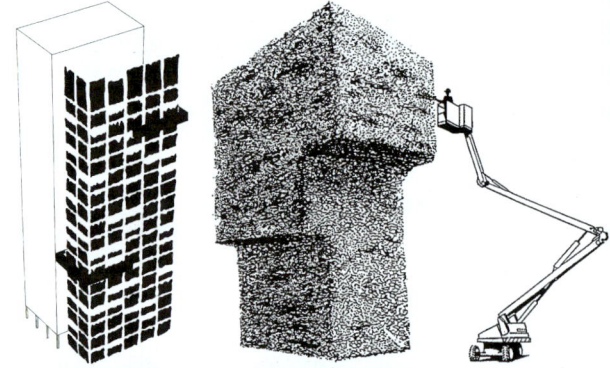

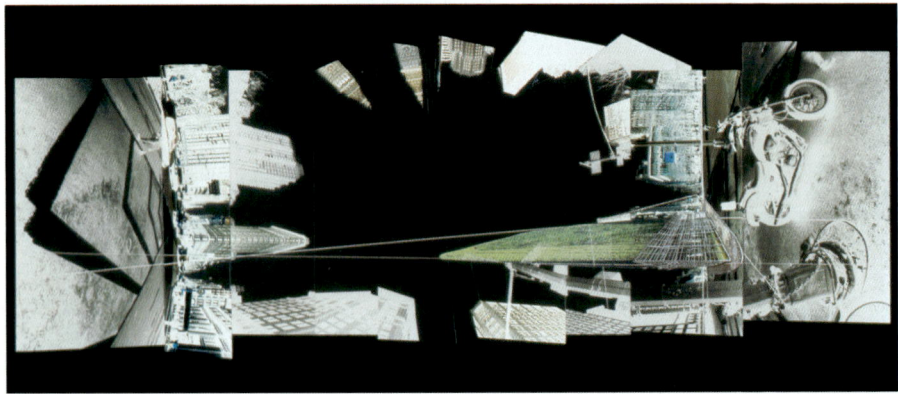

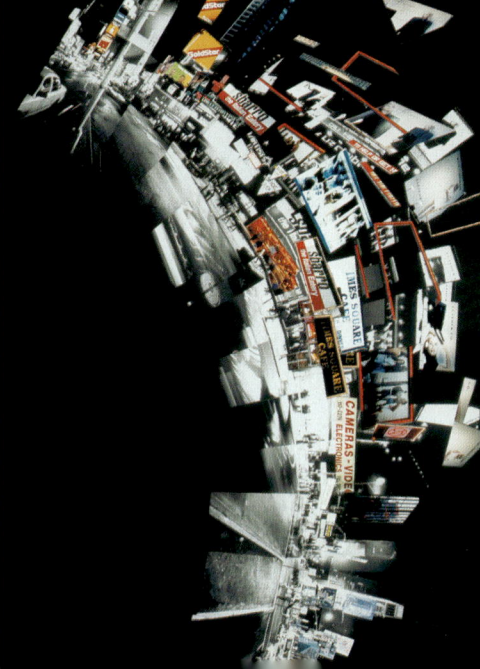

Parque de Santo Domingo de Bonaval

Alvaro Siza Vieira & Isabel Aguirre

Localización: Rúa da Caramoniña, Santiago de Compostela, España. **Fecha del proyecto:** 1990. **Cliente:** Consorcio de la Ciudad de Santiago de Compostela. **Arquitectos:** Alvaro Siza Vieira & Isabel Aguirre. **Colaboradores:** Alessandro D´Amico, Xorxe Nuno y Carlos Muro. **Fotografías:** Tino Martínez (también páginas 166/167).

El convento de Santo Domingo de Bonaval tiene una privilegiada situación en una colina al norte de la ciudad de Santiago.
El Parque de Bonaval, con una superficie de 35.000 m2, ocupa la finca del convento, que data del siglo xii y está dividido en tres zonas claramente diferenciadas. Una zona de huerto aterrazado, un viejo robledal y un cementerio en desuso. Actuar en un ámbito tan singular para transformarlo en un parque público implicaba hacerlo desde el respeto a las preexistencias. Restos de muros, ruinas, caminos, tumbas y, sobre todo, piedra y agua. Al limpiar los arroyos y las fuentes, se deja que el agua discurra por donde lo venía haciendo, para alimentar, esta vez, la vida del propio parque.
En la zona baja del huerto se recupera un pequeño jardín geométrico al que se accedía desde el convento y se aprovecha la inteligente traza antigua de plataformas a distintos niveles comunicadas con rampas. Sobre una de estas plataformas, se ha colocado una escultura de Eduardo Chillida «La puerta de la música» contra los muros de cerramiento en una zona escalonada de pendiente pronunciada. La zona alta, más despoblada, albergará la sede del Museo-fundación Eugenio Granell. Atravesando una puerta bajo un enorme dintel con una letra omega labrada, se accede al viejo cementerio, de trazado ortogonal. Los materiales utilizados y la forma de hacerlo nos hablan del extremo cuidado con el que se ha trabajado. Se trata de los mismos materiales que existían, granito, hierba, musgo, agua, hasta el extremo que la combinación entre ambos, sin querer falsificar nada, se mantiene casi en el mismo plano de lo que ya había.

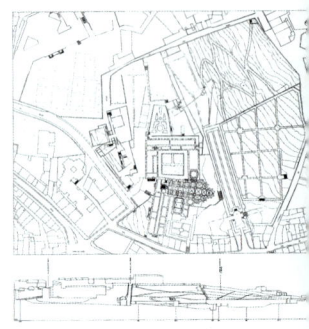

Parque del centenario de Doosan

Sasaki Associates

Localización: Seúl. Corea. **Fecha de construcción:** 1943. **Arquitectos:** Sasaki Associates. **Programa:** Diseño y construcción de un pequeño parque urbano. **Fotografías:** Sasaki Associates.

Sasaki Associates participó en el diseño conceptual de un pequeño parque en el centro histórico de Seúl. El parque, situado en el emplazamiento del almacén original de Doosan, se hizo a propósito de la celebración del 100 Aniversario de Doosan Corporation, la compañía más antigua de Corea. El objetivo del proyecto era utilizar este lugar histórico para crear un monumento memorable y duradero para celebrar los logros pasados, presentes y futuros de Doosan. El programa del proyecto incluía una representación de la fachada original del escaparate frontal, una cápsula del tiempo y una representación del 100 y el 27, para indicar el n° de años y el n° de compañías subsidiarias de Doosan, respectivamente. La compañía deseaba un parque con los mejores materiales disponibles y de fácil mantenimiento.

El parque, de unos 1000 pies cuadrados, consiste en un muro continuo parabólico de granito, un macizo de flores situado justo delante del muro y una torre cilíndrica de 25 metros de altura situada en el centro del lugar. El muro proporciona un espacio vertical para la inscripción de las 27 compañías subsidiarias, simbolizando la unidad (en un único muro) y a la vez la originalidad de cada empresa. Paralelo al muro y al macizo de flores, se sitúa un asiento continuo.

Story Garden

Doug Macy y Larry Kirkland

Localización: Waterfront Parc, Portland, Oregón, EE.UU. **Fecha de construcción:** 1993. **Cliente:** Ciudad de Portland. **Arquitectos:** Doug Macy y Larry Kirkland. **Colaboradores:** David Oldfield (psicólogo infantil).

Doug Macy y Larry Kirkland han creado con su Story Garden un paisaje único para el Waterfront Park de Portland. Fábulas, mitos y realidad se entrelazan en un laberinto fantás-tico que es, en sí mismo, una auténtica metáfora del viaje de la vida. Un entorno sorprendente que entretiene a los visitantes animándoles a seguir su recorrido, planteándoles interrogantes y ofreciéndoles respues-tas. El Story Garden es un laberinto bidimensional de 18,30 m. (60 pies) de diámetro, construido sobre el frondoso césped del Waterfront Park. En el interior del mismo, los senderos de granito se desarrollan en una serie de giros que nunca convergen en un punto central, sino que se manifiestan en una multiplicidad de itinerarios. Dominando el área en la que se emplaza el laberinto, se levanta un pequeño montículo sobre el que se alza un trono de granito rojo, que observa impasible el tortuoso recorrido del monumento. En su extremo opuesto, una plataforma de piedra sirve de base para una puerta erigida con pequeñas piedras geométricas, que recuerda las construcciones de los juegos infantiles. El eje perpendicular formado por estas dos figuras está rematado por dos estatuas de granito que representan una tortuga y una liebre, en clara alusión a la fábula. Así, los cuatro puntos cardinales del laberinto quedan definidos por el trono, el umbral, la tortuga y la liebre, y todo su perímetro está enmarcado por unos cubos similares a los empleados para construir la puerta.

Macy y Kirkland se entrevistaron con psicólogos infantiles, padres, policías y encargados del mantenimiento de parques y jardines.

El Story Garden no es sólo un elemento decorativo, un capricho visual. Casi puede ser considerado como un ejercicio para la mente, un sencillo jeroglífico lleno de elementos simbólicos y representativos: un lugar que invita por igual al ocio y a la reflexión.

Battery Park

Hanna & Olin, Paul Friedberg, Child Associates

Localización: Nueva York, EE.UU. **Fecha de construcción:** 1984-1995. **Arquitectos:** Hanna & Olin, Paul Friedberg, Child Associates. **Promotor:** Ayuntamiento de Nueva York y la Corporación de Desarrollo Urbano del estado de Nueva York. **Colaboradores:** Cooper Eckstut and Associates. **Fotografías:** Esto.

Este parque es un ambicioso proyecto residencial y comercial sobre un terreno de cerca de 92 acres, situado en la parte baja de Manhattan y flanqueado por el World Trade Center y el rio Hudson. Los objetivos básicos de la actuación, dividida en dos fases, incluían la sistematización de un espacio público abierto que acogiera un paseo de una milla de distancia a lo largo del curso fluvial y varias millas de bulevares y calles, así como un número considerable de plazas y parques. El espacio original, carente de episodios naturales y de identidad urbana, obligó a los autores a realizar una serie de estudios previos que lograran conectar este nuevo espacio público con la idiosincracia urbana y cultural de la ciudad. Así, se propuso integrar, por ejemplo, obras de arte en el contexto urbano cotidiano.

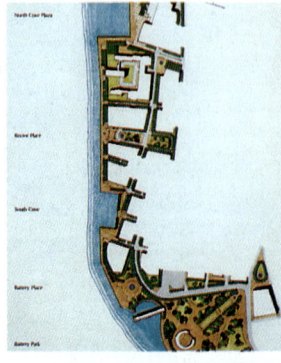

Parque André Citroën

Jean Paul Viguier, Jean François Jodry, Alain Provost, Patrick Berger, Gilles Clément

Localización: París, Francia. **Fecha de construcción:** 1992. **Cliente:** Ayuntamiento de París. Departamento de Parques y Jardines. **Arquitectos:** Jean Paul Viguier, Jean François Jodry, Alain Provost, Patrick Berger, Gilles Clément. **Programa:** Recuperación de un terreno para construcción de un parque multifuncional en el centro de París. **Fotografías:** Alain Provost.

El Parque Citroën es ante todo un multijardín de conceptos: abandonando la idea de fórum multicultural o la utilidad recreativa, se constituye en un lugar de contemplación de la naturaleza. Su configuración actual se remonta al concurso internacional de1985 para ajardinar los terrenos que la industria Citroën había dejado abandonados. El parque André Citroën es, junto con la Vilette, el espacio verde más importante en París creado desde el Segundo Imperio. La parte central, con 11 ha de superficie, incluye una amplia esplanada en suave declive, cerrada por dos invernaderos monumentales, un gran parterre rectangular y una serie de niveles sucesivos que descienden hasta la orilla del Sena.

Flanqueando como dos grandes orejas el extremo del parque más alejado del río oponen su disparidad de criterios el jardín negro y el jardín blanco. El primero, muy boscoso, tiene un espacio vacío en medio; el segundo, muy mineralizado y claro –árboles del género Prunus de flores blancas y plantas de hojas claras–, tiene en el centro un espacio lleno.

Al lado noreste del parque, allí donde muere el jardín negro, se extiende una zona muy ajardinada en la que destacan los jardines sériels, poéticos e intimistas y dispuestos en serie. Al otro lado de la diagonal se extiende una zona más mineral, jalonada de torres, de ninfeas de granito y dotada de un gran canal.

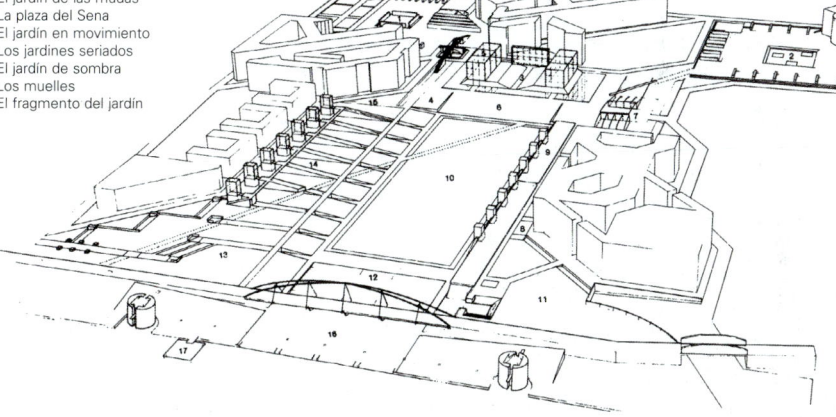

1. El jardín blanco
2. El jardín negro
3. Peristilo de agua
4. Peristilo vegetal
5. Invernadero
6. Explanada
7. El restaurante
8. El jardín de la metamorfosis
9. El canal de las ninfeas
10. El jardín central
11. El jardín de las mudas
12. La plaza del Sena
13. El jardín en movimiento
14. Los jardines seriados
15. El jardín de sombra
16. Los muelles
17. El fragmento del jardín

Parque André Citroën

La Villette

Bernard Tschumi

Localización: París, Francia. **Fecha de realización:** 1991. **Arquitecto:** Bernard Tschumi. **Fotografías:** J.Y. Gregoire.

La Cité des Sciences, la Géode, el Grand Hall, el Parque de La Villette y La Cité de La Musique ocupan una misma zona en la periferia de París. Se trata de una de las grandes apuestas urbanísticas de los años ochenta y un tema habitual en las publicaciones y debates de esos años.
La construcción de la monumental y escenográfica Cité de la Musique llevó a que le fuera concedido a su arquitecto, Christian de Portzamparc, el Premio Pritzker.
El de La Villette fue uno de los concursos estrella de los 80 y, sin embargo, la celebrada propuesta del americano Bernard Tschumi parece ya hoy un paisaje decadente. Esta zona está en pugna con La Défense por ser la experiencia urbanística menos afortunada de París.

Plaza Stalingrad

Bernard Huet

Localización: París, Francia. **Fecha de construcción:** 1990. **Cliente:** Ayuntamiento de París. **Arquitecto:** Bernard Huet. **Programa:** Plaza de uso público: intervención paisajística, pasarela de acceso a la terraza de nivel más alto y mobiliario urbano. **Fotografías:** Francesc Tur.

Los objetivos de la plaza de Stalingrad estuvieron, desde sus inicios, estrechamente relacionados con el programa de adecuación del Bassin de la Vilette y se inscribían en el plan de revalorización de los canales emprendidos en la ciudad de París.

La estrategia de Bernard Huet en este proyecto de remodelación se resume en cinco puntos, expuestos por orden de prioridad: potenciación de la imagen de la plaza como espacio público, cuya única función es la de configurarse como área urbana disponible y susceptible de ser apropiada por todos; revelar a través de su trazado el genius loci, la esencia y la memoria histórica del lugar; proseguir el gran proyecto urbano de Ledoux (y, sobre todo, el más tardío de Girard) sin recurrir a soluciones de continuidad que lo hagan parecer totalmente acabado; rechazar la expresión vulgar y directa de las soluciones pragmáticas, puesto que el papel asignado a la arquitectura es el de sublimar y surayar esos aspectos; y, finalmente, la renuncia consciente a dar respuestas homogéneas a cada situación, con lo que cada parte del proyecto puede ser tratada según el lenguaje estilístico más apropiado a su naturaleza.

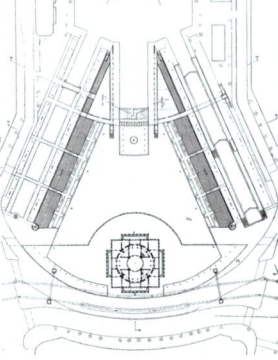

Parque de la Vall d'Hebrón

Eduard Bru

Localización: Barcelona, España. **Fecha de realización:** 1992. **Arquitecto:** Eduard Bru. **Cliente:** Ayuntamiento de la ciudad de Barcelona. **Programa:** Parque urbano de uso público, instalaciones deportivas, vestuarios, oficina y servicios. **Fotografías:** David Cardelús, Eduard Bru.

Los Juegos Olímpicos de Barcelona'92 brindaron a la ciudad una ocasión única para la reordenación urbanística de su ámbito metropolitano. La Anilla Olímpica proporcionó el espacio representativo que merecían las celebraciones deportivas y devolvió a la ciudad una serie de zonas de esparcimiento. Una de ellas fue, precisamente, la intervención para conseguir lo que finalmente fue el actual Parque de la Vall d´Hebrón: un conjunto de instalaciones deportivas, equipamientos y áreas residenciales que debían adecuar unos márgenes de la reciente ronda de circunvalación y racionalizar lo que durante décadas había sido periferia de ocupación incontrolada y subordinada al límite orográfico que supone la sierra de Collserola.
Hoy es un hermoso parque de uso público en el que se utilizan todas las instalaciones deportivas dejadas como legado del acontecimeinto deportivo del año 1992.

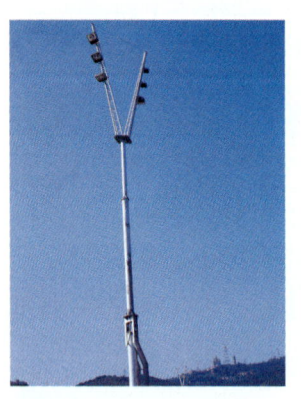

Piccolo Giardino a Gibellina

Bruno Fortier & Italo Rota

Localización: Gibellina, Trapani, Italia. **Fecha de realización:** 1985-1988. **Cliente:** Ayuntamiento de Gibellina.
Arquitecto: Bruno Fortier & Italo Rota. **Colaboradores:** Giuseppe Taibi (asistente de obra). **Programa:** Remodelación de una plaza pública en centro histórico. **Fotografías:** Mimmo Jodice.

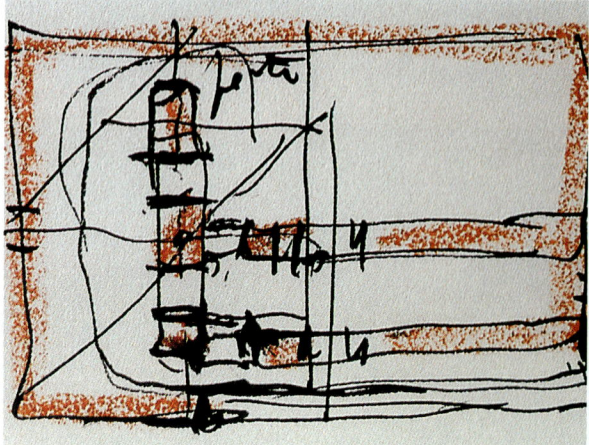

La ciudad de Gibellina, destruida por un terremoto en 1968, fue objeto de una serie de planificaciones con las que se intentó reorganizar su imagen urbana. El arquitecto italiano contribuyó en esta reconstrucción mediante un pequeño jardín público en el que se han logrado conciliar conceptos que no son habituales en urbanismo. El pequeño recinto se situó en una zona nuclear caracterizada por un pequeño desnivel que conforma la colina que domina la localidad. Sobre dicho sector se ha ubicado el área de la plaza central, con el mercado, la biblioteca, viviendas y el jardín que cierra la isla. Se concibió el proyecto como una difícil combinación entre edificio y parque, como espacio público y, a la vez, privado que significase una continuidad arquitectónica de alzados, una creación de un espacio interior accesible y en contacto con el entorno natural urbano, y, por último, que invitara a la introspección y a la reflexión, al diálogo entre el pasado y presente.

Parques periféricos

El único parámetro unificador al que responden los proyectos aquí incluidos es el de su emplazamiento: las obras escogidas, selectos ejemplos de este ámbito de la actividad de la arquitectura paisajística, se sitúan a medio camino entre las zonas urbanizadas y el medio natural, en una ambigua tierra de nadie. Es precisamente esta definición de localización la que la distingue de los denominados parques urbanos o de las plazas. Sin embargo, estos proyectos también presentan unas diferencias determinantes respecto a otros ámbitos del paisajismo, ya que los parques periféricos no persiguen la integración forzosa de espacios verdes en el interior de una ciudad. La adecuación de las periferias sí responde a una dignificación de zonas marginales, a la creación de ecosistemas de plena validez ecológica y estética y a una más íntima conexión entre individuo y naturaleza.

Parque del Besós

Parque Histórico Culhuacán

Parque Xochimilco

Parque Cultural Candelstick Point

Byxbee Park

Parque Papago

Parque Princesa Sofía

Le Domaine du Rayol

Le Jardin des Retours

Parque Poblenou

Parque del Besós

Viaplana & Piñón Arquitectes

Localización: Barcelona, España. **Fecha de realización:**1987. **Cliente:** Ayuntamiento de Barcelona. **Arquitecto:** Viaplana & Piñón Arquitectes. **Programa:** Parque urbano de uso público, recorrido escultórico. **Fotografías:** David Cardelús.

Con la intención de devolver a la ciudad el espacio perdido, la reestructuración del lugar está planteada a partir de una serie de criterios urbanísticos y paisajísticos que han presidido toda la intervención: por una parte, enlazar el parque con el entramado del tejido urbano, pero no solo desde un sentido físico y material, sino también en sus aspectos conceptuales más abstractos y espirituales, ya sean éstos tipológicos, tectónicos o paisajísticos; y, por otra, convertir el lugar en una zona para el disfrute colectivo, subrayando su carácter de diálogo con el entorno y de disponibilidad ciudadana. En la planificación, además de los factores físicos y orográficos, se planteó la necesidad de recuperar los valores identificativos del lugar, tanto desde el punto de vista cultural (tradición tipológica) como del natural (selección de especies vegetales en consonancia con el marco climático y paisajístico). Asimismo, se puso especial énfasis en la definición de espacios adecuados al disfrute colectivo, con una distribución de áreas funcionales destinadas al paseo y a la relación.

Parque Histórico Culhuacán

Grupo de Diseño Urbano

Localización: Iztapalapa, México. **Fecha de construcción:** 1992. **Cliente:** Centro Comunitario Culhuacán (Instituto Nacional de Antroplogía e Historia). **Arquitecto:** Grupo de Diseño Urbano. **Colaboradores:** Elsa Hernandez (arqueología), Juan Vanegas (historicista). **Programa:** Diseño y construcción de un parque histórico-temático. **Fotografías:** Gabriel Figueroa

La recuperación de la historia de un pueblo es, en ocasiones, el objetivo prioritario del arquitecto paisajista. El parque Culhuacán utiliza restos históricos y arqueológicos como elementos de ordenación del espacio, integrándolos en la actual cultura local.

El objetivo básico consistía, pues, en recuperar el carácter histórico del lugar y, a la vez, fomentar las tradiciones de los vecinos. Para ello se establecieron tres campos temáticos: el rescate de la memoria (las ruinas aztecas), la revalorización de la construcción existente (el ex convento) y la creación de áreas nuevas. Estos tres niveles debían, además, recrear el ambiente de la época de esplendor de Tenochtitlán. El esquema compositivo adoptado debía ser ortogonal, en correspondencia con la traza urbana y, también, con la orientación del convento. Como elemento generador del conjunto se propuso un estanque -referencia histórica al embarcadero azteca-, enmarcado por las ruinas de los muros históricos.

En la parte sudoriental del terreno se construyó un teatro al aire libre, en forma de pirámide invertida, con aforo para 250 personas.

La especial geometría de los distintos espacios y la utilización de materiales locales, contribuyen a mimetizar el parque con el entorno circundante. Prolongando las construcciones y vestigios históricos que ya existían, el parque Culhuacán se erige en un recinto sosegado, tranquilo y a la vez permanente, ajeno a las vicisitudes del tiempo.

Parque Xochimilco

Grupo de Diseño Urbano

Localización: Xochimilco, México. **Fecha de construcción:** 1992-1993. **Cliente:** Ayuntamiento de Xochimilco y Departamento del Distrito Federal. **Arquitectos:** Grupo de Diseño Urbano. **Colaboradores:** Jorge Calvillo. **Programa:** Paque urbano de uso público, áreas deportivas, zonas húmedas y centro de información, sala para exposiciones, tiendas, cafetería, servicios y oficinas. **Fotografías:** Jorge Sandoval.

Las 280 ha del parque se utilizaron para crear una reserva natural para las aves, un jardín botánico con zona chinampera demostrativa, un área recreativa con embarcaderos, una nueva laguna, así como un mercado de plantas y flores, áreas deportivas, zonas húmedas y un centro de información al visitante. En la plaza de acceso, el corazón del parque, está ubicado el centro de

información, edificio multifuncional que alberga un pequeño museo, un puesto de información, una sala para exposiciones temporales, tiendas, cafetería, servicios y oficinas, además de un mirador en la azotea. El hormigón de tono rojizo se utiliza en alusión al tezontle de la región. Todos los edificios están integrados en el paisaje y se complementan con veredas, pérgolas, enredaderas y cercos de seto, ayudando así a preservar el carácter natural del lugar.

Parque Cultural Candlestick Point

Hargreaves Associates

Localización: San Francisco, California, EE.UU. **Fecha de construcción:** 1985-1993. **Arquitectos:** Hargreaves Associates. **Colaboradores:** Mack Architects, Doug Dollis. **Programa:** Diseño y construcción de un parque público urbano. **Fotografías:** Hargreaves Associates.

El proyecto surge en 1985 de una iniciativa conjunta del California Arts Council, el departamento de parques y la oficina del arquitecto del estado de California, con el fin de integrar en un mismo equipo arquitectura, paisaje y arte.
El lugar se sitúa en el borde de la ciudad de San Francisco, sobre unos terrenos de relleno ganados a la bahía, en una zona industrial azotada por fuertes vientos. Los 73.000 metros cuadrados de superficie del solar, en medio de un paisaje urbano despojado de carácter, cercanos a una gran área industrial, se sitúan al borde de un estadio deportivo, como restos sin ocupar por la extensísima superficie de su aparcamiento descubierto. La entrada principal resigue uno de los viales del enorme aparcamiento en superficie del estadio. Abriéndose paso entre un montículo, un túnel de viento, orientado según la dirección de los vientos dominantes, intensifica la experiencia del encuentro con el parque. Tras el umbral, una suave rampa cubierta de césped se extiende hasta la entrega directa con el agua.

Byxbee Park

Hargreaves Associates

Localización: Palo Alto, California, EE.UU. **Fecha de construcción:** 1991. **Cliente:** Ciudad de Palo Alto.
Arquitectos: Hargreaves Associates. **Colaboradores:** P. Richards, M. Oppenheimer (esculturas), Robert L.Davis (arquitecto), Emcon (ingeniería). **Programa:** Transformación de un vertedero en parque periférico.
Fotografías: Hargreaves Associates.

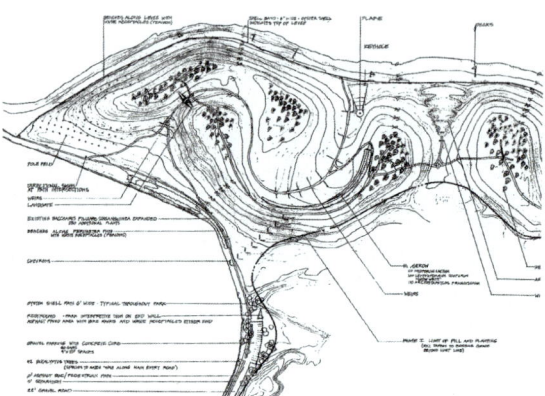

El Parque Byxbee es un interesante experimento de reciclaje paisajístico, por cuanto consiste en la transformación de un vertedero de 60,7 ha en parque costero de la bahía de San Francisco. El planteamiento de Heargraves fue modelar el paisaje e introducir piezas escultóricas que hicieran perceptibles las cualidades del lugar, su luz y su brisa, de un modo diferente. La primera medida fue sellar los desechos con una doble capa, de unos 60 cm de tierra y 30 de arcilla. La capa de arcilla superior se modela creando montículos de unos 18 m de altura máxima y a base de pendientes para evitar la erosión. Para prevenir el agrietado de esta cubrición, y dado el riesgo de liberación de sustancias tóxicas con el crecimiento de las grandes raíces, se renuncia al uso de árboles. En su lugar, la mayor parte del parque se cubre de una densa hierba corta, propia de la zona. Los caminos de conchas trituradas, de unos 1,8 m de ancho, que serpentean por el relieve del parque, producen un especial crujido al recorrerlos. Por su parte, un dique de tierra hendido por una brecha, marca la transición entre el sector norte del parque, abierto y expuesto, y las zonas más resguardadas, junto a las marismas de éste. Bordeando la orilla de la marisma, una serie de plataformas entabladas y bancos proporcionan lugares resguardados del viento desde los que es posible disfrutar de la vista y contemplar las grandes poblaciones de pájaros migratorios de la zona.

Parque Papago

Steve Martino

Localización: Phoenix, EE.UU. **Fecha de realización:** 1992. **Arquitecto:** Steve Martino. **Colaboradores:** Jody Pinto.
Programa: Diseño y realización de un parque periférico y su sistema de riego. **Fotografías:** R. Maack, S. Martino.

La progresiva urbanización de la zona y una explosión demográfica incontrolada de pequeños mamíferos, junto con un abandono en el mantenimiento y protección del parque natural son las causas de este desastre ecológico. Llegados a esta situación era necesaria una actuación que sirviese como catalizador de futuras intervenciones y señalase un cambio en el rumbo del parque.
El proyecto es la imagen de entrada al parque, un hito en la inmensidad del desierto. Las autopistas que delimitan el solar en esquina junto a un cruce, sólo añaden aspereza a la ya ardua tarea de cualificar y dar contenido a la zona. El proyecto de Martino y Pinto construye una sencilla y contundente intervención en el paisaje: frente a la velocidad de la autopista, una escultura estática de dimensiones suficientes para ser percibida y, frente al árido clima, un trabajo con la piedra como material expresivo y con especies autóctonas. Su estructura consiste en un largo acueducto de casi 200 metros de longitud (650 pies) con siete ramificaciones, pequeños muretes que nacen de él y colonizan el terreno adyacente extendiéndose sinuosamente.

Parque Princesa Sofía

José Antonio Martínez Lapeña, Elías Torres Tur

Localización: La Línea de la Concepción, Cádiz, España. **Fecha de construcción:** 1990-1993. **Cliente:** Dirección General de Urbanismo, Junta de Andalucía. Empresa pública del suelo. **Arquitectos:** José Antonio Martínez Lapeña, Elías Torres Tur. **Colaboradores:** Iñaki Alday, Nuria Bordas, Arturo Frediani, Marisa García, Clara Jiménez, Eduard Miralles, Joaquín Pérez, Inés Rodríguez, Quim Rosell. **Técnicos:** José María Hervas, Carlos Sánchez. **Constructora:** Fomento de Construcciones y Contratas. **Fotografías:** Fernando Alda (también páginas 192/193).

La idea básica del proyecto de remodelación se basa en el respeto y revalorización de los árboles existentes mediante un nuevo trazado para el parque. Organizan el conjunto cuatro franjas de formas sinuosas que siguen la posición de las palmeras existentes, plantadas entre el césped y limitadas por pletinas de hierro cortén. Así mismo, se plantan nuevas palmeras que completan los intersticios vacíos para de este modo formar líneas continuas. Estas franjas discurren de norte a sur por todo el parque y, al estar separadas, definen otras franjas similares pavimentadas con albero en las que aparecen los otros árboles existentes en un orden casual. Superpuestas a todas ellas, se trazan dos calles rectas también de norte a sur, con pavimento de asfalto, que hacen más permeable al tráfico la gran superficie del parque. Otra calle quebrada, también asfaltada y más ancha que las anteriores con la intención de ser el eje de actividades en el interior del parque, lo cruza en dirección este-oeste. A lo largo de ella se planta una gran arboleda de eucaliptos, aprovechando la proximidad del nivel freático y convirtiéndola así en un paseo y en una zona adecuada para la feria anual de La Línea. Para dar mayor accesibilidad a distintas zonas del parque se trazan unos caminos de 3 m paralelos a la calle-paseo principal que van cruzando las franjas de césped. Al sur del paseo de eucaliptos se sitúan dos edificaciones de hormigón que albergarán pequeños espectáculos al aire libre. En el eje longitudinal de ambas construcciones y junto al paseo central se proyectan dos grandes palios, también de hormigón, para proteger la instalación temporal de quioscos o bares.

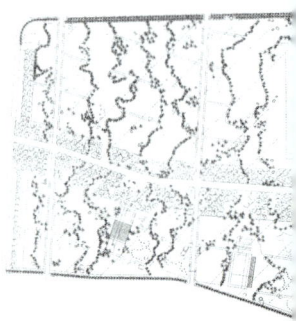

Le Domaine du Rayol

Atelier Acanthe & Gilles Clément

Localización: Le Rayol Canade, Francia. **Fecha del proyecto:** 1988-1997. **Arquitectos:** Atelier Acanthe & Gilles Clément. **paisajistas:** Gilles Clément y Philipe Delian. **Colaboradores:** Frangois Macquart-Moulin (conservador), Jean-Laurent Felizia y Jean-Michel Battin (jardineros), Albert Tourrette (importaciones). **Cliente:** Conservatoire du Littoral. **Superficie:** 25 hectáreas. **Programa:** Jardín botánico. **Fotografías:** Alexandre Bailhache.

Le Domaine du Rayol ocupa una zona particularmente bella de la Côte des Maures, en el litoral mediterráneo francés. Clément propuso al Conservatorio la creación de un "jardín austral", entendido según sus propias palabras como "un conjunto de compatibilidad de vida", donde el auténtico habitante fuera la flora plantada en él, y que podía convertirse además en un lugar para experimentar el comportamiento de las distintas especies en su convivencia entre ellas y en su relación con el clima. Así, Clément dividió el terreno en unos pocos sectores, correspondientes cada uno a distintas zonas del planeta: Australia, Nueva Zelanda, Tasmania, Suráfrica, Chile, México, California y China. Muchas de las especies que se fueron plantando a lo largo de los seis años de trabajo fueron encontradas en Europa, si bien unas pocas fueron traídas de sus lugares de origen, y otras plantadas por medio de semillas. El trabajo, se proponía de algún modo crear un jardín para comprender mejor el mundo vegetal a través de su desubicación y reubicación en Le Domaine, a partir del método universal según el cual sacar un elemento orgánico de su contexto e intentar mantener su vitalidad fuera de él es uno de los mejores procedimientos para su comprensión. Clément denomina al Domaine "un jardín para comprender", un lugar en el cual la vitalidad y el pleno crecimiento de la vegetación son el principal protagonista. No busca la creación de paisajes, más bien se trata de una operación de "reforestación ordenada y planificada", en el sentido de que las especies recuperadas tienen una autonomía clara respecto a la experiencia colonizadora del hombre.

Le Jardin des Retours

Bernard Lassus

Localización: Rochefort-sur-Mer, Francia. **Fecha de construcción:** 1995. **Cliente:** Ayuntamiento de Rochefort-sur-Mer. **Arquitecto Paisajista:** Bernard Lassus. **Colaboradores:** D. Anglesio y P. Aubry (paisajismo), P. Donadieu (ingeniero agrícola). **Programa:** Intervención paisajista con la intención de recuperar la historia del lugar. **Fotografías:** Bernard Lassus, B. Poitevin.

A partir de esta intervención paisajística, el arquitecto pretendía la constitución de un jardín como punto de partida para la reanimación cultural de esta ciudad francesa. Así, Lassus se plantea la pertinencia de crear un enlace entre la ciudad y el mar, otorgando, además, una escala diferente al vínculo entre la población y el río Charente, sin olvidar la también importante relación con el pasado histórico. Con la plantación de especies comúnmente consideradas de interior, se consigue recrear evocaciones que podrían referirse a los lugares de procedencia de esas especies vegetales y a la época histórica de su transporte. Por ello las denomina Lassus "plantas para paisajes". Se diseñó

un vínculo peatonal entre la población y el edificio de la Corderie (357 m de longitud). Es una acceso paralelo en forma de rampa de 140m de largo y 21m de ancho que rodea el viejo muro de Rochefort, paralelo a la antigua construcción industrial. Cerca de allí se halla el Laberinto de las Batallas Navales, un pasaje, una mediación entre el río, los diques y las plantas del retorno. Este jardín ondulante sólo puede ser disfrutado desde el interior y paso a paso. Por último, este jardín permite también un simple paseo por la ribera del río, con contacto con la naturaleza vegetal que lo bordea, compuesta principalmente por especies autóctonas silvestres.

Parque Poblenou

M. Ruisánchez, X. Vendrell

Localización: Barcelona, España. **Fecha de realización:** 1992. **Cliente:** Ayuntamiento de Barcelona. **Arquitectos:** M.Ruisánchez y X.Vendrell. **Colaboradores:** S.Pieras, E.Prats (arquitectos), M.Colominas, J.Consola (ingenieros agrónomos). **Programa:** Recuperación de una antigua zona industrial para construcción de un parque urbano. **Fotografías:** David Cardelús.

El antiguo barrio de Poblenou formó parte de la expansión industrial de la ciudad de Barcelona iniciada a finales del siglo XIX. El terreno estaba constituido por material de desecho y ocupado por viejas instalaciones industriales y una estación de ferrocarril.

El parque del Poblenou se configura como una secuencia de dunas que se extiende desde la playa hacia el interior, a través de la fractura creada entre dos paseos marítimos. Se ha plantado un bosque mediterráneo de masas arbustivas y grupos de árboles de floración y cultivo que ordenan su espacio interior. La estructura de los recorridos peatonales del parque tiene forma de malla: en sentido longitudinal, una serie de caminos curvilíneos serpentean ajustándose a la topografía; en sentido transversal, se han diseñado senderos que son la proyección hacia las playas de la antiguas calles del barrio. Estos caminos adoptan diferentes pavimentos segun su ubicación y sentido, utilizando desde la madera hasta el hormigón coloreado, pasando por la tierra apisonada.

A cada tipo de trayecto de la malla le corresponde una iluminación diferente: balizas a poca altura que proyectan su luz hacia el pavimento o farolas de pie que reflejan su luz en una pequeña pantalla curva.

El parque está dotado de un sistema de cañones de agua en altura que permite regarlo de un modo similar al proceso natural de la lluvia, a la vez que reduce los efectos nocivos de la salinidad de los vientos marinos sobre la vegetación.

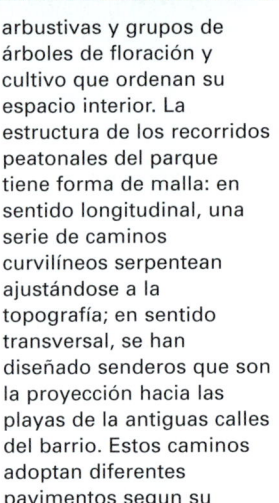

Monumentos urbanos y *land art*

Es difícil asimilar la relación entre arte y naturaleza a partir de la aparición del land art a finales de los sesenta. Ahora, la naturaleza es arte. Ahora, no solo las montañas, los valles o los fenómenos atmosféricos sino hasta los grandes espacios urbanos devienen soporte, materia y sujeto de nuevas formas de intervención artística. El land art surgió ligado a la reflexión minimalista que pretendía romper con la función decorativista de la escultura y se nutrió de la voluntad de desmaterialización de las obras de arte. El carácter efímero de las obras de land art (es esta la principal diferencia entre las dos tendencias incluidas en este capítulo) abrió las puertas a la idea de arte como experiencia. Se trata de configurar, a través de los ejemplos incluidos a continuación, un panorama diverso en el que se perfilen los espacios destinados al arte para así buscar nuevas conexiones entre la naturaleza, el arte y la vida urbana.

Montaña de Tindaya

Wrapped Reichstag

Torre de los Vientos

Ice Walls

Boundary Split, Annual Rings, Formula Compound

Proyecto Islandia

Fieldgate, Oak Tree, Elm Leaves, Red Pool

Bird's Nest, Niña desnuda, Varios juegos de flores

Toronto Project, Prefabrications, Frauenbad

Triangular Pavilion

La Grande Arche

Capsa de mistos

Montaña de Tindaya

Eduardo Chillida Juantegui

Localización: Fuerteventura, España. **Fecha del proyecto:** 1996. **Arquitecto:** Eduardo Chillida Juantegui.
Colaboradores: José A. Fernández Ordóñez, Lorenzo Fernández-Ordóñez, Luis Ignacio Bartolomé Biot.
Fotografías: Lorenzo Fernández-Ordóñez, Daniel Díaz Font (también páginas 216/217).

Sacar el espacio de la entraña de Tindaya significa para Chillida crear un lugar entre el cielo y la tierra desde donde contemplar el horizonte y entregarse a la luz y a la arquitectura que la propia luz crea.
La obra en la montaña de Tindaya llega hasta el máximo constructivo de nuestros días, ya que supera el récord del mundo de luz en espacios subterráneos, que por otra parte son casi siempre abovedados.
El espacio está ubicado dentro de la montaña de forma que no sea afectado por las grandes diaclasas y los diques conocidos actualmente. Dado que las dimensiones de la sala son grandes, tuvo que buscar una zona de la montaña que no fuera afectada por los planos de fractura del material.
La abertura del sol se ha acoplado en el lado sur de la montaña y la de la Luna en el lado norte, buscando una luz más fría.
La embocadura que busca el horizonte, que mira la infinitud del mar, se ha situado escondida en el pliegue oeste de la montaña, aprovechando una cantera y un camino existente, que servirá de acceso. Para preservar la visión limpia del horizonte desde la sala, se ha situado el túnel de entrada a una cota unos metros más baja que la cota de la sala. De este modo, los visitantes del monumento no aparecerán en la visión del horizonte del mar desde el espacio interior de Tindaya cuando entren y salgan, sino que siempre se disfrutará de un horizonte nítido.

Wrapped Reichstag

Christo & Jeanne-Claude

Localización: Berlín, Alemania. **Fecha de realización:** 1995. **Arquitecto:** Christo & Jeanne-Claude. **Colaboradores:** Michael S.Cullen, Roland Specker, Wolfgang Volz, Sylvia Volz. **Programa:** Envoltorio del Parlamento alemán. **Fotografías:** Wolfgang Volz.

Durante catorce días, del 24 de junio al 7 de julio de 1995, el Parlamento alemán en Berlín, el Reichstag, permaneció envuelto en un tejido metalizado, con ataduras por todos los lados, como si fuera un paquete.

Christo y Jeanne-Claude llevaban persiguiendo este fin desde el año 1971. Veinticuatro años de trabajo y perseverancia, involucrando a público e instituciones en el proyecto, han permitido llegar a su fin a esta emblemática nueva obra de Christo y Jeanne-Claude. Se firmó un contrato entre la ciudad de Berlín, las autoridades gubernamentales de Bonn y los artistas por el cual estos últimos debían proveer:

- un seguro sobre el personal y la propiedad con la ciudad de Berlín y el gobierno federal;
- un completo y satisfactorio desmonte de los materiales de envoltura;
- plena cooperación con la comunidad berlinesa;
- personal contratado de entre los habitantes del lugar;
- claridad y acceso a las actividades diarias del Reichstag durante el proceso.

La obra ha sido enteramente financiada por los artistas que, como en otras ocasiones, se costean los proyectos a través de la venta de dibujos, estudios preliminares, collages, etc., prescindiendo así de patrocinadores, garantizando la independencia de todo el trabajo.

Se han utilizado 100.000 m2 de tejido de polipropileno con acabado de aluminio y más de 16 kms. de cuerdas del mismo material para esconder durante unos días el Reichstag, verdadero símbolo de la democracia alemana.

Torre de los Vientos

Toyo Ito & Associates

Localización: Yokohama, Prefectura de Kanagawa, Japón. **Fecha de construcción:** 1986. **Cliente:** Comité para el 30 aniversario de la Estación Oeste de Yokohama. **Arquitecto:** Toyo Ito & Associates. **Colaboradores:** Gengo Matsui + O.R.S. (estructura); TL Yamagiwa Inc. (iluminación); Masami Usuki (programador). **Fotografías:** Sinkenchiku-sha, Tomio Ohashi.

La Torre de los Vientos es una intervención situada en un medio urbano de dinamismo acelerado, típico de la cultura japonesa. La primitiva torre de ventilación y suministro de agua existente en la plaza de la terminal de autobuses de la estación de Yokohama ha quedado recubierta, tras su rehabilitación, por un cilindro elíptico de aluminio perforado de 21 m de altura. Al caer la noche, su superficie pierde corporeidad. Tras ella, la estructura original desaparece bajo un recubrimiento de espejos que multiplica el baile de mil luces en su interior. Su forma sólo es una red que desea atrapar la esencia de cada momento y que filtra las informaciones ambien-tales que, al entrecruzarse, tejen la realidad del lugar. La dirección y velocidad del viento así como la intensidad sonora del tráfico se convierten, convenientemente transformadas en impulsos eléctricos, en arquitecturas efímeras de luz. La torre es un espejo de su circunstancia, por lo que no es material. La torre no es nunca la misma, por lo que es efímera.

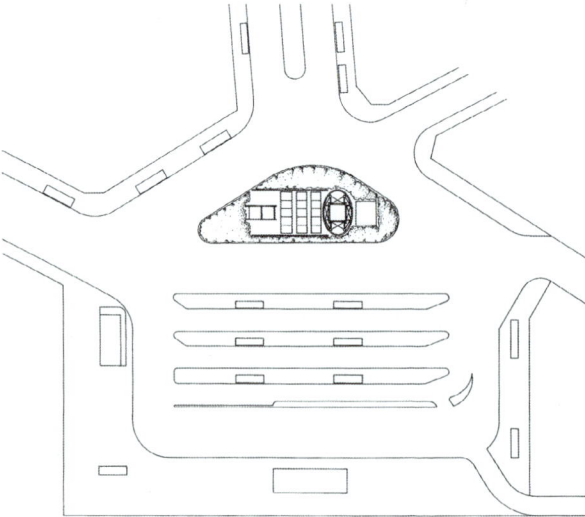

Ice Walls

Michael Van Valkenburgh Associates

Localización: Universidad de Harvard, Boston, EE.UU. **Fecha de realización:** 1987. **Arquitecto:** Michael Van Valkenburgh Associates. **Programa:** Instalación efímera en forma de muros de hielo. **Fotografías:** Hansen, C.Mayer, Michael Van Valkenburgh.

Michael Van Valkenburgh, graduado como arquitecto paisajista por la Universidad de Illinois en 1977, es profesor y presidente del departamento de paisajismo de la Graduate School of Design de la Universidad de Harvard (Massachussets).
En 1987, realizó en esta Universidad un experimento que culminó con la instalación, al año siguiente, de un conjunto de pantallas de hielo sobre el Radcliffe Yard del mismo campus. El diseño consistía en tres paneles verticales de 15,20 m de largo por 2,10 de alto cada uno. Construidos con una malla de acero inoxidable galvanizado y provistos de un canal de irrigación en su borde superior, su superficie se rociaba para favorecer la formación de pequeños témpanos que acababan constituyendo, en su agrupación, un muro de hielo. La extrema precariedad del hielo y las condiciones de mantenimiento exigieron respetar ciertas consideraciones técnicas. Así, en previsión de posibles reparaciones, el suministro de agua se situó en un punto que facilitara el acceso para el mantenimiento.
Las canalizaciones son de caucho, ya que ofrecen buena resistencia a la expansión del agua que se congela en su interior y porque, a temperaturas más bajas, son más flexibles que las de plástico o metal.
Un cable calefactor, alimentado con energía eléctrica o solar, controlaba las heladas en condiciones extremas.
Tanto el incremento de peso debido al hielo como la acción del viento introducen un factor de inestabilidad que se previno equilibrando la verticalidad de la pantalla mediante un dispositivo de gatos hidráulicos.

Boundary Split, Annual Rings, Formula Compound

Dennis Oppenheim

Localización: St.John River, EE.UU; Frontera de EE.UU y Canadá; Postdam, Nueva York, EE.UU. **Fecha de realización:** 1968, 1968, 1982. **Artista:** Dennis Oppenheim. **Programa:** Tres obras efímeras de land art. **Fotografías:** Dennis Oppenheim.

Minimalismo, land art, body art, arte conceptual, instalaciones, piezas, objetos... Oppenheim ha centrado su atención en la experiencia del land art y en los llamados earthworks, especialmente en el período comprendido entre 1967 y 1969, y a partir de 1973. A través de éstos, las obras abandonan el marco interior de las galerías y museos y trasladan su escenario a los parajes exteriores. La montaña, el mar, el campo, e incluso a menudo la misma ciudad definirán un contexto nuevo para la creación artística. El land art, que en su momento fue considerado como "la variante anglosajona del arte povera", parte de presupuestos similares a los del minimalismo y otorga un valor mayor al procedimiento y a la materia a transformar que al resultado último de la obra. De acuerdo con este espíritu, Oppenheim sostiene que lo importante no es tanto "aquello que se hace, sino lo que impulsa la acción", vaticinando además que "el desplazamiento de las presiones sensoriales del objeto hacia el lugar será la mayor contribución del arte minimalista".
Su interés por el cambio le lleva a experimentar con desviaciones de cursos,

transplantes, transformaciones de energía y descomposiciones de sustancias halladas en el medio natural.

Proyecto Islandia

Magdalena Jetelová

Localización: Islandia. **Fecha del proyecto:** 1992. **Arquitecto:** Magdalena Jetelová. **Fotografías:** Werner Hannappel.

Tras un detallado estudio de la historia geológica de Islandia, se desarrolló un concepto para una visualización de la frontera intercontinental que separa Eurasia de América. Esta isla es el único lugar del mundo donde es posible ver cruzar en superficie más de 350 kilómetros de la cadena montañosa atlántica, aquella que divide las dos placas continentales y que, con sus más de 15.000 kilómetros de longitud, discurre bajo el océano. En el verano de 1992, M. Jetelová se fue a Islandia con un pequeño equipo de técnicos a identificar y representar el borde geológico entre América y Eurasia. A través de la cordillera, de punta a punta de la isla, se redibujó esta línea divisoria utilizando un rayo láser. Las fotografías han quedado como documentos de la frontera de láser trazada en el rocoso paisaje, subiendo y bajando los macizos magmáticos, o disolviéndose y finalmente desapareciendo entre el vapor de los géiseres. Pero los objetivos de la artista no se quedan ahí, sino que considera estas acciones como parte de procesos globales, y no fines en sí mismas. La división, la fractura en dos, como esperanza de renovación. La sorprendente sección en dos partes de Islandia la hace aparecer con una belleza renovada. La luminosa línea de división de la tierra se convierte en parte de ella; sin su presencia, no podría existir de esta forma, y en esta total interdependencia reside su poder de fascinación.

Fieldgate, Oak Tree, Elm Leaves, Red Pool

Andy Goldsworthy

Localización: Dumfriesshire, Poundridge. **Fecha de realización:** 1993,1994, 1994,1995. **Artista:** Andy Goldsworthy. **Fotografías:** Andy Goldsworthy.

Su entorno natural inmediato es la sustancia de la que se nutre la obra de Andy Goldsworthy (Cheshire, Gran Bretaña, 1956). El impacto que supone el contacto directo con elementos tan reales como el frío de la lluvia, el peso de las rocas, la vastedad de la arena y el brillo y suavidad de las materias se limita ahora al muy reducido mundo de los niños y artistas, pero, como el mismo Goldsworthy admite, "necesito el impacto de tocar, la resistencia del lugar, los materiales y el tiempo...".
Trabajando directamente con materiales naturales del mismo entorno y sin la prótesis artificial que supone la herramienta, la coordinación triangular de ojo-mano-mente se asocia al mundo de la condición infantil, a la admiración por las cosas minúsculas, a las primeras tentativas de ordenar pequeñas ramitas y hojas.
Goldsworthy teje patrones y líneas simples con hojas de colores y espinas, superponiéndolos a los complejos órdenes de una naturaleza de lenta evolución. Las líneas dibujadas con hojas a lo largo de la pesada rama de un roble son inmediatamente reconocidas como humanas. Las hojas de un olmo tendidas a lo largo de un dique de rocas recuerdan el trabajo de un laborioso niño durante una tarde de verano. Pero él insiste: " no estoy representando lo primitivo".

Bird's Nest, Niña desnuda, Varios juegos de flores

Nils-Udo

Localización: Bavaria; Bosque de Raimes; Islas de la Reunión. **Fecha de realización:** 1990,1993,1994.
Artista: Nils-Udo. **Programa:** Varias instalaciones con referencia a figuras de la naturaleza. **Fotografías:** Nils-Udo.

"La naturaleza me interesa solo en cuanto tal".
Así define su actitud el fotógrafo y escultor Nils-Udo, nacido en 1937 en la ciudad bávara de Lauf. Desde 1972 ha realizado exposiciones e instalaciones en diversos lugares del mundo y entre los títulos de sus obras es constante la referencia a figuras de la naturaleza como el sol, el agua, los bosques, los valles, el bambú, el maíz o las flores. En algunas de sus notas de trabajo, Nils-Udo se plantea una serie de propósitos enunciados en infinitivo:"Dibujar con flores. Pintar con nubes. Escribir con el agua. Registrar el viento de mayo, la caída de una hoja. Trabajar para una tempestad. Anticiparse a un glaciar. Curvar el viento. Orientar el agua y la luz...". Existe, por tanto, un evidente propósito de captar y recoger en los movimientos naturales sus corrientes de energía, de ponerlas en tensión y transformarlas en fuerza expresiva.

Toronto Project, Prefabrications, Frauenbad

Tadashi Kawamata

Localización: Toronto, Canadá; Tokio, Japón; Zurich, Suiza. **Fecha de realización:** 1989; 1992; 1993. **Artista:** Tadashi Kawamata. **Programa:** Tres construciones artísticas de carácter efímero. **Fotografías:** Tadashi Kawamata.

Empleando como materia prima la madera reciclada, los trabajos de Kawamata (formas y actitudes sociales que transforman el entorno urbano) nos hablan del tiempo, del espacio y de la confrontación de ritmos. Cuatro meses de trabajo fueron necesarios para llevar a cabo el Toronto Project (1989), un espacio abierto entre dos edificios neoclásicos situados frente a un gran centro comercial. Siguiendo su método habitual, Kawamata establece un diálogo de contraste entre unos edificios estáticos, enfrentados a sus construcciones dinámicas y efímeras de maderas recicladas. Prefabrications (Tokio, 1992) es una muestra de su carrera. Se trata de una instalación en los jardines del Museo de Arte Setagaya. Otro de los proyectos recientes de Kawamata es el Frauenbad (Zúrich, 1993), en el que el artista trabaja a partir de la presencia de unos antiguos baños situados en el río Limmat y la Helmhaus. En este caso, sus colaboradores han sido integrantes (alcohólicos y

drogadictos) de un programa de rehabilitación. Su participación se materializó en la construcción de dos nuevos baños, cuya finalidad simbólica pretendía ironizar sobre la moralidad protestante, que alzaba los muros para no permitir la visión de los bañistas: así, uno de los baños se ha introducido en el río, lejos de la orilla, impidiendo su libre utilización; el otro se ha instalado dentro del museo, con la intención de poner de manifiesto las complejas relaciones interior-exterior. Todas estas creaciones de Kawamata exploran en una ambigua tierra de nadie, que parece bascular entre el land art urbano y la arquitectura efímera.

Triangular Pavilion

Dan Graham

Localización: Museo de la Prefectura de Yamaguchi, Japón. **Fecha de realización:** 1990. **Arquitecto:** Dan Graham. **Programa:** Obra efímera: pabellón de forma triangular en rejilla de madera y cristal. **Fotografías:** Dan Graham.

Como muchos artistas americanos que emergieron en la década de los sesenta, Dan Graham desafía cualquier intento de clasificación entre los estilos dominantes de esa época. Ni el arte pop, ni el minimalismo, ni el arte conceptual ofrecen un perfil suficientemente flexible como para etiquetarle. Las aberturas y multiplicaciones que Graham ha practicado sobre el prototipo del cubo minimalista han sido consideradas como una caricatura de la modernidad y una crítica a la creciente privatización del espacio público. El uso constante de cristales y espejos-espía define el interés que Graham deposita en la percepción sociopsicológica de los individuos. En 1990 fue invitado a realizar uno de sus proyectos en el Museo de la Prefectura de Yamaguchi (Japón), e introdujo la típica rejilla de madera, tan característica en las divisiones del hogar nipón. Este pabellón triangular con paneles de madera ponía en juego un espejo de doble dirección que proponía una frontera óptica en oposición a la barrera física que constituye la celosía. Las relaciones visuales podrían verse afectadas cuando el espectador abriera o entrecerrara las puertas correderas del espejo. Del mismo modo, su ubicación paralela a un muro acristalado perteneciente al museo provocaba la repetición calidoscópica y el placer visual como antídoto frente al efecto alienante y monolítico de los espejos-espía propios de oficinas.

La Grande Arche

J.O. von Spreckelsen & Paul Andreu

Localización: La Défense, París, Francia. **Fecha de construcción:** 1989. **Arquitectos:** Johan Otto von Spreckelsen (ganador del concurso), Paul Andreu (Aéroports de París). **Consultores:** Coyne & Bellier (estructuras), Peter Rice (diseño de las nubes), Trouvin (climatización), Serete (electricidad), Commins (acústica), CSTB Nantes (estudios aerodinámicos), Clair Roof (iluminación), Andrée Putman y Jean-Michel Wilmotte (distribución interior). **Programa:** Belvedere, sala de reuniones y conferencias, áreas de exposición, oficinas y servicios. **Fotografías:** Stockphotos, G. Fessy.

La gran operación urbanística de La Défense quiso vincularse al París histórico, de manera que el complejo de rascacielos y edificios de oficinas se organizó en torno al mismo eje que unía el Louvre con el Arco de Triunfo. De este modo, se extendían los Campos Elíseos hasta la periferia. Dentro de esta estrategia, el Grande Arche se construyó como un hito visual que permitiese identificar la Défense desde el centro. El concurso fue ganado por Johan Otto von Spreckelsen, y son suyas las decisiones fundamentales del proyecto, pero la implicación de Aéroports de Paris en la construcción del edificio y la prematura muerte de Spreckelsen llevaron a Paul Andreu a encargarse de la definición del proyecto final. Si bien la función del Grand Arch es básicamente monumental, el edificio alberga oficinas, salas de conferencias y reuniones y áreas de exposición en la base, el piso superior y los laterales.

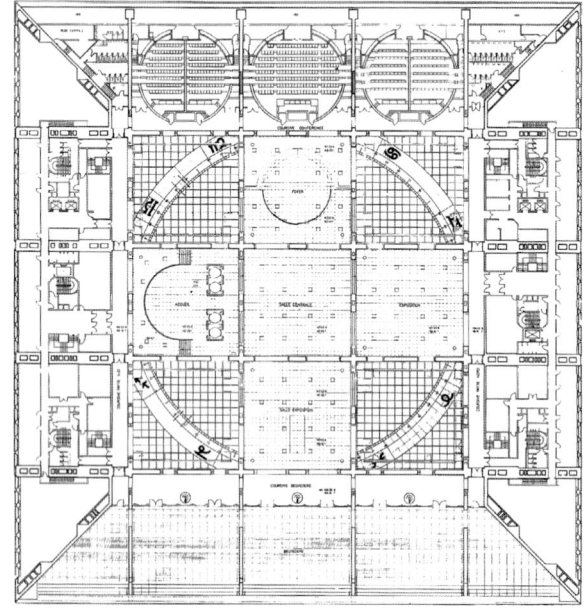

Capsa de mistos

Claes Oldenburg y Coosje van Bruggen

Localización: Barcelona, España. **Fecha de realización:** 1992. **Arquitectos:** Claes Oldenburg y Coosje van Bruggen. **Programa:** Escultura en plaza urbana como conmemoración de los Juegos Olímpicos. **Fotografías:** David Cardelús.

Claes Oldenburg y Coosje van Bruggen son dos figuras paradigmáticas del arte de la segunda mitad de siglo que, partiendo del pop art, han aportado una nueva visión de lo que ellos mismos denominan "arte privado en espacios públicos". Uno de los ejemplos más claros es el de Capsa de Mistos. Desde 1987, la idea de la caja de cerillas estaba en la mente de los artistas, como fruto de una serie de reflexiones sobre la cultura española y catalana. La composición formal de la caja, con sus perfiles elevados, inclinados, caídos, diseminados, y la paleta cromática de colores puros (rojo, azul, amarillo y negro) remiten a diversos referentes simbólicos: el recuerdo traumático de la Guerra Civil española; la metáfora quijotesca; los colores de las banderas catalana y española; o referencias a la escultura de Picasso para el Civic Center de Chicago y a la inconclusa Sagrada Familia de Antoni Gaudí. Pero la simbología más clara alude a la conmemoración de los Juegos Olímpicos del 92: las cerillas como atletas y deportistas, metáforas de triunfo, potencia, fortaleza, sacrificio y, sobre todo, el emblema del fuego y la

antorcha olímpica. La obra se ha convertido en uno de los hitos de la Barcelona postolímpica, un elemento simbólico y conmemorativo que, sin recurrir a los esquemas tradicionales de la monumentalidad, transforma la escala y el paisaje urbanos, confiriéndoles una insólita y nueva dimensión.

Equipamientos para la cultura

El siglo XX ha visto evolucionar una arquitectura donde las nuevas tecnologías han desempeñado un papel determinante, una arquitectura que, aparte del presupuesto, no tiene límites y llega a materializar los deseos más delirantes de clientes y diseñadores, una arquitectura de autor. Los arquitectos que han gozado de mayor reconocimiento se han convertido en celebridades, en ídolos, en metáfora de la creación más pura. Así, las administraciones han contratado a tales personajes para que proyectaran las ciudades del futuro, que además de disfrutar de una garantía cualitativa, dan prestigio a los mandatos. En este sentido, las últimas décadas han visto florecer múltiples equipamientos culturales, la mayoría de los cuales se han convertido en el símbolo del lugar que los alberga, en un reclamo turístico que los ha hecho rentables. La afluencia de público que reciben museos, centros culturales, galerías de arte... se ha incrementado enormemente gracias a la revisión del concepto que representaban. Anteriormente, los museos eran receptáculos donde se embutían las obras de arte, que quedaban descontextualizadas. Hoy en día, tales construcciones ofrecen espacios con carácter propio que se materializan como prolongación de las obras que exponen. Existe un doble interés: la contemplación de esculturas, cuadros e instalaciones y la apreciación de arquitectura de calidad. Se han creado edificios funcionales y singulares que responden acertadamente a los requerimientos de clientes y usuarios y ofrecen espacios que combinan múltiples sensaciones para el deleite del espectador. Los cuatro capítulos incluidos en esta parte quieren dar una visión global de esta tipología, presentando proyectos contemporáneos que hayan conseguido convertirse en estandartes arquitectónicos, en edificios emblemáticos, no sólo por acoger piezas exclusivas, sino por la calidad de su construcción, lo singular de su estética y la perfección de su funcionalidad.

Museos

Galerías de arte

Centros culturales y fundaciones

Escuelas y Universidades

Bibliotecas

Centros religiosos

Museos

Si existe un lugar que simbolice el pensamiento moderno, ése es el museo. La revolución tecnológica provocada por la informática y los medios de comunicación ha supuesto en los últimos años una nueva transformación de nuestra manera de ser y, paralelamente, de los museos. Hoy se inauguran museos de todo: locales, del vino, del café o de arte y, paralelamente, los museos tradicionales se amplían de forma desmesurada, lo que hace imposible visitarlos en un solo día. Por otra parte, se equipan para el ocio, albergan tiendas y restaurantes, organizan seminarios y cursos de posgrado, constituyen los monumentos que identifican y diferencian una ciudad de otra, se convierten en reclamos turísticos, funcionan como mercado de valores de arte, promocionan unos artistas en detrimento de otros, anticipan las modas mediante la organización de exposiciones temporales... y además, los museos no sólo pueden visitarse ahora físicamente, sino tambien a través de internet o en los innumerables programas documentales de televisión. El museo se ha convertido, en definitiva, en el templo de este fin de siglo.

Museo Nariwa

Museo Funerario

Museo de Arte Moderno de Fort Worth

Museo de Arte de la Prefectura de Hyogo y plaza de Kobe

Museo Nariwa

Tadao Ando

Localización: Nariwa, Okayama, Japón. **Realización:** 1993-1994. **Arquitectos:** Tadao Ando. **Fotografías:** Mitsuo Matsuoka, Shigeo Ogawa.

Nariwa, en la prefectura de Okayama, al oeste de Japón, es una localidad económicamente próspera gracias a la industria minera del cobre y alberga numerosas "fukiya", casas tradicionales cuyas fachadas están coloreadas en un distintivo tono rojizo. El museo está ubicado en el solar de una de estas antiguas residencias, cercado por un muro y limitado al sur por una pronunciada pendiente. El proyecto consta de un nuevo muro de contención en el que se inserta un volumen de hormigón que acoge las distintas funciones del museo. Entre la pendiente y el edificio, una gran lámina de agua refleja la poética de la obra. Los visitantes que se acercan al museo encuentran primero el antiguo muro de piedra, testimonio del pasado, y después ascienden por una rampa que les conduce a través de un paseo que rodea la construcción, en una gira visual por el entorno. El recinto se convierte así en un lugar donde se fusionan naturaleza, cultura e historia.

En el interior, los paños verticales de hormigón se combinan con grandes fachadas acristaladas que inundan de luz difusa el interior y a la vez ofrecen espléndidas vistas del paisaje circundante.

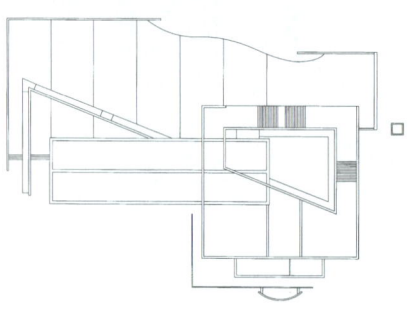

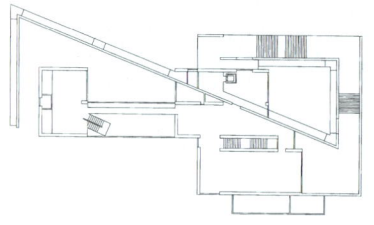

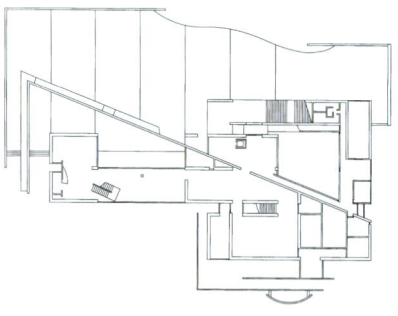

Museo Funerario

Tadao Ando

Localización: Kamato, Kumamoto, Japón. **Diseño:** 1990. **Realización:** 1992. **Arquitecto:** Tadao Ando.
Fotografías: Hiroshi Ueda.

La región de Kyushu está empapada de la historia ancestral japonesa. Al norte de esta mítica zona, en la prefectura de Kumamoto, se encuentra el museo funerario de Kamato. El cercano complejo mortuorio consta de ocho montículos sepulcrales que circundan el túmulo de Futago-zuka. Por sus proporciones, la comedida inclinación de las pendientes y la elegancia de sus formas, el Futago-zuka destaca como uno de los yacimientos más importantes y hermosos de Japón. Consciente de la belleza y la significación del lugar, Ando decidió alejarse sutilmente y no intervenir en las tumbas. Situó el museo a unos 250 metros del yacimiento, y el aparcamiento, aún más lejos, por debajo de la pequeña meseta natural donde se encuentra el conjunto. De esta manera, el visitante llega al museo después de haber paseado por un frondoso bosque y puede gozar de las vistas de los sepulcros sin alcanzar las otras intervenciones del arquitecto.

La concepción del proyecto quiso trascender la mera relación espacial entre las tumbas y el volumen construido, así que el museo se levantó en una evocación del espíritu de las construcciones ancestrales, como si de un túmulo contemporáneo se tratase.

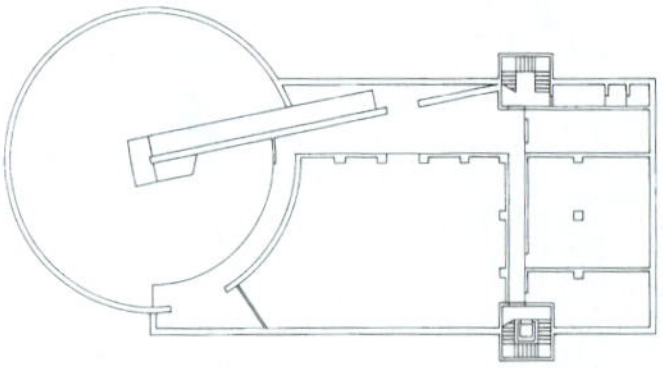

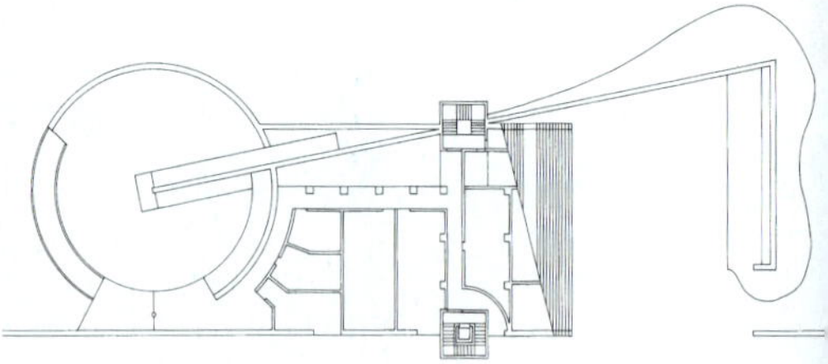

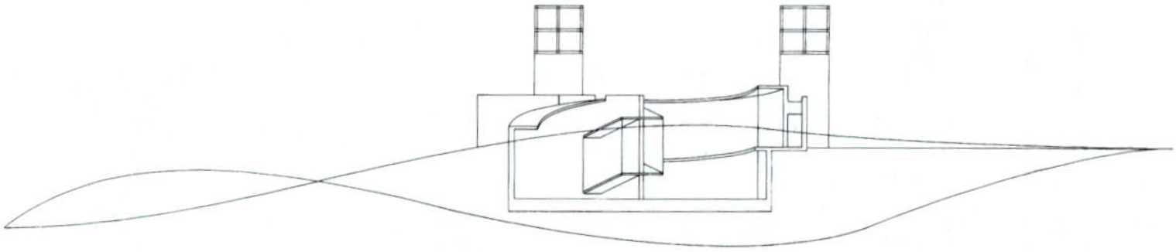

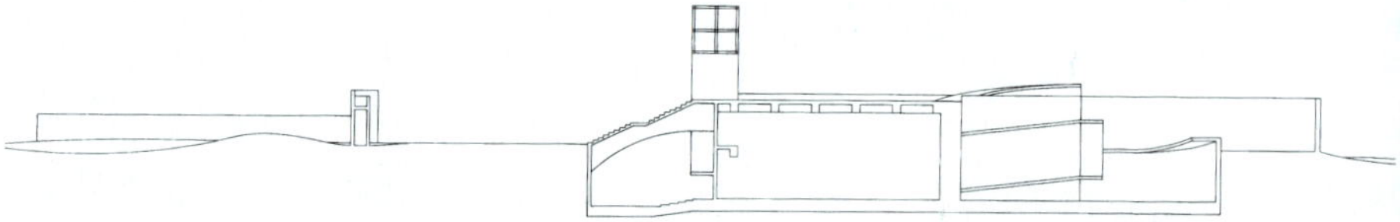

254 Equipamientos para la cultura

Museo de Arte Moderno de Fort Worth

Tadao Ando

Localización: Fort Worth, Texas, Estados Unidos. **Fecha del proyecto:** 1999. **Fecha de construcción:** 2002. **Arquitecto:** Tadao Ando. **Fotografías:** Mitsuo Matsuoka

El solar de este proyecto se encuentra a las afueras de Fort Worth, en medio de un gran parque, y justo al lado de una de las obras maestras de arquitectura del siglo XX: el Museo de Arte Kimbell de Louis Kahn. Naturalmente, el mayor reto del diseño era entablar una buena relación entre el nuevo edificio y el Kimbell, y a la vez idear una óptima situación en tan amplio solar.

La estrategia consistió en diseñar un proyecto donde la frontera entre interior y exterior se diluyera y donde todos los espacios fueran aptos para la exhibición de obras de arte. Para ello, se pensó en un entorno bucólico que incluye un estanque de agua, un jardín y un bosque que aíslan el conjunto del bullicioso tráfico rodado. Además, se erigieron seis volúmenes rectangulares con una estructura de hormigón y fachadas de cristal; dos de ellos se destinaron a actividades comunes como los servicios y la administración, y los cuatro restantes, a salas de exposición. El hormigón aporta la estabilidad climática y estructural del proyecto, mientras que el cristal permite una intensa relación con el entorno. La combinación de ambos ofrece un gran elenco de ambientes, con variadas transparencias e iluminaciones.

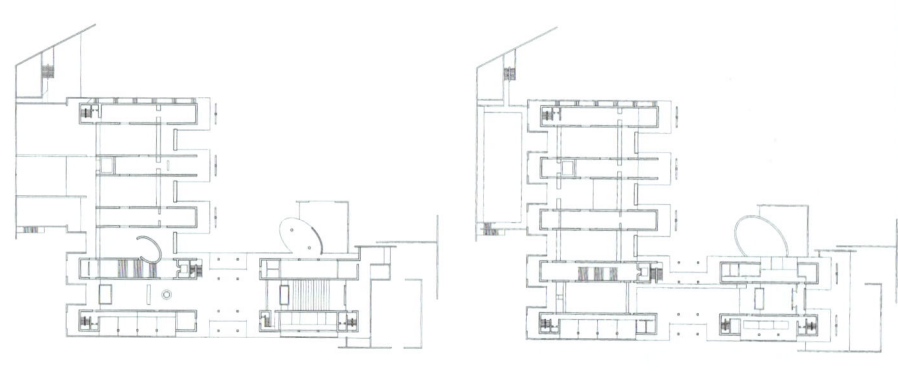

Museo de Arte de la Prefectura de Hyogo y plaza de Kobe

Tadao Ando

Localización: Kobe, Hyogo, Japón. **Fecha del proyecto:** 1998. **Realización:** 2001. **Arquitecto:** Tadao Ando.
Fotografías: Mitsuo Matsuoka.

Después del dramático terremoto de 1995, las autoridades de la prefectura de Hyogo junto con las de la ciudad de Kobe propusieron la reconstrucción del frente marítimo de la ciudad como símbolo de la recuperación física y moral de la comunidad. Este desarrollo urbanístico está ubicado al este de la localidad, en un extremo del puerto donde hace unos años se levantaba una importante industria siderúrgica. Tadao Ando fue el escogido para proyectar dos de las intervenciones más significativas del nuevo barrio: una gran plaza a orillas del mar y el Museo de Arte de la Prefectura de Hyogo. Pese a que el hecho de que hubiera dos clientes no facilitó la unificación de ambas propuestas, sí supuso un reto de negociación para el despacho.

El museo se compone de muros de piedra y tres volúmenes de cristal que acogen las salas de exposición. Un paseo conecta las instalaciones con la plaza, que se diseñó para servir como refugio en caso de otro terremoto. El centro del proyecto podrá erigirse en escenario de distintas actividades lúdico-culturales. Alrededor se prevé la plantación de alcanfores, el árbol oficial de la prefectura, y la instalación de varias esculturas.

262 Equipamientos para la cultura

264 Equipamientos para la cultura

Galerías de arte

El interés por recopilar sistemáticamente obras de arte de todas las épocas, incluso las más alejadas en el tiempo y en el espacio, constituye un fenómeno reciente e inseparable de la modernidad. Ninguna otra civilización antes había mirado hacia el pasado de manera analítica y estructurada. La galería y el museo de arte nacen al mismo tiempo que se consolida el pensamiento científico y que se publican los primeros tratados de Historia. Los ejemplos que se han incluido en este apartado pretenden ejemplificar la evolución de las distintas maneras de entender la arquitectura en relación a estos espacios de cultura.

Palacio de Bellas Artes de Lille

Museo Guggenheim

Museo de Arte Moderno de Estocolmo

Museo de Arte Contemporáneo de Chicago

Museo de Arte Moderno de Arken

Museo Hamburguer Bahnhof

Museo de Arte Moderno de San Francisco

Museo P.S.1

MACBA

The Lounge

Pirámide del Museo del Louvre

Museo de arte rupestre

Galería Gagosian

Palacio de Bellas Artes de Lille

Jean Marc Ibos y Myrto Vitart

Localización: Lille, Francia. **Fechas:** marzo de 1990 (concurso); 1990-1992 (redacción del proyecto ejecutivo); 1992-1997 (ejecución). **Arquitectos:** Jean Marc Ibos y Myrto Vitart. **Cliente:** Ayuntamiento de Lille. **Colaboradores:** Pierre Cantacuzène (coordinador), Sophie Nguyen (fachadas del palacio y museografía). **En la estructura:** Ingeniería Khephren. **En las fachadas:** Y.R.M. Antony Hunt & Ass. **En las instalaciones:** Ingeniería Alto. **Programa:** Renovación y ampliación del Palacio de Bellas Artes de Lille. **Superficie:** 28.000 m² totales, de los cuales 11.000 m² son de obra nueva (proyecto de ampliación).

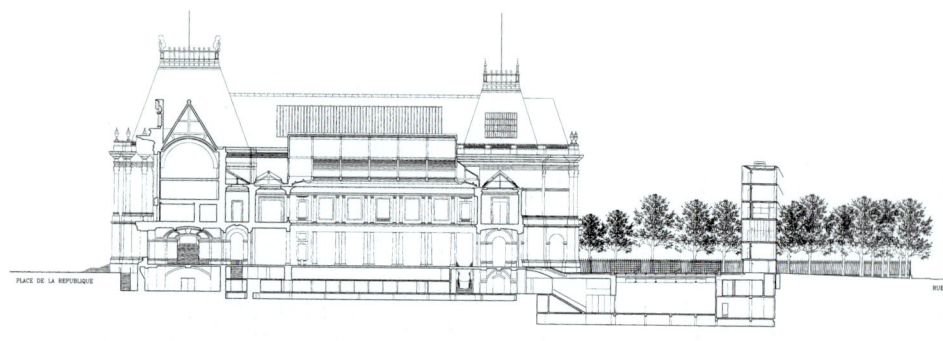

Ibos y Vitart han construido un edificio-pantalla sobre cuya fachada de vidrio se refleja el palacio existente, duplicando así su imagen y recuperando el proyecto original de 1895 que planteaba un edificio el doble de grande que el actual. En un falso estanque de vidrio queda enterrada la nueva sala de exposiciones temporales En la fachada sur, un sistema de sondas mide el asoleamiento, la temperatura y la fuerza del viento y acciona automáticamente un conjunto de parasoles exteriores. El falso estanque de vidrio está rodeado periféricamente por uno de agua. La cubierta de vidrio tiene una pendiente del 1%. Entre las vigas, un sistema automatizado de lamas permite controlar el asoleamiento y adaptar el nivel de iluminación natural a las necesidades de la obra expuesta.

Museo Guggenheim

Frank O. Gehry

Localización: Bilbao, España. **Fecha del proyecto:** 1990. **Fecha de realización:** 1997. **Arquitecto:** Frank O. Gehry. **Colaboradores:** Randy Jefferson, Vano Haritunians, Douglas Hanson, Edwin Chan. **Programa:** Museo de arte contemporáneo: salas de exposición, salas de conservación, auditorio, restaurante, tiendas, almacenes y plaza exterior de uso público. **Fotografías:** Eugeni Pons.

El museo se encuentra en la orilla del río, junto a un puente colgante muy transitado que Gehry asumió como un elemento más del proyecto.

Debido a la forma peculiar del edificio, puede hacerse un gran número de comparaciones, pero según el propio arquitecto, sus referencias fueron: la película Metrópolis de Fritz Lang, las esculturas de Brancusi, la imagen de una cantera y, sobre todo, la fuerza contenida que transmite la ciudad de Bilbao. Lo que tiene una mayor repercusión en la forma final del edificio, es la propia forma de trabajar de Gehry, a partir de bocetos y maquetas libres, que se trasladan casi literalmente a la pantalla del ordenador, para ser analizados matemáticamente y resolver así las cuestiones técnicas y estructurales.

El museo está formado por un gran atrio central, con una altura de 50 m., coronado por una flor metálica, y tres alas orientadas a este, sur y oeste. Por el norte, el museo colinda con el río, y la virtual cuarta ala se encuentra seccionada para dejar en su lugar una enorme puerta de vidrio. La colección permanente se ubica en el ala sur, en sucesivas salas de planta cuadrada. La colección de artistas vivos se halla en el ala oeste, en siete galerías de formas singulares y volúmenes variables.

Por último, las exposiciones temporales se exhiben en una gran sala alargada (130 x 30 m.), que se extiende sinuosamente en dirección este.

Museo de Arte Moderno de Estocolmo

Rafael Moneo

Localización: Estocolmo, Suecia. **Fecha de realización:** 1998. **Cliente:** Swedish National Board of Public Works. **Arquitecto:** Rafael Moneo. **Colaboradores:** Michael Bischoff, Robert Robinowitz, Lucho Marcial. **Programa:** Nuevo Museo de Arte Moderno: salas de exposición, cafetería, oficinas, almacén y servicios. **Fotografías:** Wenzel.

Más que un diseñador, Rafel Moneo es un estudioso de la arquitectura. Sea por la influencia de su perfil de ponente o por su interés en la historia, lo cierto es que cada uno de sus proyectos es un tema objeto de reflexión sobre la ciudad, la topografía y la tipología clásica. Se dice a menudo de sus obras que nunca se parecen entre sí y esto es precisamente lo que defiende Moneo, el intentar no caer en la sensación que se recibe al contemplar ejemplos de la arquitectura actual, los cuales han sido destruidos y construidos de nuevo con la única intención de crear paradigmas, mientras se ignoran los problemas reales. El Museo de Arte Moderno de Estocolmo es una muestra más del deseo de Moneo de integrar su obra en el contexto, en este caso adaptando algunas de las características arquitectónicas de los edificios que rodean al Museo los cuales fueron acabados con anterioridad.

El proyecto se plantea a partir de un estudio tipológico de las galerías de exposición del interior. Se decidió entonces diseñar cuatro salas de exposición de planta cuadrada con cubiertas piramidales que incluyen un lucernario en la parte central para filtrar la luz solar. Otro de los aspectos interesantes del museo es la gran cubierta acristalada que cubre el espacio dedicado a la terraza de la cafetería.

Museo de Arte Contemporáneo de Chicago

Kleihues + Kleihues

Localización: Chicago, Illinois, EE.UU. **Fecha de construcción:** 1994-1996. **Arquitectos:** Kleihues + Kleihues. **Colaboradores:** Ove Arup (ingeniería), Claude R. Engle (iluminación), Daniel Weinbach & Partners (paisajismo). **Superficie:** 10.000 m². **Programa:** Museo, servicios, aparcamiento y ajardinamiento exterior. **Fotografías:** Hélène Binet, Steven Holl, Hedrich Blessing.

La atención del arquitecto se centró, básicamente, en el dialogo Modernista con la tradición y en la relación entre sus dos códigos estéticos. En cuanto al diseño, quiso reflejar el pragmatismo que caracteriza a la ciudad de Chicago y su arquitectura. Al mismo tiempo, trató de que su edificio mostrara algo de su "racionalismo poético". Las características que definen al Museo son la simplicidad, el espacio, la calma, el silencio y el juego entre la transparencia y el contenido.

Así, al edificio se puede acceder desde la Avenida Michigan y contemplar el lago a través del eje central. O si no, se puede también entrar por el lado opuesto (Sculpture Garden) en cuyo caso se contemplará la Water Tower y la Avenida Michigan. En cualquier caso, al entrar en las salas de exposición el visitante se encuentra solo frente al arte. Como visitante, puede disfrutar sin tener que ser distraído por gente que se mueve a través de rampas o escaleras de acceso o incluso por los gritos de gente perdida que intenta localizar a parte de su grupo a través de algún balcón.

Museo de Arte Moderno de Arken

Søren Robert Lund

Localización: Ishøj, Dinamarca. **Fecha del proyecto:** 1993. **Fecha de construcción:** 1996. **Arquitecto:** Soren Robert Lund. **Colaboradores:** Helgi Thoroddson, Jorgen Erichsen, Mette Adersen, Finn Bogsted. **Fotografías:** Friedrich Busam/Architekturphoto (también página 268/269).

El proyecto de Robert Lund recoge la influencia del «nuevo empirismo» de Alvar Aalto. Esta corriente arquitectónica reacciona contra el excesivo esquematismo de la arquitectura de los años treinta. Por otro lado, el Museo de Arken es también producto de la influencia de la llamada «nueva abstracción formal». Esta tendencia genera una arquitectura que, paradójicamente, es abstracta y figurativa a la vez. La entrada va estrechando su proporción hasta tomar una medida casi doméstica.

A partir de este punto se plantean dos recorridos alternativos desarrollados en un mismo nivel: el eje del arte conduce al visitante por una secuencia de galerías de exposición pensadas como volúmenes diferenciados, a partir del foyer, un segundo recorrido discurre por espacios donde se desarrollan actividades que complementan las exposiciones:

Robert Lund es sensible a la rudeza del entorno y escoge el hormigón visto para conferir textura al edificio. La piel rugosa contrasta con las fachadas y los lucernarios metálicos proporcionando una mayor riqueza al conjunto.

Museo Hamburger Bahnhof

Kleihues + Kleihues

Localización: Hamburgo, Alemania. **Fecha del proyecto:**1990-1995. **Fecha de realización:**1992-1996. **Arquitectos:** Kleihues + Kleihues. **Colaboradores:** Schon+hippelein (fachada), Linder Ag. (constructor), Scholz&Herzog (electricidad), Max Sange (ascensores), A.Kuhn Gmbh (cerrajería). **Superficie:** 10.000 m². **Programa:** Rehabilitación de la antigua estación de tren en Museo; ajardinamiento exterior. **Fotografías:** Kleihues+Kleihues.

Tres son los aspectos más importantes del diseño de este proyecto: el primero se centra en el análisis correcto (no nostálgico pero sí racional) de la estructura existente de la antigua Estación de Tren de Hamburgo y en recordar su importancia en la historia arquitectónica de la ciudad. El segundo está basado en la intención de crear plantas simples y diáfanas.
El tercero se refiere a los aspectos más técnicos que rodean a la museología: techos altos en las nuevas galerías que combinan iluminación natural con artificial; integración de sistemas eléctricos en las partes más antiguas del edificio mediante falsos techos; algunos materiales como aluminio, granito, madera de roble y arenisca; finalmente, paredes pintadas en blanco mate para no provocar cambios de color.

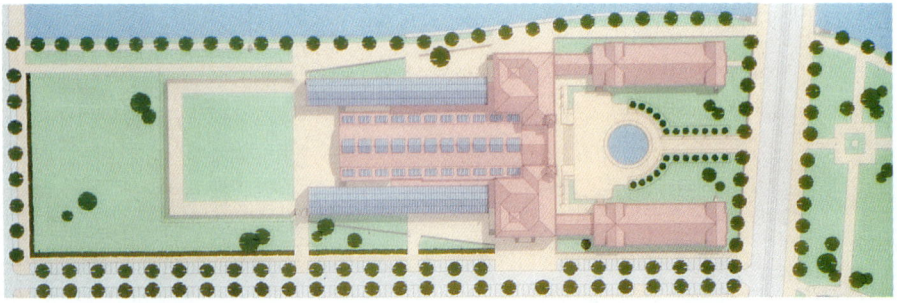

Museo de Arte Moderno de San Francisco

Mario Botta

Localización: San Francisco, California, EE.UU. **Fecha de realización:** 1991-1995. **Arquitecto:** Mario Botta.
Colaboradores: Hellmuth, Obata & Kassabaum, Bechtel International Company. **Superficie:** 20.500 m².
Fotografías: Robert Canfield.

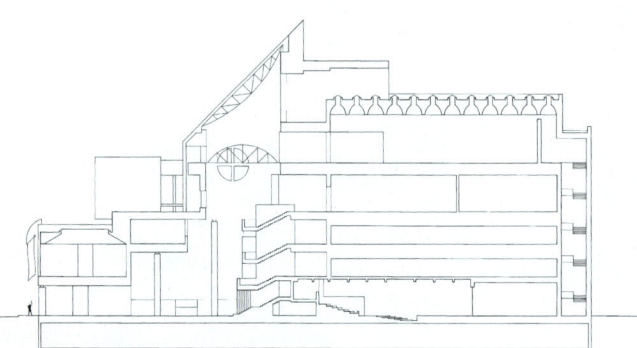

El tema principal de toda la obra de Mario Botta es la recuperación de la monumentalidad. Sus proyectos quieren convocar una cualidad, a menudo ausente de la arquitectura moderna y que, sin embargo, ha estado durante siglos asociada a este arte.
Botta utiliza muchos de los recursos arquitectónicos de este tipo de construciones. Utiliza volúmenes sencillos y herméticos, grandes masas revestidas de ladrillo o de piedra que no aportan ninguna información sobre el interior.
La iluminación se produce a través de hendiduras o huecos practicados en el muro, pues no se puede hablar propiamente de ventanas con una forma precisa y reconocible.
El atrio central conecta todas las salas, de modo que se facilita la orientación y la posibilidad de seleccionar las salas y recorrerlas individualmente. Botta ha conseguido uno de sus propósitos iniciales: iluminar la mayoría de las salas con luz natural cenital. Lo ha conseguido mediante el diseño escalonado de la sección. En la planta baja se encuentran todas las actividades independientes: librería, cafetería, auditorio, sala de exposiciones temporales y vestíbulo principal.
A partir de la primera planta se encuentran las salas de exhibición.
Ahora bien, Botta aprovecha el escalonamiento del edificio, desde la fachada principal a la trasera, para ubicar las salas únicamente en las franjas que no tienen ningún piso encima y dejar el resto de planta para oficinas o salas de conservación.

Museo P.S.1

Frederick Fisher

Localización: Long Island, Nueva York, EE.UU. **Fecha de construcción:** 1997. **Arquitectos:** Frederick Fisher, David Ross, Joseph Coriaty. **Superficie:** 7.800 m². **Fotografías:** Michael Moran.

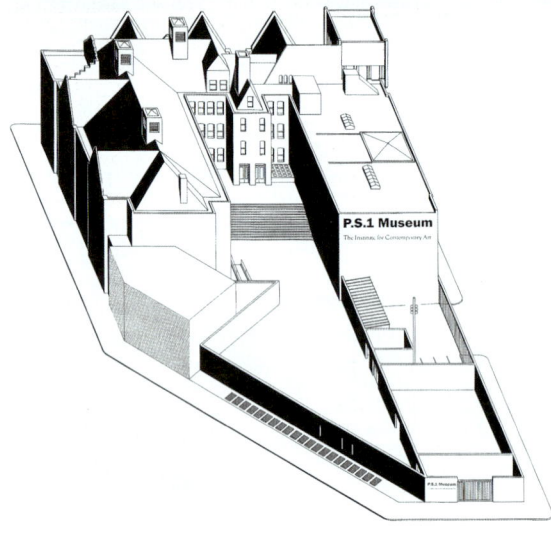

La manera en que Fisher afronta un proyecto museográfico se acerca más a la de un artista o un galerista que ocupa un espacio para ubicar su obra y mostrarla que a la de un arquitecto que recibe uno de los encargos más apetitosos de su carrera (un museo) e intenta demostrar su habilidad para crear espacios e inventar imágenes.

Se trata de una antigua escuela, situada en una zona industrial próxima al barrio de Queens. El principal valor del edificio consiste en la gran variedad de espacios disponibles. Por tanto, la estrategia del proyecto consistió en integrar el programa en la estructura existente del edificio.

En la primera planta, se han mantenido las míticas galerías, para preservar la tradición del P.S.1 como espacio alternativo de exposiciones. Del mismo modo, se mantiene el programa art-in-residence (varios artistas residen y trabajan en el museo).

MACBA

Richard Meier

Localización: Barcelona, España. **Fecha de realización:** Octubre 1990 - Marzo 1995. **Cliente:** Consorci del Museu d'Art Contemporani de Barcelona. **Arquitecto:** Richard Meier. **Colaboradores:** Thomas Phifer (equipo de diseño), Renny Logan, Alfonso Pérez (proyecto de arquitectura), Fernando Ramos, Isabel Bachs (arquitectos asociados), Obiols, Brufau, Moya Arquitectos (estructura), F. Labastida (instalaciones), Fischer, Marantz, Renfo&Stone (luminotecnia), Secotec, S.L., Intecasa (control de calidad), Ibering. Estudis i Projectes S.A., Gerard Esteban (consultoría), COMSA (constructora). **Programa**: Museo de Arte Contemporáneo: salas de exposición, patio al aire libre, oficinas y servicios. **Fotografías:** Eugeni Pons.

El Museo de Arte Contemporáneo de Barcelona se inscribe plenamente en el característico lenguaje plástico de Meier, basado en un claro racionalismo en el que se combinan líneas rectas y curvas para entablar un diálogo armónico entre los espacios interiores y la luz del exterior a través de amplias galerías y ventanales. Meier ha planteado un edificio longitudinal de 120 x 35 m de base, en el que se inscribe una pieza de planta circular que lo atraviesa verticalmente. Así se crea un contraste que otorga un singular aspecto al conjunto y sirve de eje en torno al cual se articulan las zonas de exposición. La estética casi escultórica del edificio está conjugada con la disposición de las últimas novedades técnicas en los apartados de exhibición, comodidad y mantenimiento. Su apariencia brillante y luminosa hacen del conjunto una de las propuesta museísticas más atractivas de esta última década, saldando la deuda que Barcelona tenía con su celebrado e internacional arte contemporáneo.

The Lounge

Zaha Hadid Architects

Localización: Wolfsburg, Alemania. **Fecha de construcción:** 2001. **Arquitecto:** Zaha Hadid Architects. **Colaboradores:** Woody K T Yao y Djordje Stojanovic. **Superficie:** 700 m². **Fotografías:** Hélène Binet

El Kunstmuseum de Wolfsburg y la administración de esta localidad alemana encargaron a Zaha Hadid la reconversión de una estancia doble y de uno de los vestíbulos de este museo que alberga obras de arte. El equipo encabezado por Hadid también está construyendo un centro dedicado a la ciencia y las nuevas tecnologías en la misma localidad, así que la intervención en este edificio tenía que anticipar la arquitectura del complejo.

En el momento de la construcción, no se asignó ninguna función determinada a dos de los espacios generados: una galería de doble altura y un vestíbulo en el primer piso que conecta la tienda y la cafetería. Hasta hace poco, la primera estancia había acogido exposiciones de fotografía, pequeñas presentaciones de dibujos y un taller educativo. El vestíbulo, en forma de balcón, servía para consultar libros, para proyecciones de vídeos y como extensión del bar. Inicialmente, la galería tenía que albergar la ampliación de la biblioteca musical del centro cultural Alvar Aalto, pero cuando la administración desestimó la propuesta, se cedió el espacio al museo. La institución tenía el objetivo de convertirse en un centro multifuncional y dinámico, de forma que mantuvo el acceso independiente de la galería a la calle para transformarla posteriormente en un lugar donde experimentar con las funciones públicas y relacionarla con el entorno urbano inmediato.

La intención de Zaha Hadid fue, pues, crear una conexión entre la galería, el vestíbulo y el exterior. Convirtió las superficies sobrantes en un solo espacio que acoge distintos propósitos: es a la vez una estancia para exposiciones de maquetas, dibujos y pinturas, un punto de encuentro para los usuarios del recinto, una sala de espera, un auditorio, un bar, una de conciertos y una discoteca. El nombre que se le dio al proyecto, la voz inglesa lounge, es una referencia a la mezcla de acciones que se pueden llevar a cabo en esta nueva área: hablar, relajarse, escuchar, beber, sentarse, soñar o comer. La continuidad del espacio se efectuó mediante el recubrimiento de las particiones verticales y horizontales con madera. Los muebles fueron diseñados por lo propios arquitectos, quienes además inauguraron el espacio exponiendo una cuidada selección de dibujos y maquetas de sus propios proyectos.

Pirámide del Museo del Louvre

I.M.Pei

Localización: París, Francia. **Fecha de realización:** 1987. **Arquitecto:** I.M.Pei. **Programa:** Construcción de una pirámide acristalada como nuevo acceso al Museo del Louvre. **Fotografías:** Ana Quesada.

El proyecto de modernización y ampliación del Museo del Louvre promovido por François Miterrand en 1981 contemplaba un nuevo edificio subterráneo que sirviera de puente entre las tres alas del museo. Este nuevo edificio subterráneo tiene en su parte superior la forma de una gran pirámide acristalada y así sobresale como elemento principal de un enorme patio que es el centro de gravedad del conjunto. La pirámide es ahora la nueva entrada principal al museo. Una vez dentro, los visitantes se sitúan en el Belvedere, con forma de gran balcón triangular que mira al vestíbulo interior y permite la vista del palacio a través de las paredes totalmente acristaladas de la pirámide.

Museo de arte rupestre

William P. Bruder

Localización: Deer Valley, Phoenix, Arizona, EE.UU. **Fecha de realización:** 1994-1995. **Arquitecto:** William P. Bruder. **Colaboradores:** Wendell Burnette, Bob Adams, Beau Dromiack, Rick Joy, Maryann Bloomfield. **Programa:** Construcción de un museo de arte rupestre: recepción, salas de exposición, archivos, despachos, aulas y servicios. **Fotografías:** Bill Timmerman.

Este museo se construyó sobre una conducción de agua; el propio edificio está concebido como un embudo que canaliza la circulación de los visitantes desde el aparcamiento hacia la montaña y los grabados de los Hohokam (nativos norteamericanos). La planta se inserta en el ángulo abierto formado por la montaña y por un dique, poniendo en contacto civilización y naturaleza. La emoción que produce el recorrido arquitectónico ayuda a preparar la contemplación de la obra de arte. Para favorecer este espacio cinemático, se organiza una planta longitudinalmente creando dos recorridos paralelos diferenciados: uno continuo, de carácter público, donde se sitúa el museo en sí; y otro más privado, subdividido siguiendo la traza de la canalización de agua, donde se encuentra la recepción, los archivos, los despachos y las aulas. Se ha optado por crear una caja opaca con unas incisiones que se convierten en luz cuando interesa resaltar determinados puntos o itinerarios. De esta manera se evita la sensación de opresión, mientras que, por otra parte, las ventanas prolongan la mirada hasta las rocas. El museo se convierte en mirador sobre el dique, y el visitante, además de aprender sobre el paisaje, puede disfrutar de él.

Galería Gagosian

Richard Gluckman

Localización: Wooster Street, Nueva York, EEUU. **Fecha de realización:** 1994. **Arquitecto:** Richard Gluckman. **Programa:** Reconversión en galería de arte de un antiguo garaje. **Fotografías:** Paco Asensio

Gagosian forma parte de una tendencia neoyorquina para la conversión de espacios industriales en lujosas galerías. Diseñada por Richard Gluckman, se trata de un lugar perfecto para grandes exposiciones de esculturas contemporáneas. Creada con el trabajo de Richard Serra en mente, este espacio es ligero, aireado y amplio. Gluckman cree que el arte debe dominar el espacio, con el arquitecto jugando sólo un papel de soporte, al que corresponde crear solamente un escenario. Sólo la fachada de ladrillo del garaje original permaneció intacta, aunque se añadió una nueva puerta de las antiguas características

como homenaje histórico y elemento práctico. Esta entrada permanece abierta en las tardes de verano, cuando la galería brilla seductoramente, ofreciendo a los transeuntes más que una visión de lo que contiene. El interior se rediseñó completamente: se reforzó el suelo, el techo se elevó a su altura máxima y se construyó una estructura de pilares para incrementar la anchura. El suelo, pulido y suave, contrasta con los muros de color blanco brillante. Gluckman ha dejado vigas al descubierto que corresponden a la estructura originaria, visibles en las nuevas claraboyas. Además de la luz natural, se han situado puntos fijos de lámparas halógenas industriales alrededor de las claraboyas.

Centros culturales y fundaciones

De hecho, no hay una gran diferencia entre los proyectos incluidos en este capítulo y el resto de las construcciones incluidas en el apartado general de Centros Culturales. Si se ha decidido hacer esta distinción es precisamente para dar más importancia y relive a una serie de proyectos situados a medio camino entre el museo y la galería de arte, entre la sala de exposición y la sala de espectáculos. Se refiere esta categoría de Centros Culturales y Fundaciones a aquellos proyectos, normalmente de carácter privado, que reúnen obra muy específica de un autor, tendencia o país. Son obras con las que se pretende hacer un exaltamiento de la historia o tradición de un lugar o recordar perpetuamente una hazaña...

Fundación Chinati

Fundación Louis Jeantet

Fundación Cartier

Centro Gallego de Arte Contemporáneo

Centro de arte y tecnología japonesa de Cracovia

Centro Cultural Stiklestad

Instituto del Mundo Árabe

Centro de Arte Visual Yerba Buena Gardens

Fundación Chinati

Donald Judd

Localización: Marfa, Tejas, E.E.UU. **Realización:** 1986. **Arquitecto:** Donald Judd. **Programa:** Áreas de exhibición, oficinas y servicios. **Fotografías:** Todd Eberle (también páginas 302/303).

La Fundación Chinati es un museo de arte contemporáneo concebido y fundado por Donald Judd en 1986. Se encuentra en Marfa, Tejas, al sudoeste de Estados Unidos, junto a la frontera con México. El paisaje árido y vacío forma parte del desierto de Chihuahua.

La fundación está ubicada en una antigua base militar, Fort D.A. Russell.

La función específica de la Fundación Chinati consiste en la exhibición de conjuntos de obras de gran escala de unos pocos y significativos artistas del siglo XX.

El propio Donald Judd fue el arquitecto que, cuando la base fue abandonada, renovó y adaptó los edificios para su nuevo cometido. Judd diseñó las ventanas, las puertas y los nuevos accesos. Añadió una nueva cubierta curvada de metal a los viejos almacenes y acondicionó los espacios exteriores. Construyó nuevos muros de adobe y convirtió las barracas en salas de exposición.

Fundación Louis Jeantet

Domino Architects

Localización: Ginebra. Suiza. **Fecha de construcción:** 1995. **Arquitectos:** Jean-Michel Landecy, Jean-Marc Anzévui y Nicolas Deville, Henri Bava, Michel Hoëssler y Olivier Philippe del Equipo Ter (paisajistas). **Programa:** Jardín y auditorio. **Fotografías:** Jean-Michel Landecy.

Una de las cuestiones que la intervención tenía que resolver era el desequilibrio de las relaciones de escala entre el antiguo edificio neorrenacentista, pensado con una gran explanada delante suyo, y el pequeño espacio que actualmente existía para el proyecto, último resto de la gran propiedad que rodeaba la villa. Otro de los inconvenientes era la distancia y situación de los dos edificios, la villa y el auditorio, y cómo conseguir enlazarlos.

La solución propuesta por Domino consistía en optimizar el espacio del jardín desdoblándolo en dos niveles: una plataforma superior horizontal que ocupa casi todo el espacio libre de la parcela y que se sitúa a la altura de la planta baja de la villa y, como perforación de la plataforma superior, un pequeño patio-jardín que sirve de entrada común de la villa y el auditorio.

Está inspirado en los jardines Moghols y en los patios de las mezquitas persas y, como ellos, utiliza elementos naturales para recibir al visitante y prepararlo para una experiencia nueva. La pasarela de entrada atraviesa el grueso muro de hormigón que aísla el patio de la calle y el visitante desembarca de golpe en el pequeño patio cuadrado.

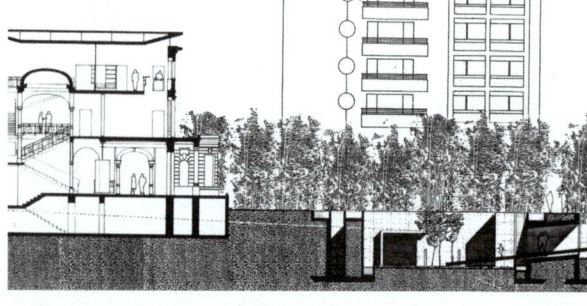

Fundación Cartier

Jean Nouvel

Localización: Paris, Francia. **Fecha de construcción:** 1991-1994. **Cliente:** Cartier S.A. **Arquitecto:** Jean Nouvel. **Colaboradores:** Didier Braoult (arquitecto responsable del proyecto); P. A. Bohnet, L. Ininguez, P. Mathieu, V. Morteau, G. Potel, S. Ray, S. Robert (arquitectos colaboradores), Ove Arup & Partners (estructura); Arnaud de Bussiere et Associes (fachada); Riedweg et Gendre, (acondicionamiento); Ingenieur et Paysage (paisaje). **Fotografías:** Christian Richters.

En la Fundación Cartier los árboles continúan en el mismo lugar, se superponen a una arquitectura en la que los límites desaparecen, los paramentos se deslizan sobre el vacío. El cedro de Chateaubriand se eleva solitario, entre dos pantallas enormes y exentas (sólo unidas al edificio por unos tirantes horizontales para soportar la presión del viento) que encuadran la entrada. El visitante pasa por debajo del cedro y se introduce en el espacio de una sala de exposiciones en la que las obras de arte se entremezclan con los árboles y con los pilotis altos y estilizados, dispuestos rítmicamente. En cuanto a materiales, toda la expresividad del edificio queda confiada al vidrio. Un vidrio semireflectante que evita la rotundidad y obviedad de los muros cortina completamente transparentes o completamente reflejantes a modo de espejo. El paramento vertical hace de la Fundación Cartier un edificio que todavía no se ha concretado o que empieza a desaparecer, que pertenece a una arquitectura no definitiva.

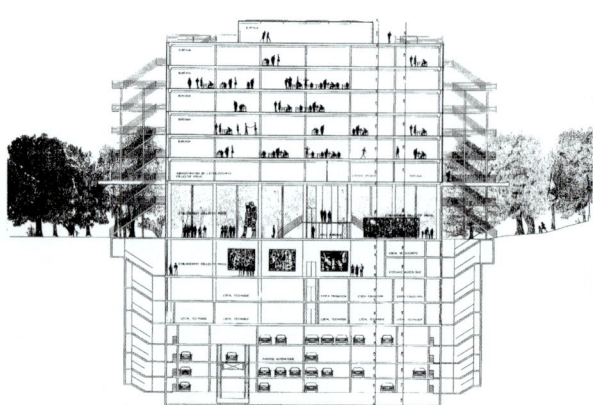

Centro Gallego de Arte Contemporáneo

Alvaro Siza

Localización: Santiago de Compostela, España. **Fecha de realización:** 1997. **Cliente:** Ayuntamiento de Santiago. **Arquitecto:** Alvaro Siza. **Programa:** Salas de exposición, auditorio, biblioteca, centros de documentación y administración, librería, cafetería, zonas de servicios, dependencias administrativas, despacho de dirección y terraza-mirador. **Fotografías:** Tino Martínez.

La gran dificultad del proyecto se centra en su inserción en un espacio donde se alzan edificios de escala y significado muy diferentes. Compete al CGAC mediar estas difíciles relaciones, transformando un aglomerado de espacios y edificios en un tejido coherente. Los criterios de preservación-transformación defendidos comprenden en particular la selección de materiales de revestimiento, por lo que se optó por el granito en el exterior con variaciones de color. El edificio lo forman dos cuerpos de tres pisos y terraza, ambos con planta en "L", los cuales convergen siguiendo la dirección norte-sur y se unen en el extremo sur. El cuerpo del ala oeste engloba el pórtico de acceso, las zonas de distribución y recepción y el acceso al auditorio y a la primera planta, el acceso a la biblioteca y a los centros de documentación y administración. El cuerpo del ala este engloba, en el sótano, las áreas de exposición, la librería y la cafetería en su planta baja y las áreas de exposición temporal (709 m²) y el auditorio (367m²). El espacio triangular entre los dos cuerpos constituye una zona de transición iluminada desde arriba, en la que se sitúa la puerta de acceso a las salas de exposición. Las zonas de servicios internos del piso 3 constituyen un área de 1.908 m² y en su primera planta se incluyen dependencias administrativas y el despacho de dirección. Las áreas de terraza (957 m²) son accesibles al público, pudiéndose realizar en ellas exposiciones de escultura. Sus muros tienen una altura de 3,20 metros, elevándose la cota del piso en el extremo sur, lo que permite la existencia de un mirador sobre la ciudad.

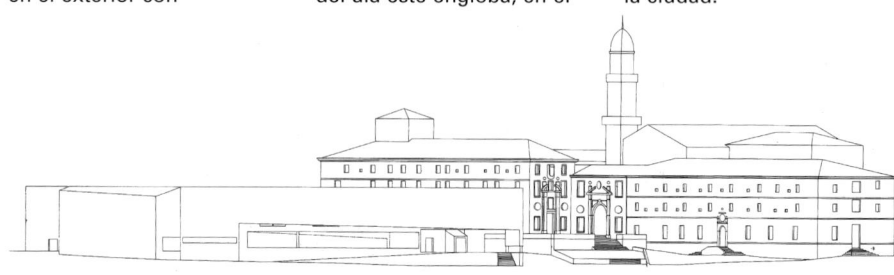

Centro de arte y tecnología japonesa de Cracovia

Arata Isozaki & Associates

Localización: Cracovia, Polonia. **Fecha de realización:** 1994. **Cliente:** The Kyoto-Cracow Foundation. **Arquitecto:** Arata Isozaki & Associates. **Colaboradores:** Ghen Mizumo, Yusaku Imamura, Shigeru Hirabayashi, Dr. Jan Grabacki, EXIT Engineers (estructura). **Superficie del solar:** 4.900 m². **Superficie ocupada:** 2.120 m². **Superficie construida:** 3.180 m². **Fotografías:** Yoshio Takase.

La construcción se desarrolla en dos plantas, de las cuales la principal es la superior, a la cual da directamente el acceso. La inferior alberga dependencias secundarias y una gran sala de usos múltiples. Con este planteamiento, Isozaki ensaya una vez más la definición de una gran cubierta ondulada sostenida por una estructura de madera, y generada por medio de una geometría compleja. Así, el perímetro del cuerpo edificado adopta una forma ondulada en su mayor parte, de modo que, en la intersección de ambos planos, la arista resultante no es rectilínea en ningún tramo. Al ir descendiendo hasta los cimientos, planta por planta, todo el volumen se va contaminando lentamente de un mundo de imágenes mucho más híbrido: por ejemplo, la terraza del bar, o todo el cuerpo de volúmenes que acompaña el acceso, responden a lenguajes ya ensayados y verificados por la tradición moderna.

Centro Cultural Stiklestad

Jens Petter Askim, Sven Hartvig

Localización: Stiklestad, Noruega. **Fecha del proyecto:** 1985. **Fecha de realización:** 1992. **Arquitecto:** Jens Petter Askim, Sven Hartvig. **Programa:** Construcción de un museo para rememorar la tradición vikinga. **Fotografías:** Bard Ginnes, Jens Petter Askim.

San Olav es uno de los santos más populares de Escandinavia y Sitklestad un lugar de peregrinaje. Por este motivo, este museo tiene una triple faceta. Por un lado, conmemorar la batalla de Stiklestad y la figura de san Olav. Por otro, divulgar las consecuencias y el porqué de la importancia de aquel hecho histórico; y, por ultimo, mostrar la cultura de los vikingos, anterior a san Olav, las escenas y los restos de la batalla e informar sobre los cambios históricos que experimentó el país a partir de aquella fecha. Arquitectónicamente, el edificio es una obra conceptualmente moderna, con una gran preocupación paisajística y construida a través de referencias constantes a la arquitectura vernácula. Así pues, tanto las cubiertas a dos aguas, como el muro que rodea el patio por el lado sur, los puentes interiores, los taludes sobre los que se apoya el edificio o el propio diseño de la estructura, están inspirados en elementos simples y tradicionales. Dos son las intenciones de los arquitectos: que el edificio se encuentre en armonía con el paisaje y, a su vez, que el marco arquitectónico prepare visualmente a los visitantes para las escenas y los tesoros arqueológicos que encontrarán en el interior. Tal vez el principal espacio del museo sea el patio. Está pensado para albergar todo tipo de actividades. Por su lado sur, está cerrado por un corredor circular de hormigón sin aberturas en el que se exhiben piezas arqueológicas y se muestran escenas de la batalla de Stiklestad.

Instituto del Mundo Árabe

Jean Nouvel, Gilbert Lezènes & Pierre Soria y Architecture Studio: Martin Robain, Rodo Tisnado, Jean-François Galmiche, Jean-François Bonne

Localización: París, Francia. **Fecha de realización:** 1987. **Cliente:** Instituto del Mundo Árabe. **Arquitecto:** Jean Nouvel, Gilbert Lezènes & Pierre Soria y Architecture Studio: Martin Robain, Rodo Tisnado, Jean-François Galmiche, Jean-François Bonne. **Programa:** Sala exposición - museo para el arte e historia de la civilización árabe. **Fotografías:** S.Couturier

La fachada orientada hacia la facultad Jussieu, a primera vista, parece una superficie decorada con mocárabes. De cerca, sin embargo, se descubre que no es así, sino que se trata de una combinación del antiguo arte de dominar la luz con el uso de las tecnologías más modernas. El propio Jean Nouvel lo explica con sus palabras: "esta fachada no es la imitación del mocárabe, sino la interpretación de tal tradición. Más que esa forma arquitectónica, lo que he querido reencontrar es un juego con la luz. Jugar con el sistema de su geometría, recuperar y respetar el principio de destilación de la luz, adaptada, por supuesto, al clima y a la inconstancia de la luz parisina. Porque lo más importante de un mocárabe no es su función propiamente dicha, sino su adaptación a la cantidad de luz. Es un elemento sensible. Con una persiana veneciana se hubiera podido conseguir una función parecida pero, respetando la tradición, he podido valerme de la tecnología para ensalzar no la función, sino la sensación".

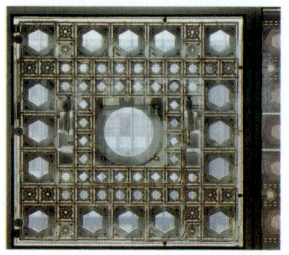

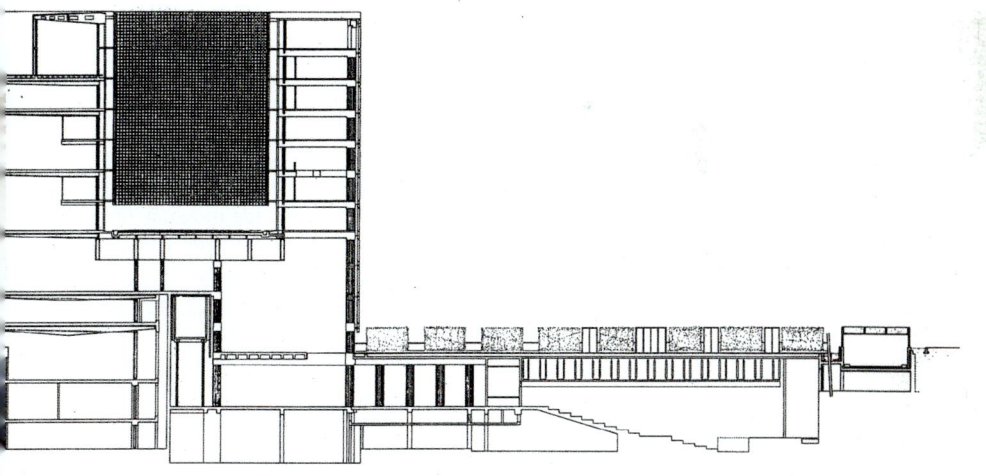

Instituto del Mundo Árabe

Centro de Arte Visual Yerba Buena Gardens

Maki & Associates

Localización: San Francisco, California, EE.UU. **Realización:** 1993. **Cliente:** San Francisco Redevelopment Agency. **Arquitectos:** Maki & Associates. **Colaboradores:** Fumihiko Maki & Maki and Associates; Robinson Mills + Williams; Structural Design Engineers (ingeniería de estructura); S.J. Engineers (ingeniero Mecánico); F.W. Associates (ingeniero eléctrico); S.Leonard Auerbach & Ass. (iluminación); Walsh & Norris (acústica); Meachum O´Brien (paisajismo). **Programa:** Centro de arte visual, sala de proyecciones de vídeo, galerías y salas de exposición; foro multiuso; oficinas y servicios. **Fotografías:** Paul Peck, Richard Barnes.

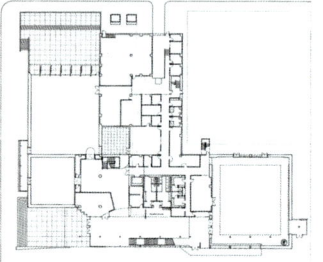

El Centro de Artes Visuales de San Francisco asume un papel básico en el desarrollo cultural y comercial construido en el centro de la ciudad, bajo el barrio de Market Street. El edificio incluye una sala de proyección de vídeo para 100 personas, además de varias galerías de exposición y una zona común, en forma de foro multifuncional. Los espacios tanto interiores como exteriores desprenden un sabor informal que contrasta con los ambientes más serios y estrictos de los museos e instituciones en general. Una galería acompaña a la sala de proyecciones, creando una zona más íntima para pequeñas actuaciones, proyecciones de video y otras exhibiciones relacionadas. El resto de losespacios son de dimensiones mayores y permiten albergar actuaciones de otras características. El foro, por su parte, acomoda actividades teatrales vanguardistas además de festivales, banquetes y conciertos.

Su forma de L permite situar el edificio en un punto clave de este nuevo desarrollo urbanístico. La plaza pública situada en una de las esquinas del conjunto hace las veces de galería al aire libre y de extensión al exterior de las secuencias interiores. Además, algunas de las actividades que se desarrollan en el edificio pueden ser visualizadas desde el exterior a través de unos paneles que se sitúan en una de las fachadas de dos pisos. De esta forma, el edificio puede funcionar como un único espacio para albergar eventos de gran escala donde la gente puede moverse libremente de un lugar a otro.

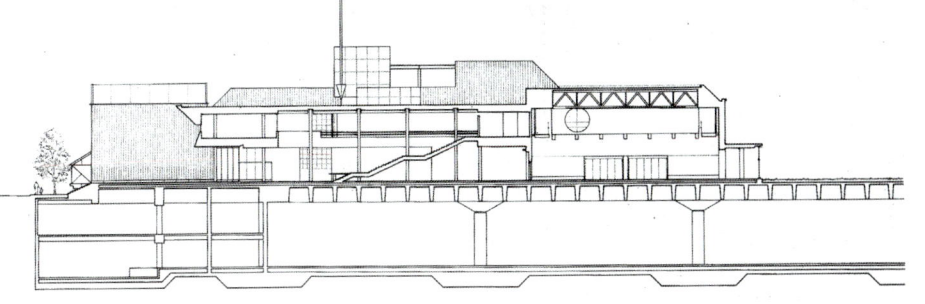

Centro de Arte Visual Yerba Buena Gardens

Escuelas y universidades

Diseño, drama, teatro, ciencias futuras, economía, leyes, periodismo, ciencias geológicas, astronomía, arquitectura... son los estudios de hoy. Los estudiantes de esta última década han mostrado una variación importante en la tendencia tradicional. La falta de oportunidades laborales ha obligado a las instituciones internacionales a crear nuevas salidas que permitan una mayor integración de los jóvenes en el mercado laboral. Esta tendencia ha provocado también que los grandes nombres de la arquitectura se presenten a concursos para conseguir encargos de escuelas y universidades por los que, hasta entonces, no habían mostrado demasiado interés por no ser este un campo en el que poder innovar diseñando.
Los proyectos que se ha decidido publicar son la más clara referencia de los cambios en el diseño y construcción de estos edificios dedicados a la formación del individuo.

Escuela de diseño y moda en Utrecht
Escuela de Arte Dramático
Centro de Educación de Bitburg
Facultad de Derecho de Cambridge
Facultad de Periodismo de Pamplona
Departamento de Geociencias de la Universidad de Aveiro
Ampliación de la Facultad de arquitectura

Escuela de diseño y moda en Utrecht

Erick van Egeraat

Localización: Utrecht, Holanda. **Realización:** 1994-1997. **Cliente:** Ayuntamiento de Utrecht. **Arquitecto:** Erick van Egeraat. **Colaboradores:** Maartje Lammers, Ard Buijsen, Boris Zeisser. **Estructura:** Strukton Engineering b.v, Maarsen. **Instalaciones:** Sweegers & de Bruijn b.v, Den Bosch. **Subcontrata para la fachada:** Rollecate, Staphorst. **Programa:** Escuela secundaria de diseño gráfico y de moda. **Fotografías:** Christian Richters.

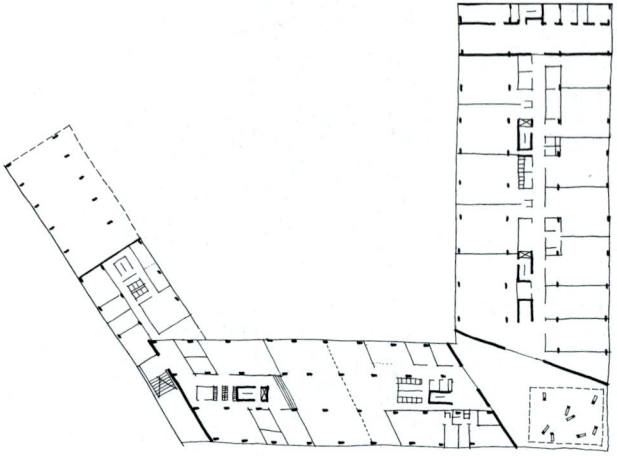

Cuando el equipo «eea» fue requerido en relación con este proyecto, el edificio ya había sido proyectado por otro arquitecto. Es decir, no se les encargó un edificio de nueva planta sino que se les pidió que intervinieran sobre un proyecto ya dado con objeto de conseguir la aprobación del Comité Estético de la región.
El encargo tenía como objetivo principal revitalizar la imagen del edificio ya proyectado y, de forma más secundaria, replantear el vestíbulo de acceso.
Los arquitectos optaron por plantear una piel de cristal que se superpone de modo completamente independiente a la fachada ya existente. El edificio queda así envuelto por una especie de velo que muestra, a la vez que transforma, la percepción de lo que hay detrás..
La reforma del vestíbulo de acceso, situado en una de las esquinas entre dos bloques, cambió de forma radical toda la concepción del espacio. En el vestíbulo, entendido como un volumen completamente transparente cuyos límites pretenden hacerse desaparecer, se sitúa la sala de actos suspendida sobre delgados pilares metálicos, la recepción y dos pasarelas de comunicación entre las dos alas en los niveles superiores.
La utilización del cristal se lleva también al interior en las pasarelas, tragaluces y fachadas aumentando el número de reflejos de unas superficies sobre otras.

Escuela de Arte Dramático

TEN Arquitectos. E. Norten, B. Gómez-Pimienta

Localización: Avenida Río Churubusco, México D.F. **Realización:** 1994. **Promotor:** Consejo Nacional para la Cultura y las Artes. **Coste:** $12 millones **Arquitectos:** Enrique Norten, Bernardo Gómez-Pimienta. **Colaboradores:** Gustavo Espitia, Héctor L. Gámiz, Miguel Ángel González, Armando Hashimoto, Carlos Valdez, Óscar Vargas (equipo de diseño), Alonso-García+Miranda (estructura), Jaffe, Scarborough & Holden (acústica), Tecnoproyectos (ingeniería mecánica), Francisco De Pablo, Jesús Esteva (dirección de obras), Departamento del Distrito Federal (contratista). **Programa:** Aulas, teatro (300 plazas), administración, camerinos y servicios. **Fotografías:** Luis Gordoa.

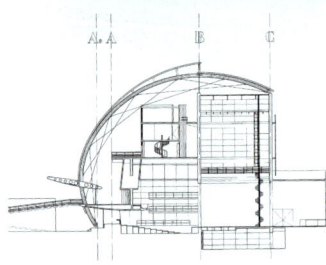

La Escuela de Arte Dramático se encuentra en el extremo oeste de una zona destinada a los distintos edificios que componen el Centro Nacional de las Artes, entre autopistas y pasos de vías de comunicación a diferentes niveles. Se trata de un entorno condicionado por el tráfico constante y por el ruido. No existen ni unos límites claros, ni una topografía compleja (el solar es prácticamente plano), ni naturaleza que respetar, ni unas fachadas definidas: las referencias se encuentran disgregadas y dispersas. Sin embargo, como el propio Enrique Norten afirma: «el sitio está sujeto a fuerzas de fricción y tensión creadas por la velocidad así como por las expresiones urbanas del entorno». Estas fuerzas, sin ser una referencia concreta, sí inducen una manera de disponer los objetos y una cierta actitud compositiva.

El elemento más importante es la gran cubierta metálica con forma de tubo. Posee una escala urbana y es suficientemente abstracta y unitaria para que pueda entenderse desde una distancia considerable y desde un vehículo en movimiento.

Bajo la cubierta, una colección de volúmenes y de planos contienen y definen los distintos elementos que integran el programa. Todos ellos poseen una expresión propia de acuerdo con el carácter y las condiciones particulares de cada espacio.

Han sido reunidos de manera aparentemente espontánea y arbitraria. Pero el caos virtual esconde sin embargo un estricto orden derivado de la función específica de cada espacio y de su compleja interrelación a partir de la heterogeneidad del programa.

Centro Educacional de Bitburg

Behnisch & Partner

Localización: Bitburg, Alemania. **Realización:** 2002. **Arquitecto:** Behnisch & Partner. **Colaboradores:** Stötzer & Neher (paisajismo), Christian Kandzia (estudio de los colores). **Superficie:** 27.550 m². **Fotografías:** Christian Kandzia.

El Centro Educacional de Bitburg es un complejo destinado a gente de distintos países que incluye viviendas, centros docentes y una zona de equipamientos deportivos y de ocio. El principal objetivo del encargo era crear un entorno dinámico y variado que a la vez hiciera sentirse a los huéspedes bien acogidos. Se decidió evitar la monumentalidad de las edificaciones y se optó por un proyecto que se acoplara al paisaje, con construcciones bajas desperdigadas por el valle que ocupa el solar y una abundante vegetación. Una red de caminos arbolados comunica el pueblo, al sur de la parcela, con las instalaciones deportivas, al norte. Las edificaciones docentes y los talleres de trabajo se encuentran cerca de los límites de la localidad y se colocaron alrededor de una gran zona verde a modo de patio. La rígida distribución de las estancias responde a una estricta organización funcional y al propósito de que todos los espacios tengan vistas al patio o al paisaje. Los techos inclinados y los amplios aleros permiten generar una gran variedad de recorridos y accesos exteriores cubiertos.

Para suavizar el impacto del complejo en la zona se empleó el juego de cotas y el ajardinamiento con arbustos; de esta forma las construcciones que albergan las aulas y los estudios parecen tener dos plantas si se las observa desde el pueblo, aunque la fachada que da al valle revela que tienen tres niveles. La planta baja se levantó en piedra y las superiores se cubrieron con planchas de distintos colores, formando una composición ecléctica culminada por cubiertas metálicas.

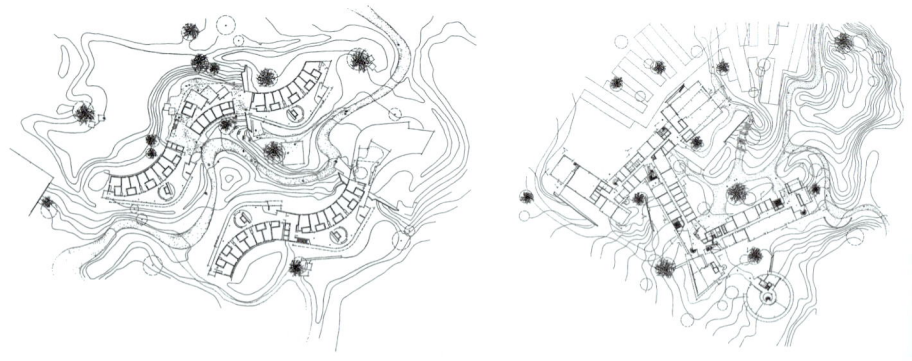

Facultad de Derecho de Cambridge

Norman Foster & Partners

Localización: Campus de la Universidad de Cambridge, Reino Unido. **Finalización:** Octubre de 1995. **Cliente:** Universidad de Cambridge. **Arquitectos:** Norman Foster & Partners. **Estructuras:** Anthony Hunt Associates. **Capacidad de la biblioteca:** 120.000 volúmenes. **Superficie total:** 9.000 m². **Programa:** Auditorios, aulas, bibliotecas, administración, almacenes y salas de reuniones. **Fotografías:** Herman van Doorn (también páginas 322/323).

El solar se encuentra en pleno campus de Sidwick, adyacente a la famosa Facultad de Historia de James Stirling. Rodeado de campos de césped y árboles maduros, se ha intentado minimizar el tamaño aparente de los edificios, preservando al máximo la atmósfera del jardín donde se ubica.
La planta baja contiene aulas de usos diversos, administración y otros espacios para el personal. Las plantas subterráneas se ocupan con tres grandes auditorios, almacenes de libros y salas de reunión para los estudiantes, mientras que las tres últimas plantas se reservan para la biblioteca.
La entrada desemboca en un vestíbulo a toda altura desde donde se accede a todas las plantas del edificio.
Las plantas de la biblioteca se van aterrazando adaptándose a la fachada curva sin llegar a tocarla.

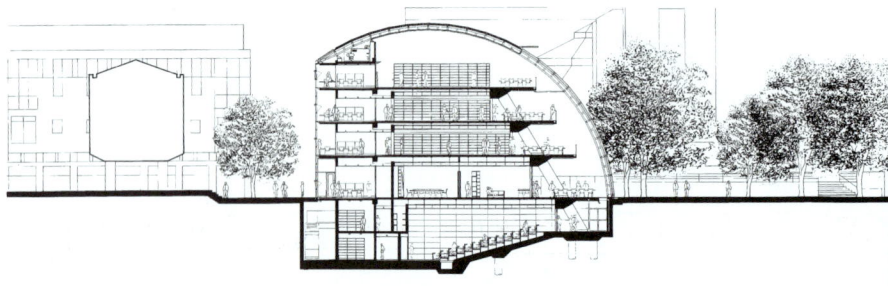

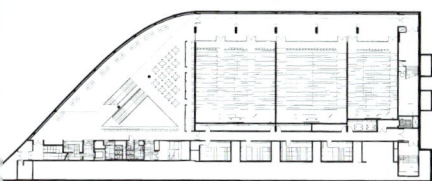
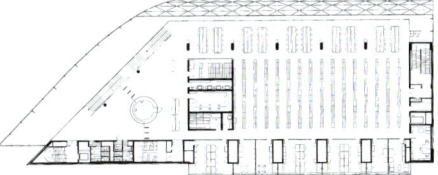

Facultad de Derecho de Cambridge

Facultad de Periodismo de Pamplona

Ignacio Vicens, José Antonio Ramos

Localización: Pamplona, España. **Fecha del proyecto:** 1994. **Fecha de realización:** 1996. **Arquitectos:** Ignacio Vicens, José Antonio Ramos. **Colaboradores:** Fernando Gil, Adam Blesnick. **Programa:** Aulas teóricas y prácticas, platós, estudios de radio y televisión, seminarios, despachos, audiovideoteca y servicios. **Fotografías:** Eugeni Pons (también páginas 978/979).

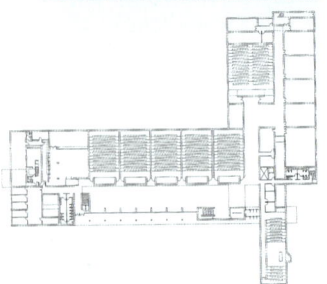

Lo que da forma al edificio es la relación entre la masa y el vacío. Desde el punto de vista de la piel, o sea de la imagen, tan importantes son los volúmenes que se recortan contra el cielo, como los huecos que penetran en la masa de hormigón para llevar la luz al interior.
Cuando se estudian las decisiones que han provocado esta forma y no otra, se constata esa doble estrategia. Por un lado, existe una separación de las diferentes áreas funcionales en volúmenes distintos.
Así pues, determinadas salas como el aula magna de la planta baja o el bloque dedicado a audiovideoteca, en la medida en que tienen un funcionamiento independiente, tienden a mostrarse como piezas autónomas.
Por otro lado, existe la voluntad de proporcionar a cada espacio un tipo de iluminación específica y, sobre todo, un modo particular de relacionarse con el exterior. Así pues, como si se tratase de un edificio en negativo, desde el cielo se construye el exterior con huecos y patios.

Departamento de Geociencias de la Universidad de Aveiro

Eduardo Souto de Moura

Localización: Aveiro, Portugal. **Fecha del proyecto:** 1991. **Fecha de realización:** 1995. **Arquitecto:** Eduardo Souto de Moura. **Programa:** Aulas, laboratorios, seminarios y servicios. **Fotografías:** Christian Richters.

La ordenación urbanística del campus y las condiciones del encargo por parte de la universidad establecían unas premisas claras: la superficie total construida debía ser de 4.314 m²; la altura máxima, tres pisos; la longitud del edificio, 80 m; su anchura, 20 m; el porcentaje de superficie destinado a circulaciones, aproximadamente el 20 %; el

material para el acabado de las fachadas, el ladrillo rojizo. Con disposiciones urbanísticas tan claras, para qué se necesita un arquitecto, debió pensar Souto de Moura: «como las reglas del juego estaban definidas, el edificio adquirió forma casi sin discusión: un caja cortada por un corredor central». Sólo hace falta echar una mirada a los otros edificios del campus: bloques lineales de ladrillo, todos ellos de tres plantas, paralelos y equidistantes, cuyas únicas diferencias estriban en si las ventanas son corridas o cuadradas, o en si las persianas son blancas u oscuras.
Por contra, el edificio de Souto de Moura transmite una gran austeridad, una

renuncia evidente de todo lo que resulta accesorio en arquitectura, una enorme atención al detalle con la intención de conseguir minimizar su repercusión en el aspecto final de la obra, la voluntad de no revestir los elementos estructurales con el fin de hacer patentes las leyes constructivas del edificio y un esfuerzo por abstraer geométricamente los elementos que componen los edificios. Las salas son espacios despojados de accesorios y en los que sólo hay los muebles indispensables.

Ampliación de la Facultad de Arquitectura

LWPAC

Localización: Valparaíso, Chile. **Fecha de realización:** 1999. **Arquitecto:** LWPAC, Lang Wilson Practice in Architecture Culture. **Colaboradores:** Roberto Barria, Pol Taylor, Ricardo Luna SA (estructuras), Mainos SA (contratista) y Oscar Jalil (supervisor técnico). **Superficie:** 1.800 m^2. **Fotografías:** Guy Winborne.

El encargo lo efectuó la Universidad Técnica Federico Santa María para ampliar su facultad de arquitectura, un proyecto que debía redefinir el programa funcional y espacial del edificio existente. Las restricciones impuestas fueron estrictas: sólo se daba un plazo de diez meses a contar entre la presentación de los bocetos iniciales y la inauguración del centro; un ajustado presupuesto que debía rentabilizarse al máximo para levantar una edificación de 1.800 m^2; y finalmente, se valoraría la relación con las construcciones existentes, tanto a escala estructural, ya que el conjunto está ubicado en una zona de riesgo sísmico, como a escala formal, para que el resultado fuera respetuoso con las demás construcciones del campus. Cumplidos los requisitos, el principal objetivo de los arquitectos fue crear un espacio flexible capaz de evolucionar con los cambios programáticos impredecibles que sufren las escuelas de arquitectura. Para poder acomodar funciones variables se propuso un edificio hasta cierto punto inacabado, un espacio que actúa como una infraestructura para eventos variados y no como un volumen para actividades fijas.

La elección de materiales se rigió por una conciencia ecológica y por la intención de crear variados efectos perceptivos. Las placas onduladas de aluminio perforado y los paneles traslúcidos de policarbonato relacionan la intervención con los edificios existentes.

Bibliotecas

Las bibliotecas, lugares de estudio y consulta por excelencia, no escapan a la revolución arquitectónica de los últimos años. De espacios lúgubres, poco iluminados, fríos y neutros, los arquitectos han hecho lugares que invitan a la lectura y a la concentración. Estos nuevos espacios unen salas de estudios universales con otros de carácter mucho más específico. Así, en este capítulo encontramos una serie de bibliotecas dedicadas al estudio de temática muy específica como la poesía, la religión católica, la literatura universal y la educación infantil.

Biblioteca Nacional de Francia
Biblioteca Pública de la Mesa
Biblioteca Central de Denver
Biblioteca Peckham
Biblioteca Central de Monterrey
Biblioteca Infantil de Oporto

Biblioteca Nacional de Francia

Dominique Perrault

Localización: París, Francia. **Fecha de realización:** 1997. **Promotor:** Administración pública. **Arquitectos:** Dominique Perrault, Aude Perrault, Gaëlle Lauriont Prevost. **Colaboradores:** Danielle Allaire, Gabrieel Choukroun, Guy Moriseau (dirección de estudios), Pieffet-Corbin (economista), Séchaud & Bossuyt (estructura), Technip Seri Construction (fluidos), Syseca (telecomunicación y seguridad), Sauveterre-Horizon (jardinería), ACV (acústica). **Fotografías:** Michel Denancé, George Fessy.

un inmenso podio rectangular y rodean un parque central.
Perrault expresa en esta obra dos dimensiones aparentemente opuestas: la monumentalidad, simbolizada por las torres de libros, y la intimidad y quietud del jardín junto a las salas de lectura. La biblioteca alberga, para su autor, emociones construidas sobre la paradoja entre presencia y ausencia, humano y monumental, opaco y luminoso.

La BNF se ubica en el este de París, en Tolbiac, junto al Sena, siguiendo la idea urbanística de insertar en esta zona un mayor número de equipamientos y parques. Se pretende que la ciudad se extienda más allá de los bulevares periféricos.
La Biblioteca Nacional de Francia es el último gran encargo del anterior presidente de la República francesa, François Mitterrand. El nuevo edificio, que puede recibir a más de tres millones de visitantes al año, cuenta con 3.600 plazas para lectura, un centro para exposiciones, un auditorio, salas de conferencias y restaurantes. También funcionará como central de una red informatizada de bibliotecas de Francia. Cuatro torres de cristal, con estanterías para libros, delimitan las escuadras de

Biblioteca Pública de la Mesa

Antoine Predock

Localización: Los Álamos, Nuevo México, EE.UU. **Realización:** 1994. **Coste:** $ 5,1 millones. **Arquitecto:** Antoine Predock. **Colaboradores:** Geoffrey Beebe (socio director), Paul Gonzales, Breatt Oaks (directores de proyecto), Rebecca Ingram, George Newlands, Deborah Waldrip, Linda Christenson, John Brittingem, Cameron Erdmann, Geoff Adams, Mark Donahue (equipo de proyecto), Randy Holt & Associates (estructura), P2RS Group (mecánica), Telcon Egineering (electricidad), High-Point Schaer (director de construcción), Bradbury & Stamm Construction (constructor). **Programa:** Salas de lectura, almacenaje, administración y servicios. **Fotografías:** Timothy Hursley.

La nueva biblioteca se encuentra a medio camino entre la abstracción escultórica y la integración en el contexto natural de los alrededores.
El volumen de la biblioteca es un cuerpo bajo de dos plantas. Dibuja una curva que permite disfrutar de las espléndidas vistas que se abren hacia el norte. Una cuña de mayor altura corta por el centro la biblioteca. Este elemento evoca las aristas de las paredes de roca cercanas a Turfa, en la región de Los Álamos. En la intersección de la cuña y el volumen de la biblioteca, Antoine Predock ha proyectado un patio por el que se produce el acceso al edificio.
Como en muchas de las obras de Antoine Predock el principal material utilizado es el hormigón, tanto en bloques como paramentos encofrados in situ. En cierto modo, Predock trabaja con este material con la intención de buscar una imagen análoga a la de las construcciones monumentales de los pueblos primitivos.

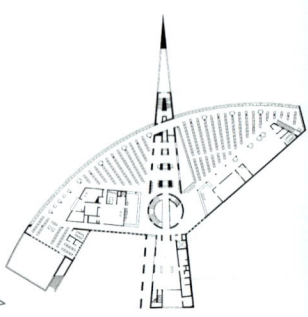

Biblioteca Central de Denver

Michael Graves

Localización: Denver, Colorado EE.UU. **Fecha de realización:** Enero de 1996. **Promotor:** Ayuntamiento de la ciudad de Denver. **Coste:** $ 46,5 millones. **Arquitecto:** Michael Graves. **Colaboradores:** Klipp Colussy Jenks DuBois Architects (dirección), Hyman/Etkin Construction (gestión), S.A. Miro (estructura), The Ballard Group (mecánica), Gambrell Engineering (electricidad), Clanton Engineering (iluminación), Engel/Kieding Design Associates (diseño de interiores), Badgett and Cover-Clark (paisajismo), David L. Adams (acústica). **Programa:** Salas de lectura temática. **Fotografías:** Timothy Hursley.

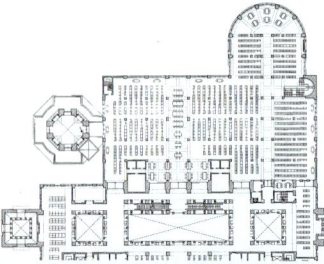

En Denver, Colorado, Michael Graves realizó la ampliación de la Biblioteca Central de la ciudad. El edificio original, diseñado por Burnham Hoyt en 1956, está catalogado en el National Register of Historic Places.

La antigua biblioteca mantiene su presencia institucional en el Civic Center Park, al norte, y su propia identidad como elemento de una composición mayor. La ampliación queda al sur, en la parte trasera. Sin embargo, apuesta por una fuerte y nueva imagen pública. Una fachada rotunda y representativa, orientada a sur, está destinada a convertirse en un punto focal de la Thirteenth Avenue.

Escala, colorido y variedad volumétrica, sintonizan con el entorno. La imagen del *downtown* constituye una auténtica composición geométrica de prismas de tamaños y colores distintos, que se solapan en el horizonte. Michael Graves trabaja a su vez con formas absolutas y conocidas: cilindros, prismas, conos, pirámides...

En cierto modo, Graves aplica a un proyecto individual las relaciones que establecen los edificios entre sí, desde el punto de vista urbano.

No obstante, el arquitecto de Indianápolis no busca sólo que el proyecto se integre en la ciudad, sino también que aporte una carga simbólica y significativa. Es decir, Graves intenta recuperar para la arquitectura una cualidad ausente en el movimiento moderno: la monumentalidad.

Sobre todo en el caso de los edificios públicos, el arquitecto, según Graves, tiene la obligación de trasladar a su obra el significado de cada institución en la sociedad.

Biblioteca Peckham

Alsop & Stormer

Localización: Londres, Reino Unido. **Fecha de construcción:** 1999. **Arquitectos:** Alsop & Stormer. **Colaboradores:** Adams Kara Taylor (estructuras), Concord Lighting Design (iluminación), Battle McCarthy (ingeniería medioambiental). **Superficie:** 4.500 m². **Fotografías:** Roderick Coyne.

El proyecto es parte de una gran remodelación urbana que se llevó a cabo en el barrio de Peckham, al sudeste de Londres. Junto con otras intervenciones, como la construcción de un moderno gimnasio en 1998 o la regeneración del mobiliario urbano, la biblioteca conforma un nuevo paisaje.

Las autoridades locales que encargaron las obras establecieron unos requisitos muy claros: el edificio debía conferir prestigio al barrio mediante una arquitectura avanzada a su tiempo; sin embargo, debía evitar cohibir a los usuarios con una apariencia elitista; la gente debía sentirse identificada con ella. Además, el objetivo era crear un equipamiento flexible, adaptable a las necesidades de generaciones futuras.

La biblioteca diseñada por los arquitectos Alsop & Stormer toma la forma de una L invertida, con un bloque horizontal que se levanta doce metros sobre nivel de la calle y se apoya parcialmente sobre pilares y sobre un volumen vertical. Esta disposición crea un porche que se utiliza para actividades al aire libre. Además, el cuerpo en voladizo origina una zona de sombra en la fachada sur, de modo que no fue necesario instalar persianas ni otros protectores. Unas letras de acero inoxidable de dos metros conforman un rótulo que contribuye a crear la particular silueta del edificio.

El bloque horizontal consiste en un espacio de doble altura que acoge el mostrador, el área donde se disponen los libros y, al norte, la biblioteca para niños. Esta gran superficie está invadida por tres volúmenes ovoides anclados sobre pilares que albergan un centro de literatura africana y caribeña, una zona de actividades para niños y una sala de reuniones, respectivamente. Sobre el más grande se abrió una claraboya que fue cubierta por una pantalla de color naranja de enormes dimensiones que se ve desde la calle.

La fachada principal está cubierta por una malla metálica, mientras que los cerramientos sur, este y oeste están revestidos por unas planchas de cobre. En el bloque vertical las ventanas tienen cristales coloreados fijados mediante silicona a carpinterías de aluminio y forman un peculiar muro cortina.

358 Equipamientos para la cultura

360 Equipamientos para la cultura

Biblioteca Central de Monterrey

Legorreta Arquitectos

Localización: San Nicolás de los Ganza, Nuevo León, México. **Fecha de realización:** 1994. **Cliente:** Universidad Autónoma de Nuevo León. **Arquitecto:** Legorreta Arquitectos. **Colaboradores:** Armando Chávez, José Vigil. **Diseño interiores:** Legorreta Arquitectos, Chávez Vigil Arquitectos Asociados. **Fotografías:** Lourdes Legorreta (también páginas 348/349).

de la torre y corredor de acceso, también construidos de ladrillo visto. Elementos de la tradición de la arquitectura vernácula mexicana aparecen de manera totalmente contemporánea. Los focos de color intenso y la luz tamizada a través de patios y celosías nos recuerdan a las arquitecturas populares del país, incorporándolas en su esencia, haciendo referencia al contexto, sin llegar a ser nunca una cita literal, sino a través de su reelaboración.

El cuerpo principal de la biblioteca está constituido a base de dos grandes volúmenes, un cubo central inscrito en un cilindro que lo abraza. La corona cilíndrica se abre hacia el lago, rematándose en forma de machones triangulares, de los cuales el más grande vierte directamente sobre el agua. Por entre estas dos cuñas se evidencia el volumen cúbico central, oculto en el resto del perímetro por el cilindro. Las áreas de lectura se sitúan en la corona cilíndrica perimetral, disponiendo de vistas directas sobre el parque. Exteriormente impresiona el edificio por la rotundidad y sencillez de la macla geométrica, integrándose armoniosamente en el parque circundante, a pesar de su dimensión. Sólo dos materiales resuelven los cerramientos de las fachadas: el ladrillo del imponente cilindro en perfecta conjunción con el hormigón visto del resto de los volúmenes, a excepción

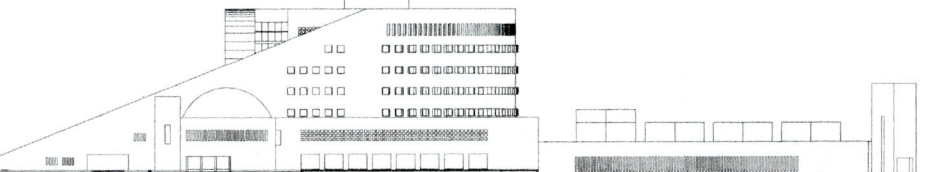

Biblioteca Central de Monterrey 363

Biblioteca Infantil de Oporto

Paula Santos

Localización: Oporto, Portugal. **Fecha de realización:** 1996. **Arquitecto:** Paula Santos. **Colaboradores:** Rui Ramos, Joaquin Santana. **Fotografías:** Luis Ferreira Alves, Paula Santos.

El pequeño pabellón, situado entre los árboles del jardín, tiene un vestíbulo de doble altura y dos niveles diferentes, comunicados entre sí por una escalera de madera. La biblioteca aparece como un "objet trouvé" dentro de la naturaleza, participando del carácter azaroso del paisaje. El volumen recuerda al de un vagón de tren levemente separado del terreno, de aspecto ligero y acogedor. Da la sensación de que este objeto haya sido depositado cuidadosamente, sin dañar ni modificar el entorno. Los materiales elegidos para su construcción respetan y se adaptan al paisaje siguiendo las texturas y colores de la naturaleza.

La estructura y los paneles de cerramiento son de madera y las ventanas son bandas de policarbonato transparente, situadas a la altura de los niños, con buenas vistas sobre el jardín.

La idea de una caja de juegos tuvo tanta aceptación que la administración local decidió volver a construir el pabellón en el parque de la ciudad de Oporto para que funcione como biblioteca infantil y ludoteca, lo que se está realizando en la actualidad. En este segundo montaje se han introducido algunas modificaciones relativas al cerramiento para adaptarlo a los fríos inviernos de Oporto.

Se utiliza la madera como material versátil aplicable según diferentes sistemas constructivos y que posee una gran expresividad. La madera, además, se integra perfectamente en los espacios verdes.

Centros religiosos

De todos los capítulos que integran el contenido de este Atlas de la Arquitectura Actual, este es, probablemente, el que ha sufrido una innovación mayor desde el punto de vista de la concepción y el diseño. Este es, asimismo, el motivo principal por el que se decidió considerar estas construcciones como capítulo independiente del sumario. Los templos dedicados al mantenimiento de la fe y el cultivo del espíritu habían sido hasta hace poco construcciones muy antiguas, que han perdurado hasta nuestros días. De la relación de los proyectos aquí presentados se desprende, lógicamente, una gran mayoría de construcciones en países con fuerte tradición religiosa. Sin embargo, puede ya afirmarse que son muchos los arquitectos importantes a nivel internacional que se deciden a asumir el riesgo que comporta el conjugar en un edificio arquitectura y espíritu. Se han incluido los proyectos más recientes de Siza, Maki, Holl, Fuksas...

Iglesia y Centro Parroquial de Mänistön
Templo Kol Ami
Crematorio de Kaze-no-Oka
Necrópolis y lugar de culto
Iglesia de Cristo en Tokio
Capilla de San Ignacio
Iglesia Católica de Paks
Cementerio Civita Castellana
Iglesia de Sta. María-Marco de Canaveses

Iglesia y Centro Parroquial de Männistö

Juha Leiviskä

Localización: Kuopio, Finlandia. **Fecha de realización:** 1993. **Promotor:** Parroquia Luterano-Evangélica de Kuopio. **Arquitecto:** Juha Leiviskä. **Colaboradores:** Pekka Kivisalo (urbanismo), Parkku Pääkkönen y Mirja Arias (artistas plásticos), Harry Dunkel (estructura), Markkanen & Tiirikainen (ingeniería mecánica), E.Pitkänen & K (electricidad). **Fotografías:** Arno de la Chapelle, Jussi Tiainen.

La iglesia, el centro parroquial y el centro social de la autoridad local están situados sobre una pendiente, en una franja entre unos bloques altos de viviendas construidos en 1960 y un parque.
La entrada se produce por el nivel inferior. La sala de la iglesia tiene un perfil impreciso. A través de sus múltiples pliegues penetra la luz. La composición de los espacios interiores se estructura en torno a la iluminación natural.
«Me he esforzado para asegurar que todos los elementos que componen el espacio, los muros (con sus respectivas obras de arte), el techo, el anfiteatro del primer piso, el órgano... que todo ello forme una misma entidad. Mi intención consiste en propiciar una interacción vital entre lo pequeño y lo grande, lo abierto y lo cerrado, lo alto y lo bajo, los espacios como instrumentos para interpretar la luz, el velo que tejen los reflejos y sus continuas variaciones». Su cercanía con el mundo barroco (con el ascetismo luterano, en ningún caso con el sufrimiento y el castigo de la contrarreforma) no es tanto estética, como epistemológica. Leiviskä identifica la experiencia artística con la religiosa y mística. Por eso mismo, es admisible afirmar que su obra supera la arquitectura, porque el espacio no es el objeto final de la obra, sino que éste es otro: constatar la realidad como una revelación.

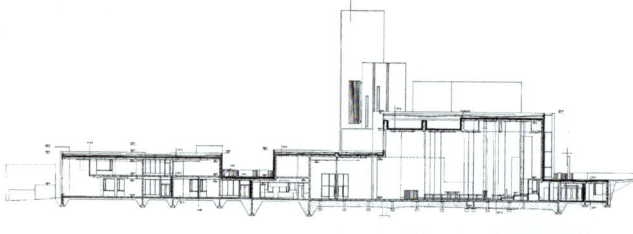

Templo Kol Ami

William P. Bruder

Localización: Scottsdale, Arizona, EE.UU. **Fecha de realización:** 1994. **Promotor:** Templo Kol Ami. **Arquitecto:** William P. Bruder. **Colaboradores:** Wendell Burnette, Eric Robinson, Beau Dromiack, Maryann Bloomfield, Tim Wert (equipo de diseño). **Fotografías:** Bill Timmerman.

La arquitectura del templo Kol Ami presenta unos espacios espartanos que adquieren su valor definitivo a partir de la entrada precisa de la luz. William P. Bruder convoca todos los significados de la iluminación natural, su realidad física, su sentido espiritual y su capacidad emotiva. Paralelamente, Bruder destaca, como contrapunto, aquello que justamente constituye lo opuesto de la luz: la materia (textura, tierra y lugar).

El proyecto propone la realización de un centro de culto y de aprendizaje en forma de pueblo arcaico, en el espíritu de las antiguas comunidades de Masada y Jerusalén. Una escuela y un templo hebraico forman un pueblo que, fortificado, sigue la misma tradición de aquellas comunidades del desierto dos mil años después, en otro continente y en otro desierto.

Con las limitaciones que impone un presupuesto extraordinariamente bajo y las aspiraciones de abrazar una presencia simbólica fuerte, el énfasis de la idea de este centro se ha puesto en el uso del bloque de hormigón como material constructivo esencial. Ha sido utilizado como acabado, tanto interior como exterior; no se ha revestido y se ha ahondado en las posibilidades expresivas de su textura. Con estos medios, se ha logrado una imagen particular, sus superficies irregulares y secas, desgastadas mediante proyección de chorro de arena, convocan la imagen de los muros de piedra milenarios y transmiten una fuerte vinculación con la tierra.

Crematorio de Kaze-no-Oka

Fumihiko Maki & Associates

Localización: Nakatsu, Japón. **Fecha del proyecto:** 1993-1994. **Fecha de realización:** 1995-1997. **Cliente:** Ayuntamiento de Nakatsu. **Arquitectos:** Fumihiko Maki & Associates. **Colaboradores:** Sasaki Environment Design Office. **Programa:** Parque, aparcamiento, crematorio, oratorio, capilla y oficinas. **Superficie total del parque:** 33.316,85 m². **Fotografías:** Nácasa & Partners inc.

La construcción del crematorio se desarrolla en una sola planta, de un modo claramente extensivo, de forma que su perfil, visible desde el parque, es uno de los primeros elementos deliberados de este paisaje. Este perfil se compone básicamente de tres partes: el cuerpo inclinado de la capilla (el más alto de todo el conjunto), un muro de coronación en pendiente, ciego, que encierra algunas de las áreas funcionales, y un porche abierto al parque que une las dos partes anteriores.

Detrás de esta pantalla se desarrollará propiamente el programa del crematorio de un modo generoso en cuanto a dimensiones, y organizado escrupulosamente en función de los requerimientos funcionales del rito de la cremación. Sin embargo, esta extensión interior compone en sí misma una forma precisa de paisaje: a través de un control minucioso de las entradas de luz, de la estrategia de patios, de las aberturas, de los estanques, de las pantallas de cerramiento, etc. El paseo por este interior tiene todas las cualidades propias de una experiencia paisajística.

1. Aparcamiento.
2. Patio.
3. Porche de entrada.
4. Oratorio.
5. Crematorio.
6. Velatorio.
7. Patio.
8. Sala de espera.
9. Oficinas.
10. Capilla.
11. Parque.

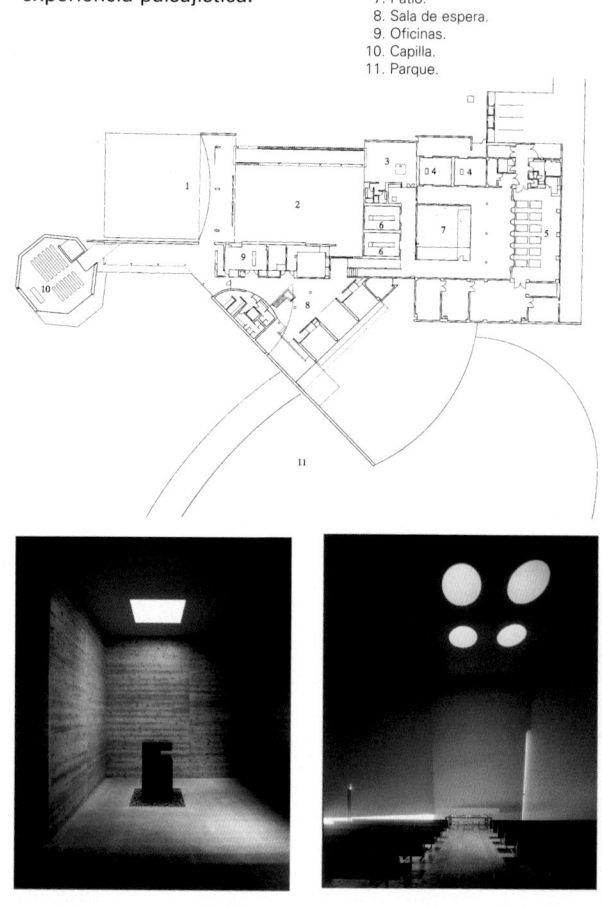

Necrópolis y lugar de culto

Bernard Desmoulin

Localización: Fréjus, Francia. **Fecha de construcción:** 1997. **Arquitecto:** Bernard Desmoulin.
Programa: Necrópolis, museo y espacio de oración. **Fotografías:** Michel Denancé, Hervé Abbadie.

En el solar del antiguo campamento desde el que los soldados franceses embarcaban hacia Indochina, Bernard Desmoulin ha construido una necrópolis, un jardín, un pequeño museo y lugar de meditación para cristianos, budistas, judíos y musulmanes. La intención de Desmoulin es que la vegetación mediterránea (mimosas, olivos, lavanda) acabe cubriendo los muros de hormigón que rodean el jardín circular y la propia necrópolis, situada en su eje central. A un lado, un poco apartada de la necrópolis, una pérgola mínima de cobre protege los cuatro lugares de oración de cada una de las religiones. El museo se encuentra en la entrada al recinto.

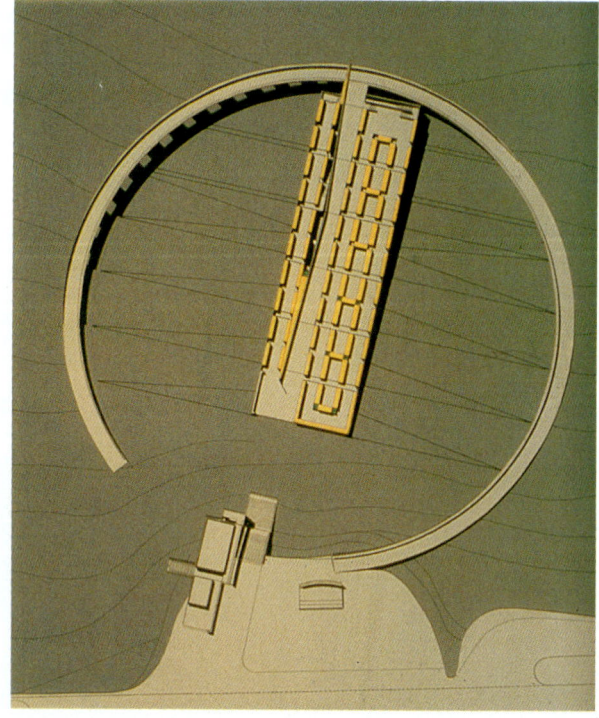

Iglesia de Cristo en Tokio

Maki Associates

Localización: 1-30-17 Tomigaya, Shibuya-ku, Tokio, Japón. **Fecha de realización:** 1995. **Arquitectos:** Maki Associates. **Colaboradores:** Kimura Structural Engineers (ingeniería estructural); Sogo Consultants (asesoría de mobiliario, iluminación, etc.); Takenaka Corporation (contratista). **Fotografías:** Toshiharu Kitajima.

El edificio se planteó dividido verticalmente: en el primer nivel, un estrato denso y complejo, se ubicaron todas las dependencias accesorias de la iglesia (las oficinas, el comedor, la cocina, etc.); sobre este estrato se construyó la sala principal, concebida como un espacio amplio y diáfano, que ocupa toda la superficie en planta del edificio y en la que se reúne la comunidad en el acto esencial de su religiosidad. La forma del edificio expresa la idea de situar sobre una base compleja un espacio único que se abre al cielo y a la luz; los muros laterales están ligeramente inclinados, de forma que el edificio se expande a medida que se eleva; y la cubierta es concebida como una bóveda escueta, de poco espesor, a modo de reverberación o metáfora de la bóveda celeste. El muro frontal está diseñado como una enorme pantalla luminosa para inundar el espacio central de la iglesia de una luz intensa y mágica, tamizada y difusa.

El muro-cortina está compuesto por dos planos de vidrio con una separación de 80 cm, lo que permite una mayor insonorización y también la existencia de una corriente de aire entre ambos planos que reduce el recalentamiento debido a la radiación solar.

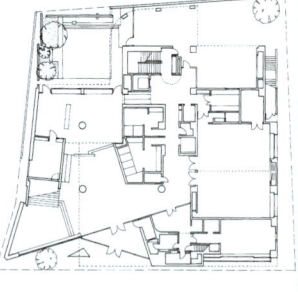

Capilla de San Ignacio

Steven Holl

Localización: Universidad de Seattle, Washington, EE.UU. **Fecha de construcción:** 1997. **Cliente:** Universidad de Seattle. **Arquitecto:** Steven Holl. **Colaboradores:** Olson/Sundber Architects (arquitectos asociados), Baugh construction (contratista general). **Superficie:** 790 m². **Fotografías:** Paul Warchol (también páginas 368/369).

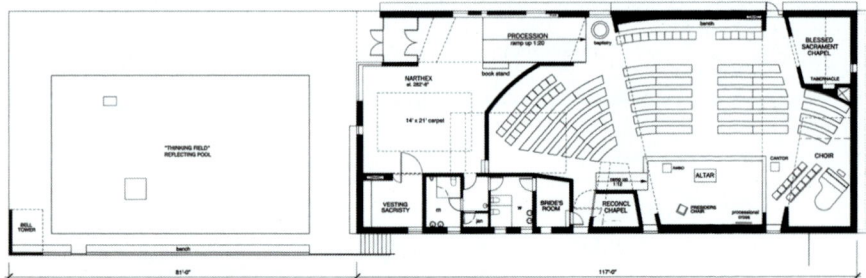

La capilla de San Ignacio está destinada a la comunidad jesuita de la Universidad de Seattle, y por tanto se propone satisfacer los requisitos religiosos del jesuitismo católico.
Se trata de un cuerpo de planta rectangular, cuya primera cubierta (de la que partirán todas las demás) es un plano horizontal de base, lo que da lugar a un prisma cuyas alteraciones posteriores irán definiendo cada uno de los ámbitos específicos de la capilla.

En la medida en que el campanario, la pieza de mayor altura, se sitúa en el lado opuesto del estanque, todo el recinto propiamente religioso quedará definido por el rectángulo mayor que va desde el campanario hasta el extremo opuesto, incluido el estanque.
Para el interior, Holl recurre a dispositivos muy intencionales con vistas a iluminarlos. Cada uno de los ámbitos tendrá su propia luz cenital.
Al definir la calidad y el significado de la luz para cada ámbito, Holl habla de una "base" (field) que es en la que se producen los propios paramentos interiores en cada espacio, y unas "lentes" (lens) que definen el color del filtro de luz de cada abertura. Así, el código queda definido del siguiente modo:
- Entrada procesional y nártex: luz diurna natural.
- Nave: base amarilla con lentes azules (este); base azul con lentes amarillas (oeste).
- Santos Sacramentos: base naranja con lentes púrpura.
- Coro: base verde con lentes rojas.
- Reconciliación: base púrpura con lentes naranjas.
- Campanario y estanque: luz nocturna proyectada y reflejada.

Iglesia Católica de Paks

Imre Markovecz

Localización: Paks, Hungria. **Fecha de realización:** 1988. **Arquitecto:** Imre Markovecz. **Programa:** Diseño y construcción de una iglesia católica en madera de pino. **Fotografías:** Miklos Csak.

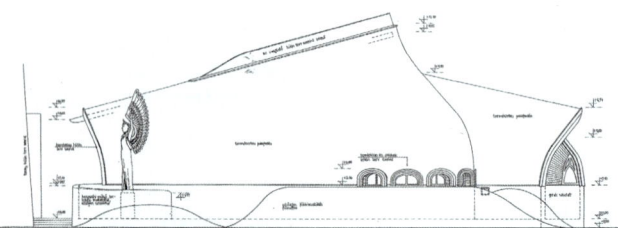

El proyecto consiste en un cuerpo de tendencia conopial, sobre el que se eleva una esbelta torre rematada por tres pináculos de unos 25 m aproximadamente. La edificación tiene, además, un marcado carácter bimórfico, tanto en la configuración de la planta como en la disposición de las distintas dependencias que se agrupan en su interior. La nave central dibuja un cuerpo de tendencia triangular al que se accede desde la orientación suroeste. La estructura de la iglesia ha sido realizada íntegramente en madera de pino por ser éste un material muy blando y de gran maleabilidad. El papel que desempeña la luz reviste un carácter de gran simbolismo: una zona oscura, la parte inferior de la nave, representa lo mundanal; una intermedia, a medio camino entre lo terrenal y lo divino; y, en la parte más alta de la iglesia, una celestial donde el juego resume una atmósfera casi sobrenatural.

Cementerio Civita Castellana

Massimiliano Fuksas, Anna Maria Sacconi

Localización: Civita Castellana, Viterbo, Italia. **Fecha de realización:** 1987. **Arquitectos:** Massimiliano Fuksas, Anna Maria Sacconi. **Superficie:** 16.000 m². **Fotografías:** Doriana O. Mandrelli.

La forma circular parece encerrar todo el sentimiento contenido que se respira en el entorno. Tan sólo la vía del tren rompe esa continuidad al atravesar con fuerza el muro y, tras cruzar todo el cementerio, volver a salir por la segunda abertura existente para finalizar su recorrido en un túnel, fuera del conjunto. Aquellas personas que desean acceder al interior del cementerio sólo pueden hacerlo a través de esa vía que atraviesa el recinto. Lo que a simple vista parece un almacén es la capilla, y el depósito de agua se ha convertido en osario. Se han camuflado los nichos propios de estos lugares en el interior del muro que rodea al conjunto, de tal modo que desde el exterior es imposible identificarlos. La vía penetra hacia el interior del recinto sagrado y se encuentra con la plaza cubierta, la iglesia y por último el osario. Tres construcciones totalmente diferentes pero con línea formal común: todas ellas se han construido a varios metros del suelo y, como la casa del exterior, se elevan sobre pilares, como si se tratara de un intento de acercamiento espiritual al más allá.

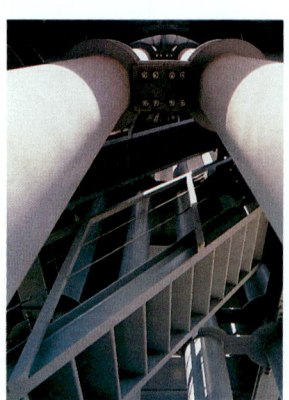

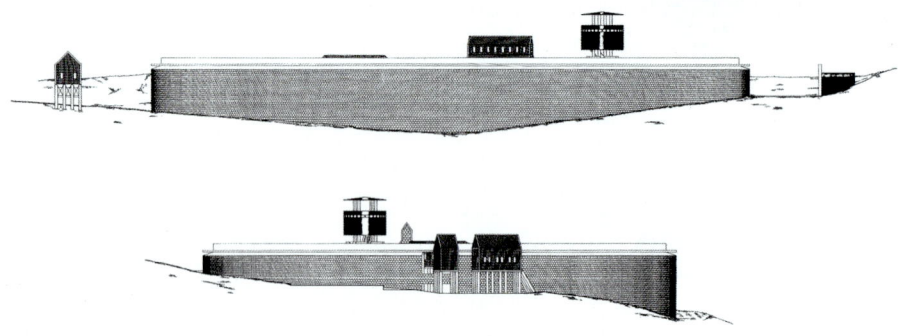

Iglesia de Santa María-Marco de Canaveses

Alvaro Siza

Localización: Marco de Canaveses, Portugal. **Fecha de realización:** 1999. **Arquitecto:** Alvaro Siza. **Programa:** Nueva Iglesia de Santa María: puerta de acceso, Pila Bautismal, tronera, presbiterio, altar, ambón, sagrario y mobiliario. **Fotografías:** Luís Ferreira Alves, Rosina Ramirez.

Al entrar en la ciudad, lo primero que se contempla del edificio es su fachada noreste, más dócil y airosa que la fachada principal, dadas sus formas curvilíneas y la diferencia de altura de sus diversos volúmenes. La fachada principal, por su parte, se abre a una zona de paso, a un barrio de viviendas, a un instituto, a una guardería y, próximamente, a un Centro Parroquial. Dos fachadas más completan el conjunto, la sureste, una enorme pared blanca y rectangular con una abertura estrecha y horizontal en la parte inferior, y la orientada a noroeste, en la que destacan cinco enormes ventanas superiores por las que entra la luz del sol en su cénit. Es una luz controlada, filtrada por su propia orientación para evitar que la nave se inunde de un exceso de luz. Antes de entrar en la iglesia nos encontramos con la puerta de acceso principal, alta, noble y con un enorme peso en la fachada del edificio. Una vez en el interior aparece una "caja vacía", llena de orden y luz, en la que destaca una pared curvilínea de gran impacto visual. Esta pared dota de profundidad a los tres ventanales. El Presbiterio queda en una zona ligeramente elevada en relación a la nave a través de tres peldaños. El diseño transparente y ligero de esta nave necesitaba de un mobiliario acorde. Las sillas son unos asientos ligeros, claros, funcionales y seguros. En su perfil, insinúa discretamente la inclinación del que reza.

Centros de ocio

Todos los proyectos presentados a continuación se definen por ser, al mismo tiempo, resultado de la aplicación del particular modo arquitectónico de cada autor y de la supeditación de su inventiva a determinados aspectos relacionados con las normativas específicas. En efecto, el centro de ocio puede ser considerado muestra de la posibilidad de combinar armónicamente libertad creativa (que se proyecta en la morfología del edificio, en sus técnicas de construcción o en sus acabados) con sujeción a un reglamento previo (que determina las dimensiones, la acogida de público, la seguridad o la presencia de elementos relacionados con el programa funcional). Por otra parte, la celebración de acontecimientos lúdicos va indefectiblemente acompañada de profundas transformaciones urbanísticas, que se traducen en un importante cambio cuantitativo y cualitativo del que se beneficia la ciudad y sus habitantes. En este sentido, el análisis de los proyectos que componen este apartado contempla estas favorables repercusiones y otros aspectos relacionados con la creación, como resultado de una voluntad integradora. Esta consideración supone el rechazo a la concepción del acto arquitectónico como una entidad independiente y autosuficiente. Incluso en los casos más aislados, puede hablarse de factores condicionantes de la forma del edificio referidos al paisaje y a las características tectónicas del lugar de implantación. La zona de ubicación de las actuaciones también determina en gran medida las soluciones adoptadas. En concreto, sobre la elección de los materiales, sobre determinadas evocaciones formales, o sobre los sistemas de acceso, que son diferentes dependiendo del grado de integración del contenedor en el entramado urbano. Finalmente, la revisión de los trabajos recopilados pone de manifiesto la importancia que adquieren determinados aspectos constructivos, tales como la luminotecnia, el pavimento o las cubiertas.

Auditorios

Teatros y cines

Instalaciones deportivas

Parques de atracciones

Bares, discotecas y salas de juego

Centros comerciales

Boutiques y showrooms

Restaurantes

Auditorios

Los auditorios están ineludiblemente marcados por sus requerimientos funcionales. Las imposiciones acústicas determinan la forma final del recinto donde se llevan a cabo los conciertos. Los materiales y acabados tienen coeficientes específicos de reverberación del sonido; de este modo, también influirán en el comportamiento acústico de la sala. Los arquitectos, respaldados por especialistas, deben garantizar el buen funcionamiento del edificio, tanto a nivel técnico como en las actividades relacionadas con los usuarios: sus recorridos, los servicios auxiliares, las conexiones con el exterior... Los ejemplos presentados a continuación logran un perfecto equilibrio entre funcionalidad y concierto estético, son edificios emblemáticos que acostumbran a ser únicos, casi imprescindibles para la ciudad que los alberga.

Auditorio Niccolà Paganini
Auditorio de Barcelona
Auditorio Parco della Musica

Auditorio Niccolò Paganini

Renzo Piano

Localización: Viale Barilla, Parma, Italia. **Fecha de realización:** 1997-2002. **Arquitecto:** Renzo Piano. **Fotografías:** Enrico Cano.

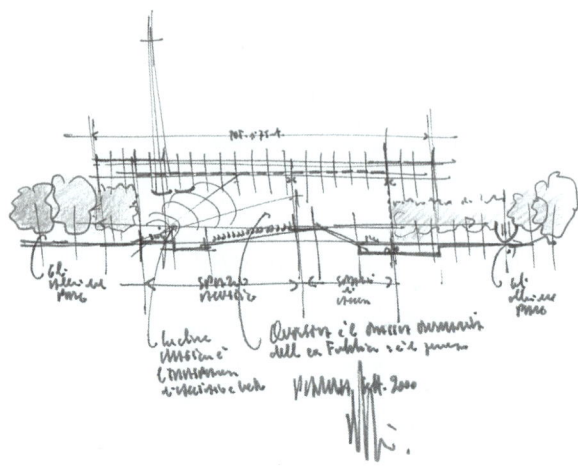

El auditorio Niccolò Paganini se construyó en el interior de la antigua fábrica de azúcar Eridania, un complejo industrial formado por varias edificaciones de distinta índole. El conjunto fabril está ubicado cerca del centro histórico de Parma, en un parque poblado por árboles y arbustos autóctonos. La conversión de la fábrica en auditorio fue posible gracias a las medidas originales de las construcciones, que permitieron instalar cómodamente todo el equipamiento, y también a la particular situación del solar –en medio del parque–, ya que simplificaba la insonorización del auditorio.

Las fachadas existentes se sustituyeron por grandes muros acristalados que aseguran luz y vistas a todo el edificio, incluso desde los asientos de la sala se puede gozar de magníficas vistas del entorno. Un sistema de paneles cubiertos de aislante acústico colgados de las vigas completa la organización espacial del interior.

El público entra por el extremo sur de la edificación y después de cruzar un patio cubierto accede a un vestíbulo de doble altura que lleva a la gran sala de conciertos. El escenario, orientado al norte y con 250 m² de superficie, puede acoger a grandes orquestas y coros.

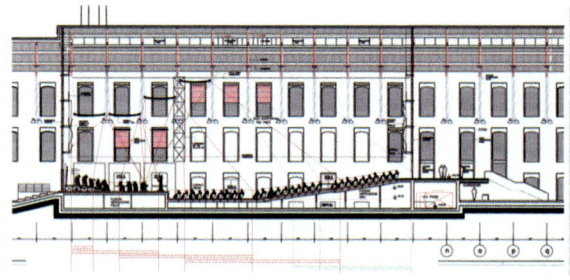

Sección longitudinal

Auditorio de Barcelona

Rafael Moneo

Localización: Barcelona, España. **Fecha de construcción:** 1999 **Arquitecto:** Rafael Moneo. **Cliente:** Ayuntamiento de Barcelona. **Programa:** Dos salas de conciertos, salas de ensayo, museo de música, biblioteca, salas de grabación, restaurante, oficinas y servicios. **Fotografías:** Ana Quesada.

El Auditorio de Barcelona está ubicado en un solar inhóspito y no ofrecía al arquitecto aliciente alguno. La forzosa y forzada autonomía del edificio se manifiesta en este proyecto en una arquitectura contenida y compacta que, sin embargo, debe albergar y dar cobijo a un complejísimo y extenso programa: dos salas de conciertos, una con capacidad para 2.500 espectadores y la otra para 700, con todos los servicios que tales salas traen consigo: salas de ensayo para orquestas e intérpretes, un museo de la música, biblioteca, salas de grabación, restaurantes, almacenes, etc.

Frente a tan amplio programa, el proyecto ha optado por la contención, por el rigor que impone un volumen estricto dictado por la construcción. El sólido contiene una retícula materializada en una estructura de hormigón armado complementado por paneles de acero inoxidable en el exterior y por paneles de roble en el interior. La compacidad también exige la presencia de vacíos que establecen las distancias y definen contigüidades.

Auditorio Parco della Musica

Renzo Piano

Localizacion: Roma, Italia. **Fecha de realización:** 1994-2002. **Arquitecto:** Renzo Piano. **Fotografías:** Gianni Berengo Gardin, Moreno Maggi.

multifuncional dedicado completamente a la música. Las tres salas de conciertos que se han levantado están rodeadas por una densa vegetación y se organizan en el solar generando un anfiteatro para espectáculos al aire libre.

Cada auditorio se proyectó para acoger una determinada variedad de representaciones. Así, el de 700 plazas se pensó para música de cámara y barroca; el de 1.200 se caracteriza por una gran flexibilidad, por lo que puede acoger grandes orquestas y ballets, y el de 2.800, la máxima capacidad de una sala para garantizar una buena acústica, se diseñó para conciertos sinfónicos.

En el desarrollo del proyecto primó la acústica en todas las estancias del complejo, incluidas las salas de ensayo, los vestíbulos y el anfiteatro. La flexibilidad también era uno de los requisitos del encargo, ya que debía poder absorber distintas afluencias de espectadores. Durante las tareas de construcción se encontraron restos de una villa romana del siglo IV a. C., razón por la que el vestíbulo principal se adaptó al yacimiento y alberga en la actualidad un pequeño museo

El flamante auditorio de la capital italiana se suma a la larga lista de equipamientos culturales de la ciudad con un centro

Teatros y cines

El teatro puede ser una ceremonia sagrada o un simple entretenimiento, un espectáculo constituido por tres actos o uno producido espontáneamente, los actores pueden recitar desde un escenario, o bien mezclarse con el público... Aunque de todas formas, los espacios varían muy poco porque en definitiva el problema que resolver siempre es el mismo: muchos espectadores mirando a unos pocos actores. Pero lo que ha cambiado, y es diferente en todos los proyectos, es la manera en que este espacio aislado se relaciona con el resto del mundo.
El aspecto exterior del edificio, el modo en que se accede a la recepción, las escaleras, los vestíbulos... y también los acabados, los colores, los materiales, los tejidos y la decoración. Es decir, todo aquello que existe antes de que los actores empiecen a hablar, antes de que las luces se apaguen, antes de que la música comience a sonar.

Multicines Pathé
Kosmos UFA - Palast
Cine-Planetario de la Ciudad de las Artes
La Géode
Teatro del Consevatorio Americano
Chassé Theater
Centro Cultural de Tapiola
Centro de Artes Escénicas
Teatro de Danza de la Haya

Multicines Pathé

Koen van Velsen

Localización: Rotterdam, Holanda. **Fecha de realización:** Julio de 1994-Diciembre de 1995. **Cliente:** Pathé Cinemas. **Arquitecto:** Koen van Velsen. **Colaboradores:** Gero Rutten, Marcel Steeghs, Lars Zwant y Okko van der Kam. **Ingeniero acústico:** Van Dorsser. **Programa:** siete salas de cine, café-restaurante y cafetería. **Superficie total:** 8.473 m². **Fotografías:** Kim Zwartz (también páginas 410/411).

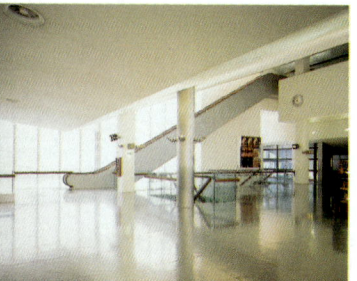

El complejo de multicines de la cadena Pathé Cinemas viene a complementar la amplia oferta de actividades culturales del céntrico Schouwburgplein en la ciudad holandesa de Rotterdam. El edificio está formado por un conjunto de siete salas de cine con una capacidad total de 2.700 asientos.
Las formas en pendiente de las salas ofrecen planos inclinados que moldean el volumen.
Una estructura metálica envuelta por una fina piel traslúcida que aligera no sólo el peso real del edificio, sino también su presencia. Por otro lado las altas exigencias en materia de aislamiento acústico hacen que las salas no se toquen entre sí. Cada una constituye una caja cerrada aislada del resto mediante comunicaciones tanto verticales como horizontales. La fachada, realizada mediante paneles de policarbonato ondulado, tiene su propia estructura independiente, con lo que no resigue el perímetro de lo edificado. El policarbonato traslúcido recubre tanto el exterior como el interior de la estructura auxiliar, ocultando así parte de las instalaciones.
La impresionante imagen de las placas onduladas da al volumen un aspecto industrial por el día mientras que por la noche se transforma en una tersa bombilla, acaparando la atención del visitante de entre los edificios de la plaza.

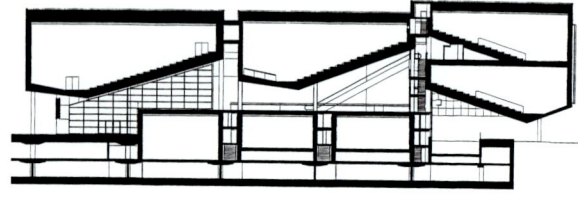

Kosmos UFA - Palast

Rhode Kellermann Wawrowsky

Localización: Berlín, Alemania. **Fecha de construcción:** 1997. **Arquitecto:** Rhode Kellermann Wawrowsky. **Equipo de diseño:** Andrew Barley, Stefanie Bode, Daniel Bush, Hans Feyerabend, Kathleen King, Matthias Pfeifer, Katharina Riedel, Willi Robens, Michael Ross, Brigitte Treutner, Marc Ulrich, Walter Wernecke. **Superficie:** 9.000 m². **Fotografías:** Christian Gahl, Florian Protitlich.

El cine Kosmos fue construido en 1962 por Josef Kaiser como parte de la monumental Karl-Marx-Allee en el barrio de Friedrichschain de Berlín Este. Se trataba de un edificio aislado rodeado de enormes bloques de apartamentos pero retrasado respecto de la avenida por una zona de aparcamiento. Después de la reunificación fue adquirido por una empresa privada que decidió modernizarlo y ampliarlo. Al tratarse de un edifico catalogado, RKW decidió limitarse a restaurar el edificio original y enterrar a su alrededor las nuevas salas. La conexión entre la parte nueva y la vieja sala la realiza un corredor elíptico iluminado cenitalmente por una claraboya. El aparcamiento se ha substituido en superficie por otro subterráneo y se ha urbanizado una plaza frente al cine.

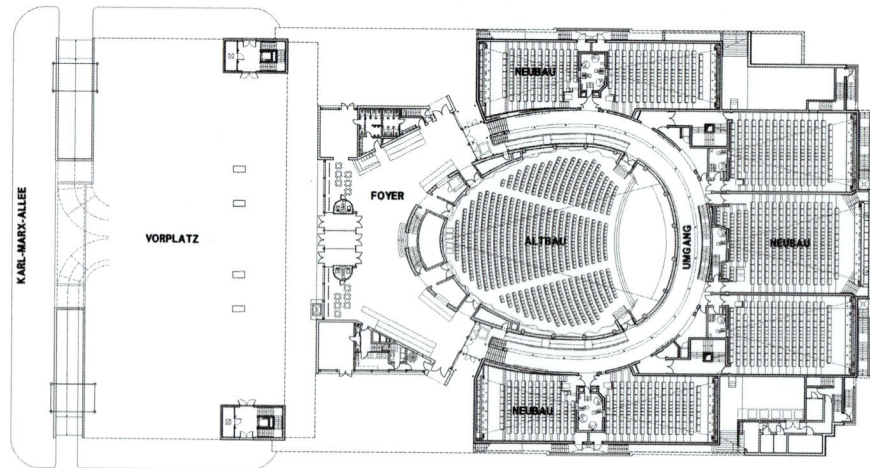

Cine-Planetario de la Ciudad de las Artes

Santiago Calatrava

Localización: Valencia, España. **Fecha de construcción:** 1999. **Arquitecto:** Santiago Calatrava. **Programa:** Cine-planetario, Sala de exposiciones, bar, despachos y servicios. **Fotografías:** Paco Asensio.

La Ciudad de las Artes y las Ciencias es el faraónico proyecto de un complejo de ocio-cultural que se desarrolla junto al lecho seco del río Turia, en la ciudad de Valencia, y que, además de este Cine-Planetario, comprende el Palacio de las Artes, el Museo de las Ciencias y el Parque Oceanográfico. La práctica totalidad de las obras ha sido diseñada por el ingeniero y arquitecto valenciano Santiago Calatrava. El Cine-Planetario está destinado a proyecciones de películas realizadas con el sistema Omnimax, así como a las proyecciones planas habituales en una planetario. El cine en sí es una esfera blanca. Sin embargo, Santiago Calatrava ha construido sobre la misma una segunda cubierta que protege el vestíbulo y las zonas de acceso. En los laterales, un sistema de brazos telescópicos permite cerrar o bien convertir en marquesina un gran plano de vidrio.

La Géode

Adrien Fainsilber

Localización: La Villete, París, Francia. **Fecha de realización:** 1988. **Cliente:** Ayuntamiento de París. **Arquitecto:** Adrien Fainsilber. **Programa:** Museo científico-tecnológico: sala de proyecciones audiovisuales. **Fotografías:** Charlie Abad.

La Géode es resultado de una planificación urbanística promovida por las autoridades parisinas para reconstruir unos viejos edificios anteriormente utilizados como mataderos y convertirlos en un gran museo científico denominado La Ciudad de las Ciencias y la Industria. Todo el museo está concebido como un espacio capaz de sorprender al visitante que penetra en un mundo desconocido donde las innovaciones científico-tecnológicas descubren las últimas aplicaciones. Una de las principales atracciones del complejo es la Géode, una gran esfera de acero, entre edificio y monumento, en cuyo interior se esconde una impresionante sala cinematográfica en donde las espectaculares imágenes que se proyectan seducen al espectador. Como si de una bola de cristal se tratara, La Géode impone su geometría circular en evidente contraste visual con el perfil rectilíneo del edificio principal del museo. Desde lejos, esta bola compacta de acero parece flotar sobre una plataforma de agua.

Teatro del Conservatorio Americano

Gensler & Associates

Localización: San Francisco. EE.UU. **Fecha de realización:** 1997. **Cliente:** Ayuntamiento de la ciudad de San Francisco. **Arquitecto:** Gensler & Associates. **Programa:** Rehabilitación de la antigua sala de la ciudad, nuevo anexo. **Fotografías:** M. Lorenzetti.

  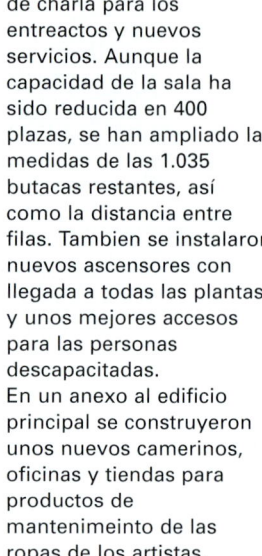

Tras los daños sufridos por el antiguo edificio de 82 años de antigüedad, a causa de un terremoto en 1989, las autoridades decidieron contratar a Esherick Homsey & Davis para que desarrollaran un diseño inicial de renovación. Gensler se encargó posteriormente de revisar este concepto y de conducirlo a través de la fase constructiva. Se consiguieron para ello unos nuevos permisos por parte de las instituciones locales y nacionales para trabajar sobre los restos de un patrimonio histórico protegido.

El Teatro Geary, así es como se llama en la actualidad, presenta ahora una zona de recepción más amplia, resultado de la eliminación de una serie de paredes situadas en la parte trasera del auditorio. Se han mejorado tambien las condiciones acústicas, reducidas anteriormente a causa del sonido del tráfico exterior. En los pisos superiores tambien fue posible ampliar el espacio y destinarlo a la construcción de unos cuantos palcos más, zonas de charla para los entreactos y nuevos servicios. Aunque la capacidad de la sala ha sido reducida en 400 plazas, se han ampliado las medidas de las 1.035 butacas restantes, así como la distancia entre filas. Tambien se instalaron nuevos ascensores con llegada a todas las plantas y unos mejores accesos para las personas descapacitadas.

En un anexo al edificio principal se construyeron unos nuevos camerinos, oficinas y tiendas para productos de mantenimeinto de las ropas de los artistas.

Chassé Theater

Herman Hertzberger

Localización: Breda, Países Bajos. **Fecha de realización:** 1992-1995. **Cliente:** Municipio de Breda. **Arquitecto:** Herman Hertzberger. **Colaboradores:** Willem van Winsen, Folkert Stropsma, Ariënne Matser, Patrick Fransen, Marijke Teijsse-Braat. **Programa:** Auditorio principal para 1.200 espectadores, sala para 500 espectadores, dos salas cinematográficas, una pequeña sala polivalente, oficinas y accesorios.

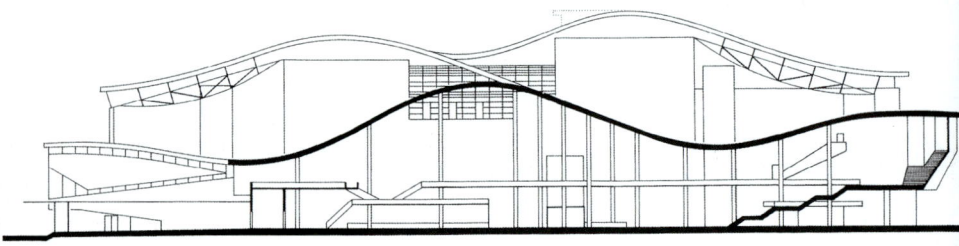

La imagen exterior del edificio se caracteriza por la ondulación de la cubierta, que se adapta a las diferentes necesidades volumétricas de sus partes constituyentes y uniforma el conjunto.

La distribución del auditorio principal responde al esquema clásico escenario-público, pero no en cuanto a la disposición de las gradas, cuya asimetría obedece a una idea de entender los actos escénicos y su acústica como un fenómeno de por sí asimétrico, y que surgió en el proyecto como consecuencia de la estructura lineal del *foyer*. El acceso a cada nivel se realiza por escaleras diferentes, en unos recorridos que se expresan en las fachadas posteriores y que gozan de amplias vistas al exterior.

El auditorio de tamaño medio se entiende como una «caja negra», una sala con gradas retráctiles que permite gran versatilidad de espectáculos.

Entre las dos grandes cajas escénicas anteriores, elevada sobre el nivel del *foyer*, se emplaza la tercera sala, un pequeño espacio también apto para diversos usos, y sobre la que se ubica una planta de oficinas del complejo. Estructuralmente, los auditorios están constituidos por tres cajas de hormigón de un espesor de 30 cm. que los aísla acústicamente; en el techo, perfiles prefabricados de hormigón soportan el conjunto de maquinaria e instalaciones situado en los espacios que crean las ondulaciones de la cubierta del edificio.

Centro Cultural de Tapiola

Arto Sipinen

Localización: Tapiola, Finlandia. **Fecha de realización:** 1991. **Cliente:** Ayuntamiento de Tapiola. **Arquitecto:** Arto Sipinen. **Programa:** Centro cultural público: auditorio, salas de exposiciones, café-restaurante, biblioteca, instituto de trabajadores y de música. **Fotografías:** Arto Kiviniemi.

Las soluciones que el proyecto debe contemplar se pueden resumir en la configuración de una gran masa volumétrica que se opone, en presencia y complejidad, a un lago artificial y a un hotel, a la vez que asume una disposición horizontal que recalca la importancia de la tendencia vertical del complejo de oficinas vecino. Los grandes volúmenes centrales del Centro acogen las dos salas de audición, mientras que tras las fachadas acristaladas se disponen las zonas representativas de vestíbulos, recepción, salas de exposiciones y el café-restaurante.

El ala sur del complejo presenta una estructuración más estratificada para ubicar las instalaciones dedicadas a diversos aspectos de la cultura: biblioteca, instituto de trabajadores y de música.
Los acabados de los grandes bloques de piedra arenisca de cuarzo, la pavimentación de baldosas y el cristal, son los elementos que definen la presencia exterior.
En el interior, el edificio se caracteriza por la utilización de paramentos de gran claridad y el revestimiento constante con paneles de abedul y la decoración vegetal.

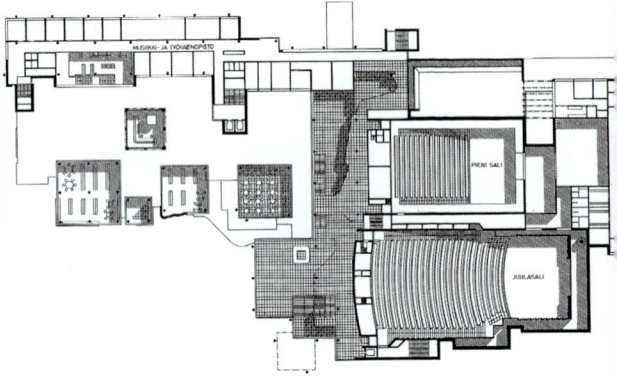

Centro de Artes Escénicas

James Stirling & Michael Wilford Ass.

Localización: Londres, GB. **Fecha de realización:** 1990. **Arquitectos:** James Stirling & Michael Wilford Ass.
Programa: Centro de artes escénicas y visuales: estudios de danza, salas de representación y plaza exterior.
Fotografías: Richard Bryant / Arcaid.

El módulo PAC consiste en un pabellón octogonal de 80 m² que ejerce como centro de información y como refugio de la cercana parada de autobús. El bloque consta de un piso superior con dependencias del Theatre Arts Department que pueden ser adaptadas para compañías en gira. Un cuerpo cilíndrico liso, dispuesto sobre la cubierta del prisma, ejerce un expresivo contrapunto de geometrías y cromatismos. Sobre las distintas caras del volumen básico se han practicado diversas aberturas complementadas en su parte elevada mediante una serie de óculos circulares. Junto al pabellón se abre un espacio abierto, una pequeña plaza a la que se accede directamente desde la acera de la College Avenue. Este sector está concebido como un lugar de encuentro y reposo para estudiantes, por lo que se han instalado diversos componentes de mobiliario urbano, como asientos y una pérgola. Esta última se compone a partir de cinco pilares prismáticos, de gran solidez visual, y sobre ella se disponen unas estructuras de madera soportadas por dos piezas triangulares adosadas. Los elementos más expresivos que conforman la imagen de su fachada son una gran abertura circular, situada de manera asimétrica en un extremo, y un gran arco central del que emerge un prisma acristalado que corresponde al estudio de danza principal.

Teatro de Danza de La Haya

Rem Koolhaas

Localización: La Haya. Holanda. **Fecha de realización:** 1984. **Arquitecto:** Rem Koolhaas. **Colaboradores:** Jeroen Thomas, Willem-Jan Neutelings, Frank Roodbeen, Jaap van Heest, Ron Steiner, Dirk Hendriks, Frans Vogelaar, Wim Kloosterboer, Hans Werlemann, BOA y Petra Blaisse. **Programa:** Teatro de danza de La Haya: auditorio, taquilla, cafetería, despachos y servicios. **Fotografías:** Peter Aaron. Esto Photographics.

El solar destinado al proyecto de Koolhaas debía convertirse en una zona peatonal en la que se alzaban otros edificios de nueva planta: un hotel, una sala de conciertos y el ayuntamiento.
La proximidad física fue resuelta a partir de una zona compartida, situada en el vestíbulo de cristal oscuro, donde se dispusieron de manera adyacente las puertas de acceso a los respectivos interiores. La imagen del edificio responde más a la noción de nave, cercana al lenguaje industrial, que a la de sala de espectáculos compacta y monumental. El conjunto está escenificado en tres componentes singulares integrados en el conjunto general: el volumen cónico invertido, acristalado en su zona superior y de cromatismo dorado, que acoge la taquilla y la cafetería; el sinuoso perfil ondulado correspondiente a la cubierta del auditorio; y, por último, el inmenso cubo de la torre de telares, presidido por un magnífico mural de Madelon Vriesendorp (mujer de Koolhaas), cuya temática sugiere iconográficamente la función que tiene lugar en su interior.

La sobriedad del enfoque contextual y la racionalidad minimalista de las soluciones interiores convierten el teatro de la danza de los Países Bajos en un lúcido ejemplo de una nueva manera de entender la arquitectura.

Instalaciones deportivas

La proyección de instalaciones deportivas se transforma en un reto fascinante, de cuya aceptación se derivan magníficos trabajos que conjugan armónicamente estética y pragmatismo, al tiempo que se erigen en resultado de la equilibrada combinación del singular estilo del autor con imposiciones de naturaleza heterogénea, tales como el reglamento del deporte en cuestión o las necesidades del promotor de la obra.

Este capítulo pretende constituirse en plataforma bibliográfica desde la que observar las tendencias del panorama arquitectónico internacional de los últimos años. El examen de los proyectos aquí publicados desvela una clara diversidad, consecuencia directa de la evolución de la práctica deportiva.

Club de golf Tobu

Club de golf Fuji Chuo

Le Stadium

Balneario Bald Elster

Pabellón de la Utopía

Palau Sant Jordi

Gimnasio municipal de Tokio

Hamar Olympic Hall

Instalaciones para el tiro con arco olímpico

Club de golf Tobu

Masayuki Kurokawa Architect & Associates

Localización: Yubari-gun, Hokkaido, Japón. **Fecha de realización:** Julio de 1993. **Arquitectos:** Masayuki Kurokawa Architect & Associates. **Colaboradores:** Sasaki Structural Consultants and Nishida Engineering Equipment, Kankyo Engineering Inc. (estructura), Matsushita Electric Works Ldt. **Programa:** Sala social, restaurantes, vestuarios, gimnasio, salas de reuniones, administración y servicios. **Fotografías:** Nacasa & Partners (también páginas 432/433).

El club está compuesto por un edificio principal y un anexo. El primero tiene una forma rectangular, con un espacio abierto en el centro también rectangular. La cubierta del anexo continúa la pendiente del edificio principal, de manera que parece que se encuentren unidos. El edificio trata de esconderse en el escenario natural. No obstante, cuando se abre la puerta y se accede al vestíbulo, la imagen del edificio cambia completamente. El patio central contiene un gran estanque. Las zonas que se encuentran alrededor del estanque, la sala de estar y un pasillo, reciben luz del patio. Es decir, el vacío constituye el corazón del edificio. Funciona como una trampa que atrapa la naturaleza.

Club de golf Tobu

Club de golf Fuji Chuo

Desmond Muirhead

Localización: Monte Fuji, Japón. **Fecha de construcción:** 1995. **Arquitectos:** Desmond Muirhead.

Para la organización de los dieciocho hoyos del campo, Muirhead se basó en los grabados sobre madera del artista japonés Hokusau. Realizados precisamente como 100 lecturas diversas del monte Fuji, la más célebre de las cuales es "La gran ola", que se incorpora a la serie en el hoyo 17.
Así, a partir de una lista cerrada en la cual a cada uno de los 18 hoyos le correspondía un grabado de Hokusau, con un título y un campo temático propios, Muirhead diseñó con independencia cada uno de estos hoyos a partir de su tema correspondiente, dando forma a dicho tema a través de los instrumentos propios del diseño de los campos de golf: los búnkers, las lagunas, los recintos arbolados, las pendientes, el control de la topografía, etc.
Los distintos cambios que sufre el paisaje a lo largo del día y de las estaciones (cambios de luz, presencia o ausencia de la nieve, de la niebla o de otros elementos que alteran la apariencia de la montaña) son tenidos en cuenta en el proyecto de Muirhead como factores de un paisaje en metamorfosis, cambiante, que refleja en su atmósfera el paso del tiempo y el sentimiento especial de cada hora o de cada época del año.

Club de golf Fuji Chuo

Le Stadium

Rudy Ricciotti

Localización: Vitrolles, Francia. **Fecha de ralización:** 1995. **Arquitecto:** Rudy Ricciotti. **Programa:** Pista deportiva, gradas, taquillas, oficinas, bar, *foyer* y servicios. **Fotografías:** Philippe Ruault.

Le Stadium es una especie de enorme monolito que conmociona el paisaje. Un edificio perfectamente hermético. De manera que la función a la que está destinado resulta completamente impredecible desde el exterior. El interior del edificio tiene una distribución muy clara. Sólo se han dispuesto gradas en uno de los lados debido a que Le Stadium, principalmente, está dedicado a conciertos de rock y, en menor medida, a la celebración de encuentros deportivos. La forma en planta es casi perfectamente cuadrada 58 x 56 metros. El *foyer* se encuentra justo debajo de las gradas. En los dos laterales se ubican los servicios, y los escenarios, justo enfrente.

Balneario Bad Elster

Behnisch & Partner

Localización: Bad Elster, Alemania. **Fecha de realización:** 1999. **Arquitectos:** Behnisch & Partner. **Colaboradores:** Luz & Partner (paisajismo), Erich Wiesner (estudio de los colores). **Superficie:** 17.320 m². **Fotografías:** Christian Kandzia & Martin Schodder.

El balneario Bad Elster es uno de los centros especializados en baños de musgo más antiguos de Alemania. A través de los años ha sufrido numerosas modificaciones para mejorar o ampliar sus instalaciones, motivo por el que aglutina diversos estilos arquitectónicos. Después de ganar el concurso de la nueva intervención, la oficina de Behnisch & Partner se enfrentó al reto que suponía reestructurar el conjunto, incluida la demolición de algunas construcciones obsoletas, la construcción de un nuevo pabellón con piscinas y un centro de información, así como la reorganización de los espacios intersticiales.

Los edificios originales se encuentran agrupados alrededor de un gran patio rectangular, al que dan las fachadas posteriores sin demasiado orden. Las principales, entre las que destacan algunas de estilo barroco, se abren hacia fuera, con vistas a la localidad o a los bosques circundantes. El principal objetivo de los arquitectos consistió en revalorizar el complejo, algo que consiguieron tras rediseñar la zona central e intentar armonizar las nuevas construcciones con las ya existentes.

El patio, que se utilizaba antiguamente como almacén y como lugar donde preparar el barro, se transformó en el núcleo de la actuación, cuyo edificio estrella es el nuevo pabellón de las piscinas. Su diseño fue regido por una extrema sensibilidad y dotado de un ambiente apacible, virtudes que se suman a las terapéuticas y convierten la nave en el lugar ideal para relajarse.

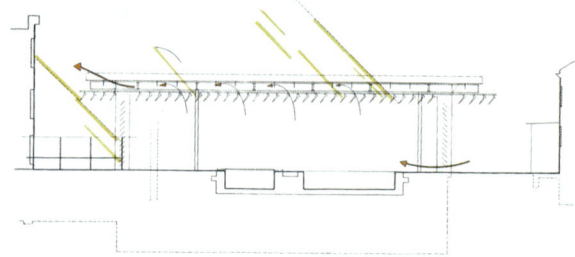

Pabellón de la Utopía

Regino Cruz - Arquitectos e Consultores, S.A. y S.O.M. - Skidmore, Owings & Merrill, Inc.

Localización: Lisboa, Portugal. **Fecha de realización:** 1998. **Cliente:** Ayuntamiento de Lisboa. **Arquitecto:** S.O.M. **Programa:** Estadio multiuso. **Fotografías:** Paco Asensio.

El pabellón de la Utopía o pabellón de Deportes es una colaboración entre el equipo estadounidense S.O.M. y Regino Cruz. Bajo la cubierta metálica con lucernarios en diente de sierra, las grandes vigas de madera laminada, que salvan una luz de 114 metros, hacen que el interior del pabellón parezca el casco de un navío. Exteriormente la construcción está formada por un caparazón metálico, a modo de concha marina, que se abre en el acceso para el público mediante un acristalamiento de la fachada. La textura de dicha envolvente sólo cambia cuando aparecen aperturas de ventilación o alguna protuberancia que alberga las instalaciones. La apariencia del pabellón es el producto de una paradoja compositiva, por una parte la forma exterior es muy orgánica, muy natural, y por otro lado, los acabados metálicos y acristalados le confieren un aspecto marcadamente futurista. Esta singular combinación y el hecho de que la construcción se coloca de manera exenta en el solar, distinguen al edificio y lo convierten en uno de los estandartes de la actuación urbanística y arquitectónica llevada a acabo para la Expo 98.

Palau Sant Jordi

Arata Isozaki & Associates

Localización: Montjuïc, Barcelona, España. **Fecha de realización:** Agosto1985-1990 **Cliente:** Diputación y Ayuntamiento de Barcelona, COOB'92, Instituto para la Diversificación y Ahorro de la Energía (IDAE) y HOLSA. **Arquitecto:** Arata Isozaki & Associates. **Programa:** Pabellón polideportivo para celebración de los JJ.OO.'92. **Fotografías:** Francesc Tur.

Las bases del concurso concretaban la construcción de un palacio de deportes que cumpliera los requisitos de la alta competición y, a la vez, respondiera a las exigencias de la ciudad, necesitada de un espacio cubierto y capacitado para albergar grandes manifestaciones culturales extradeportivas.

La creación se perfila a partir de tres ejes de actuación: en primer lugar, la adecuación formal a las peculiaridades de la montaña, entendida como resolución del Palau en un conjunto de volúmenes planos, sobre el que reposa una gran cubierta cuyas ondulaciones sugieren las curvas del paisaje.

El volumen, la suavidad y el equilibrio se convierten en directrices esenciales del arquitecto nipón.

El segundo eje de actuación consiste en la utilización de las técnicas constructivas más avanzadas, especialmente en la cubierta, una malla espacial que une arquitectura y tecnología.

Por último, era necesario integrar la nueva construcción en su entorno cultural, respetando los materiales tradicionales y aprovechando los más relacionados con la

arquitectura de la ciudad. El elemento constructivo más interesante es, sin duda, la ejecución de la impresionante cúpula que cubre el Palacio Principal. En una estructura de tan grandes dimensiones, 128 x 106 m, el diseño y su realización deben responder a un profundo proceso dialéctico en el que concurren factores muy diversos. Ademas, a pesar de cierta irregularidad, debe servir de cubierta a una planta aproximadamente rectangular. Todas estas características son argumentos que sitúan el Palau Sant Jordi en un merecidísimo puesto entre las grandes obras de la arquitectura actual.

Gimnasio municipal de Tokio

Fumihiko Maki

Localización: Tokio, Japón. **Fecha de realización:** 1988. **Cliente:** Ayuntamiento de Tokio. **Arquitecto:** Fumihiko Maki. **Programa:** Pabellón-gimnasio de uso público: sala de gimnasia, piscina, pistas de tenis, vestuarios, cafetería, almacén de material. **Fotografías:** Toshiaru Kitajima.

La importancia del Gimnasio de Tokio radica en los vínculos que se establecen entre la obra y el emplazamiento. El elemento más destacado es una cubierta que descansa sobre un par de arcos paralelos; éstos conforman una estructura de sección triangular que cubre una distancia de unos 265 pies sobre el eje norte-sur y alcanza una altura máxima de 75 pies. Las prolongaciones de estos cuerpos arqueados están realizadas en hormigón armado. Los entramados básicos de la cubierta se desarrollan por encima de sendos arcos siguiendo una trayectoria transversal. En contraste, las estructuras laterales, que se repiten según el mismo esquema espacial, describen una pendiente que se origina en los arcos y termina en los postes de las gradas, construidas en hormigón pretensado en voladizo. En un esfuerzo por hacer aparente la cualidad volátil de la cubierta, ésta se separa de la monumental base. De este modo, la cubierta se erige como una estructura capaz de determinar la distribución del espacio interno, contribuyendo también a la creación de una fértil tensión entre las diferentes áreas.

Otro de los rasgos proyectuales que otorgan al Gimnasio la categoría de obra arquitectónica singular es su asimetría. Fumihiko Maki opta por anular las múltiples simetrías aparentes mediante la rotación del eje del área secundaria, la estructura oblicua de la escalera o las extensiones de la sala principal.

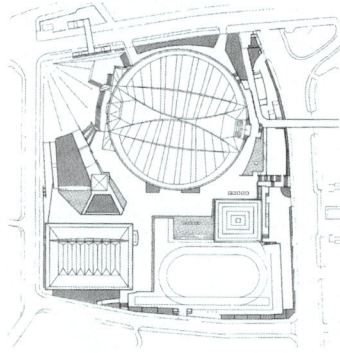

Hamar Olympic Hall

Niels Torp AS Arkitekter Mnal

Localización: 2300 Hamar. Noruega. **Fecha de realización:** 1992. **Cliente:** Hamar Olympiske Anlegg AS (HOA). **Arquitecto:** Niels Torp AS Arkitekter Mnal. **Colaboradores:** Biong & Biong Arkitektfirma A/S; Bjorbekk & Lindhem AS (paisajismo). **Superficie construida:** 25.000 m². **Coste de la obra:** 230 mill. Nkr. **Programa:** estadio olímpico de hielo. **Fotografías:** Jiri Havran.

El concepto del diseño especial de este complejo olímpico parte del descubrimiento por parte del equipo de arquitectos de un diseño para la cubierta, que es, sin lugar a dudas, el elemento más destacado de la construcción. Los arquitectos lograron otorgarle una flexibilidad y luminosidad esenciales al liberarla de la estructura poco atractiva del resto del edificio. El gran tamaño y el diseño de esta cubierta dejó en un segundo plano la elección tanto de los materiales como de los colores.

En cuanto al plan general, fue difícil salirse de las líneas tradicionales poco efectistas de este tipo de instalaciones deportivas, de ahí que la intervención se concentrara en conseguir un diseño atractivo de cubierta, separándola completamente del resto de la construcción.

Así, decidieron adoptar el diseño de unas antiguas embarcaciones noruegas con 1.000 años de antigüedad que aún mantienen la belleza de los diseños originales. Se puso un gran esfuerzo en definir y detallar los arcos y juntas de madera en aquellos detalles en los que las piezas de acero se juntan con el hormigón.

De esta manera se consigue dar una imagen atractiva y simple a los acabados.

Otro factor importante que debió ser considerado fue la iluminación natural del interior, que se realizó a partir de unos cristales de auto-iluminación.

Todos los detalles se simplificaron al máximo, lo que permitió adecuarse al ya tradicional bajo presupuesto de estas construcciones.

Instalaciones para el tiro con arco olímpico

Enric Miralles, Carme Pinós

Localización: Parque Olímpico de la Vall d'Hebron, Barcelona, España. **Fecha de realización:** 1990-1992. **Cliente:** Comité Olímpico. **Arquitecto:** Enric Miralles, Carme Pinós. **Colaboradores:** A. Ferré, E. Prats, R. Prats, S. Martínez, A. Obiols, R. Brufau (estructuras). **Programa:** Instalaciones para entrenamiento y competición del tiro con arco, vestuarios y almacén. **Fotografías:** David Cardelús.

El programa, situado en la falda del macizo de Collserola se desdobla en dos áreas, competición y entrenamiento, que comprenden sus respectivos campos de tiro, además de sendos edificios para los atletas como servicios y vestuarios. La pendiente del lugar y su escalonamiento se convierten en la principal cualidad de las edificaciones propuestas. Éstas se hunden en el terreno y soportan las tierras de la terraza inmediatamente superior. Tienen por lo tanto una sola fachada, relacionada con la de tiro que discretamente presiden. En el recinto de entrenamiento es el movimiento del muro de contención el que define los ámbitos del edificio. El dinamismo tectónico de sus concavidades genera una serie de superficies curvas, planas, verticales, horizontales y con toda suerte de pendientes que cierran, cubren, separan y protegen. Por el contrario, la zona de competición se concibe en función de la accesibilidad. Aquí los movimientos de tierras forman itinerarios que incorporan al espectador en el paisaje. El edificio surge a partir de la repetición de unidades vestuario-ducha, cada una de las cuales es un bloque cerrado frontalmente por pantallas de hormigón. Como dicen los autores, construyeron una falla tectónica y un agujero, con concavidades en el muro de contención.

Parques de atracciones

En una época en que lo virtual y lo ficticio cada vez tiene más presencia, la realidad se desdobla continuamente. No es extraño que los territorios donde se producen las aventuras y las fantasías hayan acabado desbordando las cabezas de los soñadores y hayan cristalizado en ciudades concretas. Sobre los territorios se empieza a tejer una red de lugares destinados únicamente al ocio y a la diversión. Son los parques recreativos y temáticos caracterizados por adoptar formas de "ciudades" aisladas, rodeadas por la naturaleza y con un paisaje completamente distinto al tradicional. Junto a éstos, han aparecido asimismo otro tipo de instalaciones que se ubican en recintos cerrados. En este caso, las aventuras ya no se producen en el espacio real, sino, por ejemplo, detrás de una pantalla.

Centro acuático internacional de Sidney

Parque Duisburg-Norte

Port Aventura

Euro Disney

Parque Nasu Highland

Parque Asahikawa Shunkodai

Ski Dome

Acuario de Florida

Oceanario

Itäkeskus

Mad River Trips

Centro Cultural Shonandai

Planetario de las luces

Centro acuático internacional de Sydney
Philip Cox

Localización: Sydney, Australia. **Año de inauguración:** 1994. **Arquitecto:** Philip Cox. **Cliente:** Kaiser Bautechnick.
Colaboradores: Reinhold Meyer (ingeniero de estructuras), Kaiser Bautechnik (control de obra), Roger Preston (ingeniero mecánico y eléctrico). **Fotógrafos:** Ralph Richter/architekturphoto.

El Centro Acuático Internacional de Sydney fue una de las piezas clave en la concesión de los Juegos Olímpicos del año 2000 a la candidatura australiana. Este equipamiento albergará las competiciones de los principales deportes acuáticos; pero, además, está pensado como un gran centro para el ocio. Se trata simultáneamente de una instalación especializada en deportes de alta competición y un centro recreativo.
El gran arco que sustenta la cubierta es el elemento visual de mayor fuerza. Se distingue en la distancia. Un talud, como un pliegue del paisaje junto al edificio, reduce el impacto de la arquitectura.

El acceso se produce a un nivel intermedio. A través de las grutas de entrada se llega a una de las pasarelas de circulación situadas bajo las gradas. Un puente transversal conecta los graderíos laterales, dividiendo la zona de competición de la de entrenamiento y ocio. Se trata de un paseo público elevado, con vistas a ambos lados, que interrumpe la continuidad del recinto, aunque sin llegar a separar las dos zonas completamente. Tiene además un falso techo ondulado que ayuda a establecer la transición entre las diferentes alturas de las cubiertas de una y otra zona.

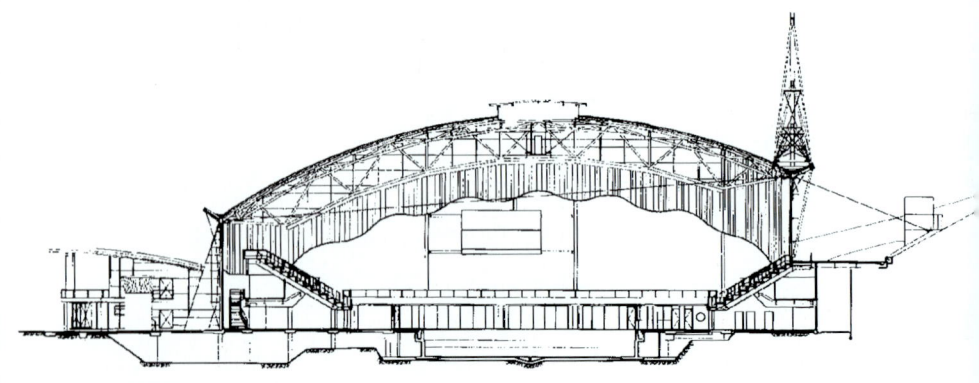

Parque Duisburg-Norte

Latz & Partner

Localización: Duisburg, Renania del Norte-Westfalia, Alemania. **Proyecto:** 1990 (concurso). **Realización:** 1991-2000. **Cliente:** Development Company of Nordrhein-Westfalen y la ciudad de Duisburg. **Arquitectos:** Latz & Partner. **Colaboradores:** IBA (Internationale Bauausstellung), IG Nordpark, Sociedad para la Cultura Industrial y el Departamento de Jardines del Ayuntamiento de Duisburg. **Programa:** Parque recreativo, deportivo y cultural. **Superficie:** 230 hectáreas. **Fotografías:** Latz & Partner, Christa Panick, Peter Wilde, Michael Latz y Angus Parker.

El proyecto del parque Duisburg-Norte forma parte de una enorme zona verde en la región de Emscher.

El estado federal alemán de Renania del Norte-Westfalia junto con las ciudades de la región de Emscher han puesto en práctica varios proyectos con el fin de reconvertir viejas áreas industriales de la cuenca del Ruhr.

El parque Duisburg-Norte se sitúa en un área de industrias pesadas de carbón y acero entre las regiones urbanas de Duisburg y Oberhausen. En los antiguos terrenos de la fundición Thyssen, se conservan todavía todos los aparatos, tales como calderas de fundición, plantas de almacenaje, hornos e instalaciones ferroviarias en desuso. Un concurso internacional, ganado por el equipo Latz & Partner, pretendía una total renovación del área, con el fin de servir a la densa población del distrito zonas recreativas, deportivas y culturales en medio de un paisaje que recuperaba las viejas instalaciones industriales, conscientes de su enorme valor, no sólo como memoria del lugar, sino también como un verdadero acto de indagación en la arqueología industrial. Se han usado, siempre que ha sido posible, materiales encontrados en la zona, bien sea utilizados directamente, o bien reciclándolos, como el hierro de las pasarelas, plataformas o puertas.

Port Aventura

Peckham, Guyton Albers & Viets

Localización: Salou, Tarragona, España. **Fecha de realización:** 1995. **Arquitecto:** Peckham, Guyton Albers & Viets. **Programa:** Parque temático de atracciones. **Fotografías:** David Cardelús (también páginas 458/459)

Port Aventura es sumergirse en la seducción de lo lejano y lo desconocido. El visitante se transformará en el protagonista indiscutible de cinco fascinantes aventuras: se dejará encandilar por el encanto discreto y tranquilo de la costa mediterránea; descubrirá la exuberancia de la vegetación tropical de la Polinesia; se trasladará a la China dominada por mandarines y emperadores; conocerá México, tanto en sus años precolombinos como en su etapa de apogeo colonial; y llegará a ser el vaquero más temerario del lejano oeste. El elemento que da unidad al parque y, al mismo tiempo, permite que coexistan paisajes tan distintos en un espacio de dimensiones limitadas, es el agua. La construcción de un gran lago artificial en el centro del recinto tiene numerososas consecuencias en el proyecto y una importancia primordial en su organización interna. Que el centro sea un lugar inaccesible, crea una secuencia circular de espacios, de manera que cada sector puede aislarse con mayor facilidad. Se produce una visión perspectiva de cada ambiente, de un lado a otro del lago, por lo que el visitante tiene una visión general de cada zona y de la totalidad del parque, que le permite controlar el ritmo de la visita y decidir sus prioridades. Es posible trasladarse de una zona a otra en barco o en trenes de vapor. A su vez, el agua constituye el tema principal de algunas de las atracciones más excitantes: los rápidos, el río Salvaje o el Tutuki Splash. La vegetación ha sido otro de los grandes aciertos del parque, ya que se importaron especies nativas y se aprovecharon otras autóctonas similares a las de los países representados.

Euro Disney

Derek Lovejoy Partnership

Localización: Marne-la-Vallée, Francia. **Fecha de realización:** 1990 **Cliente/Promotor:** Disney Corporation **Arquitectos:** Derek Lovejoy Partnership. **Colaboradores:** Imagineering. **Programa:** Parque recreativo y temático. **Fotografías:** David Blackwood Murray, Clive McDonnell.

Este parque, situado en Marne-la-Vallée, a 32 km al este de París, significa la introducción en Europa del concepto de parque temático y centro recreativo creado por la Walt Disney Company y ya desarrollado con éxito en Estados Unidos y Japón desde hace 40 años. En él, la Derek Lovejoy Partnership se ha encargado de la finalización del plan paisajístico general y del diseño de los detalles de jardinería de los cinco pases y de zonas de servicios.
Las generosas dimensiones del solar donde se asienta este reino de la magia (1.943 ha) se hallan acotadas por un arcón que alcanza los 20 m de altura y transforma el parque en hito que destaca en la planicie de esta meseta francesa. Dichas hectáreas, a su vez, se subdividen para definir las cinco principales atracciones o pases; los agentes de dicha subdivisión son arcenes secundarios plantados con vegetales: árboles y arbustos que, dispuestos estratégicamente, constituyen un singular telón de fondo para cada una de las zonas.
La utilización para el diseño de los planos finales de los equipos CAD de la firma contribuyó también a alcanzar los objetivos planteados a priori y a poner de manifiesto que el paisajismo, como arte, funde magistralmente realidad y fantasía.

Parque Nasu Highland

Swa Group

Localización: Nasu, Japón. **Fecha de realización:** 1996. **Cliente:** Towa Real Estate Development Company. **Arquitecto:** SWA Group. **Fotografías:** Tom Fox.

El proyecto se ha desarrollado por fases sucesivas, atendiendo a su envergadura y al carácter de cada una de las atracciones. La primera de ellas consiste en la plaza de rock and roll, con su calle principal inspirada en la estética de los años cincuenta, poblada de letreros de neón y de cadillacs aparcados. La música es el tema principal de este espacio. La segunda fase la constituye el carrusel, de 38 metros de altura. La tercera fase comprende la Casa de las Cartas y la zona que recibe el nombre de Toyland. Está inspirada en el mundo de los juegos, el visitante tiene la impresión de estar atravesando el suelo de una habitación infantil con todos sus juegos y fantasías esparcidos. Otro de los espacios es la plaza de la galaxia, una zona con tres tiovivos y pavimento azul, que se encuentra junto a una de las montañas rusas más impresionantes del parque. El Waterplay, con el pavimento en forma de olas y palmeras metálicas de color añil, constituye uno de los ámbitos más recientes de este parque que sigue creciendo con nuevos proyectos.
Junto a las instalaciones recreativas que conforman Fantasy Point, el parque Nasu Highland engloba asimismo hoteles, campos de tenis y clubs de golf.

Parque Asahikawa Shunkodai

Mitsuro Man Senda

Localización: Asahikawa, Japón. **Fecha de realización:** 1994. **Arquitecto:** Mitsuro Man Senda. **Programa:** Parque de atracciones infantil en entorno urbano. **Fotografías:** Fujitsuka Mitsumara.

El tacto y el olfato no son sentidos ajenos a los juegos que los niños improvisan en el parque. Tocar, saltar, perseguirse, caminar a tientas, trepar o deslizarse. Utilizar todos los sentidos. Adaptar el cuerpo a las diferentes situaciones que se suceden, una detrás de otra, a lo largo del recorrido, hecho de madera, cuerdas, redes, mallas, chapa, luces, sombras y rampas.

El camino no es uno solo; hay idas y venidas, encuentros, cruces.

El juego se entremezcla con la naturaleza y establece con ella una complicidad. No es anecdótico en este proyecto que el parque esté situado en un lugar en el que se pretende que tenga el máximo contacto con lo natural.

El juego puede tomar, en palabras de Mitsuru Man Senda, a la naturaleza por amigo. En una atracción para niños debe ser su altura y especialmente la altura de la vista la que se entienda como determinante al pensar el proyecto y sus recorridos. Los detalles deben también ser estudiados cuidadosamente, así como los materiales, inofensivos y apropiados para el uso que los niños puedan hacer de los espacios; no es otra cosa que aquello que se les ocurre a cada momento.

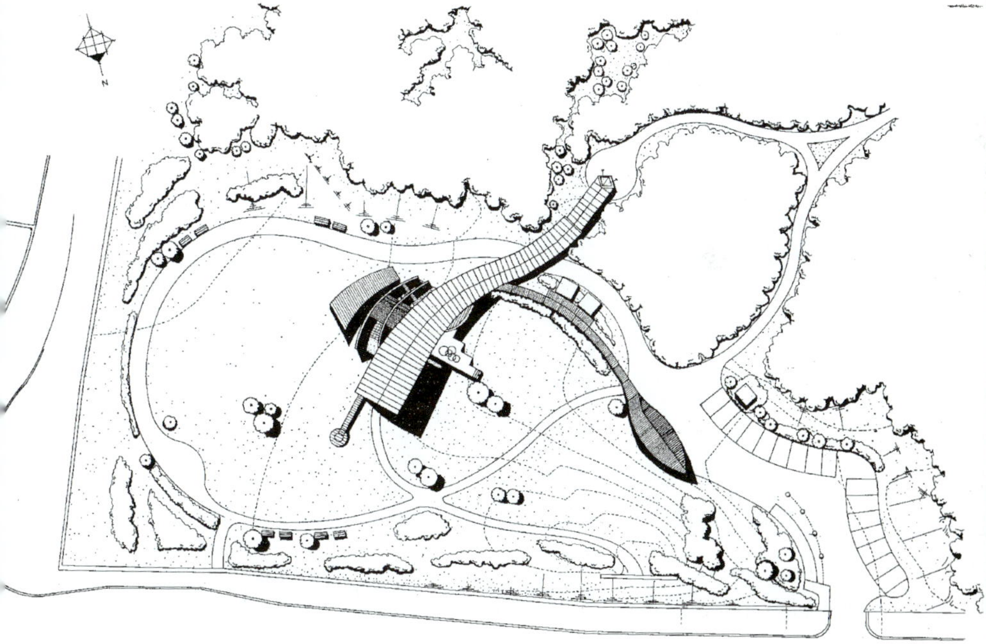

Ski Dome

Kajima Design

Localización: Funabashi-Shi, Japón **Fecha de realización:** 1993. **Arquitecto:** Kajima Design. **Superfic construida:** 87.300 m². **Programa:** Pista de esquí cubierta para práctica de este deporte, restaurantes, tienda de alquiler de material, centro comercial, vestuarios, gimnasio, sauna y piscina. **Fotografías:** Satshi Asakawa

El edificio principal del Ski Dome es una estructura de acero que soporta una losa de hormigón en pendiente, con una longitud de 500 m y una altura máxima de 100 m. Existen tres tipos diferentes de pistas: principiantes, intermedio y experimentados, con pendientes de 7 a 20. El telesilla remonta el recorrido en un minuto y medio. Conectado al volumen principal por su extremo bajo, otro edificio de cuatro plantas alberga los servicios y las actividades de ocio relacionadas con el esquí (restaurantes, tiendas, alquiler de equipos, taquillas, gimnasio, sauna y piscina). La temperatura en el interior, que oscila entre los 2 y los 6 °C, se mantiene principalmente gracias a un efectivo sistema de aislamiento que evita las fugas al exterior. La forma de la estructura está determinada por la respuesta del edificio a los terremotos, muy frecuentes en Japón. Una estructura de alturas variables puede verse afectada por diferentes frecuencias de vibración durante un mismo movimiento sísmico, lo que resulta extremadamente peligroso. A fin de paliar esta situación, los arquitectos decidieron dividir el edificio en seis partes separadas por juntas, cada una de ellas con una estructura independiente.

472 Centros de ocio

SKI DOME
ふなばしオートレース

3.2°
4.6°
6.8°
2.0°
14.9°
機械室
機械室
3.3°
14.9°
機械室
機械室

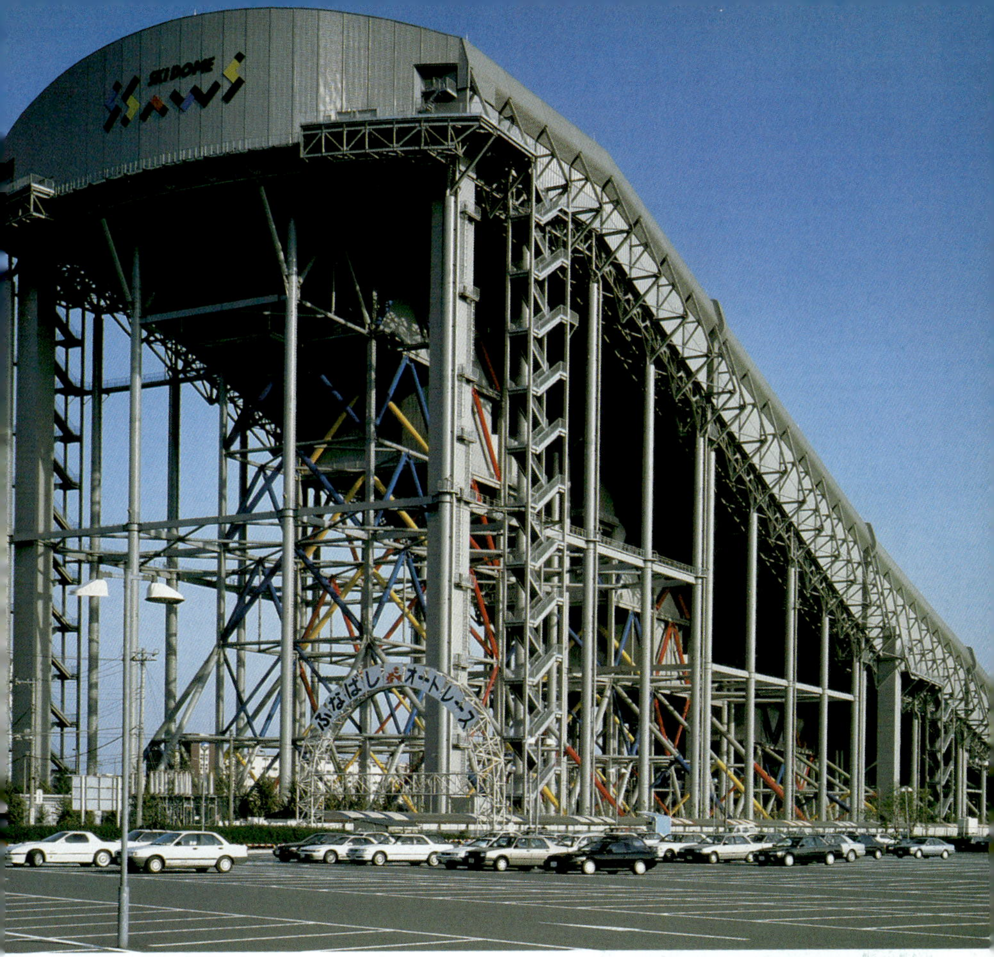

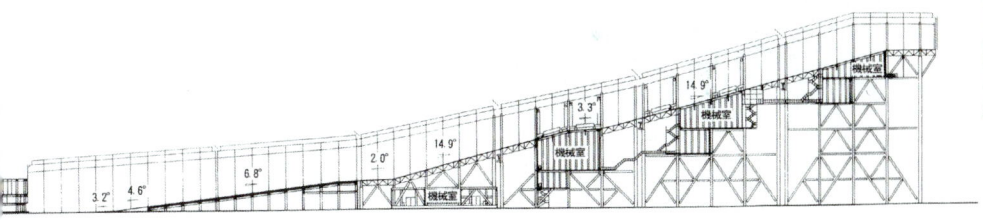

Acuario de Florida

Hellmut, Obata, Kassabaum, Inc.

Localización: Tampa, Florida, EE. UU. **Fecha de realización:** 1995. **Arquitecto:** Hellmut, Obata, Kassabaum, Inc. **Colaboradores:** Joseph Wetzel, Gyo Obata. **Fotografías:** George Cott.

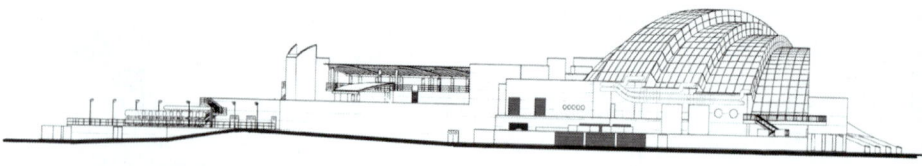

Este proyecto trata de dar a los visitantes la sensación de sumergirse en el mundo marino. La inmersión empieza en una especie de caverna situada junto a las escaleras. En ella los visitantes pueden aprender acerca de los orígenes del agua de Florida, mientras pasan bajo un manantial de agua dulce situado sobre sus cabezas. Empieza entonces el camino serpenteante que conduce por los hábitats de las tierras pantanosas, un recorrido de luz, entre vegetación y bajo una grandiosa cubierta cristalina con forma de concha marina, diseñada por Gyo Obata. En el último tramo del recorrido se inicia la zona de las bahías y playas de Florida, pasando de un ambiente soleado a ambientes oscuros, de grutas, donde personas y los peces se mueven al mismo nivel. La segunda parte del acuario está dedicada a un extraordinario hábitat de la costa de Florida: el arrecife de coral. El punto final es una gran ventana abierta al fondo del mar.

Oceanario

Peter Chermayeff

Localización: Lisboa, Portugal. **Fecha de realización:** 1998. **Cliente:** Expo'98 Lisboa. **Arquitecto:** Peter Chermayeff. **Programa:** Oceanario. **Fotografías:** Paco Asensio.

Uno de los elementos más emblemáticos del conjunto de la Expo 98 es el Oceanario diseñado por Peter Chermayeff, que constituye el factor de atracción diurna más importante.
Este gran artefacto de resonancias náuticas y anclado en las aguas del muelle se compone de un tanque central que alberga las especies marinas, en torno al que se disponen las demás zonas expositivas.
El acceso al Oceanario se hace mediante una rampa de malla metálica que deja al usuario en el nivel superior.
El edificio, a modo de plataforma petrolífera sofisticada, está constituido por una base maciza de materiales pétreos y una parte superior acristalada con vistas al mar y a la Expo. Las cubiertas ligeras forman alerones y protegen de la radiación solar directa. Están colgadas mediante unos cables suspendidos de pilares metálicos situados en los bordes de una cruz en planta que marca el ritmo estructural.
Este pabellón es uno de los edificios más singulares de la Expo de Lisboa.

Itäkeskus

Hyvämäki, Karhunen & Parkkinen

Localización: Helsinki, Finlandia. **Fecha de realización:** 1993. **Arquitectos:** Hyvämäki, Karhunen & Parkkinen. **Programa:** Complejo de piscinas y baños públicos. **Fotografías:** Jussi Tiainen.

El suburbio del centro oriental de Helsinki necesitaba, en los años previos a la desintegración de la Unión Soviética, un refugio de emergencia, al tiempo que se estudiaba la posible ubicación de un complejo de piscinas y de baños públicos en el entorno de un céntrico parque natural. Las dos ideas se fundieron en un proyecto único mediante el aprovechamiento de una colina rocosa del bosque de fácil excavación. De esta manera, se consiguió reducir el coste que supondría construir dos obras independientes y mantener al mismo tiempo el parque sin urbanizar. El único espacio no subterráneo, la entrada, forma un arco semicircular de vidrio que parece emerger de dentro de la tierra, como una falange transparente que anunciase un interior sorprendente y cristalino.

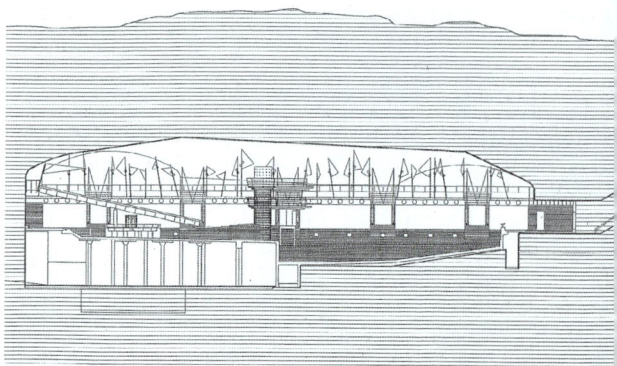

Bajo una enorme bóveda blanca un extenso programa funcional incluye una piscina olímpica, con una zona separable para saltos de trampolín, piscinas de entrenamiento, de ocio e infantiles, baños fríos, cálidos y de vapor, saunas, solárium, gimnasio, salas de mantenimiento y dos cafeterías. A todo ello se une una serie de sucesos singulares, encadenados musicalmente y conjugados con pantallas acústicas que permiten al visitante memorizar el espacio y orientarse en un lugar originalmente sin referencias.

Mad River Trips

William P. Bruder

Localización: Jackson, Wyoming, EE.UU. **Fecha de realización:** 1997. **Arquitecto:** William P. Bruder.
Colaboradores: Wendell Burnette, Tim Christ, Jack De Bartolo III, Leah Schneider (equipo de diseño).
Fotografías: Bill Timmerman.

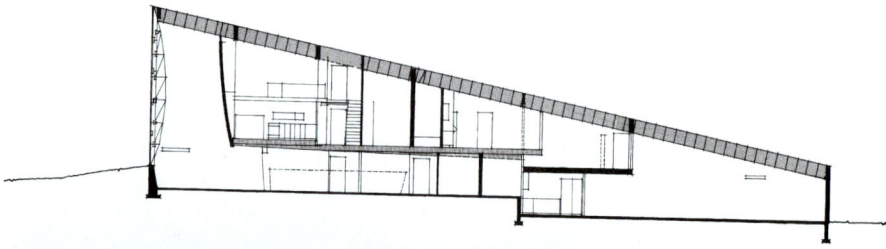

El desierto de Arizona es uno de los pocos lugares donde la arquitectura conserva una función artística y simbólica. Es ahí donde William Bruder viene desarrollando su obra desde finales de los años setenta. Su obra desarrolla un diálogo continuo con el paisaje: los montes, el agua, la sequedad, el color; y también la arquitectura vernácula de Arizona: viejas construcciones rurales, minas, graneros, etc. Sus edificios tratan de evocar imágenes líricas de Arizona y, al mismo tiempo, intentan recuperar los materiales constructivos más sencillos reutilizándolos de una manera exquisita. El edificio Mad River Trips incluye tanto las oficinas como el almacén y la vivienda de los propietarios de esta pequeña empresa que organiza descensos por el río en rafting.

Centro Cultural Shonandai

Itsuko Hasegawa

Localización: Fujisawa, Kanawaga, Japón. **Fecha de realización:** 1990. **Cliente**: Ayuntamiento de Kanawaga. **Arquitecto:** Itsuko Hasegawa. **Colaboradores:** Architectural Design Studio. **Programa:** Centro cultural, plaza y teatro de uso público, cine panorámico, museo infantil y servicios. **Fotografías:** Shuji Yamada.

Se trata de un centro cultural de ambiciosas pretensiones. Contiene un teatro público, un cine panorámico, un museo infantil y una parte de los servicios administrativos de la alcaldía de la ciudad. Todas las unidades arquitectónicas del Centro responden a la filosofía proyectual de la autora japonesa, como demuestra la heterogeneidad formal de los pabellones o la penetración cenital de la luz solar en los despachos. Sin embargo, el sector que más concuerda con la doctrina creativa de Hasegawa es la plaza, cuyas proporciones determinan la de las edificaciones que se alzan majestuosamente sobre su superficie.

La plaza fue ideada para constituirse en escenario de múltiples eventos y en contenedor del universo entero, puesto que entre sus límites se han distribuido cuerpos esféricos que representan el cosmos, la tierra y la luna. Estos, por otra parte, actúan como reclamos arquitectónicos de este magnífico Centro Cultural.

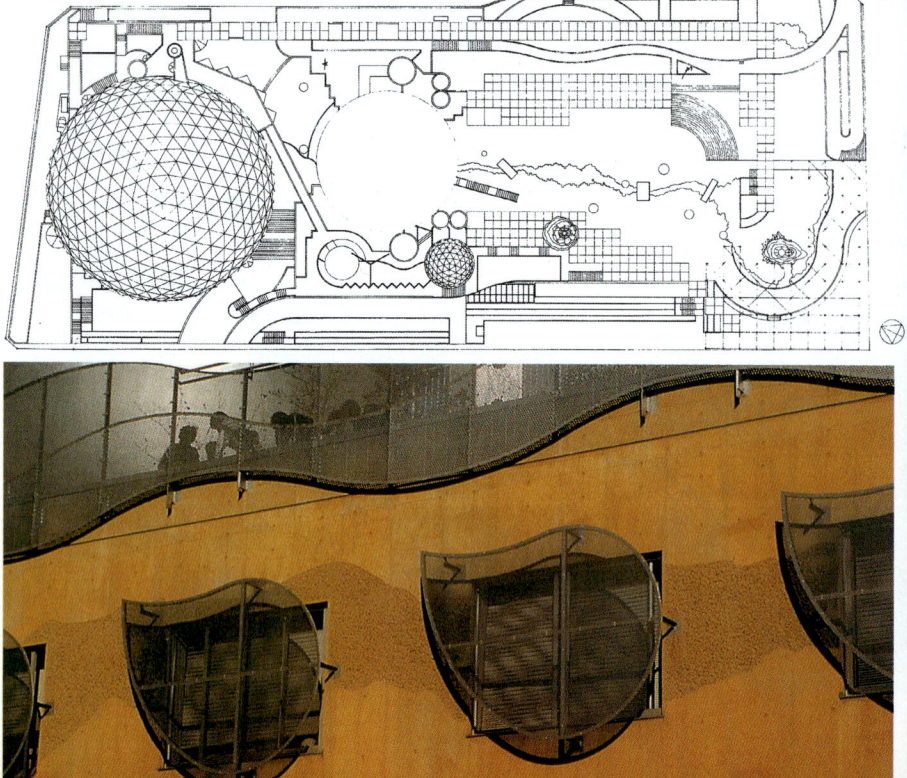

Planetario de las luces

John Kristoffersen

Localización: Tromso, Noruega. **Fecha de realización:** 1988. **Arquitecto:** John Kristoffersen. **Programa:** Construcción de un Planetario, telescopio, torre, laboratorio y módulo para espectadores. **Fotografías:** John Kristoffersen.

Uno de los principales atractivos de este planetario es recrear para el visitante el maravilloso espectáculo de las luces del Norte, proyectadas en la inmensa pantalla semiesférica dispuesta en el interior del edificio. A la vez, y en la conciencia de que la recreación del fenómeno dista mucho de la realidad, el edificio se ha revestido de paredes de cristal gris, que actúan como espejos y reflejan el paisaje que lo rodea.
Un telescopio, emplazado en la cúpula ecuatorial que remata el conjunto, evoca el aspecto investigador, si bien está destinado a fines didácticos. El conjunto comprende una torre, en la que se encuentran los ascensores que llevan al laboratorio superior, el puente que comunica con éste y el gran edificio octogonal que acoge a los espectadores bajo la pantalla de 12 m de diámetro. La estructura es de hormigón armado, elegida principalmente para aislar de ruido el exterior procedente del tráfico aéreo. Los revestimientos exteriores son de cristal gris de 8 mm de grosor en el octógono y paneles de acero gris para la torre.

Bares, discotecas y salas de juego

Los proyectos que se incluyen sorprenden por su vocación diferencial.
Esta presentación de espacios públicos interiores constituye una categoría extensa a la vez que ambigua. Sin embargo, todos estas cafeterías, pubs, discotecas y salas de baile se adscriben a la cultura del ocio, una concepción lúdica y vitalista de la existencia humana sujeta, como todas sus actividades, a constantes mutaciones. Los autores de estos proyectos se enfrentan por tanto a estos desafíos de manera animosa y combinan en su trabajo la experiencia creativa personal con las exigencias que el mercado de consumo impone.

Pachinko Parlor

Stop Line

Café Charbon/Nouveau Casino

Restaurante Iridium

Club de Teatro y Comedia Caroline's

Obslomova

Teatro Circus

Pachinko Parlor

Kazuyo Sejima

Localización: Hitachiohta, Ibaraki, Japón. **Finalización:** 1996. **Arquitecto:** Kazuyo Sejima. **Estructuras:** Matsui Gengo & O.R.S. **Programa:** Sala de juegos, área de descanso y oficina. **Superficie construida:** 800 m². **Fotografías:** Nacasa & Partners (también páginas 488/489).

El Pachinko Parlor es un juego muy popular en Japón que combina azar y destreza. Salones recreativos se encuentran extendidos por todo el país con disposiciones muy similares; simplemente hileras de máquinas de uso individual.

Situado en una ciudad de provincias, Hitachiohta, ocupa un gran solar que da a una autopista.

La curvatura de la fachada y el uso de la luz y los materiales son suficiente reclamo, con lo que sólo se hacía necesario un tímido letrero anunciador del nombre del establecimiento. En la fachada, franjas de un negro brillante enmarcan rendijas de vidrio coloreado. Mientras que de día es el negro el que suavemente refleja luces, de noche la luz del interior hace que dichas franjas desaparezcan para convertirse casi en despiece de una carpintería que pauta la fachada.

En planta se aloja una típica sala de pachinko con hileras de máquinas, esquina de recogida de premios y sala de descanso. La oficina se ha separado del resto de los espacios.

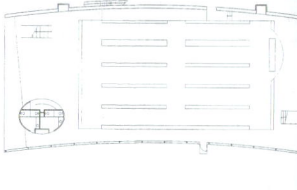

Stop Line

Studio Archea

Localización: Curno, Bergamo, Italia. **Realización:** 1996. **Arquitectos:** Laura Andreini, Marco Casamonti, Giovanni Polazzi (Studio Archea). **Colaboradores:** Antonella Dini, Paolo Frongia, Michael Heffernan, Claudia Sandoval, Andrea Sensoli (arquitectos), Silvia Fabi, Nicola Santini, Giuseppe Fioroni, Pier Paolo Taddei (equipo de diseño), Studio Myallonnier (estructura), Studio Armondi (implantación), Kreon (iluminación), Martin (iluminación escénica), Outline (audio), Alessandro Trezzi, Antonio Falduto (vídeo). **Programa:** Discoteca, bolera, pista de hielo, billares, salas de juegos y restaurantes. **Fotografías:** Pietro Savorelli, Saverio Lombardi Vallauri.

Stop Line se encuentra en las afueras de la ciudad de Bergamo, en un paisaje industrial donde convive con grandes naves, indicadores de tráfico y anuncios. De hecho, el edificio se trata de un antiguo almacén de 5.400 m2. Tal vez por ello, durante el día, este edificio de casi 60 m de fachada sobre la autopista, es un volumen sencillo y contundente. Un muro completamente hermético, revestido de acero Corten, no deja escapar ningún indicio de lo que ocurre en el interior.

Por la noche, unos orificios practicados en las chapas de acero se convierten en una retícula de puntos de luz que construyen un muro inmaterial sobre la oscuridad. Las luces se reflejan en el estanque, al pie de la fachada.

Stop Line alberga una discoteca, una pista de hielo, billares, restaurantes, proyecciones de vídeo, salas de juegos de ordenador..., se trata de un gran centro creado para la diversión, pero que, al mismo tiempo, puede adaptarse eventualmente para celebrar pases de moda, conferencias y presentaciones.

La primera crujía, paralela a la fachada principal, está constituida por un módulo de tres plantas, una de ellas enterrada. El resto del edificio es un único espacio, una enorme sala en la que aparecen aquí y allá construcciones exentas a las que se accede mediante escaleras o rampas.

Café Charbon/Nouveau Casino

Louis Paillard & Anne Françoise Jumeau, de Périphériques

Localización: París, Francia. **Realización:** 2001. **Arquitectos:** Louis Paillard & Anne Françoise Jumeau, de Périphériques. **Colaboradores:** Paris Comptoirs (constructor), Christophe Valtin y Shirin Raissi (imágenes de síntesis). **Superficie:** 500 m². **Fotografías:** Luc Boegly/Archipress.

El proyecto desarrollado por el colectivo Périphériques ocupa la parte trasera de un precioso café parisiense de principios de siglo XX llamado Café Charbon. El encargo consistía en diseñar una discoteca, cuyo nombre sería Nouveau Casino, que incluyera una sala de conciertos para 300 personas, un bar y un restaurante.

Uno de los objetivos prioritarios era no interferir en la actividad del antiguo local, por lo que se ideó un acceso independiente y se desarrolló un perfecto sistema de insonorización. Al antiguo café se accede por una fachada acristalada que se abre a la calle mediante puertas y ventanas, mientras que a la sala de conciertos se llega por una pequeña puerta metálica ubicada en uno de los extremos del cerramiento o por una gran puerta perforada en la parte trasera del café. Un pasillo recorre lateralmente la parcela hasta llegar a la sala, donde desaparece en un espacio diáfano sin partición alguna. Este corredor se ilumina mediante una red de pequeños focos instalados en un techo de placas perforadas.

La considerable altura del espacio se aprovechó en los extremos para colocar, por una parte, un altillo con mesas y sofás, debajo del cual se encuentran los aseos, y por la otra, para elevar el escenario y su pequeño almacén trasero.

La barra del bar, una curva luminosa de color fucsia, recorre un tramo de una de las paredes medianeras del solar, y deja libre una gran superficie para bailar o simplemente para escuchar la música cómodamente.

La intención de los diseñadores fue desde un principio generar un espacio cambiante y flexible capaz de albergar distintos ambientes simultáneos. Los locales nocturnos están sujetos a los caprichos de la moda, así que no es extraño que a menudo sean aborrecidos por los clientes, sedientos de nuevas sensaciones, de nuevos decorados donde relacionarse al son de la música. Basándose en este precepto, los arquitectos idearon un sistema que permite cambiar el entorno en segundos y generar una infinita gama de ambientes. Se instaló un sistema de proyectores que arroja imágenes sobre las paredes y el techo, cubiertos con placas triangulares de chapa de acero colocadas con distintas orientaciones, de modo que reflejan de manera dispar la luz que se les imprime.

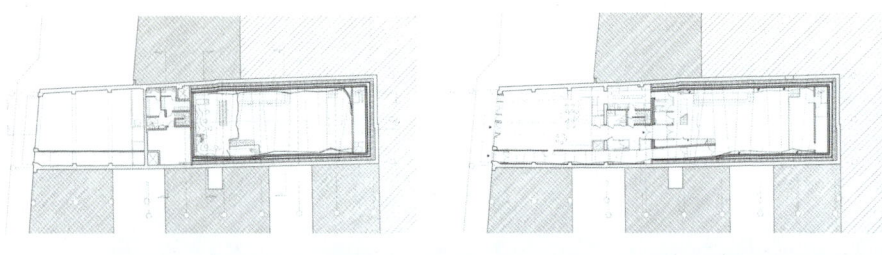

Restaurante Iridium

Jordan Mozer

Localización: Nueva York, EE.UU. **Fecha de realización:** 1994. **Arquitecto:** Jordan Mozer. **Fotografías:** Mihail Moldoveanu.

El Iridium se encuentra entre la Columbus Avenue y Broadway, justo al otro lado del Lincoln Center, en Nueva York.
Jordan Mozer ideó un lugar en que tanto los muebles como las columnas, las puertas y la cubierta, todos los elementos, debían bailar. Aunque las formas del Iridium puedan parecer azarosas, casi todas ellas transforman en arquitectura imágenes del mundo de la música y la danza. Cada detalle arquitectónico, cada mueble, cada lámpara, se diseñan individualmente. El seguimiento de la obra es extraordinariamente directo y particularizado. De otra forma, sería casi imposible llevar a cabo una obra tan personal y singular.

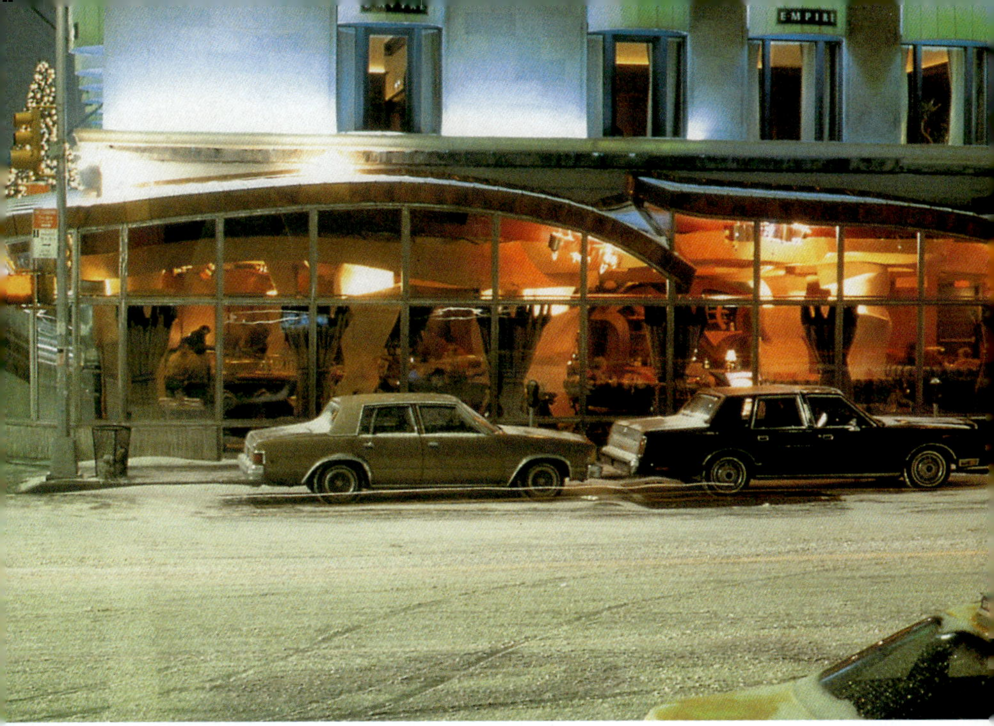

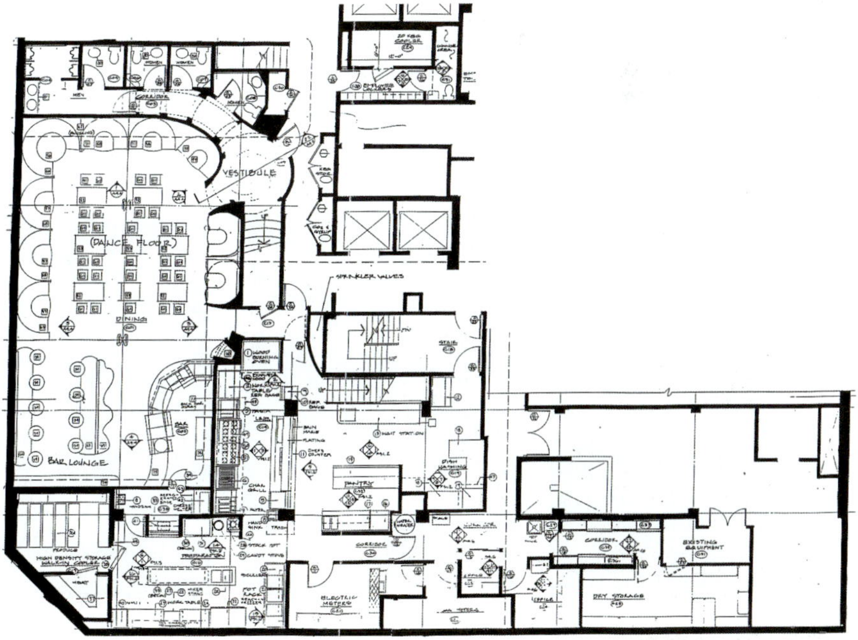

MEN
WOMEN
CORRIDOR
VESTIBULE
(DANCE FLOOR)
DINING
BAR LOUNGE
BAR
SPRINKLER VALVES
STAIR
UP
PANTRY
CORRIDOR
ELECTRIC METER
HIGH DENSITY STORAGE WALK-IN COOLER
PREPARATION
OFFICE
DRY STORAGE
EXISTING EQUIPMENT

Club de Teatro y Comedia Caroline's

Paul Haigh, Barbara H. Haigh

Localización: Manhattan, Nueva York, EE.UU. **Fecha de realización:** 1993. **Cliente:** Caroline Hirsch. **Arquitectos:** Paul Haigh, Barbara H. Haigh. **Colaboradores:** Nicholas Macri, Miriana Donaya, Justin Bologna, Karla Kuperc; CMA Enterprises (constructor). **Programa:** Local para representación de obras de teatro y comedia. **Fotografías:** Elliot Kaufman.

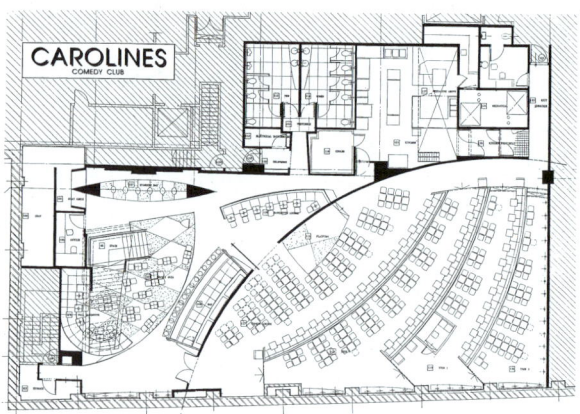

Especialmente diseñado para representar comedias, se procuró que existiese una gran proximidad entre el público y los actores. En el interior, se introduce al visitante en un universo neomedieval de arlequines, pantomima y jokers. Esta iconografía de colores y tramas distintas se extiende por todo el local con formas y escalas diferentes. Paul Haigh ha utilizado tapicerías de terciopelo, maderas laqueadas, suelos de terrazo y moqueta para los acabados. El sótano está dividido en dos zonas por un muro curvo. Por un lado, el teatro, con tres franjas de asientos curvos continuos a diferentes niveles; y por otro, el bar restaurante, que funciona también como foyer y que está formado por una serie de pequeñas áreas separadas, con amplios corredores entre ellas, donde se producen representaciones ocasionales.

Obslomova

Shiro Kuramata

Localización: Hotel Il Palazzo, Fukuoka, Japón. **Fecha de realización:** 1991. **Arquitecto:** Shiro Kuramata.
Programa: Diseño de un bar-restaurante en el interior del Hotel Il Palazzo. **Fotografías:** Nacasa & Partner.

Dentro del conjunto del Hotel Il Palazzo se incluyen cuatro locales ubicados en los dos módulos paralelos del edificio central.
Se trata de los bares-restaurantes diseñados cada uno de ellos por cuatro grandes nombres reconocidos internacionalmente. Cuatro bares de autor para un proyecto auténticamente internacional, avalado por la creatividad de nombres de primera línea. Cada local recrea ambientes totalmente diferentes. El Obslomova, es uno de ellos. Se trata de un bar de ambiente intimista, donde predominan los colores suaves y las formas ligeras, tanto en el mobiliario como en la propia estructura del espacio.

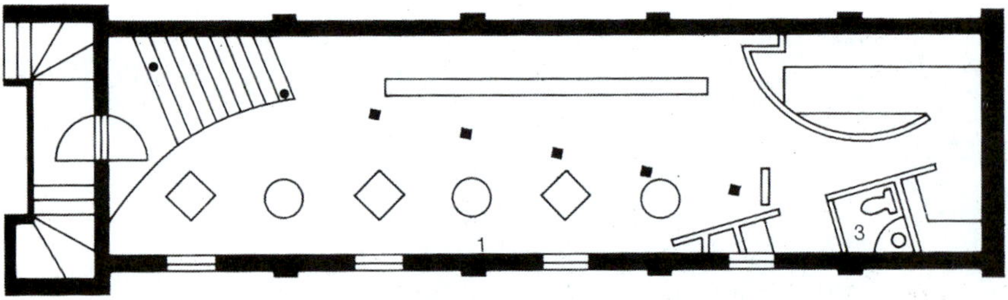

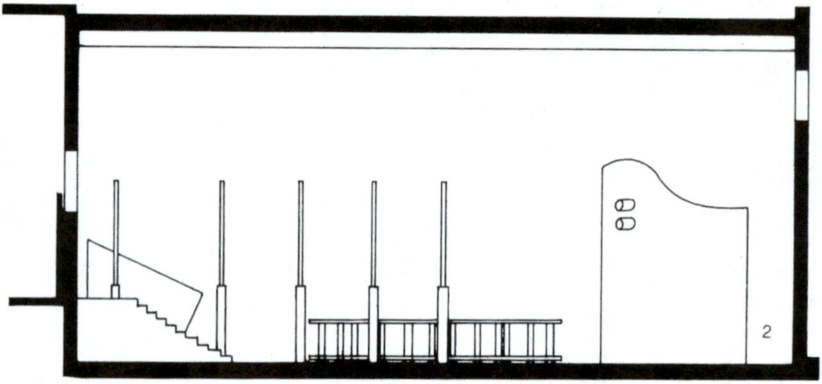

Teatro Circus

Sjoerd Saeters

Localización: Zandvoort, Holanda. **Fecha de construcción:** 1996. **Arquitecto:** Sjoerd Saeters. **Programa:** Parque de atracciones en el casco viejo de Zandvoort. **Fotografías:** Koo Boji.

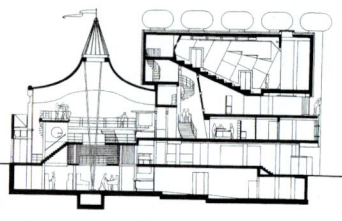

Sjoerd Saeters recibe el encargo de construir un parque recreativo y un cine en el casco viejo de Zandvoort. El edificio debía ser atrayente y vistoso. El resultado es una construcción llamativa de fachadas sugerentes, con banderas gigantes de todos los colores, enormes mástiles pintados de naranja y una cubierta curvada como la carpa de un circo, sustentada sobre tres postes. Soeters concibe la sala de juegos como un laberinto literal, con numerosas islas a diferentes niveles, rampas que las unen, espejos que doblaban el espacio y escaleras de todo tipo: todo ello pintado con colores vivos e impactantes. El solar tiene la forma aproximada de una L. La franja más larga está dividida en tres circunferencias que corresponden a tres ficticias pistas de circo, esta franja da a un paso peatonal que conecta con una agitada calle comercial. La franja corta de la L da a una plaza tranquila. En el primer piso se encuentra un bar y el foyer del cine. Encima, las oficinas y los servicios necesarios para gestionar el establecimiento; y en la última planta, el cine. El edificio está dividido claramente en sus dos alas, tanto espacial como formalmente. Por un lado, está la zona de juegos en un gran doble espacio continuo y, por otro, los ámbitos más tranquilos, separados por plantas.

Centros comerciales

La importancia que han adquirido los grandes espacios comerciales ha estado motivada por una serie de razones socio-culturales y económicas que pueden agruparse en dos grandes bloques de análisis: la primacía de los conceptos de comercio y mercado como pilares de la macroestructura económica que rige la sociedad actual, y, por otro lado, la profunda interrelación que se ha establecido entre ocio y consumismo.
El lector podrá percibir a través de estos proyectos que la realidad de las grandes superficies no puede estar sujeta a consideraciones de tipo global.
Este apartado pretende, en consecuencia, reflejar la gran heterogeneidad de propuestas que se pueden encontrar hoy en el ámbito de la arquitectura comercial.

Centro comercial en Emmen

Galerías Lafayette

Triangle des Gares. Euralille

L'Illa Diagonal

Centro comercial Bercy 2

Nordwest-Zentrum

Stockmann

Haas Haus

Saar Galerie

Centro comercial Rio

Centro Torri

Centro comercial en Emmen

Ben van Berkel

Localización: Emmen, Holanda. **Realización:** 1994-1996. **Cliente:** Multi Vastgoed bv, Gouda. **Arquitecto:** Ben van Berkel. **Constructor:** IHN Noord bv, Groningen. **Coordinador del proyecto:** René Bouman, Harrie Pappot. **Responsable del proyecto:** Wilbert Swinkels. **Vidrio:** HuMa-glas bv. **Programa:** Centro comercial y apartamentos. **Fotografías:** Christian Richters.

El edificio de los nuevos almacenes Vroom & Dreesmann es el resultado de una remodelación global de una vieja construcción de los años sesenta, destinada ya entonces al mismo uso. El proyecto de Van Berkel añade un edificio de apartamentos, reorganiza todo el conjunto y modifica completamente toda la fachada, sustituyéndola por una piel envolvente.
El proyecto respeta de un modo inteligente la imposibilidad de conseguir un orden estricto que reordene la nueva remodelación.
El conjunto del centro comercial se caracteriza, en el aspecto volumétrico, por el ensamblaje de una serie de piezas que, globalmente, forman un sistema compuesto por no pocos elementos: el zócalo de la planta baja, en algunos casos abierto a unas tiendas a las que se accede directamente desde la calle; el volumen de la planta primera, que Van Berkel convierte en una enorme pieza achatada de cristal; una torre de cinco plantas situada en una de las esquinas, que albergará los apartamentos; un cuerpo prismático de tres plantas de altura, que recibe un tratamiento particular, relacionado con su carácter rigurosamente cúbico; y algún que otro cuerpo intermedio que sobresale por encima de la gran pieza acristalada.

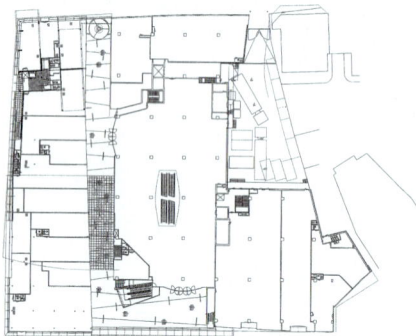

Galerías Lafayette

Jean Nouvel

Localización: Friedrichstadt Passagen Block 207, Friedrichstrasse–Französischestrasse, Berlín, Alemania. **Concurso:** Marzo de 1991. **Inicio de las obras:** Septiembre de 1992. **Finalización:** Marzo de 1996. **Cliente:** Euro-Projekt Entwicklungs GMBH. **Arquitecto:** Jean Nouvel. **Responsables del proyecto:** Barbara Salin (fase de concurso), Laurence Daude (fase de ejecución), Judith Simon, Viviane Morteau (dirección de obras). **Superficie útil:** 39.585 m². **Programa:** Galerías comerciales, oficinas, vivienda y aparcamiento. **Fotografías:** Philippe Ruault.

Se trata de un edificio para un programa bastante diversificado, que incluye los espacios comerciales para las Galerías Lafayette, además de locales para oficinas, tiendas, viviendas y aparcamientos. El solar elegido ocupa algo más de la mitad de una manzana del Berlín ilustrado, al lado de la Schauspielhaus de Schinkel.

La volumetría de la manzana permitirá construir hasta siete plantas, además de los cuatro niveles que se hunden en el subsuelo. Nouvel plantea un volumen completamente acristalado por sus cuatro caras (incluida la cubierta), en el cual el juego de interpenetraciones entre la luz natural exterior, la que se introduce en el interior, la luz artificial generada por el propio edificio y, finalmente, los múltiples juegos de reflejos generados por todas ellas crea una atmósfera a la vez espectacular y claramente funcional.

Con vistas a lograr estos objetivos, y dadas las dimensiones del volumen, Nouvel recurre a la estrategia de perforar desde el cielo todo el cuerpo acristalado, a fin de generar múltiples penetraciones de luz, todas ellas distintas y organizadas de un modo jerarquizado.

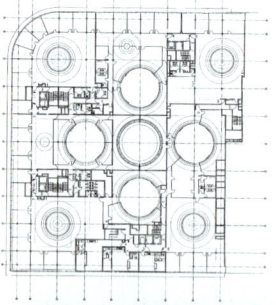
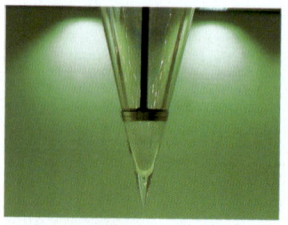
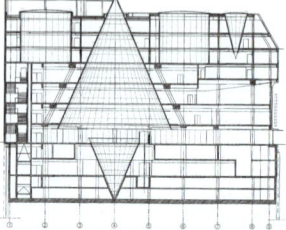

Triangle des Gares. Euralille

Jean Nouvel, Emmanuel Cattani & Associés

Localización: Lille, Francia. **Realización:** Septiembre 1994. **Cliente:** Centro Comercial: SNC (Société du Centre Commercial du Centre Euralille). **Arquitectos:** Jean Nouvel, Emmanuel Cattani & Associés. **Colaboradores:** Patrick Cosmao, Cyril Ruiz (equipo de proyectos), OTH NORD PROJETUD (ingeniería), Sophie Berthelier, Isabelle Guillauic (jefes de proyecto). **Programa:** Centro comercial, oficinas, hotel, viviendas y aparcamiento. **Fotografías:** Philippe Ruault, Ralph Richter/architekturephoto (también páginas 510/511).

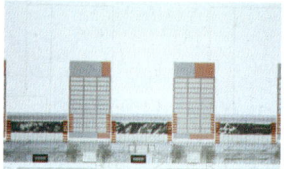

Situada en la confluencia de la línea del Tren de Gran Velocidad (TGV) París-Londres y de la futura línea París-Bruselas-Amsterdam-Colonia, la ciudad de Lille es la que ha experimentado mayores transformaciones como consecuencia de la perforación del canal de la Mancha, asumiendo el protagonismo de un proyecto enormemente ambicioso: constituirse como un importante centro de una nueva Europa sin fronteras.

Dentro de la gran remodelación de Euralille, se confió a Nouvel el encargo del Triangle des Gares, un extenso centro comercial coronado por una hilera de torres de oficinas, a sur, y bordeado por un frente de viviendas y un hotel, a oeste.

El edificio ha sido proyectado como un conjunto unitario, de formas sencillas, sin estridencias, y, sin embargo, el tratamiento de los materiales, de los colores y la incorporación de signos e imágenes como elementos de la compo-sición arquitectónica consiguen transmitir esa complejidad de una forma más sutil.

L'Illa Diagonal

Rafael Moneo/Manuel de Solà-Morales

Localización: Barcelona, España. **Realización:** 1994-1997. **Promotor:** Winterthur. **Arquitectos:** Rafael Moneo y Manuel de Solà-Morales i Rubió. **Colaboradores:** Lluís Tobella, Antón María Pàmies, Andrea Casiraghi, Francesc Santacana, Lucho Marcial, Félix Wettstein, Román Cisneros, Isabel Pericas, René Hochuli, Kate Webb, Toni Casamor, Oriol Mateu (diseño), Mariano Moreno (estructura), Sereland (mecánica), SECOTEC (control), AGROMAN (constructor). **Programa:** Oficinas, centro comercial, auditorio, discoteca, aparcamiento y servicios. **Fotografías:** Ramón Camprubí, Ivan Bercedo.

L'Illa Diagonal no es propiamente un edifico, sino un trozo de ciudad diseñado a partir de un único proyecto. El conjunto incluye oficinas, un hotel, varios centros comerciales, pequeñas tiendas, plazas y calles interiores, un parque público, plantas de aparcamiento, una discoteca y un auditorio. Ahora bien, cuando hablamos de L'Illa Diagonal como un trozo de ciudad no nos referimos a su tamaño, ni a la densidad de actividades, ni a que se trate de un complejo de edificios distintos. Al contrario, L'Illa Diagonal es un único edificio que, sin embargo, no está concebido como tal, sino como un segmento de una gran avenida o el área de un barrio que incluye bocacalles estrechas, una plaza, un pequeño parque..., por eso es un trozo de ciudad. Es decir, el juego de formas que plantean Manuel de Solà-Morales y Rafael Moneo no está destinado a producir una imagen arquitectónica, sino urbanística.

winterthur
assegurances

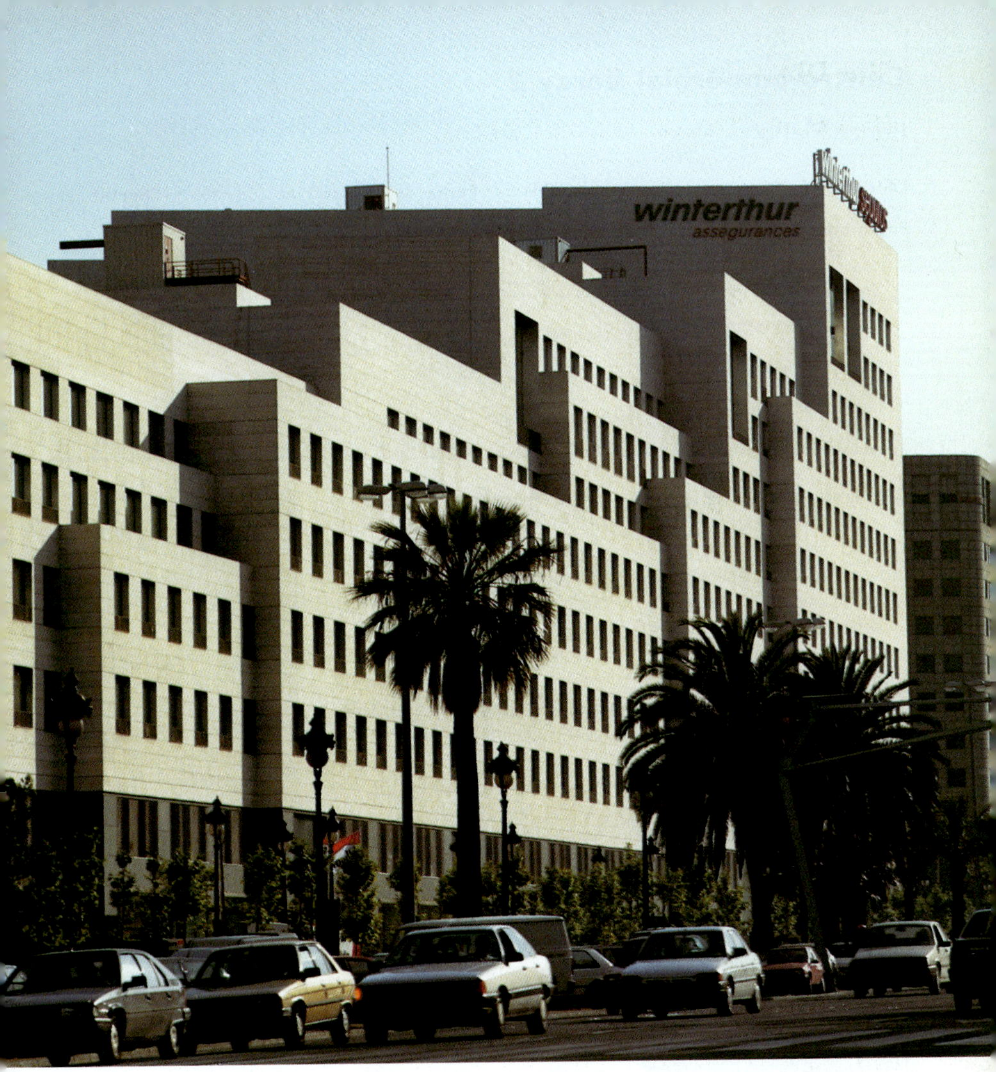

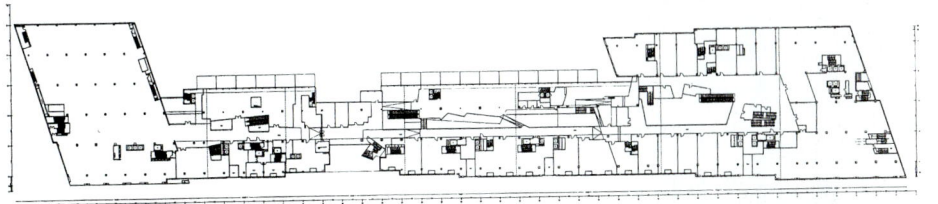

Centro comercial Bercy 2

Renzo Piano

Localización: Charenton-le-Pont, París, Francia. **Fecha de realización:** 1987-1990. **Cliente:** Emin,J. Renault. **Arquitecto:** Renzo Piano. **Colaboradores:** Noriaki Okalie. **Superficie construida:** 100.000 m². **Fotografías:** Anne Fauret, Archipress.

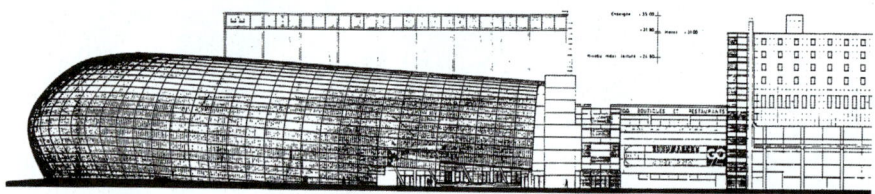

Creciendo desde el interior, la forma ovoide del edificio, se repite con radios variables hasta fundirse con el armazón externo, techo y fachada a la vez, puesto que la cobertura no presenta, en su recorrido curvilíneo, ninguna solución de continuidad.

La monumental cubierta ha sido diseñada mediante la superposición de tres matrices de círculos de radios diversos, recubiertas con la superficie de la gran piel metálica.

En cuanto a la articulación interna del complejo se refiere, los 25 m de altura se distribuyen en seis plantas, estando tres de ellas -las inferiores, dos de las cuales son subterráneas- destinadas a 2.118 plazas de aparcamientos que ocupan unos 50.000 m².

Las tres plantas restantes, cada una de las cuales posee unas dimensiones de 10 m de ancho por 100 m de largo, acogen las zonas de venta y disponen de un espacio efectivo de 34.000 m².

Renzo Piano ha concebido el espacio interior como un valle. En el centro se ha situado, desde la primera planta bajo tierra correspondiente al aparcamiento hasta la segunda del centro comercial, un jardín de 1.000 m² en el que crecen árboles de hasta 12 m de altura. Una cascada de agua que desciende por un plano inclinado desde lo alto introduce el símbolo de un curso de agua bordeado por dos riberas. Todo el recinto ha sido surcado por largas cintas transportadoras que unen las distintas plantas con suaves inclinaciones.

Nordwest-Zentrum

Estudio RKW

Localización: Francfort, Alemania. **Fecha de remodelación:** 1990. **Arquitecto:** Estudio RKW (Rhode, Kellerman, Wawrowsky & Partner). **Programa:** Remodelación de un antiguo centro comercial: comercios, zona peatonal, parvulario, centro social, biblioteca, bancos, comisaría, central de bomberos y centro de empadronamiento.

Este centro comercial y de ocio es el resultado de la operación de renovación y rediseño de un centro multifuncional inaugurado en 1968, cuya estructura había quedado obsoleta. Los aspectos que han sido más potenciados han sido: la cobertura de los paseos peatonales; la reorganización de la oferta comercial y de ocio; la mejora de las comunicaciones internas y de la accesibilidad; y un nuevo diseño global más atractivo y actualizado. Unos 10.000 m² de superficie acristalada han cubierto las dos calles comerciales existentes y los diferentes tramos que las intercomunican. 5.200 paneles de vidrio se elevan a más de 17 m de altura, extendidos sobre 9.200 m² de zona peatonal. Otro factor ha sido la planificada combinación de sectores de actividad, al añadir 18 consultas médicas, una veterinaria, una farmacia y diversos tipos de equipamientos auxiliares. Todo ello se complementa con infraestructura municipal: jardín de infancia, centros para jóvenes y ancianos, biblioteca, estafeta de correos, bancos, comisaría, cuartel de bomberos y un centro de empadronamiento.

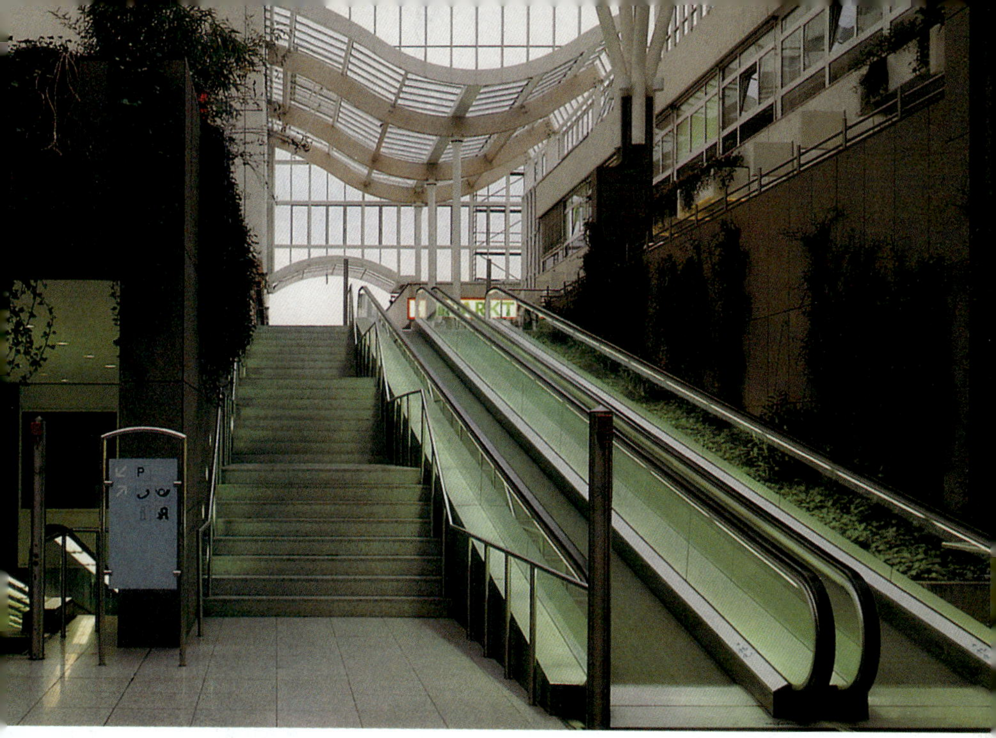

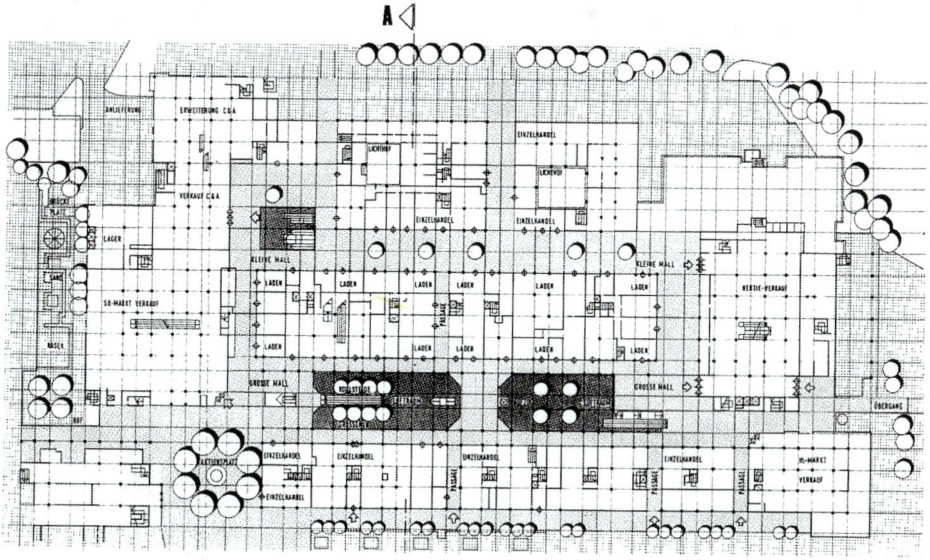
A
ANLIEFERUNG
ERWEITERUNG C&A
LICHTHOF
EINZELHANDEL
LICHTHOF
VERKAUF C&A
EINZELHANDEL
EINZELHANDEL
LAGER
KLEINE MALL
KLEINE MALL
LADEN
SB-MARKT VERKAUF
HERTIE-VERKAUF
PASSAGE
GROSSE MALL
GROSSE MALL
ÜBERGANG
AKTIONSPLATZ
EINZELHANDEL
PASSAGE
VERKAUF

Stockmann

Gullichsen, Kairamo & Vormala

Localización: Helsinki, Finlandia. **Fecha de realización:** 1989. **Arquitectos:** Gullichsen, Kairamo & Vormala.
Programa: Centro comercial, zona de almacén, aparcamiento, oficinas, salón de belleza y cafetería.

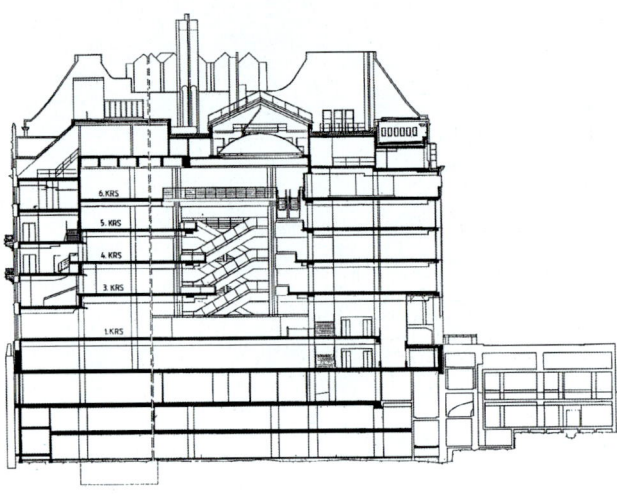

El programa funcional adoptado para el proyecto se caracteriza por su simplicidad esquemática, así como por su claridad espacial.
El edificio dispone de varias plantas que se desarrollan bajo el nivel del suelo, a modo de sótanos, en los que se sitúan las zonas de aparcamiento, almacenaje y una de las plantas de venta al público. Los cuatro niveles que se desarrollan sobre el suelo desempeñan la función de espacios comerciales.
El quinto piso alberga una amplia sala de exposiciones desde la que se accede, a través de una escalera mecánica, a un restaurante.
La parte más alta del complejo se destina a una pequeña área de oficinas y a todo el equipamiento técnico. El edificio dispone también de un salón de belleza y de una cafetería.
Una gran bóveda totalmente acristalada culmina la construcción por el punto más alto; con ella se consigue crear, por un lado, un sistema de iluminación natural que permite la entrada de luz del exterior y, por otro, un elemento de gran fuerza estética que atrae a los visitantes a ascender progresivamente a los niveles superiores del edificio.

Haas Haus

Hans Hollein

Localización: Viena, Austria. **Fecha de realización:** 1989. **Arquitecto:** Hans Hollein. **Programa:** Diseño y construcción de un nuevo centro comercial, aparcamiento. **Fotografías:** Albert Worm.

El volumen del nuevo edificio se presentó como una serie de cuerpos cilíndricos superpuestos de manera adyacente en una especie de collage visual cuya pluralidad es una de sus características más expresivas. El cuerpo aparece dominado por líneas curvas, de trazo sinuoso, que van ganando progresivamente espacio hacia el exterior.

La importancia del aspecto exterior reside esencialmente en la pluralidad y expresividad del conjunto, opuesto radicalmente al entorno circundante, pero conviviendo en total armonía. En el interior, la necesidad de introducir un programa amplio y variado exigía una meditada proyección, diferenciando los espacios funcionales y situando de manera estratégica los sistemas de comunicación.

Para lograr unos óptimos resultados de distribución, las instalaciones técnicas se han situado en dos pisos subterráneos; en el primero de los niveles bajo el suelo se ha dispuesto la cafetería, conectada visualmente con toda la zona comercial.

El procedimiento utilizado para realizar esta conexión ha consistido en organizar las cuatro superficies de acceso público alrededor de un enorme atrio central, en forma de cono invertido, en el que se dispusieron las escaleras que relacionan las distintas alturas.

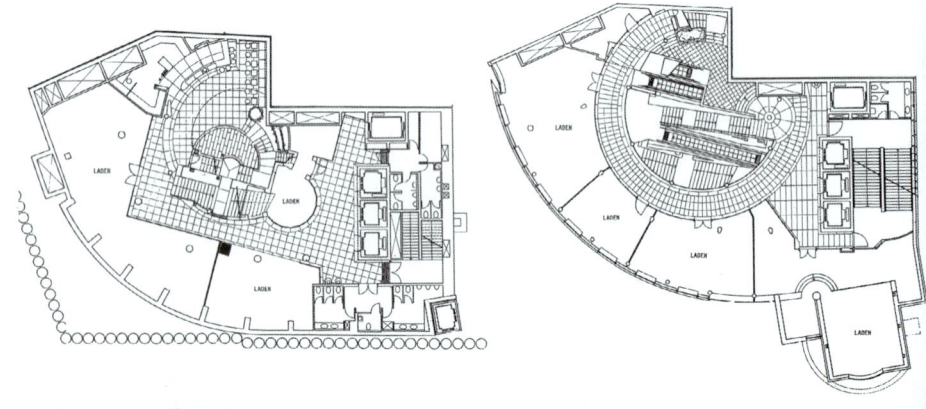

Saar Galerie

Volkwin Marg

Localización: Saarbrücken, Alemania. **Fecha de realización:** 1991. **Arquitecto:** Volkwin Marg. **Programa:** Galería de centro comercial: tienda y aparcamiento. **Fotografías:** W. Giencke.

La galería, que supera los 100 m de longitud, con 12 m de ancho y seis pisos de altura, culmina en un octágono de 38 m de altura, ampliamente visible, que ahora marca decisivamente el perfil de la ciudad de Saarbrücken. La entrada principal, configurada como un amplio portal abierto, se orienta hacia la concurrida

Reichstrasse. La nave que acoge los locales comerciales y las oficinas se encuentra conectada a un edificio de cuatro plantas de aparcamientos mediante una batería de ascensores panorámicos que recorren todas las plantas y se sustentan en una estructura autónoma de acero. En el interior de la galería, las tiendas se distribuyen en dos niveles, consiguiéndose una óptima circulación del público mediante la adecuada disposición de las entradas y de las tiendas.
La perspectiva exterior de la Saar Galerie se halla articulada mediante cesuras en el edificio, diseñadas a modo de nichos en que se alojan las escaleras de emergencia, de ligera estructura en acero. Hacia la

Reichstrasse, la galería retoma el clásico motivo de los porticados; por encima, los cerramientos exteriores están revestidos entre ejes de pilares con elementos de hormigón permeables a la luz, a modo de una gran celosía, en módulos cuadrados de relieve escalonado. Para estructurar verticalmente la fachada, se enmarca la zona del entresuelo de la galería con perfiles de acero laminado.

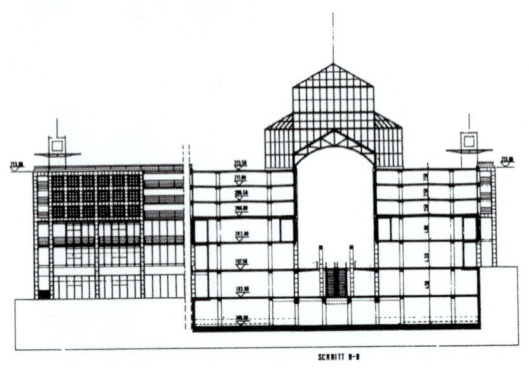

Centro comercial Rio

Martha Schwartz

Localización: Atlanta, Georgia, EE.UU. **Fecha de realización:** 1988. **Cliente:** Ackerman and Co. **Arquitecto:** Martha Schwartz. **Colaboradores:** Arquitectonica Architects. **Programa:** Intervención paisajística en un centro comercial. **Fotografías:** Rion Rizzo.

Los falsos setos del Whitehead Institute son quizás el mejor ejemplo del interés visual por lo barato que demuestra Martha Schwartz. Un interés no exento de connotaciones pop por los accesorios sintéticos, por los objetos de uso común que ofrece el paisaje popular, interés que queda también plasmado, indiscutiblemente, en las ranas doradas que jalonan como emblemas del más puro kitsch suburbano la piscina negra del Rio Shopping Center.

El Centro Comercial Rio, de dimensiones relativamentes modestas, fue diseñado para alojar comercios especializados. Concebido como un pequeño núcleo urbano, con construcciones separadas y definidas, el complejo comercial proyectado por la Arquitectonica International Corporation permite que el viandante circule desde el patio interior hacia el aparcamiento situado en el exterior. El proyecto paisajístico se planteó como objetivos la creación de un espacio muy visible que invitara al desarrollo de una gran actividad, la transición desde la carretera que se encuentra unos tres metros por encima del primer nivel de tiendas y la formación de una imagen en el cruce adyacente, abarrotado de tránsito, imagen que fuera a la vez impactante y memorable, y que incluyera la actividad de dicha intersección como un elemento más del centro comercial.

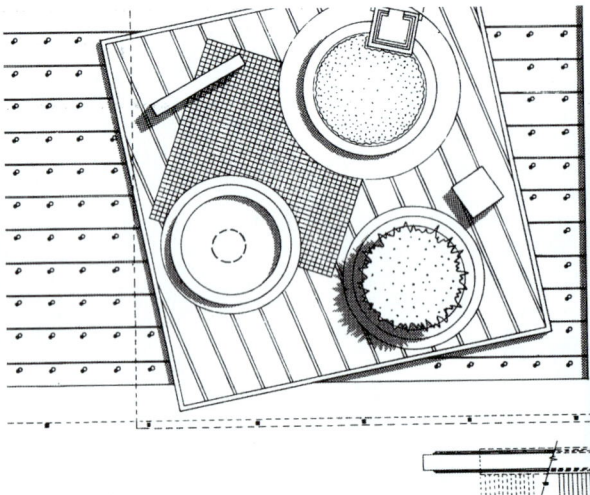

Centro Torri

Aldo Rossi

Localización: Parma, Italia. **Fecha de realización:** 1988. **Arquitecto:** Aldo Rossi. **Colaboradores:** G. Braghieri, M. Baracco, P. Digiuni. **Programa:** Centro comercial: centro de bricolaje, supermercado, actividades comerciales especializadas, aparcamiento y servicios comunitarios y de apoyo. **Fotografías:** Federico Brunetti.

El nuevo Centro Comercial Torri es un conjunto que se compone de tres cuerpos que, juntos, forman la galería comercial. El elemento más característico del complejo son las diez torres de ladrillo, que se yerguen para señalar la puerta de acceso y el vestíbulo de distribución. En su interior, el edificio aloja un Brico-Center, el supermercado Ipercoop y otras 31 actividades comerciales especializadas. También se encuentran los servicios comunitarios y de apoyo. La construcción está casi totalmente edificada en un mismo plano de altura, a excepción de las torres de la parte central que albergan las oficinas del Brico-Center y de alguna dependencia elevada en el interior del supermercado. Las torres están realizadas en obra vista y acabadas en una cornisa perfilada con chapa de cobre. Debajo de esta cornisa, los ladrillos están revestidos con unas baldosas de cerámica, un motivo decorativo repetido en todas las torres. La galería comercial, a dos aguas, está recubierta por unas láminas de cobre y sostenida por una estructura de hierro de color verde.

Boutiques y *showrooms*

El diseño del escenario en el que transcurre una venta de cualquier tipo de producto tiene una importancia primordial. La estética de una forma no se circunscribe al diseño de las prendas de vestir o de los frascos, sino que se extiende a la arquitectura de las tiendas de la cadena y de la publicidad. Este capítulo quiere reunir una selección de proyectos de reciente creación que, sobre todo por su arquitectura tanto exterior como interior, ha resaltado a nivel internacional: Calvin Klein, Christian Lacroix, Carita... las grandes marcas invierten cada vez más en diseños y arquitectura de famosos autores (John Pawson, Shigeru Uchida, Renzo Piano, Andree Putman...) para abrir boutiques y showrooms en las ciudades más importantes del mundo.

Calvin Klein Madison Avenue

Maison Hermès

Dr Baeltz

Boutique Christian Lacroix

Carita

Calvin Klein Madison Avenue

John Pawson

Localización: Nueva York, EE.UU. **Proyecto:** 1995. **Realización:** 1996. **Arquitecto:** John Pawson. **Programa:** Moda mujer, caballero y accesorios. **Fotografías:** Kristoph Kicherer.

La similitud entre esta boutique y una galería de arte no es accidental, sino voluntaria y justificada. En ella no se utilizan las estrategias usuales de venta, sino que se invita al visitante a pasear por un espacio donde se expresa una idea personal sobre la elegancia y el lujo.
La tienda está ubicada en las cuatro primeras plantas de un edificio de fachadas clásicas, donde anteriormente se encontraba el banco J.P. Morgan.
El interior queda definido por el pavimento de piedra, los muros blancos y, sobre todo, por la cuidadosa colocación de los objetos. No se intenta guiar, orientar ni dirigir al cliente, como sucede en la mayoría de las tiendas. Al revés, se pretende que los visitantes se muevan con calma, sin prisas, sintiéndose privilegiados y participando de la propia atmósfera del local. El propio orden del establecimiento les servirá de referencia para orientarse.
La superficie total de la tienda es de 1.860 m2, con techos de hasta 6 m de altura. La planta baja está dedicada a los accesorios de mujer. El altillo a ropa femenina y la planta superior a moda para hombre. En el sótano se encuentra la exposición de objetos para el hogar, distribuidos en salas independientes, accesorios para el baño, la cocina y el comedor.

Maison Hermès

Renzo Piano

Localización: Ginza Chuo-ku, Tokio, Japón. **Realización:** 1998-2001. **Arquitecto:** Renzo Piano.:
Fotografías: Michel Denancé.

El grupo francés Hermès escogió el céntrico distrito de Ginza para ubicar la sede de su empresa en Japón, que consta de espacios comerciales, talleres, oficinas, salas de exposiciones repartidas en 6.000 m2 coronados por un gran jardín de estilo francés en la cubierta. El proyecto planteaba un reto estético y técnico, ya que tenía que armonizar con el entorno urbano en el que se insertaba y al mismo tiempo garantizar estabilidad ante posibles seísmos.

Las fachadas del edificio, que tiene quince plantas y un perímetro rectangular, están enteramente conformadas por bloques prefabricados de cristal de 45x45 cm. Estos elementos, especialmente diseñados y construidos para esta obra, constituyen un cerramiento continuo y luminoso entre la tranquilidad del interior y el bullicio de la ciudad, y además confiere un aire tradicional y a la vez tecnológico a la edificación.

Para prevenir daños en caso de terremotos, se diseñó un sistema estructural innovador compuesto por un entramado flexible de acero articulado en puntos estratégicos por amortiguadores que absorben los posibles movimientos de la estructura y además sustentan los forjados de la edificación.

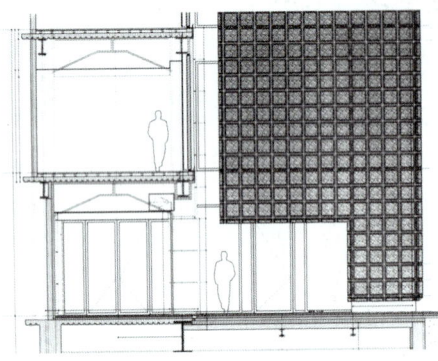

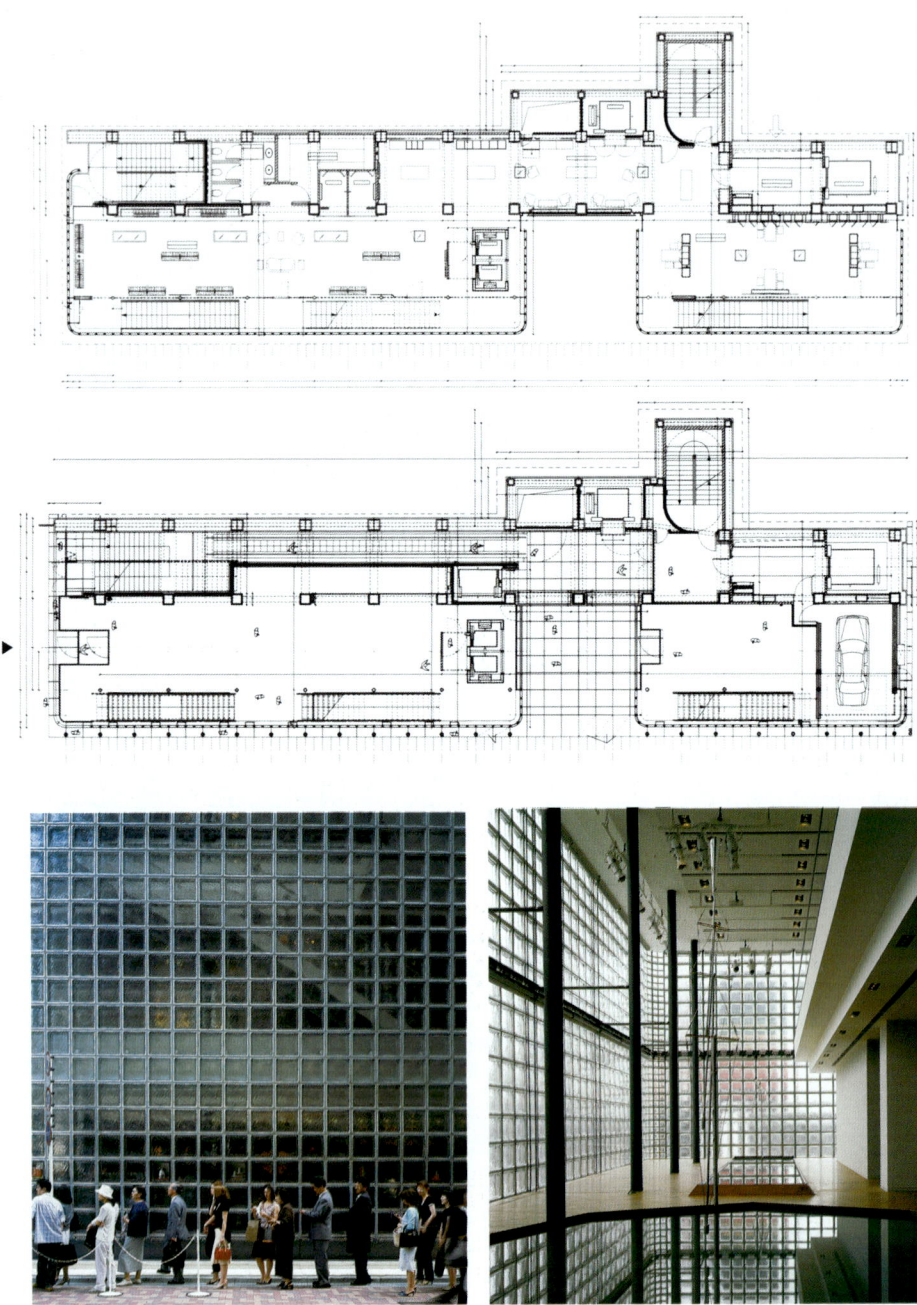

Centros de ocio

Dr. Baeltz

Shigeru Uchida

Localización: Kitazawa y Hiroo, Tokio, Japón. **Fecha de construcción:** 1995. **Arquitecto:** Shigeru Uchida.
Programa: Pequeña tienda de cosméticos; almacén-oficina. **Fotografías:** Nácasa & Partners.

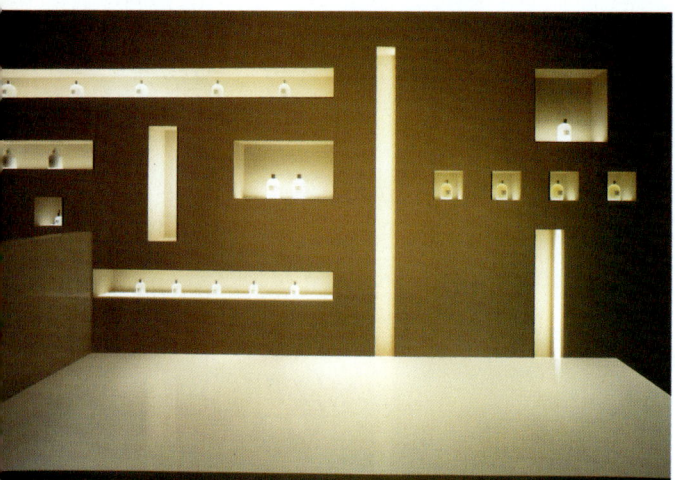

La tienda de cosmética diseñada por Shigeru Uchida para Dr. Baeltz representa la adaptación de un esquema de funcionamiento atípico en un local comercial a unos espacios de reducidas dimensiones, para lo cual sus componentes han sido minimizados hasta sus rasgos fundamentales en un proceso de análisis que tiene como resultado la integración de todos ellos en un diseño unitario donde se funden lo estético con lo funcional.

El local tiene reducidas dimensiones (29,80 m2 y 38 m2) y planta rectangular, con el acceso integrado en un paramento vidriado continuo que conforma la fachada hacia el centro comercial y que permite la visión total del espacio interior. Su superficie se estructura en tres secciones: tienda, mostrador de atención al cliente y zona de tratamiento facial, en el fondo. El mostrador, situado en posición longitudinal y complementado con sillas de estructura de acero tapizadas en tela azul, es el único elemento que invade el vacío del local: las mercancías se han desplazado hacia la periferia que constituyen los muros, y la zona de tratamiento facial se encuentra separada del resto por un panel que no llega al techo, permitiendo la continuidad física y visual del espacio. La composición de aberturas en los muros se ve reforzada con la iluminación propia de cada una de ellas, que resalta escenográficamente los productos expuestos con combinaciones de unos pocos tipos de envases. El uso del beige como color predominante obedece a una voluntad de ensanchar el reducido espacio de las tiendas.

Boutique Christian Lacroix

Caps Architects

Localización: Tokio, Japón. **Fecha de realización:** 2001. **Arquitecto:** Caps Architects. **Colaboradores:** Ueno Glass (producción de los muebles), Obayashi Construction (constructores), Axe design (arquitectos locales), Ansorg GmbH (iluminación), Glace Controle (películas holográficas). **Superficie:** 250 m². **Fotografías:** Nácasa & Partners.

El despacho suizo Caps Architects, encabezado por Christophe Carpente, fue el encargado de proyectar la nueva tienda de ropa de Christian Lacroix en Tokio. Desde un principio se buscó que el proyecto rezumara temporalidad, que evocara el nomadismo de los viajeros, que fuera capaz de cambiar, de adaptarse a las necesidades específicas de cada lugar.
La tienda se organiza en dos plantas cerradas por una fachada totalmente acristalada en la que se serigrafió un texto manuscrito por el propio Lacroix. El forjado del primer piso no llega a la fachada, así que el cerramiento es continuo y presenta sólo unas finas carpinterías de aluminio que lo despiezan.
Ambas plantas están organizadas mediante la disposición de los expositores. El recorrido del cliente viene marcado por estos muebles, que pueden irse moviendo de manera que la tienda se transforma fácilmente. Se concibieron como módulos de cristal transparente de colores a través de los cuales el visitante goza de variadas perspectivas de distintas tonalidades. Los ángulos rectos de los muebles contrastan con las sillas de formas curvas del diseñador Pierre Paulin y también con los probadores, caparazones de líneas orgánicas forrados con telas doradas, sedosas y aterciopeladas. La estructura original del local no se modificó, sólo se alteró la distribución, eliminando todos los tabiques y preservando los muros perimetrales, que fueron pintados completamente de blanco con una sutil capa nacarada.

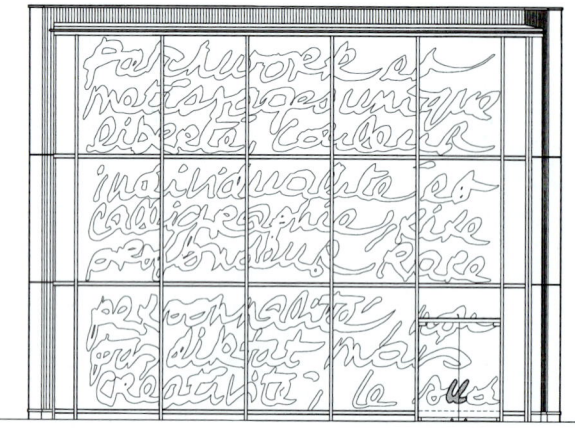

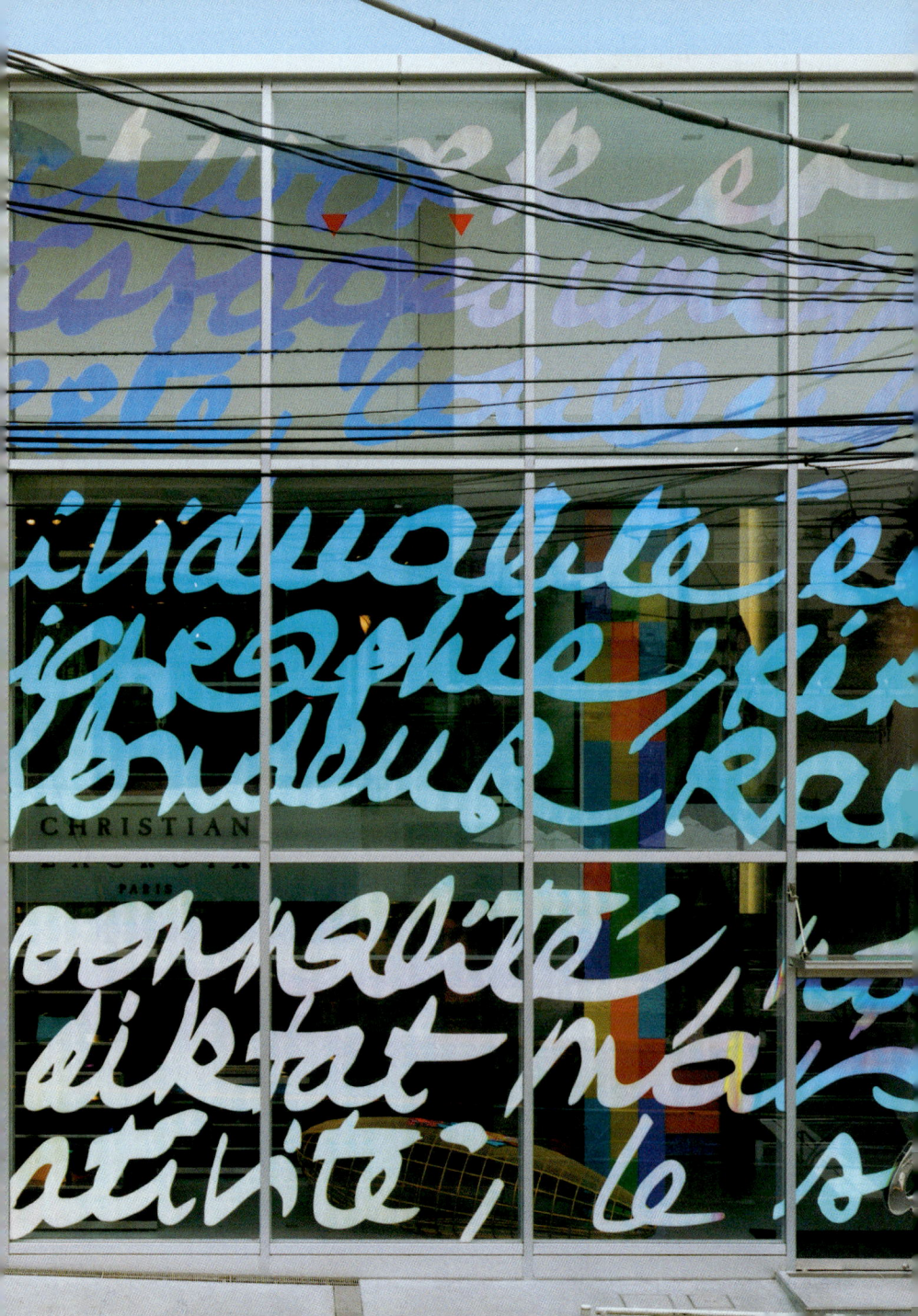

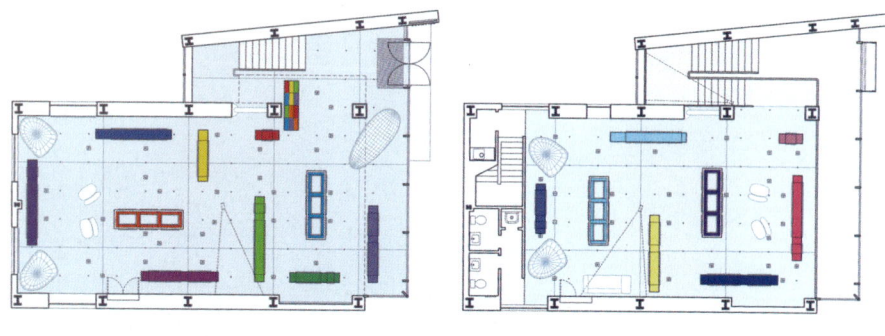

Carita

Andrée Putman

Localización: París, Francia. **Fecha de realización:** 1986. **Arquitecto:** Andrée Putman. **Colaboradores:** Bruno Moinard. **Fotografías:** Archipress.

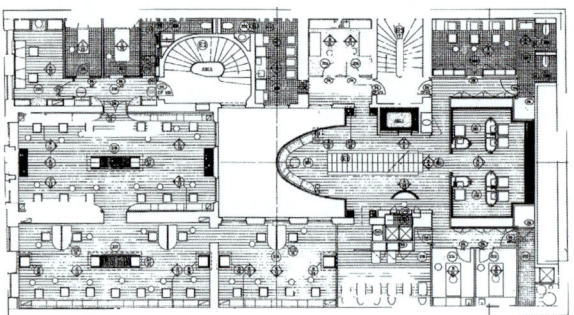

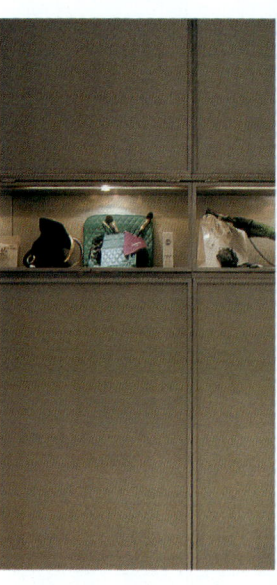

En Carita, los escaparates donde se muestran los productos exclusivos de la casa se encuentran en el corredor de acceso al salón. Ocupan tan sólo una estrecha franja a la altura de los ojos, en una vitrina lineal empotrada entre paneles de un color gris neutro. Carita dispone de planta baja y tres pisos distribuidos temáticamente. En la planta baja es donde se encuentra la recepción, una cabina de diagnóstico de la piel, el estudio de Christophe Carita, el punto de venta de los productos exclusivos, una sala donde se proyectan vídeos, el vestuario y la caja.
El primer piso se centra en los tratamientos capilares, mientras que la peluquería, con todos los servicios habituales, se encuentra en la segunda planta.
La tercera planta está dividida en una zona para la belleza femenina y otra para la masculina. La escalera es el corazón del establecimiento.
Los diseñadores han preferido apostar por unos acabados neutros, tranquilos y elegantes antes que introducir elementos excesivamente innovadores que impactaran a los visitantes o que pudieran quedar desfasados al poco tiempo.

Restaurantes

Los restaurantes tal vez sean los espacios comerciales que tienen una vinculación más estrecha con nuestra experiencia personal. Están íntimamente ligados al recuerdo de una cita, de una celebración, de un viaje, de una ciudad en la que hemos vivido o de una época. Sin embargo, no todos los restaurantes buscan esa complicidad con el usuario. Existen otros con un espíritu más pragmático que tan solo intentan cumplir su función primordial, tal vez integrados en un museo, una sala de conciertos o una estación. En la presente selección se intenta mostrar conceptos de restaurantes muy distintos, espacios íntimos y locales multitudinarios, establecimientos situados en una empresa, en un organismo oficial, en una torre-mirador... Por lo tanto, ninguno de estos proyectos es igual al otro. Al contrario, se pretende ejemplificar las distintas formas de enfrentarse a un proyecto arquitectónico desde sensibilidades distintas, pero con resultados igualmente válidos.

Oxo Tower

One Happy Cloud

Brindleyplace Café

Restaurante Thèatron

Río Florida

Wagamama

Gagnaire

Restaurante del Ministerio de Asuntos Exteriores

Restaurante Petrofina

Restaurante Televisa

Oxo Tower

Lifschutz Davidson

Localización: Londres, Reino Unido. **Fecha de realización:** 1997. **Cliente:** Harvey Nichols. **Arquitecto:** Lifschutz Davidson. **Proyecto:** Lifschutz Davidson. **Colaboradores:** John Sisk & Sons (constructor), Buro Happold/WSP (ingenieros de estructuras), Mecserve/How Engineering (servicios de construcción), Equation Lighting Design (iluminación), ECHarris and Partners (control de calidad). **Fotografías:** Chris Gascoigne/VIEW.

La Oxo Tower ha sido desde 1930 uno de los puntos de referencia de la ribera del Támesis. En los últimos años el edificio ha sido rehabilitado para albergar actividades muy diferentes. Las tres primeras plantas son de uso comercial, las cinco plantas intermedias están ocupadas por 78 viviendas y, finalmente, en la planta octava, se encuentran los dos restaurantes (restaurante y brasería) y el bar de Harvey Nichols. Conscientes de la excepcional panorámica que ofrece el restaurante, los arquitectos han construido una cubierta ligera soportada por vigas de celosía en forma de huso, que descansan sobre dos pilares situados en el centro del edificio. La piel de vidrio no tiene prácticamente montantes, ni carpinterías. Unos tirantes sujetos a la cubierta soportan los anclajes intermedios de las lunas de vidrio. Así pues, los primeros tres metros de fachada son completamente transparentes.

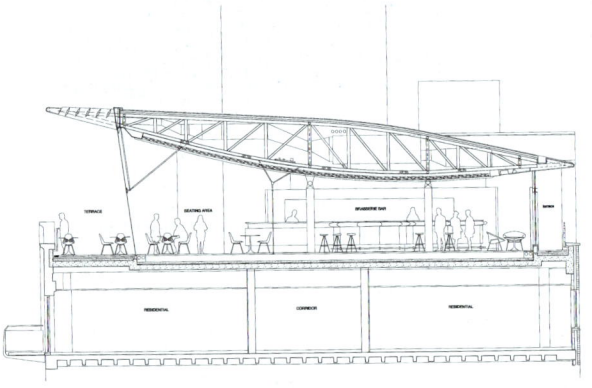

One Happy Cloud

Marten Claesson, Eero Koivisto, Ola Rune

Localización: Karlavägen 15, Estocolmo, Suecia. **Fecha de realización:** 1997. **Cliente:** Masao Mochizuki.
Arquitectos: Marten Claesson, Eero Koivisto, Ola Rune. **Colaboradores:** Christiane Bosse, Mattias Stahlbom (asistentes), New World Inredning AB (constructor), Ralambshovs Snikerier AB (carpintería), Nybergs Glas AB (vidrio). **Fotografías:** Patrick Engquist (también páginas 558/559).

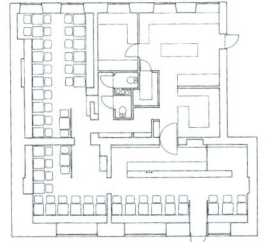

El promotor de One Happy Cloud, un restaurante japonés situado en Estocolmo, quería convertir su establecimiento en un espacio de integración entre las culturas de Japón y Escandinavia, tanto desde el punto de vista gastronómico, como estético. El resultado es un espacio de extraordinaria simplicidad y elegancia, donde no existen referencias directas a la cultura japonesa, sino alusiones sutiles a la atmósfera y a la quietud de la arquitectura tradicional de aquel país.

El local tiene una superficie aproximada de 150 m2, con una planta casi cuadrada. La zona dedicada a los clientes se organiza en dos salas estrechas que forman una L. El resto del espacio está ocupado por los servicios y la cocina.

Todos los muros están enyesados y pintados de blanco, salvo el que hay tras la barra del bar, en el que el artista gráfico Nill Svensson ha realizado unos dibujos sobre fondo negro.

Brindley Place Café

CZWG Architects

Localización: Brindley Place, Birmingham, Reino Unido. **Fecha de realización:** 1997. **Cliente:** Argent Development Consortium. **Arquitecto:** CZWG Architects. **Colaboradores:** Adams Kara Taylor (estructura), Townsend Landscape Architects (paisajismo), Silk & Frazier (control), Kyle Stewart (contratista). **Fotografías:** Chris Gascoigne.

El bar-restaurante Rouge, ahora Brindleyplace Café, es un pequeño local situado en una plaza de la ciudad de Birmingham que recupera el espíritu de los viejos quioscos: edificios mínimos a medio camino entre el mobiliario urbano y la escultura.
CZWG Architects han considerado que el proyecto no sólo debía resolver los requerimientos funcionales del programa y la relación con el entorno urbano, sino sobre todo construir una pieza significativa.
En este sentido, su propuesta se aleja mucho de los típicos artefactos herméticos que ocupan normalmente las calles, y tanto la fachada a la plaza como la cubierta están construidas con una estructura de vidrio y acero. De este modo, si bien el quiosco es un elemento de la plaza, desde el interior parece que la dependencia sea a la inversa: la plaza se convierte en la terraza del bar.

Restaurante Thèatron

Philippe Starck

Localización: México D.F. **Fecha de realización:** 1996. **Arquitecto:** Philippe Starck. **Colaboradores:** Baltasar Vez (dirección del proyecto), Cardona y Asociados (electricidad), Electro Media (instalaciones especiales). **Fotografías:** Alfredo Jacob Vilalta.

El restaurante Thèatron, más allá de su función inmediata, tiene un carácter escenográfico. Los clientes se convierten en protagonistas de sus propios actos.

Una sala se encuentra iluminada por una lámpara de araña decimonónica, la siguiente por una bombilla colgada por un hilo del techo. Se sube por una escalera desproporcionada, monumental, y después se pasa por un corredor oscuro y estrecho. La sala del restaurante está sumergida en una atmósfera brumosa: unas cortinas blancas y vaporosas, recorren los espacios, con formas serpenteantes, desde el techo hasta la altura de las sillas, de modo que dividen el espacio tan sólo a medias.

A pesar de tener más de 300 m² de superficie, el vestíbulo se organiza únicamente con tres elementos decorativos: un gran marco de aproximadamente 10 m de altura por 6 de ancho, con una fotografía de Richard Avedon, una gran escalera y un telón de terciopelo gris con el reverso de seda escarlata de más de 12 m de altura por 16 de ancho.

Río Florida

Roberto Ercilla, Miguel Ángel Campo

Localización: Parque de La Florida, Vitoria, España. **Fecha de realización:** 1995. **Cliente:** Pablo Calvo Aguriano. **Arquitectos:** Roberto Ercilla, Miguel Ángel Campo. **Colaboradores:** Javier Valdivieso (aparejador), Eduardo Martín (estructura), Javier Bárcena. **Fotografías:** César San Millán.

Existe una escasa tradición moderna en la realización de casetas y quioscos integrados en grandes parques o recintos públicos. La dificultad del emplazamiento sugirió desdoblar el edificio en tres pabellones conectados entre sí. Cada uno de ellos tiene asociada una función: restaurante, bar y terraza.

Todo el edificio se plantea como un conjunto de piezas preparadas en taller y montadas posteriormente en el lugar. La estructura desmontable de los tres cuerpos se realiza en su totalidad en madera de pino de Oregón, ensamblada con piezas de acero galvanizado. Suelos, paramentos y mobiliario son del mismo material. El vidrio envuelve los dos cuerpos transparentes cerrados. En todo momento el proyecto está destinado a conservar la ilusión de comer en medio del bosque. La arquitectura se reduce a su mínima expresión en beneficio del paisaje.

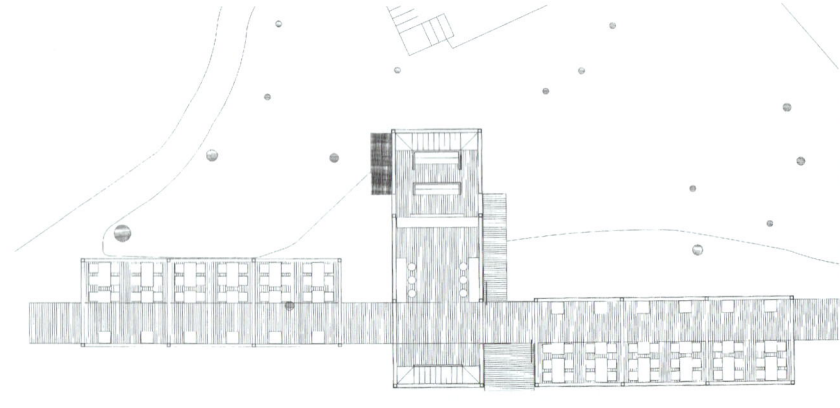

Wagamama

David Chipperfield, Victoria Pike, Pablo Gallego-Picard

Localización: 10 Lexington Street, Londres, Reino Unido. **Fecha realización:** 1996. **Arquitectos:** David Chipperfield, Victoria Pike, Pablo Gallego-Picard. **Colaboradores:** Overbury Interiors Ltd. (contratista); Chan Associates (ingeniero de estructuras); BSC Consulting Engineers (ingeniero de servicios); Tim Gatehouse Associates (supervisor de partidas). **Fotografías:** Richard Davies.

El Wagamama, un restaurante japonés del Soho londinense, ocupa la planta baja y el sótano de un local con muchos metros de fachada y, en cambio, poca profundidad. La sala del comedor se ubica en el sótano, mientras que la cocina está situada en la planta baja. En el interior, los clientes esperan ser conducidos hasta sus mesas en un corredor alargado desde el que se ve la cocina y, por tanto, se puede seguir la elaboración de los platos. Al otro lado del corredor, una pantalla de vidrio tratado al ácido separa a los clientes del doble espacio y de la calle.

Por la noche, desde el exterior se dibujan contra el vidrio las siluetas en sombra de los que esperan.
Los platos elaborados en la cocina llegan al sótano mediante un sistema de montaplatos de aluminio anodizado y, desde allí, son distribuidos a las mesas. Una serie de mostradores alineados en el muro posterior del sótano muestran a los clientes los postres, zumos y bebidas. Asimismo, existe otro mostrador de venta de objetos justo debajo de la escalera.

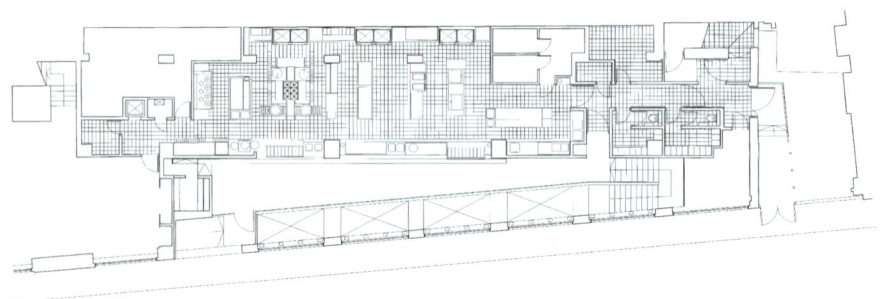

Gagnaire

Studio Naço

Localización: Saint-Etienne, Francia. **Año de inauguración:** 1992. **Cliente:** Pierre Gagnaire. **Arquitectos:** Studio Naço (Alain Renk, Marcelo Joulia). **Colaboradores:** Jean-François Pasqualini, Allard Kuyken, Beatrice Berin (arquitectos), Muriel Quintanilla (diseñadora), Olivier Dubos (grafista). **Programa:** Remodelación de un antiguo palacete para un restaurante. **Fotografías:** Mario Pignata-Monti.

Pierre Gagnaire es uno de los chefs más conocidos del mundo. En un palacete de los años treinta decidió iniciar su propia empresa como restaurador independiente. El proyecto de remodelación da una importancia equivalente a las zonas de cocina y cavas y a las salas reservadas para los clientes.
Cada una de las antiguas habitaciones del palacete ha sido habilitada como un salón comedor.
Studio Naço emplea sistemas de puertas correderas, pantallas de vidrio grafiado y grandes paños de pared pintados de colores distintos, para establecer una relación de diferencias y repeticiones, de continuidad y aislamiento entre los diferentes salones.

Restaurante del Ministerio de Asuntos Exteriores

Bernard Desmoulin

Localización: París, Francia. **Fecha de realización:** 1995. **Cliente:** Ministerio de Asuntos Exteriores. **Arquitecto:** Bernard Desmoulin. **Colaboradores:** MAE (maestro de obras), Serete Constructions, Novorest (estudios), Bouygues TEP, La Felletinoise (empresas constructoras), Christian Granvelle (fresco de la pared del sótano). **Fotografías:** Hervé Abbadie.

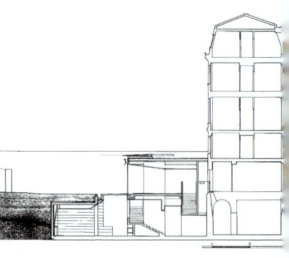

El proyecto trata de recuperar las posibilidades de un espacio privilegiado, convocando de nuevo todas las condiciones que convierten estos patios pequeños y a menudo escondidos en lugares casi mágicos.
Únicamente una construcción parcialmente enterrada permitía satisfacer todos los requerimientos del programa y, al mismo tiempo, restituir el jardín.
La superposición se entiende desde la sección. La fachada de vidrio del volumen de planta baja continúa por el suelo del jardín y se convierte en la cubierta-tragaluz de la planta sótano del restaurante.
Se trata, pues, de una escuadra de vidrio, a través de la cual entra la luz natural en los dos niveles del comedor.
Un puente de tablones de madera atraviesa el cauce de un arroyo para llegar al jardín de manzanos y perales alineados.
Sobre la cubierta del comedor se han instalado unas guías metálicas que permiten, en los días de mucho sol, descorrer una pérgola.

Restaurante Petrofina

Samyn et Associes

Localización: Bruselas, Bélgica. **Fecha de realización:** 1994-1995. **Cliente:** Petrofina S.A. **Arquitecto:** Samyn et Associes. **Programa:** Construcción de un restaurante en las oficinas centrales de una empresa petrolífera. **Superficie aproximada:** 2.086 m². **Fotografías:** J.Bauters, Ch.Bastin, J.Evrard.

El edificio, construido en 1851, es una de las mansiones características de este período que aún quedan en el barrio.
El proyecto expresa los objetivos de identidad de la compañía petrolífera: transparencia, apertura y humanismo. Las extensiones en la parte de atrás del edificio han sido reemplazadas por una gran marquesina de cristal suspendida entre la parte trasera de la mansión y el pequeño edificio de oficinas. Esta marquesina cubre el comedor de empleados, dándole la atmósfera de un jardín.
Un segundo restaurante se halla en una terraza en el primer piso, a lo largo de la fachada norte trasera de la mansión, sobre el área de distribución de comida del restaurante de la planta baja. Un gran vestíbulo une la zona de techo en forma de vuelta con el área de infraestructuras de las oficinas centrales.
Aquí es donde se encuentra la zona de limpieza y almacenaje del restaurante.

Restaurante Televisa

Ten Arquitectos

Localización: México D.F. **Fecha de realización:** 1993. **Cliente:** Televisa S.A. **Arquitectos:** Enrique Norten, Bernardo Gómez-Pimienta (TEN Arquitectos). **Colaboradores:** Roberto Sheimberg (encargado del proyecto), Gustavo Espitia, Rebeca Golden, Héctor Gámiz, Javier Presas, Leonardo Saldívar (equipo de diseño), Over Arup+Partners NY, Salvador Aguilar (estructura), Electroinstalaciones industriales (electromecánica), Inrasa (hidrosaneamiento), Eclisa (climatización), Guma Gas (gas), Inseurban, David Serur (dirección de obra). **Fotografías:** Luis Gordoa.

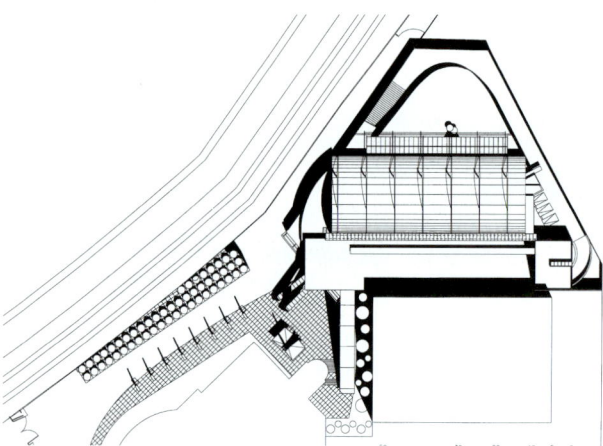

Esta obra tiene dos particularidades esenciales: en primer lugar se trata de un espacio diseñado sobre una estructura ya existente y, en segundo lugar, es un edificio difícil de ver al hallarse en la cubierta de otra construcción y, sobre todo, por el trazado de las calles adyacentes, sólo es posible captar de él imágenes parciales.

Tal vez la decisión más importante sea la elección para la sala del restaurante de una cubierta ligera, pues la estructura existente no estaba preparada para soportar más carga, esta solución, que tiene un origen técnico, se convierte en la propuesta formal más importante del proyecto. La cubierta y la fachada constituyen una unidad y se definen con un solo trazo. El proyecto está compuesto por tres cubiertas independientes, de las cuales sólo la mayor (y central) es curvada. Las otras dos, la que cubre la cocina y la marquesina sobre la plaza, tienen una ligera inclinación que se adapta al dinamismo de la curvada. Esta discontinuidad permite asimismo introducir luz natural en el interior a través de lucernarios situados en las uniones de los tres tramos.

Edificios públicos, corporativos y de negocios

Entre las virtudes de la arquitectura contemporánea, cabe destacar su labor de reconciliación entre lo urbanizado y lo natural. Éste constituye uno de los atributos más notables de esta actividad, y cobra especial importancia en la faceta que se analiza en este apartado: los edificios públicos, corporativos y de negocios. Se trata de una de las parcelas más interesantes de la arquitectura puesto que en ella convergen aspectos fundamentales que pertenecen al diseño y la construcción y a la cultura paisajística. El principal requisito que cumplen los proyectos aquí incluidos, además de los imprescindibles valores estéticos y pragmáticos, es el de su relación con el mundo laboral. Las grandes empresas y compañías multinacionales han comprendido, por fin, la necesidad de armonizar arquitectura y paisaje, no solo como muestra de sensibilización respecto a las condiciones medioambientales, sino también para conseguir una atractiva imagen corporativa y un adecuado entorno laboral. Así, todos estos ejemplos recientes se han basado sobre dos parámetros fundamentales: la creación de una imagen representativa e identificativa, y la consecución de una atmósfera de trabajo agradable, armónica y, sobre todo, respetuosa con la escala humana.

De hecho, la importancia que la sociedad actual concede a la imagen se refleja en las sedes de las grandes compañías y en muchos edificios de organismos públicos, donde un buen diseño arquitectónico se convierte en la mejor manera de dar a conocer una línea de actuación, bien empresarial o bien de servicio público. En algunos de estos casos se ha puesto el énfasis sobre la tradición y la perennidad. En otros, sobre la innovación y la creatividad. Sin embargo, en todos ellos, se puede observar la intención de ofrecer una imagen acorde con un espíritu laboral.

Organismos públicos
Servicios públicos y pequeños edificios
Oficinas
Bancos
Sedes empresariales
Centros de conveciones y recintos feriales
Centros de investigación
Fábricas
Rascacielos

Organismos públicos

Las instituciones públicas a nivel internacional sa han apuntado a la tendencia general de actualización y revisión de los conceptos arquitectónicos de sus instalaciones. Hay un deseo claro de desmitificar el papel de los organismos públicos en la vida personal del individuo y nada mejor que un cambio de imagen y estructuración para intentar mostrar una cara más amable. Pero no se trata únicamente de una acción de rediseño. Ahora la idea va más lejos. Se trata tambien de incluir aspectos y tendencias medioambientales en las construcciones de estos edificios que albergan desde parlamentos de importantes paises, a ayuntamientos, salas de justicia, embajadas o tribunales de los derechos humanos. En este nuevo sentido, la actividad paisajística y medioambiental permitirá situar estos nuevos edificios a las puertas de un nuevo milenio decididamente ecológico.

Tribunal de Derechos Humanos
Deutscher Bundestag
Embajada Finlandesa en Washington D.C.
Asociación Europea de Libre Comercio
Reichstag
Edificio Federal en Foley Square
Edificio de Juzgados en Foley Square
Oficinas del Gobierno del Departamento de Bouches-du-Rhône
Ayuntamiento de Tokio
Ayuntamiento de La Haya
Ayuntamiento de Rezé-le-Nantes
Pabellón de Portugal

Tribunal de los Derechos Humanos

Richard Rogers

Localización: Estrasburgo, Francia. **Realización:** Diciembre de 1995. **Cliente:** Consejo de Europa. **Coste:** 455.000.000 F. **Arquitectos:** Sir Richard Rogers (Rogers Partnership Ldt.), Claude Bucher. **Colaboradores:** Ove Arup, Ominium Technique Europeén (ingeniería y estructuras), Thorne Wheatley Associates (supervisor de partidas de obra), David Jarvis Associates, Dan Kiley (paisajismo), Lighting Design Partnership (iluminación), Sound Research Laboratories, Commins Ingemansson (acústica). **Programa:** Salas de los tribunales y comisiones y servicios administrativos. **Fotografías:** F. Busam/Architekturphoto.

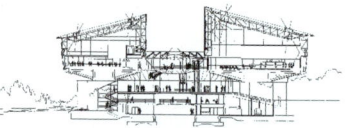

El proyecto pretende ser la representación simbólica y programática de las tareas de los órganos internos del Tribunal de los Derechos Humanos. Se trata de un edificio abierto y transparente,
Según Richard Rogers, es un conjunto articulado de cabeza y cuerpo. Ambas partes se hallan unidas por un núcleo vertical de comunicaciones. La cabeza es la parte pública, donde se encuentran las salas de trabajo del Tribunal y de la Comisión; en la cola o cuerpo se hallan, por el contrario, las dependencias administrativas. Como en casi todos los edificios de Richard Rogers, existe una extraordinaria precisión en la resolución de los detalles. En su arquitectura se manifiesta siempre la voluntad de transparencia y ligereza. Rogers no trata de esconder la estructura, sino que la sublima mediante la utilización de alta tecnología.

Deutscher Bundestag

Günter Behnisch

Localización: Bonn, Alemania. **Realización:** 1993. **Promotor:** Bundestag (Parlamento alemán). **Arquitectos:** Günter Behnisch, Winfried Büxel, Manfred Sabatke, Erhard Tränkner. **Colaboradores:** Gerald Staib, Hubert Burkart, Eberhard Pritzer, Alexander von Salmuth, Ernst Tillmanns (arquitectos del proyecto), Ulrich Liebert, Heinz Schröder, Bernd Troske (arquitectos de obra), Schlaich, Bergermann and Partner (estructura), S.H. Keppler (climatización e instalaciones), Zimmermann + Schrage (electricidad), Graner + Partner (acústica), Lichtdesign Ingenieurgesellschaft, Lichtplannung Bartenbach (iluminación), Berthold Mack (consultoría de fachadas), Hans Luz + Partner (paisajismo). **Programa:** Parlamento, presidencia, administración, vestíbulos, restaurante, área de visitantes y servicios. **Fotografías:** Christian Kandzia (también páginas 584/585).

El Parlamento ocupa un lugar privilegiado: próximo al río Rhin y junto al largo paseo de la ribera. Teniendo en cuenta su considerable tamaño, se consideró necesario poner especial atención en no distorsionar el paisaje. La cubierta es prácticamente transparente. Bajo el tragaluz, la sala se transforma en un pequeño valle en el interior de un bosque, en el que la luz cruza por entre las ramas de los árboles. El día y la noche, las puestas de sol, las estaciones, la nieve en invierno, el color plomizo del cielo en otoño, el colorido de las flores en primavera: todo ello entra en el edificio. Naturalmente, esta metáfora exige un enorme esfuerzo tecnológico, no sólo por cuestiones climatológicas, sino también por problemas de seguridad. Aun así, la idea de transparencia se ha mantenido. Siempre es posible ver a través del edificio. Desde el hemiciclo se ven los árboles, desde el vestíbulo la tribuna de diputados, desde las escaleras el río...

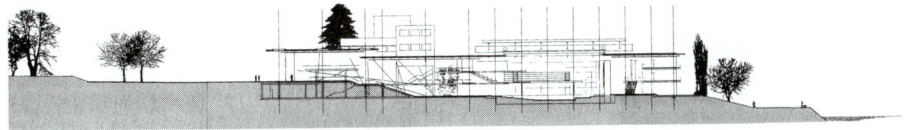

Deutscher Bundestag 589

Embajada Finlandesa en Washington D.C.

Mikko Heikkinen y Markku Komonen

Localización: Washington D.C., EE.UU. **Arquitectos:** Mikko Heikkinen y Markku Komonen. **Realización:** 1994. **Colaboradores:** Sarlotta Narjus, Angelous Demetriou & Associates, Eric Morrison (arquitectos); Lee & Liu Associates (paisajismo); Chas. H. Tompkins Co. (contratista). **Programa:** Oficinas, salas de reunión, salas de actos y servicios. **Fotografías:** Jussi Tiainen.

La embajada de Finlandia en Estados Unidos está situada en la Massachusetts Avenue, en el corazón del distrito de las embajadas, poblada por edificios nobles aislados por árboles centenarios de especies diferentes.

El edificio combina la distribución racional y coherente de las superficies de oficinas y despachos dispuestos según dos bloques rectangulares paralelos, con un espacio central piranesiano de cuatro plantas de altura en el que se entrecruzan pasarelas interrumpidas sobre el vacío, tramos de escaleras circulares y volúmenes suspendidos en el aire. En contraste, el exterior del edificio parece renunciar a introducir formas azarosas en un contexto de por sí exuberante.

En la fachadas laterales, la piedra granítica de color verde refleja las ramas y el follaje del arbolado. Las fachadas frontales están construidas con bloques de vidrio traslúcido con un suave tinte verdoso, al igual que los elementos estructurales y los paneles metálicos que han sido pintados con una pátina del mismo color.

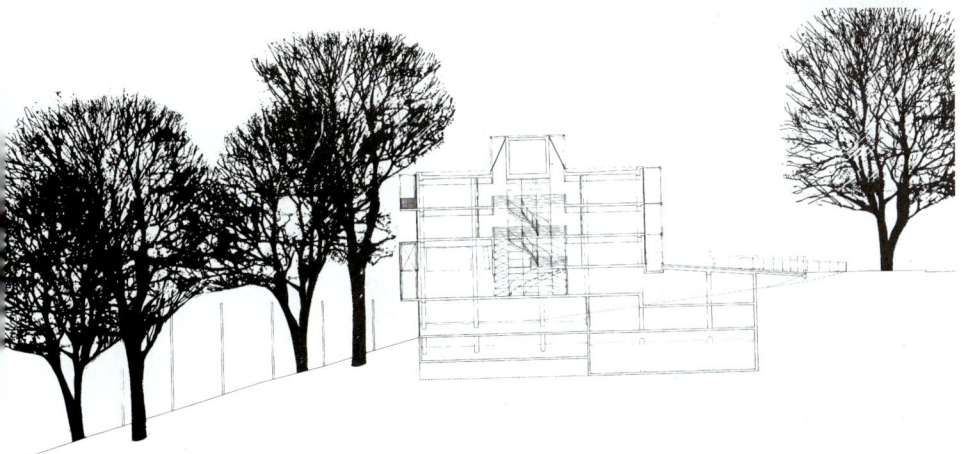

Embajada Finlandesa en Washington D.C.

Asociación Europea de Libre Comercio

Samyn & Partners

Localización: Bruselas, Bélgica. **Fecha de construcción:** 1993. **Arquitectos:** Y. Azizollahof, W. Azou, J. Ceyssens, A. Charon, P. de Neyer, H. Dossin, L. Finet, S. Finet, D. Gelhausen, T. Hac, T. Khayati, P. Mandel, P. Mayeur, A. Mestiri, N. Milo, Ph. Samyn, B. Selfslagh, V. Van Dijk, D. Verboven, B. Vleurick. **Programa:** Oficinas, salas de reunión, aparcamiento y servicios. **Superficie:** 11.000 m^2. **Fotografías:** Ch. Bastin & J. Evrard, J.M. Byl.

El edificio para la Asociación Europea de Libre Comercio (EFTA) se encuentra en el corazón del Léopold District, el barrio financiero de Bruselas. El edificio puede acoger todo tipo de oficinas, desde despachos individuales hasta plantas completamente abiertas. La estructura está resuelta con dos hileras de pilares, separados 10,8 m, lo que permite una gran libertad en la disposición de las mesas de trabajo. La fachada está formada por una doble piel de vidrio con un corredor perimetral.

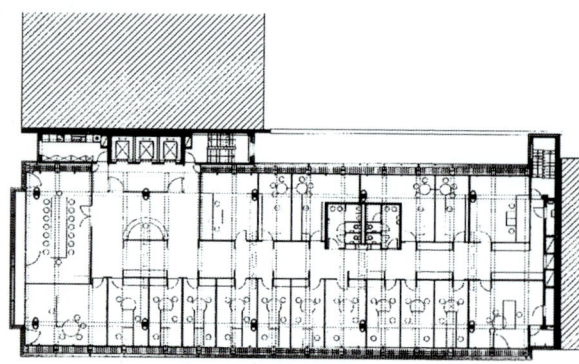

Reichstag

Foster & Partners

Localización: Berlín, Alemania. **Fecha de construcción:** 1999. **Cliente:** Bundesrepublik Deutschland.
Arquitectos: Foster & Partners. **Colaboradores:** David Nelson, Mark Braun, Dieter Muller, Ingo Pott.
Fotografías: Dennis Gilbert, Nigel Young.

El proyecto surge con la iniciativa de cambiar el parlamento alemán de Bonn a Berlín y de realojarlo en el Reichstag. En 1992 se convoca un concurso para la construcción de un área de 33.039 m², casi el 100% más de lo que el Reichstag podía contener. Posteriormente el área total se reduce a 9.000 m². El proyecto consistía en replantear un plenario en el interior del Reichstag, un edificio inaugurado en 1894, incendiado en 1933, parcialmente destruido en 1945, restaurado en los años 60 y "ocultado" en 1995. La complejidad del planteamiento arquitectónico se vió ampliada por la voluntad de corregir ambientalmente el edificio a posteriori.
Ello implicaba además, diseñar un edificio energéticamente eficiente, con calidad ambiental en su interior, asociando a ello la autoproducción de calor, energía y la reducción de emisión de residuos.
La nueva cúpula de vidrio es el punto de partida de las obras internas y posibilita abrir el edificio a la luz natural y a las vistas. Actúa como un componente esencial en las estrategias de ahorro energético e iluminación natural. La cúpula se concibe como una "linterna", con las amplias interpretaciones que el término implica.

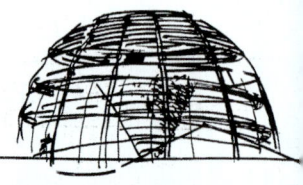

Edificio Federal en Foley Square

Hellmuth, Obata & Kassabaum

Localización: Nueva York, EE.UU. **Fecha de construcción:** 1995. **Arquitectos:** Hellmuth, Obata & Kassabaum. **Colaboradores:** Tishman Foley Partners (contratista), Linpro NY Realty (promotor), Israel A. Seinuk (ingeniero). **Superficie:** 87.300 m². **Coste:** $276M. **Programa:** Edificio para oficinas gubernamentales del gobierno federal estadounidense. **Fotografías:** Paco Asensio.

La estructura de acero de este edificio se empezó a levantar incluso antes de la finalización de los planes de diseño últimos de la obra. Los arquitectos fueron los responsables de cada uno de los detalles constructivos de cada planta y de encontrar la maxima rentabilidad en los espacios.

El resultado de la construcción es un proyecto altivo pero no ofensivo. Combina una arquitectura autoritaria con unos acabados más suaves, que convierten al proyecto en una construcción muy digna, en la que destaca su parte circular en la zona superior, inspirada en los diseños de los rascacielos de los años 20. Elementos decorativos en forma de cornisas y pilastras dan cuerpo a la fachada. La construcción del hall de entrada tuvo que ser paralizada al encontrarse restos Afroamericanos durante las excavaciones. En estos momentos este edificio tiene calificación de zona histórica protegida.

Edificio de Juzgados en Foley Square

Kohn Pedersen Fox Associates

Localización: Nueva York, EE.UU. **Fecha de construcción:** 1995. **Arquitectos:** Kohn Pedersen Fox Associates. **Colaboradores:** Lehrer McGovern Bovis (contratista), Structure Tone (interiores), BPT Properties (promotor). **Fotografías:** Paco Asensio.

Uno de los más grandes edificios federales de EE.UU. y situado en un contexto de masificación urbana. El proyecto tuvo dificultades de escala en su fase inicial debido a los problemas que representaba incluir este rascacielos en una zona en la que conviven centros cívicos con edificios residenciales. Una plaza en la parte frontal del edificio minimiza el impacto visual y espacial de una estructura tan alta.

El ala oeste del edificio incluye una galería a nivel de planta baja que crea una sensación de continuidad y conexión entre los diferentes edificios públicos.

De estilo neoclásico, toma su diseño se inspira en el antiguo Edificio de Juzgados de 1936.

En el interior, se hizo un esfuerzo por adaptar las amplias salas de vistas y los despachos judiciales a las áreas más accesibles. Esto se consiguió al situar estas salas dentro de un volumen de forma ovalada conectado a la torre principal.

Los jueces tienen su propio circuito de acceso y movimiento independiente que incluye ascensores privados que les permiten estar separados de los acusados, los cuales entran y salen del edificio a través de unos túneles construidos al efecto.

La zona de acceso público incluye un espacio de recepción y una galería conectada a la plaza exterior.

Oficinas del Gobierno del Departamento de Bouches-du-Rhône

Alsop & Störmer

Localización: Marsella, Francia. **Fecha de construcción:** 1994. **Arquitectos:** Alsop & Störmer. **Consultores:** Ove Arup (estructura e instalaciones), Hanscomb (control de partidas). **Programa:** Oficinas, salas de reunión y de conferencias, cafetería y servicios. **Superficie:** 44.500 m². **Fotografías:** Roderick Coyne.

La construcción de este edificio en Marsella por parte de Alsop & Störmer, después de resultar ganadores del concurso, supuso un punto y aparte en su carrera. La importancia de la estructura en la imagen del edificio y su color azul intenso lo convierten en una pieza singular. Se trata de una construcción potente y futurista que recuerda las imágenes de Archigram.

El programa se distribuye en dos bloques rectangulares paralelos en los que se ubican las oficinas y un cuerpo con forma de cigarrillo en el que se hallan las asambleas y salas de conferencias. Entre ellos, un atrio con una red de pasarelas y puentes suspendidos.

Ayuntamiento de Tokio

Kenzo Tange

Localización: Tokio, Japón. **Fecha de realización:** 1986-1991. **Cliente:** Ayuntamiento de Tokio. **Arquitecto:** Kenzo Tange. **Fotografías:** Osamu Murai, Shinkenchiku Shashinlen.

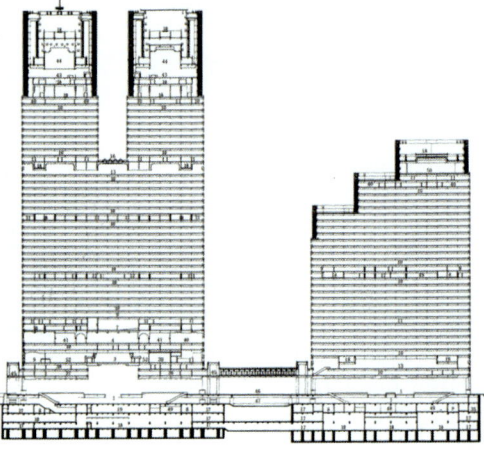

Dos torres alineadas frente al parque central de Shinjuku configuran el complejo junto al edificio de la Asamblea y la plaza que se sitúa entre ambos. La torre I, situada entre la plaza y el parque, contiene la oficina del gobernador, los departamentos administrativos más importantes, salas de conferencias y un centro de prevención de desastres. A partir de la planta 33, el edificio se divide en dos torres gemelas hasta alcanzar los 243 m de altura. La torre II, de 163 m alberga varias agencias, corporaciones públicas y otros departamentos. Su parte superior decrece progresivamente, escalonándose hacia la torre I para formar un perfil conjunto en la coronación de los edificios. Las plantas se desarrollan a partir de una retícula de 6,4 m. Con el fin de obtener flexibilidad y espacio libre para los lugares de trabajo, se ha concebido para cada torre una superestructura formada por ocho grandes núcleos de 6,4 x 6,4 m arriostrada en algunas plantas que funcionan como "supervigas". Se consigue así, con luces de 19,2 m, una distribución espacial que se abre al exterior con total libertad, sobrepasando el perímetro virtual definido por los núcleos. La fachada, modulada con paneles de 3,2x4 m refleja la superestructura y adquiere cierto carácter tradicional en su textura de celosía.

Ayuntamiento de La Haya

Richard Meier

Localización: La Haya, Holanda. **Fecha de realización:** 1998. **Cliente:** Ciudad de La Haya. **Arquitecto:** Richard Meier. **Programa:** Construcción del Ayuntamiento de La Haya, Biblioteca Central de uso público, salas administrativas y de servicios. **Fotografías:** Anna Tiessler.

Con una única intervención, el Ayuntamiento se reconcilia con la complejidad espacial del centro de la ciudad en la que se sitúa. Es una forma de trabajar que puede encontrarse en más edificios de Richard Meier: las circunstancias urbanas y paisajísticas se traducen en los mismos edificios, que de esta forma se convierten en el punto céntrico natural del lugar. La composición espacial de ejes de perspectiva, líneas, pasajes y constricciones, produce una compleja pero equilibrada imagen del edificio y sus alrededores. A pie de calle es abierto por todos sus lados.
El interior y el exterior fluyen de manera natural, y en cada esquina existen relaciones entre espacios abiertos y cerrados, caminos de entrada y líneas de perspectiva. Esto es claramente visible en los dos lados acristalados del atrio de la entrada, un espacio utilizado intensamente y de acceso directo, hacia el que miran los lugares de trabajo. Esencialmente, el proyecto es una gran plaza vacía cubierta, que los habitantes de La Haya deben encargarse de llenar por sí mismos.

Ayuntamiento de Rezé-le-Nantes

Alessandro Anselmi

Localización: Rezé-le-Nantes, Francia. **Fecha de realización:** 1988. **Arquitecto:** Alessandro Anselmi.
Programa: Construcción de un nuevo ayuntamiento que engloba dos edificios antiguos ya existentes.
Fotografías: Philippe Ruault.

Se trató de diseñar y construir un moderno Ayuntamiento que fuera un agente renovador de las gestiones administrativas comunales y motor impulsor del desarrollo de Rezé, a través de la creación de un enlace coherente entre varios elementos existentes en el mismo terreno. Anselmi diseñó el nuevo proyecto mediante la concentración de la construcción en el este y oeste del terreno, dejando un vasto espacio libre. Así, en esta área, tratada como jardín, aparece la imagen de todo el conjunto arquitectónico en forma de recorrido norte-sur que remonta la colina y se proyecta sobre la extraordinaria vivienda de Le Corbusier.
Los servicios técnicos comunales se hallan en la parte oeste del edificio y se conectan con el nivel de entrada a través de un trayecto vertical en forma de escaleras y ascensores. Finalmente, las actividades político-administrativas, sala del Consejo comunal, oficinas de alcaldía, secretariado, finanzas y centro informático quedan situados en la parte este.

Pabellón de Portugal

Álvaro Siza

Localización: Lisboa, Portugal. **Realización:** 1997. **Cliente:** Expo'98. **Arquitecto:** Álvaro Siza. **Programa:** Pabellón para albergar la tradición portuguesa durante la celebración de la Expo'98. **Fotografías:** Paco Asensio.

El pabellón de Portugal de la Expo'98 está ubicado junto al ángulo noroeste del Muelle de los Olivares. La franja entre la edificación y la orilla está cubierta por una marquesina apoyada en esbeltos pilares y forma un enorme porche lateral pegado al costado oriental del edificio.
Esta construcción, realizada en hormigón armado, no tenía un uso determinado después del evento así que exigía una gran flexibilidad y versatilidad del espacio, mientras que su función representativa requería una imagen clara y potente. El edificio, que se desarrolla según un eje longitudinal norte-sur, consta de dos cuerpos separados por una junta constructiva. El primero es en realidad una gran plaza ceremonial flanqueada al norte y al sur por dos grandes pórticos, revestidos de azulejos de distintos colores, entre los cuales se extiende una lámina de hormigón muy fina que describe una curva, a modo de una gigantesca lona.
El segundo cuerpo consiste en un edificio de planta rectangular con sótano y dos alturas.
Estas tres plantas se desarrollan en torno a un patio lleno de tierra hasta la planta baja para permitir la plantación de árboles. De un ángulo del edificio sobresale un cuerpo complementario, de dos alturas, que se separa de la edificación principal mediante una galería.

Servicios públicos y pequeños edificios

Se quiere discutir en este capítulo acerca de esas pequeñas construcciones urbanas que forman parte, prácticamente, del mobiliario urbano de cualquier ciudad. Se trata de pequeñas instalaciones médicas, o centros meteorológicos, controles de circulación de aguas o faros de referencia marina cuya correcta utilizacion permitirá una mejora del nivel de vida de los ciudadanos. Han sido seleccionados para ser publicados en virtud de su innovación y por ello merecen un espacio importante en esta selección de arquitectura contemporánea. Se han convertido en valor añadido del paisaje de cualquier ciudad.

Área de montaña de Manliu
Torre de señalización
Edificio de oficinas en Klaus
Pincelli

Área de montaña de Manliu

Enric Batlle y Joan Roig

Localización: Manliu, Meranges, La Cerdaña, España. **Fecha de construcción:** 1994. **Arquitectos:** Enric Batlle, Joan Roig. **Colaboradores:** David Closas. **Fotografías:** David Closas, Gregori Civera, Enric Batlle.

El proyecto se desarrolla alrededor de un refugio de montaña existente, en un área de los Pirineos catalanes, a 2.000 metros de altitud, junto a un lago-presa que ocupa un antiguo circo glaciar, en el límite entre los bosques subalpinos y las zonas de vegetación alpina.

Se trataba de resolver el final de un camino de montaña que conducía al refugio, para desde ahí informar y canalizar a los visitantes. El mayor problema era hacer convivir los usos existentes de ganadería sin estabular, con una afluencia creciente de público en busca de contacto con la naturaleza. Como operaciones básicas, se hacía necesario limitar el tráfico rodado, para no invadir los campos circundantes, y disponer una serie de servicios mínimos para el visitante, tales como aseos, lugar de recogida de basura, fuente, mesas y fuego para cocinar, que hasta entonces se habían dispuesto casi espontáneamente.

Dadas las características del lugar y del proyecto, se propuso un único material, la piedra, con el que, sin realizar excesivas manipulaciones, poder construir casi la totalidad de los elementos. La piedra era, por un lado, el material utilizado en las escasas construcciones de la zona y, por otro lado, el más disponible. Con la piedra se construyen los límites, las mesas, los fuegos, las fuentes, los elementos de canalización del tráfico y los de señalización y los aseos.

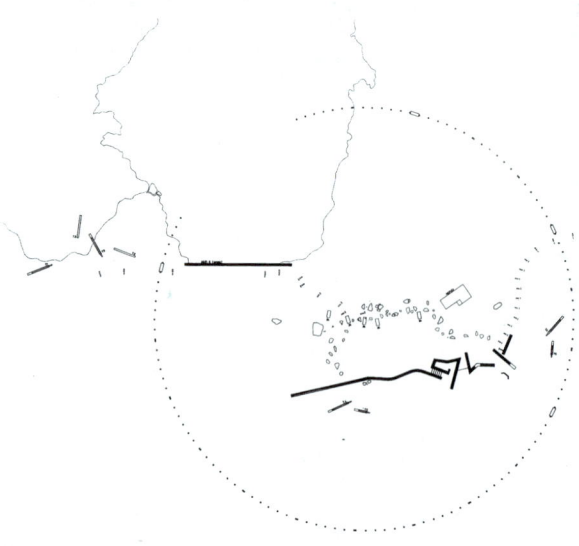

Torre de señalización

Jaques Herzog, Pierre de Meuron, Harry Gugger

Localización: Basilea, Suiza. **Proyecto:** 1989. **Realización:** 1995. **Arquitectos:** Jaques Herzog, Pierre de Meuron, Harry Gugger. **Colaboradores:** Hansueli Suter, Philippe Fürstenberger. **Fotografías:** Margherita Spiluttini.

Junto a los muros de los siglos xviii y xix del cementerio de Wolf-Gottesacker hay un volumen alto de cobre. Se trata de una torre ferroviaria de control y de señalización. Se encuentra situada al lado de las vías del tren, cerca del almacén o garaje de la nueva locomotora. Repartidos en sus seis pisos hay instrumentos sofisticados de control y un equipamiento electrónico para la organización de los puntos de cruce y de la coordinación de las señales.
La estructura de hormigón del edificio posee un aislamiento exterior y se halla envuelta por tiras de cobre de aproximadamente 20 cm de anchura. Estas láminas se abren en algunos lugares para permitir el paso de la luz natural.
La reorientación de las láminas de cobre, al abrirse, dibuja líneas de sombra en las fachadas, como si fueran las agallas de un pez. De esta forma se introduce una variación en la textura de la piel del edificio, a la vez que se matiza el carácter dramático de su propio hermetismo. El edificio es, en definitiva, un hito que no se hace eco de imágenes o formas conocidas, codificadas en la cultura. Se presenta como un punto singular.

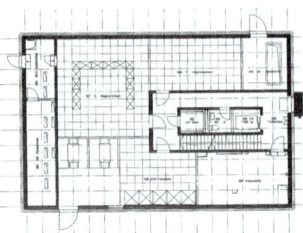
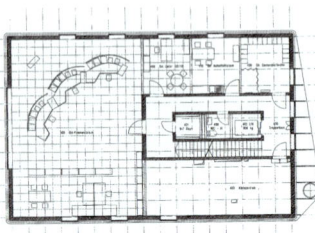

Edificio de oficinas en Klaus

Oskar Leo Kaufmann

Localización: Klaus, Austria. **Fecha de construcción:** 2001. **Arquitecto:** Oskar Leo Kaufmann. **Cliente:** Montfort Werbung GmbH. **Fotografías:** Adolf Bereuter.

Concebida como un gran rectángulo transparente, la construcción se ha diseñado con ingenio y raciocinio. La luz, el vidrio, las superficies pulidas, la fluidez y la continuidad espacial son los protagonistas. El único elemento que rompe con la rectitud de líneas es la sugerente entrada, proyectada en forma de una ola suave que penetra, de manera simbólica, en el interior del edificio. Para la estructura de la construcción –que se desarrolla en varios niveles– se ha empleado acero y vidrio, que sustituyen los gruesos muros por paredes transparentes que dejan ver con total claridad los ambientes, establecen un sugerente diálogo entre interior y exterior y permiten una entrada generosa de luz natural. Para la metafórica ola que configura la entrada se ha empleado hormigón cubierto con pavimento. En los interiores, la distribución de los espacios se consigue con el empleo de diferentes materiales que cubren el pavimento. Las áreas de trabajo se han ubicado en los dos niveles superiores y quedan conectadas en vertical con la zona de entrada y recepción mediante una sugerente escalera con la textura firme y resistente de la moqueta, material que se repite en el suelo de las zonas de trabajo.

Los materiales, las texturas y las tonalidades empleadas, como el acero, el vidrio, los cromados, el blanco, el verde o el gris, consiguen otorgar al conjunto una atractiva mezcla de frialdad industrial, lujo y serenidad.

Pincelli

Domenico Biondi/Progettisti Associati

Localización: Sassuolo, Italia. **Fecha de realización:** 1999. **Cliente:** Pincelli & Associati. **Arquitectos:** Domenico Biondi/Progettisti Associati. **Fotografías:** Matteo Piazza.

significativas de la restauración fue la que se encargó de la recuperación cromática de la fachada externa, decorada con grafito.

El proyecto destinó la primera planta de la construcción –se trata de un edificio con diferentes niveles– a la sede de un importante estudio de consulta comercial que precisaba un espacio propio, funcional y confortable. Esta necesidad determinó que se tratara el espacio como una moderna y racional confirmación de hierro y vidrio cuyas estancias se organizaban a partir de las necesidades funcionales. Los recursos empleados permitieron mantener la perceptibilidad originaria al estructurar el espacio como una intervención reversible. Esta compleja realización ha logrado una equilibrada integración entre pasado y presente. Piedra, madera, hierro y vidrio consiguen materializar esta sugerente y acertada combinación de estilos y épocas.

La primera fase de la intervención se encargó de salvar la estructura y se mantuvieron, siempre que fue posible, los elementos originales menos dañados. De este modo se recolocaron las vigas traveseras originales y la cubierta, se recompuso la estructura mural y los perfiles de algunas vueltas… Otra de las fases

Oficinas

Dinamismo, flexibilidad, comunicación y fluidez son palabras que definen los diseños de oficinas incluidos en este capítulo. A medida que la tecnología está ayudando a los trabajadores en tareas hasta ahora monótonas y solitarias, las oficinas ya no son el dominio exclusivo de los jefes. En su lugar, estos espacios destinados a oficina se convierten en lugares en los que se crean ideas y productos. La imagen de una oficina es estudiada a menudo con el mismo cariño que el diseño de un logo o una campaña de publicidad. Despues de todo, el exterior e interior de una oficina también reflejan el espíritu de la empresa.

Riddell's

Loop Telecom

Edificio para Elisabeth Alford

Riddell's

William P. Bruder

Localización: Jackson Hole, Wyoming, EE.UU. **Realización:** 1995. **Promotor:** Agencia de publicidad y diseño Riddell's. **Arquitecto:** William P. Bruder. **Colaboradores:** Ed Ewers, Dewayne Smyth, Maryann Bloomfield (equipo de diseño). **Programa:** Oficinas, salas de reuniones y conferencias, biblioteca y servicios. **Fotografías:** Bill Timmerman (también páginas 632/633).

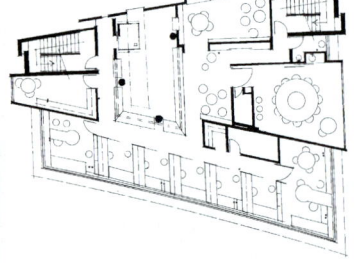

Este edificio de oficinas de tres plantas, construido para una agencia publicitaria de Jackson Hole, se halla en el nuevo distrito comercial de la ciudad, en una zona donde la intervención humana no ha alterado unas condiciones naturales favorables del paisaje. Un atrio de triple altura, un espacio vertical iluminado por una ventana ascendente, estrecha y alargada que, al llegar al techo, se pliega y transforma en tragaluz: este espacio vacío es el núcleo del proyecto; alrededor de él se organizan las oficinas. La agencia de publicidad Riddell's está situada frente a una calle curva y la fachada contigua reproduce su forma. El resto de las líneas que dibujan la planta están determinadas por una geometría no ortogonal, frecuente en los proyectos de Bruder. Los muros están puestos en perspectiva, se encuentran fugados. Este hecho tiene unas implicaciones espaciales inevitables; el espacio se dinamiza, su percepción se distorsiona. La comprensión inmediata se ve alterada, el espacio se ensancha o se hace pequeño en función de cada situación en la que los muros se abren o cierran; son alteraciones que juegan con la percepción de la profundidad.

El edificio evoca la arquitectura de las granjas, de los ranchos o de los almacenes de heno que tanto abundan en la región y que caracterizan sus paisajes. Se puede hablar, pues, de contextualismo, en este caso entendido como mímesis de una situación dada, propia del lugar en el que el proyecto se inserta. Pero a su vez se trata de una imagen descontextualizada: evidentemente, la agencia Riddell's no es ningún almacén de heno, aunque la fachada que da sobre la carretera tome de él su forma.

Loop Telecom

Roger Bellera

Localización: Barcelona, España. **Realización:** 2000. **Interiorista:** Roger Bellera. **Cliente:** Loop Telecom. **Fotografías:** Jordi Miralles.

aluminio y azul corporativo. Frente a él, la moqueta muestra el logotipo de la empresa y detrás se ha colocado un original mueble auxiliar. A ambos lados del mostrador hay expositores y a la derecha se encuentra el acceso que conduce a las oficinas y áreas de trabajo; para facilitar visualmente ese acceso se decidió pintar las columnas de verde. Al final de este espacio destinado a recepción se han proyectado dos salas de juntas y atención al público que quedan separadas por mamparas de cristal abiertas.

Loop Telecom es una compañía de telecomunicaciones especializada en empresas. Sus instalaciones en Barcelona debían ser un fiel reflejo de la imagen de la de firma. A fin de destacar su imagen gráfica y corporativa se optó por combinar materiales y colores a la vez que se proponía una distribución espacial por zonas perfectamente diferenciadas. El azul y el verde –los tonos que aparecen en su logotipo– son los colores predominantes y visten de frescura y vitalidad la moqueta y algunas piezas de mobiliario así como los expositores.

El acceso al vestíbulo se encuentra ubicado en uno de los extremos de la planta rectangular que dibuja el edificio. Dos áreas enmarcadas en el interior de dos elipses entrecruzadas dividen el espacio principal. El recubrimiento utilizado –moqueta azul o verde en función del ambiente– se encarga de diferenciar cada una de las zonas tanto visual como físicamente.

El mostrador de recepción, situado frente a la entrada, se ha fabricado con madera chapada de formica de

Estudio para Elisabeth Alford

Elisabeth Alford

Localización: Nueva York, Estados Unidos. **Fecha de realización:** 2001. **Cliente:** Elisabeth Alford. **Arquitecta:** Elisabeth Alford. **Fotografías:** Jordi Miralles.

La organización del programa facilita que los dos espacios queden físicamente separados. Esta división se acentúa con un alargado fluorescente que los atraviesa y con la distribución de las piezas de mobiliario. Una estantería repleta de botes con arena que emplea la artista para su trabajo se convierte en una frontera permeable entre ambas áreas. Se trata de una estructura metálica industrial que sirve de archivador y también como elemento decorativo de gran fuerza visual en el ambiente. La estructura metálica empleada en la estantería se repite en el mobiliario de la zona destinada a oficina: en la larga mesa de despacho y en las estanterías.
Un revestimiento de madera en la cubierta equipara suelo y techo. El empleo de este material tan noble y la sugerente paleta cromática que se utiliza consiguen imprimir a todo el espacio la exquisita calidez que lo caracteriza. El proyecto, firmado por la propia Elisabeth Alford, dedica una especial atención tanto a la decoración de estos interiores como a la atmósfera obtenida. Se basa en líneas funcionales, trazos rectos que se suavizan con toques de color que se reparten por el espacio, y en una estrecha conjunción entre los materiales empleados.

Bancos

El dinero no siempre ha está asociado con el buen gusto. En la arquitectura sucede lo mismo. Los mayores presupuestos no han significado tradicionalmente los mejores diseños, ni mucho menos las mejores innovaciones en el campo de la arquitectura. De cualquier modo, sí es cierto que los bancos, inmersos en plena vorágine de fusiones y agrupamientos, están necesitando lugares en los que desarrollar y centralizar sus operaciones. Aparte de los nombres que tradicional- mente se han dedicado a estas edificaciones (Rocco Sen-Kee Yim, Nikken Sekkei, Kohn, Pedersen & Fox...), nuevas figuras han recibido encargos para la construcción de sedes centrales de grandes bancos.

Commerzbank
Banco Hypo Alpe Adria
Norddeutsche Landsbank

Commerzbank

Norman Foster and Partners

Localización: Francfort, Alemania. **Fecha del proyecto:** 1992. **Fecha de realización:** 1997. **Cliente:** Commerzbank. **Arquitecto:** Norman Foster and Partners. **Programa:** Edificio de oficinas ecológico.

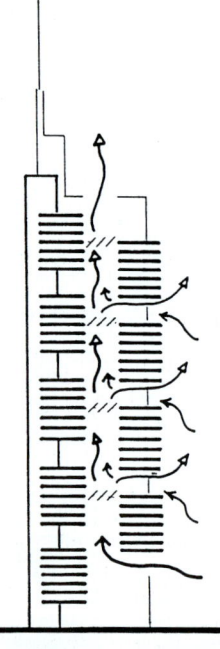

Este proyecto es el más importante abordado por la ciudad en estas últimas décadas y constituye el primer ejemplo de rascacielos proyectado con criterios ecológicos.
Cada oficina está diseñada para tener ventilación natural a través de ventanas practicables y para poder disfrutar de vistas sobre la ciudad y sobre los grandes patios ajardinados, a modo de claustros, que recorren toda la altura del edificio.
La relación con los edificios de los alrededores es de gran importancia. Se ha reconstruido el perímetro de la manzana mediante un bloque bajo que alberga plazas de aparcamiento de coches y apartamentos, igualando la altura de la calle y restaurando la escala del barrio. La torre, de planta triangular, se arropa tanto en los edificios existentes como en el bloque nuevo de apartamentos, para suavizar su entrega en el contexto urbano, de manera que sólo desde el acceso principal a norte, se nos aparece la torre en toda su altura desde la cota del suelo. Desde la Grosse Gallusstrasse, con su gran escala de movimiento de tráfico, sube una gran escalera que se abre hacia un nuevo espacio público para la ciudad.

Banco Hypo Alpe Adria

Morphosis

Localización: Klagenfurt, Austria. **Fecha de realización:** 2001. **Arquitecto:** Morphosis. **Colaboradores:** Dipl. Ing. Klaus Gelbmann, Richard Kuglitsch (estructuras), Robert Sorz Fritz Aufschlager (ingeniería mecánica). **Superficie:** 10.000 m². **Fotografías:** Ferdinand Neumüller y Ernst Peter Prokop.

El programa de la nueva sede del banco Hypo Alpe Adria, desarrollado en tres fases, debía albergar en primer lugar las oficinas centrales de la empresa y un centro de convenciones, posteriormente espacios comerciales y aparcamientos subterráneos, y finalmente viviendas y una guardería. El solar está ubicado a unos seis kilómetros del centro de la localidad austriaca de Klagenfurt, en una zona donde el tejido urbano se mezcla con las extensiones agrícolas. Las intervenciones cercanas consisten en edificios aislados rodeados de aparcamientos, situación que se agrava con los bloques de viviendas que salpican los terrenos suburbanos, pobres y fragmentados.

El objetivo de Morphosis era mejorar las condiciones en estas áreas así que se centraron en integrar las cualidades rurales con tipologías urbanas: diseñaron una gran cubierta abovedada que mimetizaba las formas ondulantes del paisaje. Mientras que los espacios peatonales se colocaron realizando incisiones en esta gran masa construida, el aparcamiento se relegó a los niveles subterráneos. El planteamiento urbanístico ubica la parte densa del programa al sur, cerca de la calle más bulliciosa, mientras que la zona residencial se dispuso en el norte, mezclándose con el contexto suburbano.

La entrada para los usuarios del complejo se efectúa por debajo de un gran porche que lleva a una plaza. Este espacio recuerda al foro romano y da acceso a la entidad bancaria, al centro de convenciones y a una red interna de caminos para los peatones. Las oficinas, que dan a la calle, ocupan un edificio de cinco plantas que parece haber crecido del choque entre la masa construida y el terreno.

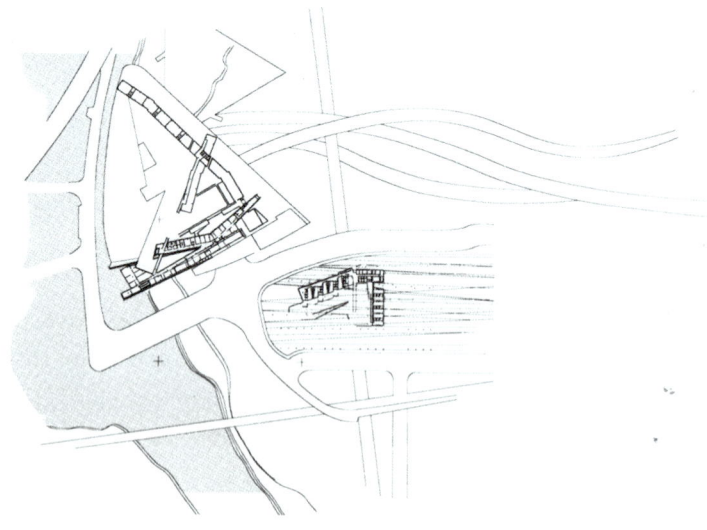

Norddeutsche Landesbank

Behnisch, Behnisch & Partners

Localización: Hannover, Alemania. **Fecha de realización:** 2002. **Cliente:** Demuro Grundstücksverwaltung mbH & Co KG. **Arquitecto:** Behnisch, Behnisch & Partners. **Fotografías:** Christian Kandzia.

A simple vista, la construcción que nace integrada en el entorno y que crece fuera del perímetro exterior del cuerpo central en forma de una torre de 54 metros de altura es un complejo rompecabezas en el que cada una de las piezas que lo conforman encaja a la perfección. La protagonista absoluta de la edificación, al menos visualmente, es la enigmática y singular torre de diversas alturas, una espiral de provocativos y puntiagudos ángulos que se divisa a distancia. Además de las oficinas de estas instalaciones, el complejo incorpora áreas comerciales, residenciales, deportivas, culturales y de restauración que forman parte del mismo proyecto. El objetivo era crear un espacio abierto al público. Los arquitectos diseñaron una edificación que emerge del paisaje y forma parte de él, mientras que la parte más elevada parece un ente libre conectado a ese todo como una figura remota, como si fuera parte del lejano centro de la ciudad. Uno de los principales objetivos era erigir con inteligencia un edificio ecológico y respetuoso del medio ambiente. La reducción del consumo de energía y las emisiones de dióxido de carbono influyeron en el diseño del moderno y espectacular volumen, ya que se emplearon recursos naturales. Se dio prioridad a las ventanas para lograr una ventilación natural y hacer llegar a la mayoría de las estancias aire fresco. Gracias a una fachada de doble piel es posible lograr esa ventilación a la vez que se reduce la contaminación acústica. Por otra parte, el recurso de emplear el acristalamiento en la totalidad de la fachada consigue direccionar a voluntad la luz natural que penetra en los interiores.

662 Edificios públicos, corporativos y de negocios

Sedes empresariales

Las sedes empresariales que se presentan a continuación están compuestas por edificios de oficinas, con sus correspondientes servicios auxiliares: restaurantes, salas de conferencias, bares..., y los espacios exteriores que los circundan, a modo de parques o plazas. Estos de conjuntos arquitectónicos albergan compañías y, aparte de acoger distintas funciones, actúan como construcciones publicitarias, es decir, muestran una determinada imagen que representa los intereses y la idiosincracia de la empresa. De este modo, el trabajo del arquitecto se basa en un buen entendimiento con el cliente, y el diseño será la materialización de las ideas que surjan del diálogo entre ambos. Existen dos objetivos claros: en primer lugar, crear un complejo que incorpore conceptos de funcionalidad y confort, y por otra parte, que sea exclusivo e incluso llamativo para que se reconozca a nivel formal.

Hotel Industrielle Jean-Baptiste Berlier
Ampliación de Centraal Beheer
Servicio al cliente de los ferrocarriles alemanes
Oracle
La ciudad digital
Central de oficinas de NTT
Morgan Stanley Madrid
Oficina central de la compañia TRW
Oficinas de British Airways ("Waterside")

Hotel Industrielle Jean-Baptiste Berlier

Dominique Perrault

Localización: París, Francia. **Proyecto:** 1986-1988. **Realización:** 1988-1990. **Cliente:** Société Anonyme de Gestion Immobilière. **Arquitecto:** Dominique Perrault. **Programa:** Locales industriales, restaurantes y aparcamiento. **Superficie construida:** 21.000 m². **Fotografías:** Michael Denancé.

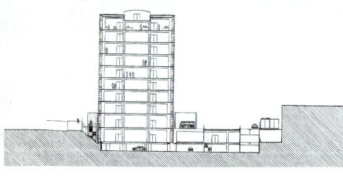

En 1986 el Ayuntamiento de París junto a la Société Anonyme de Gestion Immobilière convocan un concurso para tantear soluciones para un nuevo edificio: un hotel industrial. Ni una torre de oficinas ni un edificio industrial, simplemente un espacio inteligente capaz de albergar múltiples actividades. No sólo se trataba de dar una solución a un edificio nuevo sino que la propia elección del solar requería una decidida implantación en una zona difícil entre el anillo periférico que rodea París y las líneas de ferrocarril de la estación de Austerlitz. Ante el aparente desorden de lo que le rodea, la claridad de la propuesta de Dominique Perrault da a la zona una nueva identidad. El edificio dispone de 17.000 m2 para actividades industriales de tamaño variable.
Lo que se ofrece es simplemente espacio entre forjados conectado a los servicios de instalaciones. No se ponen más condiciones que los propios límites del bloque y los núcleos de comunicaciones.

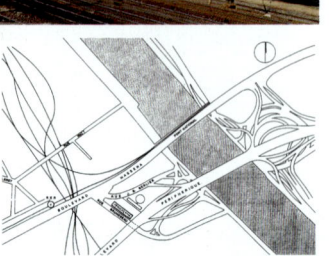

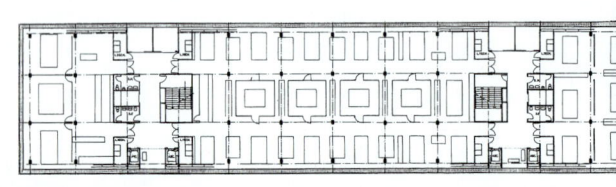

Ampliación de Centraal Beheer

Herman Hertzberger

Localización: Apeldoorn, Holanda. **Finalización:** 1995. **Promotor:** Centraal Beheer. **Arquitecto:** Herman Hertzberger. **Colaboradores:** Dolf Floors, Dickens van der Werff, Jan van den Berg, Ariënne Matser. **Programa:** Recepción, zona de visitantes, salas de actos, salas de reuniones y servicios. **Fotografías:** LOCK IMAGES.

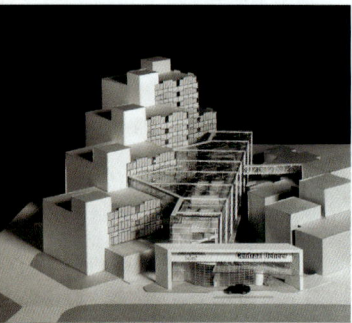

A través de la revista FORUM, editada junto a Bakema y Van Eyck, Hertzberger estudió durante los años sesenta y setenta la aplicación en arquitectura de la filosofía estructuralista.
Se buscaba crear unas estructuras espaciales objetivas que respondiesen a un orden previo y subyacente, anterior a la definición de cualquier elemento concreto. Es decir, el primer paso del proyecto, y el más importante, consistía en definir la estructuras básicas del lenguaje arquitectónico y en establecer una sintaxis. A partir de ahí, el edificio se generaba al igual que un texto: arrojando sobre el territorio frases construidas a partir de la combinación de los elementos básicos: ventanas, puertas, mobiliario, muros, habitaciones, escaleras, bloques de oficinas...
El edificio de la sede de la Centraal Beheer en Apeldoorn es un claro ejemplo de arquitectura estructural: sus pequeñas unidades polivalentes, sujetas a diferentes interpretaciones según las necesidades funcionales, se disponen sobre una retícula ortogonal que facilita posteriores ampliaciones. Sin embargo, la ampliación, finalizada en 1995, plantea una revisión de todas aquellas teorías. Las técnicas constructivas, la estética y, sobre todo, la filosofía latente tras estos dos proyectos distanciados veinticinco años es completamente distinta.
El proyecto de Hertzberger consiste en la construcción de un edificio central y de una entrada. Justamente, dos elementos inexistentes en la arquitectura estructuralista, pues ésta crece como un tejido o como una red.
Una de las cosas que más llama la atención son las escaleras. Todas son diferentes. Están diseñadas como objetos únicos, casi escultóricos.

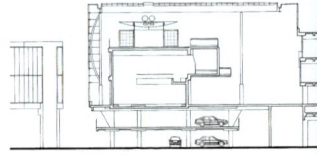

Servicio al cliente de los ferrocarriles alemanes

Rhode Kellermann Wawrowsky

Localización: Duisburg, Alemania. **Fecha de construcción:** 1998. **Consultores:** Arup GmbH (estructuras), EGL (paisajismo). **Equipo de diseño:** Rhode Kellermann Wawrowsky. **Superficie:** 32.500 m². **Programa:** Oficinas y servicios. **Fotografías:** Holger Knauf.

Construido en los antiguos terrenos de un taller de reparación de locomotoras, este edificio de oficinas se organiza a lo largo de un eje curvado de 220 m. A partir de este corredor central de 3 plantas cuelgan once edificios, dibujando en planta una línea en zig-zag. De este modo se consigue una mayor superficie de fachada y, gracias a ello, todos los despachos disponen de ventana y vistas al exterior. Asimismo, esta estructura en espina permite ampliar el edificio en sus dos extremos. Por otra parte, cada uno de estos edificios peninsulares se organiza entorno a un atrio central. En el momento de su construcción constituía uno de los centros tecnológicamente mejor avanzados y equipados, funcionando 24 h. al día.

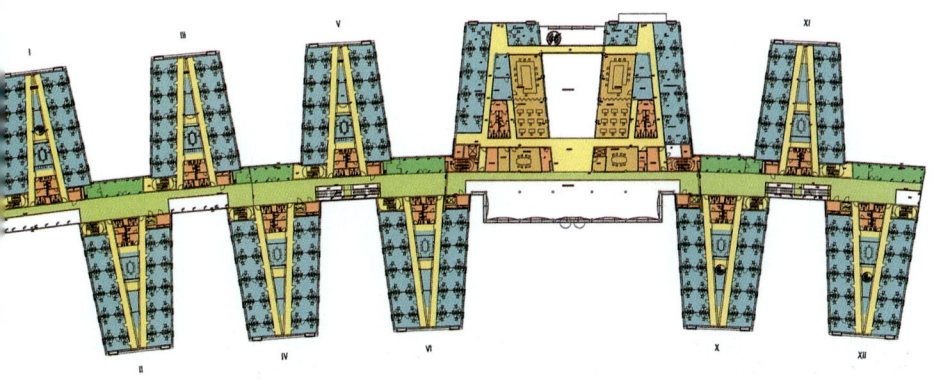

Servicio al cliente de los ferrocarriles alemanes

Oracle

Gensler

Localización: Redwood Shores, California, EE.UU. **Fecha de realización:** 1989-1998. **Cliente:** Oracle Corporation. **Arquitecto:** Gensler. **Colaboradores:** William Wilson & Ass. (contratista), Seccombe Design (interiorismo). **Programa:** Campus para la instalación de una compañia líder en la fabricación de software: edificios de oficinas, centro de conferencias y prensa, gimnasio, aparcamientos e intervención paisajística exterior. **Fotografías:** Gensler.

A mediados de los ochenta, un promotor canadiense compró el solar donde se ubicaba una popular atracción turística de Redwood Shores, California. Gensler se vio involucrado en el proyecto para reorganizar el lugar y convertirlo en el Centrum Business Park. Hoy, once años después, la fase final del proyecto está acabada. Con seis edificios de oficinas, que ocupan un total de 1.6 millones de m2, un centro de conferencias y prensa, gimnasio y cuatro aparcamientos, se ha convertido en el recinto de las oficinas principales de Oracle Corporation, una empresa líder en la producción de software. El primer edificio que se desarrolló en el campus fue el de "acceso", que ahora acoge las oficinas de los ejecutivos de Oracle.

Arquitectónicamente, el diseño se basa en formas geométricas simples: un bloque rectangular sostenido por dos cilindros que proyectan una imagen fuerte y notable. El edificio está de cara al lago, al que queda enlazado por medio de sus paneles de cristal azul-verdoso. Con una sola excepción, el resto de los edificios de oficinas están diseñados a partir de un cilindro sencillo, de 3,50 m de diámetro, que hace de intersección con un bloque rectangular formando un ángulo de 45O. Esta única excepción es un edificio de oficinas que conserva el elemento cilíndrico de sus vecinos, pero inscrito en una forma curva que lo hace muy diferente.

La ciudad digital

Studio Naço (Alain Renk, Marcelo Joulia)

Localización: Villeneuve-d'Ascq, Francia. **Fecha de realización:** 1994. **Cliente:** 3 Suisses. **Arquitectos:** Studio Naço (Alain Renk, Marcelo Joulia). **Colaboradores:** Jean-François Pasqualini, Allard Kuyken, Beatrice Berián (arquitectos), Muriel Quintanilla (diseñadora), Olivier Dubos (grafista). **Superficie construida:** 8.000 m². **Fotografías:** Mario Pignata-Monti (también páginas 668/669).

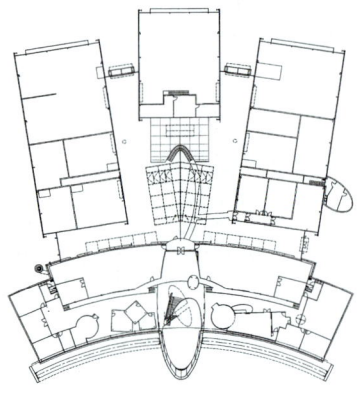

Este edificio está dedicado a la creación y fabricación de nuevas imágenes, ya sea para ser impresas en papel o para ser difundidas en formatos multimedia e Internet. Las oficinas están ocupadas por directores artísticos, fotógrafos, diseñadores gráficos, todo tipo de aparatos de tecnología punta, decorados virtuales y bancos de imágenes.

El tipo de relaciones que se establecen entre los trabajadores, la vinculación con la tecnología y la transmisión de información por vías diferentes a las tradicionales tienen una repercusión indudable en la manera de habitar el espacio por todo ello, en Studio Naço han tenido que replantearse su labor como arquitectos para encarar este proyecto. En este sentido, su estrategia se encuentra más próxima a la de los productores de imágenes que a la de los constructores de edificios normativos, tipológicos y ordenados; tratan de provocar una respuesta emocional en el usuario de sus arquitecturas, de crear sensaciones mediante propuestas espaciales singulares y formas poco comunes.

Central de oficinas de NTT

Cesar Pelli & Partners, Fred W. Clarke

Localización: Tokio, Japón. **Fecha de realización:** 1990-1995. **Arquitectos:** César Pelli & Partners, Fred W. Clarke. **Programa:** Oficina para NTT, sala de conferencias, central de telecomunicaciones, restaurante y ajardinamiento. **Fotografías:** Misuo Matsuoka, Kanedi Monma, Cesar Pelli.

una banda curva sobre el jardín interior dedicado a las oficinas y una zona triangular, con fachada al exterior, donde se acumulan los servicios y los núcleos de comunicaciones.
Las ventanas, con tres franjas horizontales por planta, se alargan hasta las aristas del edificio.

Sobre el rectángulo inicial los arquitectos dibujan una envolvente máxima del edificio, retrasada de los límites del terreno y con las aristas redondeadas simétricamente en el lado que da a la autopista.
El programa se divide en dos edificios que apoyan su fachada exterior en el borde de esta línea: una torre esbelta unida por el zócalo a la zona de aparcamiento y un cuerpo bajo en la zona redondeada de la autopista elevada.
Una interrupción en la construcción del perímetro permite percibir desde la calle el espacio intermedio dedicado a un jardín público, el cual se abre en abanico desde su entrada en la fachada inferior, excavando en el interior del área delimitada por la envolvente, hasta alcanzar la cara opuesta sobre la zona residencial. El cuerpo bajo se apoya en la fachada redondeada y acoge un centro comercial con tres plantas de altura, está revestido con piedra de Minnesota, de un delicado color rosa cálido, que se extiende por todo el zócalo del conjunto buscando la continuidad de la envolvente.
La torre tiene 30 pisos sobre el nivel del terreno para uso de oficinas y 6 plantas subterráneas dedicadas a central de telecomunicaciones, sala de conferencias y restaurante para empleados en la parte superior. Se divide en dos partes bien diferenciadas:

Morgan Stanley Madrid

Gabriel Allende

Localización: Madrid, España. **Fecha de realización:** 2000. **Arquitecto:** Gabriel Allende. **Cliente:** Morgan Stanley Dean Witter. **Fotografías:** Jordi Miralles.

La ubicación del edificio, entre dos contrucciones contiguas y en una de las principales calles de la capital española, influyó indudablemente a la hora de concebirlo y proyectarlo, pero no fue el único factor determinante. La actividad principal de la empresa, especializada en servicios financieros, también requería de espacios concretos que debían cumplir con una serie de requisitos como disponer de una zona publicitaria (tienda o zona de captación de clientes) desde la que poder mostrar al público los servicios que se ofrecen y unos interiores en los que fuera posible trabajar en unas condiciones óptimas. Desde el exterior es posible distinguir tres zonas perfectamente diferenciadas: un acceso peatonal, uno de vehículos y el espacio destinado al local informativo. Esta zona se convierte en el eje comunicador entre exterior e interior, una solución que permite disponer de dos recepciones: la del local exterior y otra interna de canalización.

El edificio se ha dispuesto en diferentes niveles: la planta baja o nivel inferior –al nivel de la calle–, un cuerpo intermedio donde se jerarquiza con la lectura de huecos en vertical y una planta superior que remata el conjunto con un ático. Los interiores se han resuelto con eficacia e intuición. Y la falta de luz natural, una de las principales preocupaciones de los responsables del proyecto, se solventó creando un patio interior lateral al edificio contiguo que evita las pérdidas de luz natural. Este recurso permite el paso de la claridad gracias a un cubo de luz que recorre el espacio de este a oeste.

Oficina central de la compañia TRW

Sasaki Associates

Localización: Lyndhurst, Ohio. EE.UU. **Fecha de construcción:** 1989. **Arquitectos:** Sasaki Associates.
Programa: Ajardinamiento y diseño paisajístico de una central corporativa. **Fotografías:** Sasaki Associates.

Sasaki Asociados se encargó de los servicios de arquitectura del paisaje para la nueva sede de TRW situados en una zona rural en Lyndhurst, Ohio. Con una superficie de 120 acres, se trata de una antigua hacienda con una topografía muy diversa. El diseño del emplazamiento ha preservado y ensalzado este paisaje, integrando las carreteras, edificios, servicios y características del paisaje de una manera compatible y sensible, con un impacto mínimo sobre las áreas residenciales vecinas.

La mayoría del espacio se compone de prados rodeados por bosques antiguos. Una destacable característica natural es el arroyo Euclid, que atraviesa el lugar. Las corrientes estacionales han formado diversas hondonadas a lo largo de toda la zona, creando una variedad de paisajes naturales. Con el fin de preservar la calidad y el carácter del lugar, Sasaki Associates y Urban Forest Management (Prairie View, Illinois) llevaron a cabo un registro de más de 2.500 árboles.

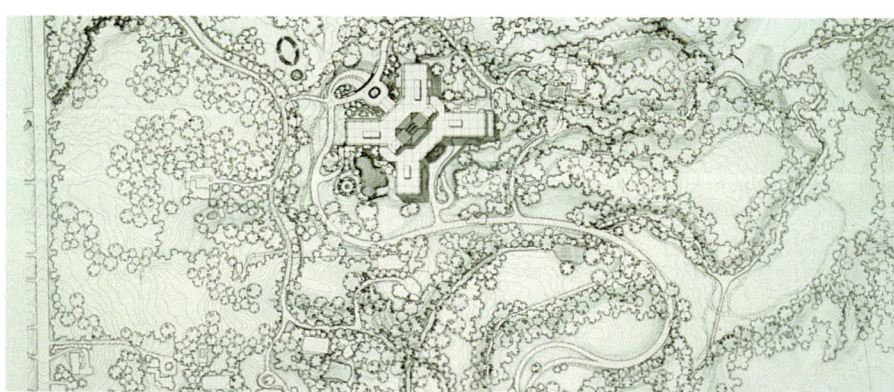

Oficinas de British Airways ("Waterside")

Niels A. Torp

Localización: Heathrow, Londres, Reino Unido. **Fecha de realización:** 1992-1998. **Cliente:** British Airways.
Arquitecto: Niels A. Torp. **Colaboradores:** Land USE Consultants (paisajismo). **Superficie:** 105.000 m².
Programa: Centro de oficinas para la compañía aeroespacial British Airways, restaurante, cafetería, pequeño centro comercial, gimnasio, banco y sala de reuniones.

Para asegurar una operatibilidad más racional, la compañia aérea British Airways decidió construir su centro de oficinas para albergar a 2.800 empleados junto al aeropuerto de Heathrow. Debido a que la zona era de todo excepto "humana", se consideró que esta gran cantidad de gente debería confiar en sí misma y en el ambiente que la rodeara para rendir tanto dentro como fuera del complejo. La única zona habitada alrededor es el pueblo de Harmondsworth, con un divertido pub y una pequeña iglesia que data del S.XIII. Este pueblecito debía ser, por tanto, protegido de la "invasión" de 2.800 nuevos empleados. La primera decisión fue convertir una de las zonas no urbanizadas en un pequeño parque con un centro social de uso común para trabajadores y habitantes. En cualquier caso se mantenía aún la duda de cómo mantener motivada a tanta gente en medio de un campo inhóspito y rodeado de uno de los mayores aeropuertos del mundo. Los arquitectos decidieron dar a los edificios el caracter de "lugar" y al gran número de usuarios, el de "comunidad".
Los 55.000 m2 del conjunto de oficinas se dividen en seis edificios en forma de U. En el interior de esta U se sitúa un edificio con forma de pabellón independiente y en el que se encuentra una escuela junto a una zona deportiva, un restaurante y el centro de ordenadores. Entre este pabellón y el edificio de oficinas se diseñó también un elegante parque para uso y disfrute de los componentes de cada uno de los seis edificios.

Centros de convenciones y recintos feriales

Los centros de convenciones y recintos feriales se caracterizan por la temporalidad de las actividades que albergan. Así, acogen un flujo de usuarios y menesteres muy intenso en determinados espacios de tiempo, y luego se vacían a la espera del siguiente evento. Además, nacen de un deseo de exclusividad, pretenden ser edificios estéticamente singulares sin olvidar su funcionalidad. Los recintos feriales, por su parte, son el estandarte nacional, una construcción que representa a un país, a una región, son edificaciones publicitarias y su arquitectura debe saber reflejar los trazos más significativos del lugar geográfico que representan. En estos últimos años, los pabellones para exposiciones han sido el campo de experimentación perfecta para los arquitectos, donde han podido probar soluciones constructivas y nuevos materiales.
En definitiva, practicar su propio lenguaje arquitectónico.

Feria de muestras Leipzig
Foro Internacional de Tokio
Recinto ferial de Kunibiki
Palacio de Congresos de Lille
EXPO-Lisboa'98
Cartuja 93
Millennium Experience
Centro de Exposiciones de Bruselas. Paso peatonal
Palacio de Congresos de Valencia
Centro de Convenciones y Exhibiciones de Brisbane
Torhaus

Feria de Muestras de Leipzig

Von Gerkan, Marg & Partner

Localización: Leipzig, Alemania. **Concurso:** 1992. **Fecha de realización:** 1993-1996. **Cliente:** Leipziger Messegesellschaft. **Arquitecto:** Von Gerkam, Marg & Partner. **Consultor fachada:** PBI, Klaus Glass, Büro Wronn. **Estructuras:** Ian Ritchie Architects, London. **Paisajistas:** Wehberg, Eppinger, Schmidtke. **Programa:** Espacios de exposición, centro de congresos, administración, almacenes y aparcamiento. **Fotografías:** Ralph Richter + Friedrich Busam/architekturphoto (también páginas 694/695).

Esta enorme instalación ferial para Leipzig retoma una larga tradición ferial de la ciudad germana.
Un nuevo empuje de la Alemania unificada para revitalizar la antigua República Democrática convierte a esta feria en uno de los puntos más importantes de encuentros e intercambio comerciales entre el este y el oeste de Europa.
Las nuevas instalaciones de la feria se sitúan en la periferia norte de la ciudad de Leipzig, bien comunicadas tanto con las vías importantes de salida de la ciudad como con el aeropuerto. La propuesta incluye, aparte de los espacios de feria tradicionales, lugares para la organización de congresos y reuniones paralelos a la feria.
El espacio abovedado central alberga los servicios de compra de entradas, paneles de orientación, puntos de información y acceso al nivel superior.
Con más de 250 metros de longitud y 80 de anchura, este gran vestíbulo vidriado es el mayor de su tipo nunca construido.

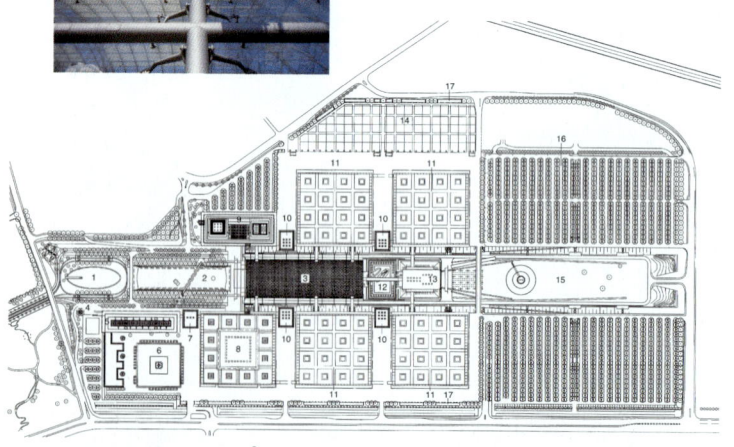

Foro Internacional de Tokio

Rafael Viñoly

Localización: 3-5-1 Marunouchi, Chiyoda-ku, Tokio, Japón. **Concurso:** Noviembre de 1989. **Finalización:** Junio de 1997. **Cliente:** Gobierno Metropolitano de Tokio. **Arquitecto:** Rafael Viñoly. **Colaboradores:** Masao Shiima Architects. **Estructura:** Kunio Watanabe (Structural Design Group). **Programa:** Cuatro salas para teatro, conciertos, conferencias; la mayor con capacidad para 5.000 personas y la menor con capacidad para 1.500. Recinto ferial, salas de exposiciones, palacio de congresos, oficinas, comercios, restaurantes y aparcamiento. **Superficie total:** 145.000 m². **Fotografías:** Nacasa & Partners, Tim Hursley.

En el céntrico distrito de Marunouchi, dentro de la zona de negocios y cercano al comercial distrito de Ginza, el solar está estratégicamente conectado a la red de metro de la ciudad, así como a las estaciones de ferrocarril de Tokio y Yurakucho.

La propuesta se decantó desde un primer momento por disgregar las partes más importantes del programa en volúmenes diferenciados. Por un lado, cuatro grandes salas para conciertos, exhibiciones y congresos, al oeste, se adaptan a la trama urbana del entorno escalonándose por tamaños y uniéndose por una fachada común a la ciudad. El gran vestíbulo, al lado opuesto del solar, resigue las trazas de las vías del ferrocarril cercano, adaptándose perfectamente al perímetro del solar con su forma fusiforme alargada. Entre el vestíbulo y las diversas salas, una calle lo suficientemente ancha como para convertirse en plaza establece los vínculos, no sólo entre las diferentes partes del proyecto, sino con el resto de la ciudad, convirtiéndose en un preciado espacio público en una ciudad que carece de ellos, como lo es Tokio.

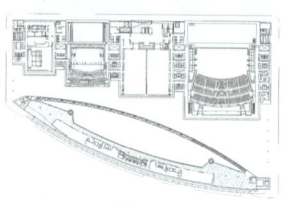
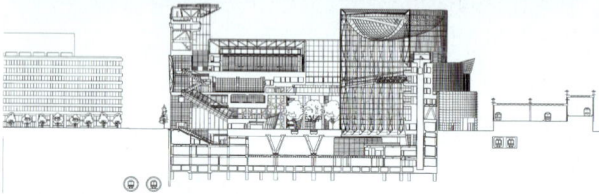

Recinto Ferial Kunibiki

Shin Takamatsu

Localización: Matsue, Prefactura de Shimane, Japón. **Fecha de construcción:** 1993. **Arquitecto:** Shin Takamatsu. **Consultores:** Yamamoto-Toshibana A & E (estructura), Architectural Environmental Laboratory (instalaciones). **Superficie:** 8.733 m². **Programa:** Hall de exposiciones, salas de conferencias y reuniones, oficinas y servicios. **Fotografías:** Nacasa & Partners.

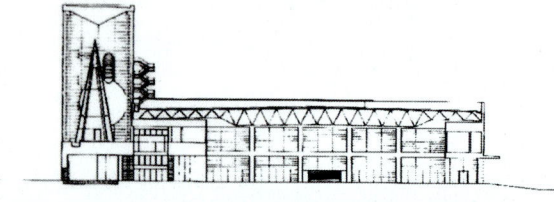

Este recinto ferial se utiliza tanto para grandes ferias y congresos como para las necesidades comerciales diarias de las autoridades de la prefactura de Shimane y congresos de pequeña escala. El nombre Kunibiki significa literalmente reunir las tierras y se refiere a la leyenda de los dioses de Izumo, que reunieron las islas para formar el país. La estrategia básica del proyecto ha consistido en separar los diferentes elementos del programa y transformarlos en un volumen independiente. Así pues, frente al gran hall para exposiciones de la parte trasera, se levanta en la parte delantera un bloque lineal de oficinas al que se le superponen los cuerpos cilíndricos de las salas de conferencias. Sin embargo, el espacio más representativo del recinto ferial es un vestíbulo situado en la parte delantera de 24 m de altura con formas geométricas suspendidas en el aire (tres conos, una esfera, un cubo de vidrio y un cilindro) que contienen los elementos de iluminación y la sala de té.

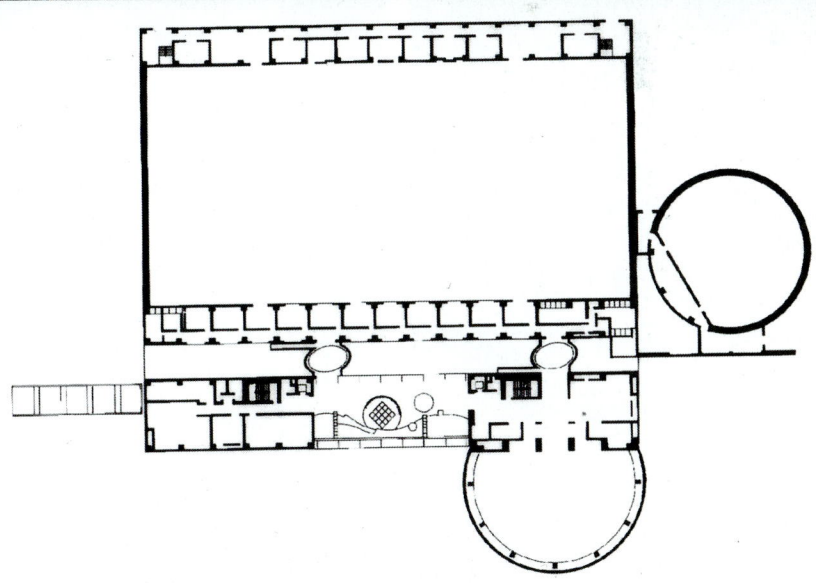

Recinto Ferial Kunibiki 701

Palacio de Congresos de Lille

Rem Koolhaas

Localización: Lille, Francia. **Fecha de construcción:** 1994. **Arquitecto:** Rem Koolhaas. **Programa:** Salas de congresos, sala de conciertos y zona de exposición. **Fotografías:** Ralph Richter/architekturphoto.

En un principio, el Grand Palais tenía que ser un gran edificio puente que uniese las dos zonas previstas, pero fue evolucionando hasta convertirse en un edificio ovoide donde se integran tres funciones: Zenith (sala de conciertos), Congrés (salas de congresos) y Expo (zona de exposición). El volumen se adapta a los diferentes usos, al igual que la estructura, que desaparece en la sala de conciertos, mientras que la zona de exposiciones se entiende como un bosque de pilares de diferentes secciones.

La cubierta se convierte en un paisaje técnico de donde cuelgan las máquinas de instalaciones, y la fachada ha cambiando según las necesidades interiores, combinando metal (opaco) para la zona de servicios y descarga, plástico (semitransparente) en las zonas que miran a la ciudad y hormigón (resistente al fuego).

EXPO-Lisboa '98

Corporativo

Localización: Lisboa, Portugal. **Fecha de realización:** 1995-1998. **Programa:** Complejo para la Exposición Universal de Lisboa '98. Pabellones internacionales y multitemáticos, ajardinamiento y espacios comerciales, de recreo y de ocio, aparcamiento. **Fotografías:** Paco Asensio.

Lisboa se proyecta hacia el próximo milenio de la mano de la Expo 98, en torno a la que se ha planificado el definitivo despegue metropolitano de la capital atlántica. Concentrada en cincuenta de las trescientas hectáreas afectadas por la operación urbanística, la Expo portuguesa se comprometió a construir entre una y dos decenas de contenedores de dimensión y usos diversos, de los cuales solo una parte se ha destruido al final del evento. Y es en este momento cuando empieza una segunda historia, apoyada en la nueva infraestructura y en los accesos realizados al efecto, en la que continúa la gestión de aquella parte del suelo con funciones ya asignadas: residencial, terciario o de esparcimiento. Por otro lado, la mayoría de los pabellones temáticos no provisionales se proyectaron teniendo en cuenta su futuro y esta táctica ha permitido la excelente reutilización de tales construcciones.

Portugal es el único país con recinto propio. El resto de los países participantes construyó sus

pabellones bajo la cubierta ondulada que se ha convertido en el nuevo recinto ferial de Lisboa. La Expo incluye, entre otros, el pabellón de Portugal de Álvaro Siza, el del Conocimiento de los Mares de Joao Luis Carrilho da Graça, el Oceanario de Peter Chermayeff y el Pabellón de la Utopía de S.O.M.

Cartuja 93

Corporativo

Localización: Sevilla, España. **Fecha de realización:** 1993. **Cliente:** Cartuja 93. **Arquitectos:** Corporativo. **Programa:** Espacio para el ocio y la cultura. **Fotografías:** Archivo fotográfico Expo 92 y Cartuja 93, David Cardelús.

En el caso de Sevilla, la operación urbanística que dio soporte físico a la Expo 92 se ha prolongado en el proyecto Cartuja 93, a fin de optimizar los "activos" generados durante su celebración. El proyecto se centra sobre dos objetivos fundamentales: convertirse en medio de innovación científica y tecnológica y en espacio metropolitano para la cultura y el esparcimiento. Al primero corresponde la previsión de equipamientos tales como parque científico y tecnológico, campus universitario y centro terciario; el segundo contempla la oferta de área cultural vinculada al conjunto monumental de La Cartuja, parque temático, parque urbano del Alamillo y zonas deportivas. A ello se añaden las infraestructuras complementarias de hostelería y transportes. La construcción de la isla muestra un pequeño compendio en el que se entrelazan las obras de ingeniería civil, la liberación de terreno para el crecimiento urbano y el enriquecimiento del paisaje urbano, preservando al mismo tiempo el entorno natural.

Millennium Experience

Richard Rogers Partnership

Localización: Greenwich, Reino Unido. **Fecha de realización:** 1996-1999. **Cliente:** The New Millennium Experience Company Limited. **Arquitecto:** Richard Rogers Partnership. **Colaboradores:** Ove Arup & Partners (supervisores), Buro Happold (estructura y servicios), Fedra (ingeniería de fuegos), McAlpine (constructor), Bird Air (cubierta), Bernard Ede (paisajismo). **Programa:** Diseño y construcción del lugar, estructura del complejo e instalaciones exteriores: catering, zona de recepción, parques, espigón, carpas de exhibición, servicios. **Fotografías:** Grant Smith.

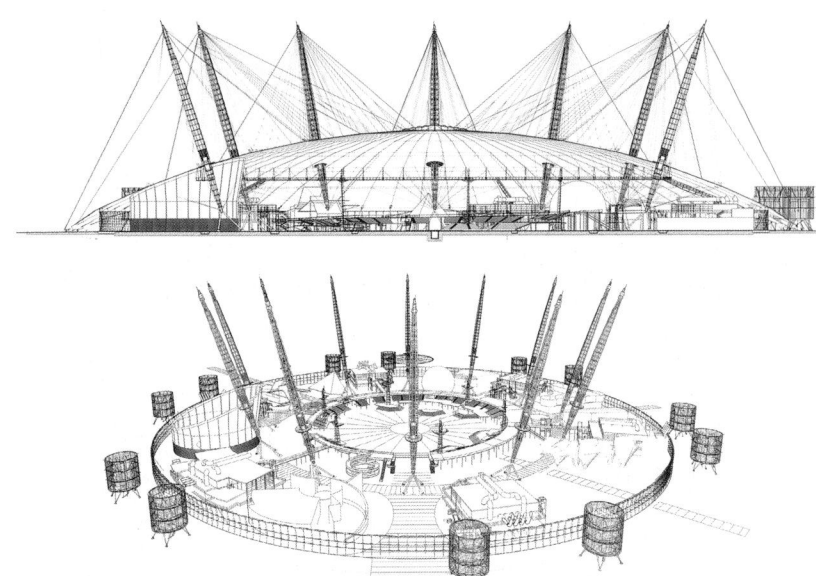

El complejo para celebrar la entrada del milenio se inaugurará el 31 de diciembre de 1999. En él se celebrarón exposiciones y festejos para la entrada del nuevo siglo. Tiene una circunferencia de 1 km, con un diámetro de 365 m y una altura máxima de 50 m. La carpa queda suspendida de una serie de mástiles de acero de 106 m de altura que se fijan gracias a más de 70 km de cable. La cubierta está realizada en fibra de vidrio Teflon y en el interior se sitúa una zona abierta, apta para las distintas celebraciones. Las obras empezaron en junio de 1997 y se encaminaron a construir este cuerpo principal del complejo junto al "Espigón del Milenio", una isla artificial, una zona de descanso de forma ondulante donde disfrutar de una iluminación y música relajantes y, por último, el Pabellón Greenwich. El Espigón (2 millones de libras esterlinas de coste) es el más largo de una serie de construcciones estatales de este tipo para mejorar el transporte fluvial a través de la ciudad. La isla artificial (Living Island) ha sido plantada con varias especies indígenas y quedara completada a finales del verano del 99. El Pabellón Greenwich, por su parte, incorporará una cafetería y varias salas de exhibición.

Centro de Exposiciones de Bruselas. Paso Peatonal

Samyn & Associes

Localización: Chausée Romaine, Bruselas, Bélgica. **Fecha de realización:** 1995-2000. **Cliente:** Parc des Expositions de Bruxelles. **Arquitecto:** Samyn & Associes. **Colaboradores:** Setesco (estabilidad), Atenco (ingeniería), Gh. André, Y. Avoiron, F. Berleur, B. de Man, J. P. Dequenne, A. d'Udekem, F. el Sayed, Th. Henrard, L. Kaisin, D. Mélotte, N. Milo, J. Y. Naimi, N. Neuckermans, T. Provoost, J.P. Rodriguez, Q. Steyaert, Ph. Samyn, B. Thimister, G. van Breedan, M. Vandeput, S. Verhulst. **Superficie:** 140.000 m². **Programa:** Centro de exposiciones, paso peatonal de conexión entre salas, aparcamiento, centro de negocios, oficina de correos, centro de prensa, ajardinamiento, guardería. **Fotografías:** Ch. Bastin, J. Evrard, Andrés Fernández, Bauters Sprl.

Ciertos elementos dan idea de la gran afluencia de visitantes que llegan al complejo a través del acceso norte (Porte Nord). Por este motivo, el emplazamiento destinado al aparcamiento contiene 12.000 plazas. Además, más del 70% de los visitantes acceden a los salones a través de esta entrada, lo cual significa un millón de visitantes al año, sin incluir los camiones y furgonetas de carga, para un área de exposiciones de 140.00 m2. Es evidente, por tanto, que existía una necesidad urgente de crear un gran espacio dedicado a la recepción acorde con el volumen masivo de visitantes que acceden por la puerta norte. Por otra parte, los visitantes que utilizan el transporte público continúan entrando a través del apacible paisaje del acceso sur.

El vestíbulo del Centro de Exposiciones de Bruselas está constituido principalmente por un enorme techo en forma de parábola de cristal y madera. Esta estructura cubre, aproximadamente, una área total de 26.000 m2 en una rejilla de 15 x 16,20 m. Un paso de 10 m de ancho y 90 m de largo construido en tres secciones conecta directamente con el aparcamiento C y la zona de recepción. Situado bajo el techo acristalado y seis metros sobre el nivel del suelo, cubre la zona de vehículos de mercancías para los salones. Actuando literalmente como un eje, también da acceso a una red de caminos entre los salones existentes, permitiendo al público tener acceso a las diferentes salas de forma independiente.

Palacio de Congresos de Valencia

Sir Norman Foster

Localización: Valencia, España. **Fecha de construcción:** 1996-1997. **Arquitecto:** Sir Norman Foster. **Programa:** Salas de Congresos, auditorios, zona ajardinada de acceso, vestíbulo, equipamientos, despachos, aseos, cafetería, restaurante, salas de prensa y zonas de exposición. **Fotografías:** Paco Asensio.

Este nuevo Palacio de Congresos representa el foco principal de una zona de las afueras de Valencia en pleno desarrollo urbanístico. La planta del edificio es una lente convexa, con dos fachadas curvas de diferente longitud. El programa incluye tres auditorios de distintos tamaños y capacidad. Cada uno de ellos está equipado con las correspondientes cabinas de traducción simultánea y el más pequeño puede ser objeto de división en dos espacios. Las grandes fachadas acristaladas aparecen protegidas gracias a unas persianas exteriores construidas a partir de una láminas movibles de vidrio traslúcido, que ayudan al ahorro energético y proporcionan una luz muy agradable. Frente a estos brise-soleil verticales aparecen unos estanques de foma curva que ayudan a reflejar la luz natural hacia el interior.

La cubierta, común a todo el edificio, es de aluminio revestido de zinc y, como consecuencia de su cuidado diseño, parece flotar sobre el cuerpo del edificio, sostenida por unos grandes pórticos de hormigón.

Todo el conjunto parece simular la proa de un gran barco en mar abierto.

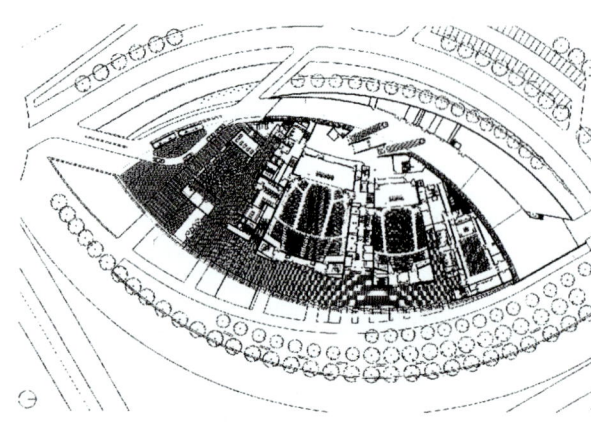

Centro de Convenciones y Exhibiciones de Brisbane

Philip Cox

Localización: Southbank, Brisbane, Australia. **Fecha de realización:** Junio 1995. **Cliente:** Gobierno de Queensland. **Arquitecto:** Philip Cox. **Colaboradores:** Cox Rayney, Ove Arup (estructuras e ingeniería). **Programa:** Centro de Convenciones y Exhibición: una sala principal y otras veinte de reunión. **Fotografías:** Cox Group's Brisbane.

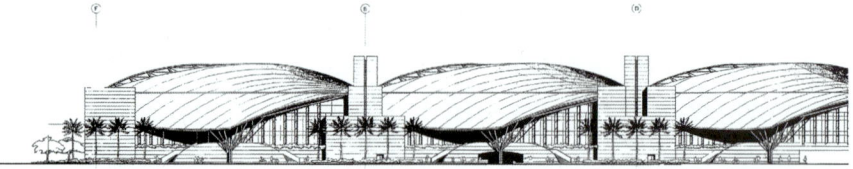

El Centro contiene cinco salones de exhibición, uno de los cuales contiene un sistema de asientos operado mecánicamente que permite elevar o bajar los asientos para facilitar convenciones de más de 4.000 asistentes.
Otras instalaciones incluyen un salón con capacidad para 2.000 personas y 20 salas de reunión, que van de los 50 a los 1.000 m2.
Los salones son alargados y contiguos en planta para proveer de un espacio de exhibición de más de 25.000 m2.
El Centro está diseñado para formar un escenario ondulado para los jardines usando una serie de formas dimensionales de concha basadas en la geometría de las parábolas.
La principal iniciativa del diseño era desarrollar una estructura que descendiera lo más posible en la fachada para conseguir una escala humana.
El Centro de Convenciones y Exhibiciones de Brisbane ha conseguido cinco premios nacionales de arquitectura y el Royal Institute of British Architects Engineering Award de 1996.

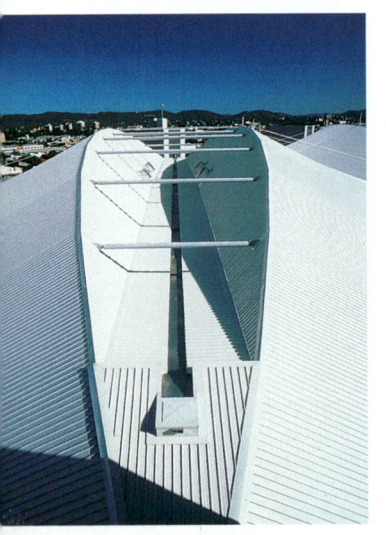

Torhaus

O.M. Ungers

Localización: Francfort, Alemania. **Fecha de realización:** 1991. **Cliente:** Feria de Francfort. **Arquitecto:** O.M. Ungers. **Programa:** Galería y rascacielos para oficinas para la coordinación administrativa de eventos de la Feria. **Fotografías:** Francesc Tur

La Torhaus se encuentra en el centro de Francfort, junto a la vía de acceso de la autopista. Además, dos líneas de ferrocarril atraviesan el terreno por pasos elevados originando un espacio abierto triangular que dificultaba la actividad de la Feria. La solución para salvar este obstáculo fue esta edificación de cristal y piedra que hizo posible la comunicación entre ambas partes del terreno. Su nombre ("tor" significa puerta en alemán), hace referencia a este emplazamiento convertido en simbólica puerta de entrada a la ciudad.

La pieza se compone de una franja de forma horizontal y de una torre sobre una base irregular. Las funciones de servicio se encuentran en el primer cuerpo y distribuidas en cuatro pisos: jardín de infancia, peluquería, tiendas de comestibles, oficinas de asesoramiento y de intérpretes, oficinas de prensa y centro de negocios se distribuyen en este módulo cuya esquina sureste cobija el sistema de calefacción y refrigeración. Un paso peatonal discurre por el tercer piso en forma de vía móvil. Por encima de esta pieza se eleva el rascacielos, que dispone de 24 pisos adicionales destinados a las oficinas de administración de la Feria. Consiste en dos cuerpos encajados: un edificio interior de vidrio y otro exterior de piedra que lo protege y lo enmarca. La construcción tiene un total de 29 pisos y una altura de 117 m.

El hecho de que todavía hoy provoque admiración es probablemente la lección más optimista que recibimos de este espectacular rascacielos.

Centros de investigación

La especificidad de algunas tipologías arquitectónicas requiere un esfuerzo adicional. Este es el caso de los edificios destinados a la investigación, ya que necesitan un proceso de diseño especializado. Los arquitectos deben estar preparados para enfrentarse a retos técnicos que afrontarán respaldados por expertos. Así, los edificios incluidos en este capítulo son fruto del trabajo en equipo, que garantiza la solución de todos los problemas que surjan en el desarrollo del proyecto. El desafío principal es salvar las cuestiones técnicas creando espacios funcionales y también confortables, donde se presta importancia al uso para el cual están destinados pero también a los trabajadores que lo van a ocupar.

Oficinas y Centro de Investigación Seibersdorf
Centro de Investigación de la Universidad de Cincinnati
OCAS
M&G Ricerche
Cubo de diseño
Instituto de Neurología
IMPIVA
Instituto Skirball de Medicina Biomolecular
Centro Wexner de Artes Visuales
Centro de Ciencia de Estudios Sociales
Heureka
Pacific Design Center
Instituto Hysolar
Jardín Botánico Lucille Halsell
Jardín Botánico en Graz
ESTEC

Oficinas y Centro de Investigación Seibersdorf

Coop Himmelb(l)au

Localización: Seibersdorf, Austria. **Fecha de realización:** 1995. **Promotor:** Centro austríaco de investigación. **Arquitectos:** Coop Himmelb(l)au. **Colaboradores:** Sam, Hopfner, Hornung, Mündl, Pillhofer, Spiess, Péan, Postl (equipo de diseño). **Programa:** Oficinas y laboratorios. **Fotografías:** Gerald Zugmann, Hélène Bisnet (también páginas 720/721).

El encargo consistía en la reforma y ampliación de un almacén existente en los terrenos del Centro de Investigación Seibersdorf. El almacén debía ser modificado y ampliado, de forma que pudiera acoger las oficinas del centro. El grupo de investigación tenía la particularidad de abarcar a profesionales de diversas disciplinas. El planteamiento procura que el edificio refleje esta forma de trabajar. La simultaneidad de sistemas diversos debía darse no sólo en el método de trabajo, sino también en el propio edificio. Partes en general diferenciadas del edificio se han solapado, diferentes sistemas constructivos coexisten, lo viejo y lo nuevo se dan simultáneamente en el mismo nivel. Esto es perceptible en la volumetría, en la estructura, en las pieles del edificio. La fachada en sí no existe.

El volumen que ha sido añadido al almacén tiene la forma de una viga de dos plantas, que está soportada por una serie de pilares inclinados, algunos de ellos dispuestos en forma de cruz, en función de las necesidades estructurales. Se trata, en realidad, de un armazón del que cuelgan las losas de hormigón que constituyen los forjados. La dirección de esta viga-edificio no es la de la construcción preexistente, sino que se sitúa perpendicular a ella y, en uno de sus extremos, pasa por encima de la calle. Se ha creado pues, un puente, que de nuevo introduce una superposición de direcciones diferentes.

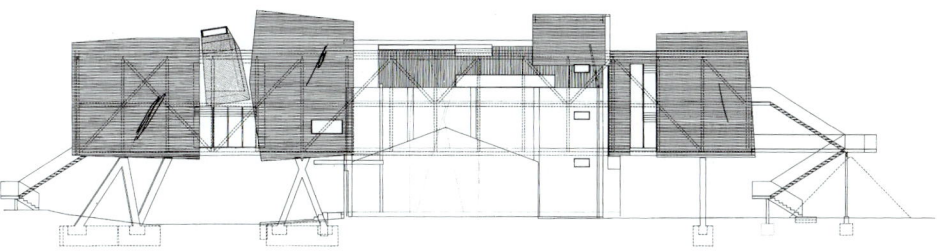

Oficinas y Centro de Investigación Seibersdorf

Centro de Investigación de la Universidad de Cincinnati

Michael Graves

Localización: Cincinnati, Ohio, EE.UU. **Fecha de realización:** Mayo de 1995. **Promotor:** Universidad de Cincinnati. **Coste:** $ 32 millones. **Arquitecto:** Michael Graves. **Colaboradores:** KZF Inc. (arquitectos asociados), Smith, Hinchman & Grylls Assoc. (diseño), Hargreaves Associates (paisajismo), Monarch Construction (constructor). **Programa:** Instituto de investigación. **Fotografías:** Timothy Hursley.

Desde que iniciara su actividad como arquitecto en 1964, Michael Graves ha evolucionado desde la abstracción neovanguardista de sus orígenes al lenguaje posmoderno que caracteriza su obra más reciente. Fue tras la realización de diferentes proyectos de ampliación que le supusieron un contacto directo con la historia, cuando aparecieron en su obra citas clásicas y vernáculas junto a formas abstractas, en una combinación de lenguajes que define su arquitectura.

El color, como superación de uno de los prejuicios de la arquitectura moderna, y la fachada, como elemento pictórico y escenográfico, adquieren una gran importancia. Por otra parte, el sistema de ejes utilizado para la planta y la libre combinación de elementos recuerdan, inevitablemente, la tradición clásica. En mayo de 1995 finalizaron las obras del Centro de Investigación e Ingeniería para la Universidad de Cincinnati, Ohio. Volumétricamente, el edificio puede entenderse como una macla entre un gran pabellón longitudinal y otros cuatro cuerpos transversales, de entre los que destaca el de la entrada. A pesar de la variedad de materiales (ladrillo ocre y terracota) o de la forma de las ventanas (redonda o cuadrada), las fachadas transmiten un orden unitario. El mismo discurso se repite en la cubierta, toda ella revestida de cobre, donde, sobre una gran bóveda longitudinal, aparecen sugerentes formas industriales.

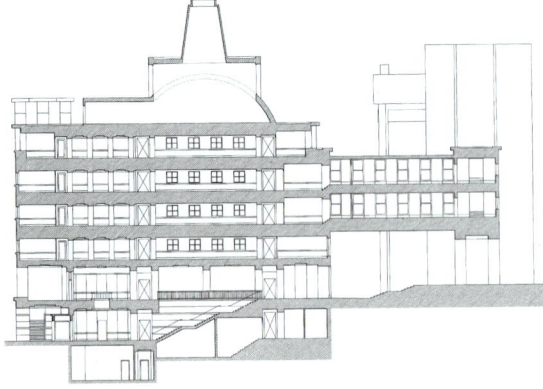

OCAS

Samyn & Partners

Localización: Gante, Bélgica. **Fecha de construcción:** 1991. **Arquitectos:** W. Azou, M. Bouzahzah, K. Delafonteyne, H. Dossin, T. Hac, C. Hein, T. Khayati, A. Mestiri, Ph. Samyn, B. Selfslagh, D. Spantouris, J. van Rompaey, L. van Rhijn. **Consultores:** Samyn and Partner, NV Sidmar (estructura), Heacon (hidráulica). **Programa:** Oficinas, laboratorios, talleres de pruebas y aparcamiento. **Superficie:** 9.000 m². **Fotografías:** Ch. Bastin & J. Evrard, G. Coolen nv.

El Centro de investigación de las Aplicaciones del Acero (OCAS) se encuentra en la intersección de una autopista con una carretera que bordea las instalaciones de la empresa del acero Sidmar. Se compone de edificios de oficinas, laboratorios y talleres de ensayos. Se precisaba el mayor grado de flexibilidad espacial, a fin de poder incorporar maquinaria y nuevos equipos técnicos sin interferir en el trabajo diario.

El proyecto está inscrito en una talud circular de 180 m de diámetro. El acceso a todas las dependencias del instituto se produce a través de una torre localizada en su centro geométrico. Las distintas funciones se organizan según dos ejes ortogonales. Los laboratorios se hallan en la primera planta en una estructura de puente de 162 m de largo y 19,5 m de ancho. Perpendicularmente se sitúan los dos grandes talleres de pruebas, con una cubierta parabólica que permite disponer de una luz de 42 m y una altura de 16,5. A través de una carretera interior al talud se puede acceder directamente a los talleres con transporte pesado.

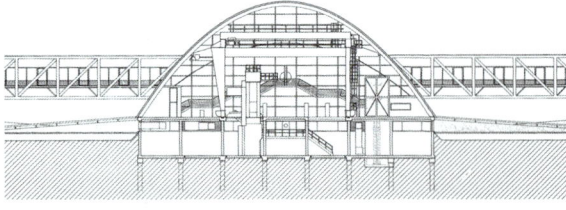

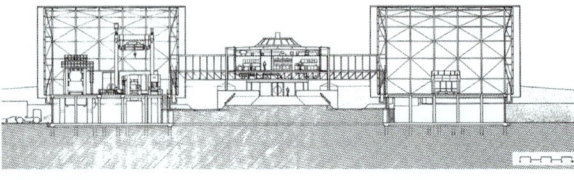

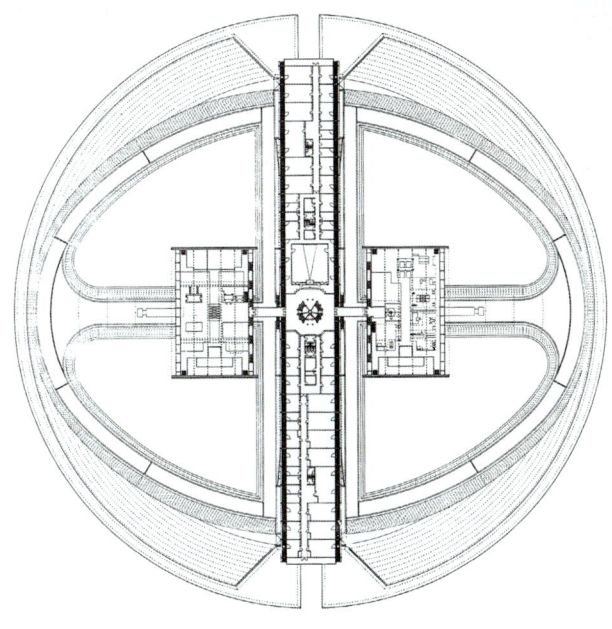

M & G Ricerche

Samyn & Partners

Localización: Venafro, Italia. **Fecha de construcción:** 1992. **Arquitectos:** Ph. Samyn, A. Cermelli, A. Charon, M.D.Ramos, M.Van Raemdonck, B.Vleurick, Studio H. **Consultores:** SETESCO (estructura), CANOBBIO (construcción de la cubierta). **Superficie:** 2.700 m². **Fotografías:** Matteo Piazza.

Estos laboratorios químicos se encuentran en Venafro, una población del sur de Italia situada en un extenso valle rodeado de colinas, campos cultivados y construcciones tradicionales. Desde los primeros bocetos se pensó en una cubierta que formase un único volumen, tipo tienda, de forma ovalada, con unas dimensiones de 85 x 32 m y una altura de 15 m, soportada por una estructura de arcos transversales y cables longitudinales. Esta estructura se ubica en el centro de un estanque también ovalado que no sólo tiene unas cualidades paisajísticas sino que también sirve para regular térmicamente las instalaciones del laborato-rio.

El espacio interior está iluminado por la propia transparencia de la membrana y por una serie de arcos perimetrales adaptados como ventanas. La membrana está construida con poliéster recubierto de PVC.
En el interior se desarrollan simultáneamente programas de investigación que requieren maquinaria pesada y experimentos delicados. Bajo la lona se sitúan tanto la maquinaria como una segunda estructura de dos plantas que alberga despachos y servicios, a los que se accede a través de un sistema de pasarelas.

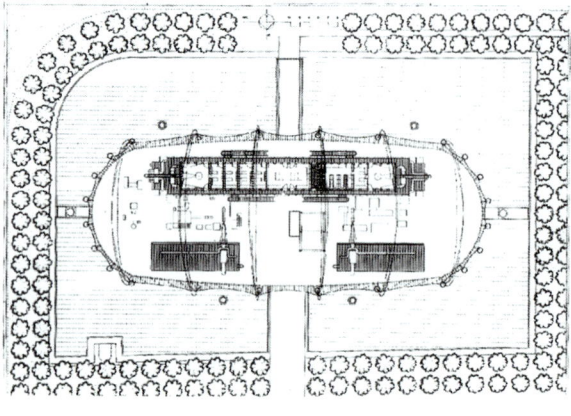

Cubo de diseño

Ortner & Ortner

Localización: Klagenfurt, Austria. **Fecha de realización:** 1992-1995. **Cliente:** EDD-Designentwicklungs.
Arquitectos: Ortner & Ortner. **Colaboradores:** Sabien Krischan; Reinhold Svetina (estructura). **Fotografías:** Ralph Richter/Architecturphoto, Lang & Lang.

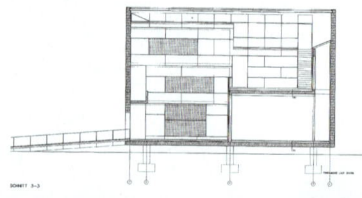
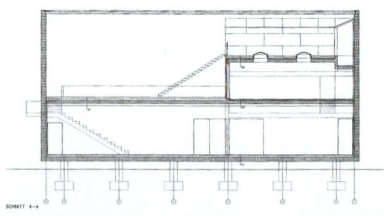

Ortner & Ortner han apostado decididamente por la presencia: una caja gigante (18 x 26 m en planta y 12 m de altura), de color azul índigo, elevada sobre el suelo de grava blanca por 18 pilotes de hormigón, queda fijada por los cuatro puntos cardinales como referencia a un orden superior.
Un volumen puro. El visitante toma la rampa metálica de acceso, elevándose sobre el suelo, dispuesto a descubrir el interior de la caja. Una vez dentro, luz natural, tamizada por un toldo, le situa en un patio de fachadas en rojo y suelo gris, el mismo gris rugoso de los bloques de hormigón que construyen el envoltorio. Las fachadas están revestidas con tableros de contrachapado vitrificado. Enfrente de la entrada, sobre el eje longitudinal, se situa la fachada de la sala de exposición y conferencias, de una altura y media, que ocupa la mitad norte. A la izquierda, siguiendo el eje transversal, la fachada en tres alturas del cuerpo administrativo continúa, con media altura menos, sobre la terraza que cubre la sala. A la derecha, una grada-escalera conduce hasta el balcón, único elemento que se atreve a sobrepasar los límites de la caja, devolviendo la mirada al mundo exterior.
La estructura queda separada de la caja por una estrecha franja perimetral, cuya definición consagra el proyecto: es pasarela sobre la entrada, rampa escalonada desde el balcón a la terraza, entrada de luz resbalando en la sala, y de nuevo luz y escalonamiento en el recorrido de los cuerpos desde la entrada.

Instituto de Neurología

Burton Associates, Tod Williams, Billie Tsien

Localización: La Jolla, California, EE.UU. **Fecha de realización:** 1996. **Arquitectos:** Burton Associates, Tod Williams, Billie Tsien. **Programa:** Centro multidisciplinar para el estudio del cerebro. **Fotografías:** Pablo Mason.

Se trataba de crear un centro multidisciplinar que abarcara todos los campos que trabajaran sobre el cerebro, en un ambiente que compaginara tanto la experimentación práctica como la teórica, en un gran foro que atrajera a especialistas de todo el mundo en la materia.
La parcela está rodeada de terreno destinado al campus de Scripps, mirando más hacia las colinas del este que hacia el océano Pacífico. En lo alto de una colina, el complejo ocupa unos cinco mil metros cuadrados y está compuesto por tres edificios principales organizados a través de una plaza. Esta organización casi de claustro permite el despliegue de todo un paisaje interior, donde el descubrimiento de los diferentes espacios parece tener más importancia que la propia forma de los edificios. Los tres edificios que lo componen están destinados a teoría, en un centro de tres plantas, un ala de laboratorios en forma de U abrazando la plaza, y un auditorio. Toda una serie de caminos y escaleras rodean el perímetro, moviéndose entre los diferentes niveles del complejo y procurando diferentes puntos de vista sobre la plaza y las colinas del paisaje circundante. El gran mérito de este proyecto ha sido la estrecha colaboración entre un equipo de arquitectos y otro de paisajistas que, lejos de superponerse, colaboran en la misma dirección, agregando siempre nuevos significados que enriquecen el resultado final.

IMPIVA

Ferrater, Bento y Sanahuja

Localización: Castellón, España. **Fecha de construcción:** 1995. **Arquitectos:** Carles Ferrater, Carlos Bento, Jaime Sanahuja. **Colaboradores:** Carlos Martín, Carlos Escura. **Programa:** Oficinas y servicios. **Fotografías:** Paco Asensio.

El Instituto de la Pequeña y Mediana Empresa se encuentra en las afueras de Castellón, entre las últimas construcciones de la ciudad y los campos de naranjos que se extienden en esta región mediterránea, en una zona destinada a Parque Tecnológico. Se trata de un lugar arquitectónicamente caótico, en el que se superponen varios lenguajes. En contraposición, los arquitectos del IMPIVA han optado por resolver el edificio basándose en la poesía de una composición geométrica rigurosa, a la manera de los artistas abstractos de las vanguardias.

El programa se centra en proporcionar espacios de alquiler para nuevas empresas en sus primeros años, por lo que se requería la máxima flexibilidad.

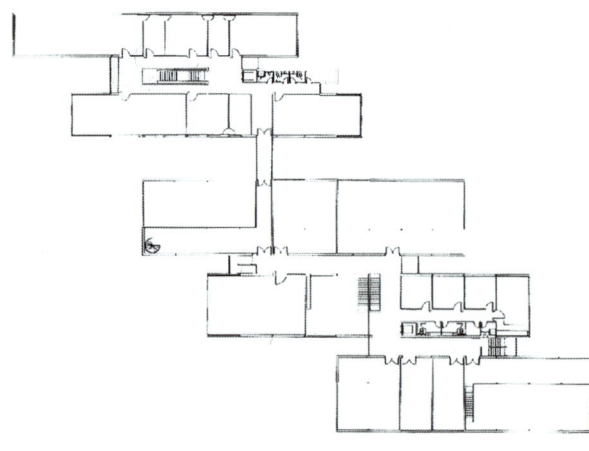

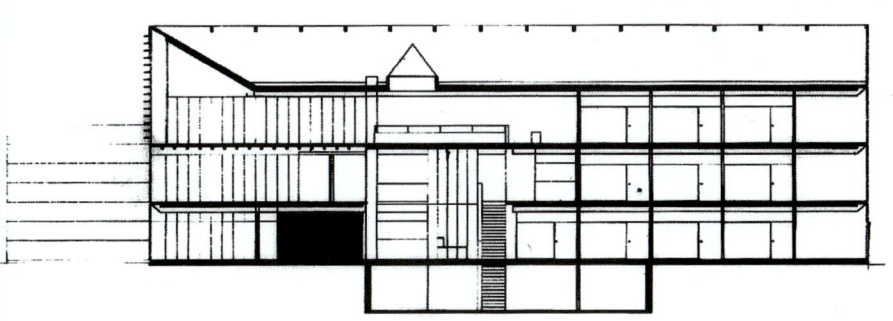

Instituto Skirball de Medicina Biomolecular

James Stewart Polshek and Partners Architects

Localización: Nueva York, EE.UU. **Fecha de construcción:** 1992. **Arquitectos:** James Stewart Polshek and Partners Architects. **Programa:** Anexo al Hospital Tisch para investigación biomolecular. **Superficie:** 51.000 m². **Fotografías:** Paco Asensio.

La ubicación de este proyecto responde a la voluntad de poder cumplir varias funciones simultáneamente: entrada principal, núcleo conector y límite estructural de un jardín interior.
El vestíbulo principal mide 1560 m2 y está cubierto por una bóveda aerodinámica de aluminio y cristal. Su doble altura convierte la entrada al hospital y a la escuela médica en un espacio amplio y acogedor. Formalmente el elemento de unión con el ala norte es el más desenfadado: un acristalamiento curvilíneo y una dependencia antropomórfica acogen el área de admisiones y la sala de espera del hospital.
El uso de diferentes materiales en fachada sugiere las funciones llevadas a cabo en el interior: los pisos destinados a laboratorio están acabados en granito y los residenciales en ladrillo.
La circulación por los laboratorios está organizada a través de un doble pasillo. Cada módulo está dividido en una zona de trabajo, una mesa colocada en el muro que da al exterior, y una zona de descanso orientada hacia el pasillo, creando un corredor circular alrededor del núcleo. Se intentó limitar la altura de las plantas destinadas a laboratorios para aprovechar al máximo la luz solar. Este principio también se aplicó a las oficinas médicas, donde se disponen cuatro suites por cada piso, con la mayor cantidad posible de ventanas, creando salas de espera soleadas y agradables.

Centro Wexner de Artes Visuales

Peter Eisenman

Localización: Minneapolis, EE.UU. **Fecha de realización:** 1991. **Arquitecto:** Peter Eisenman. **Programa:** Aulas para enseñanza, laboratorios, biblioteca, talleres, plaza pública exterior, despachos para profesores y sala de exhibición. **Fotografías:** Leff Golberg / Esto Photographics.

Desde el exterior el edificio aparece como un cuerpo compacto dividido en dos partes: un cuerpo macizo como zócalo con grandes aberturas, rectangulares a un lado y arqueadas en el otro, y un cuerpo superior mucho más ligero formado por una estructura de madera y cristal. Una estructura secundaria aguanta un entoldado que lo protege del sol y sirve como remate horizontal del edificio. El ábside es un cuerpo macizo, con aberturas verticales muy estrechas que lo recorren en toda su altura y recuerdan las ventanas de un ábside románico.

Centro de Ciencia de Estudios Sociales

James Stirling, Michael James Wilford

Localización: Berlín, Alemania. **Fecha de realización:** 1990. **Cliente:** Centro de Ciencia de Estudios Sociales de Alemania. **Arquitectos:** James Stirling, Michael James Wilford. **Programa:** Edificio para albergar un centro de ciencia y estudios. **Fotografías:** Richard Bryant-Arcaid.

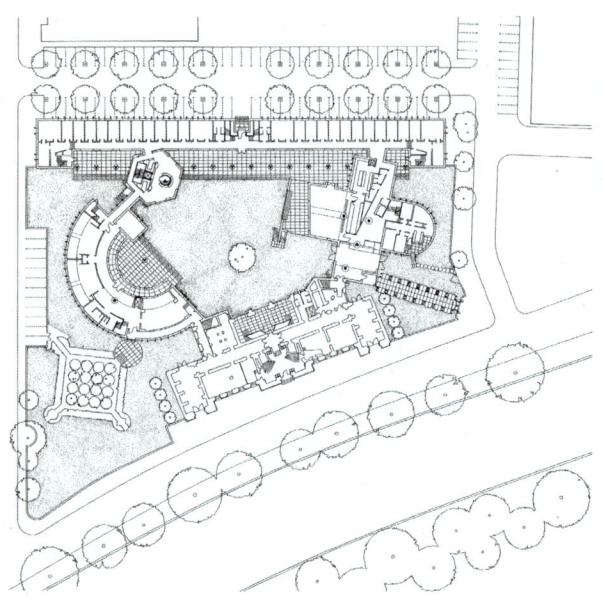

La articulación de los distintos cuerpos en torno al gran patio central y el tratamiento cromático, alegre y colorista, son las bazas fundamentales sobre las que se apoya este Centro de la Ciencia de Berlín. La nueva intervención debía utilizar la majestuosa fachada de una construcción milagrosamente salvada de la guerra: la antigua Escuela de Bellas Artes. La variedad de los cuerpos, perceptible en diseño, forma y tamaño, fue uno de los criterios básicos de la proyección. Su situación con respecto al edificio original debía adoptar una disposición de carácter envolvente, para lo cual se recurrió al método de composición por fragmentos: cada función específica se introduce en un módulo arquitectónico individualizado cuya ubicación responde al desarrollo total del proyecto.

Heureka

Mikko Heikkinen y Markku Komonen

Localización: Tikkurila, Vantaa, Helsinki. Finlandia. **Fecha de realización**: 1987-1988. **Cliente:** The Science Centre Foundation. **Arquitectos:** Mikko Heikkinen y Markku Komonen. **Colaboradores:** Juva Oy, Matti Alho (dirección de proyecto), Kimmo Friman (arquitecto colaborador), Paloheimo & Ollila Engineers, Matti Alho (ingeniería), Ernst Palmen, Estado finés, Comunidad de Vantaa y algunas empresas privadas. **Programa:** Salón central, sala de exposiciones, teatro, auditorio, puente de acceso, cafetería, oficinas y servicios. **Fotografías:** Jussi Tiainen.

Concebido como muestrario de los fundamentos científicos del universo, la apariencia de este centro se contagia de las características de la exposición, ofreciéndose como un complejo heterogéneo en volumetría, pero compacto en sus contenidos expresivos. El centro se ubica en un solar delimitado por la intersección de la línea ferroviaria del país y el cauce del río Keravanjoki. La construcción se ha diseñado como la conjunción de una serie de volúmenes y planos de geometría pura: un salón central cilíndrico, una sala curva, un teatro esférico y un auditorio en forma de abanico, dependientes de un prisma básico. La construcción incluye además un puente que salva la presencia del río. Una factura metálica y un sistema de tensores de gran estilización constituían el método más apropiado para acceder a la zona de este centro. Antes de entrar al interior se dispuso otro espacio representativo, el jardín de piedra, dominando la vía de acceso, donde se instaló un mapa geológico de Finlandia cuyo objetivo era indicar al visitante, ya desde el inicio, el mensaje del edificio. El exterior del edificio y sus instalaciones complementarias tenían que responder a estos criterios de divulgación, una mezcla entre el contenido y la forma.

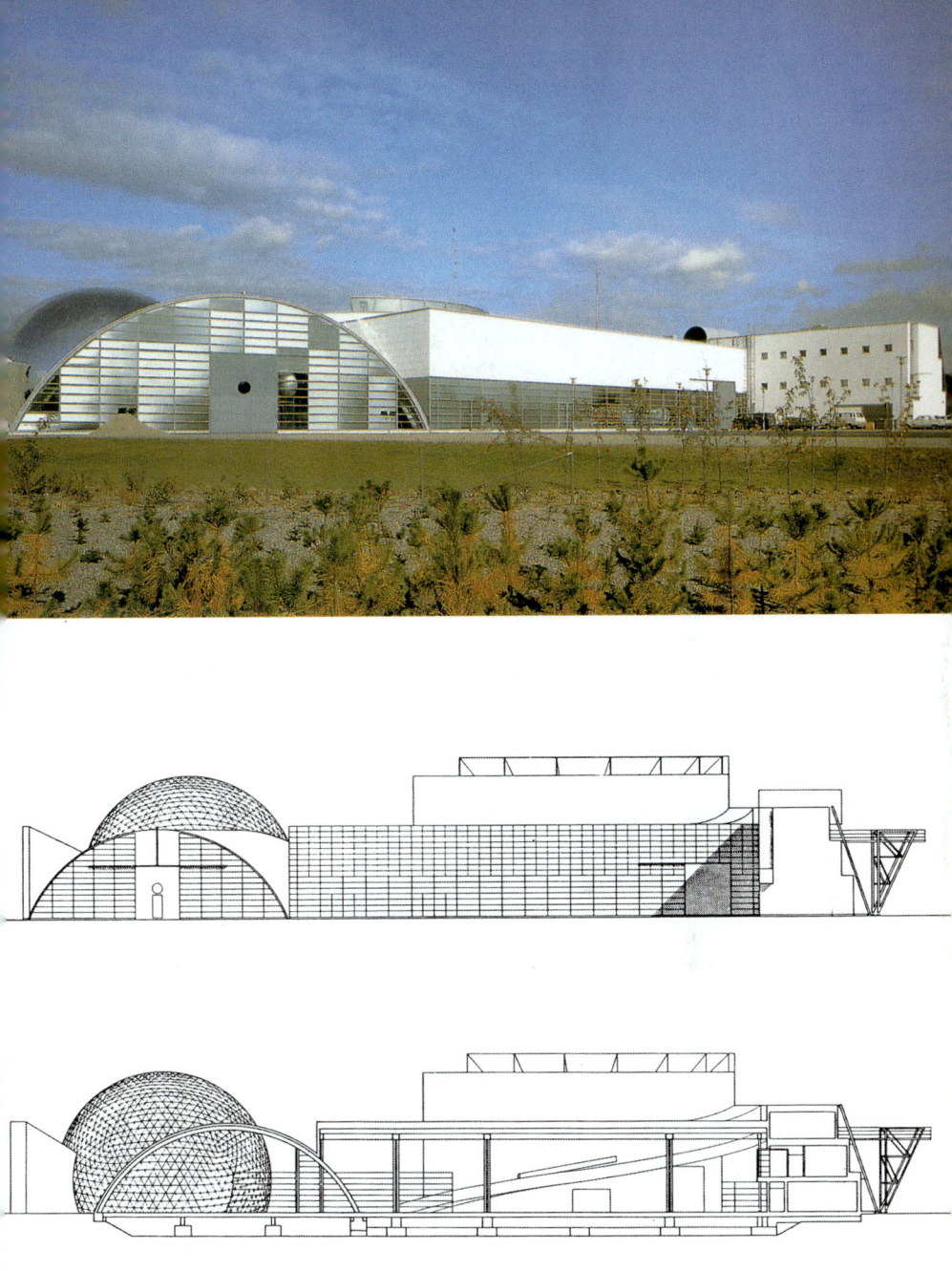

Pacific Design Center

Cesar Pelli & Associates

Localización: Los Ángeles, California, EE.UU. **Fecha realización:** 1998. **Cliente:** Ayuntamiento de Los Ángeles. **Arquitecto:** Cesar Pelli & Associates. **Programa:** Centro de exposiciones dedicado al mueble y el diseño: muebles, alfombras, revestimientos, elementos decorativos y accesorios; salas de exposición, aparcamiento, terraza, patio y plaza pública con anfiteatro y galería para exhibiciones (Murray Feldman Gallery). **Fotografías:** Marvin Rand.

El proyecto es una ampliación de la superficie inicial del Pacific Design Center, la Ballena Azul, de seis niveles, al que Cesar Pelli añadió 76.000 m², aproximadamente el doble de la superficie que poseía al principio. Las causas que motivaron esta ampliación se deben al incremento de la demanda de espacio expositivo. Por ello se proyecta la construcción de dos edificios más.

Para dar sensación de continuidad a las nuevas estructuras, algunos de los elementos de las ya existentes forman parte de las nuevas. En la base, un plinto revestido con los mismos paneles de vidrio azulado que posee el de la construcción originaria semeja la prolongación de éste.

Para llevar a cabo la construcción de estos nuevos módulos se decide efectuarla en dos fases: la primera, una estructura de acero, a base de paneles de cristal de color verde; la segunda también consta de una estructura de acero pero revestida con paneles de cristal rojo. Por lo que respecta a la estructura verde, consiste en una construcción de 40.000 m² con ocho pisos, coronada por una cúpula o tragaluz, también de cristal, en forma de pirámide hexagonal que sigue la forma adoptada por la planta del contenedor.

El Pacific Design Center sabe erigirse en un símbolo distintivo del lugar que representa, a partir de colores que alteran atractivamente la armonía constructiva de los alrededores.

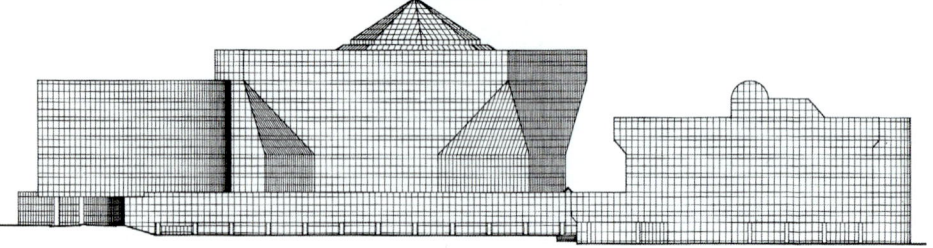

Instituto Hysolar

Behnisch & Partner

Localización: Stuttgart, Alemania. **Fecha de realización:** 1987. **Cliente:** IPE, DFULR. **Arquitectos:** Behnisch & Partner. **Programa:** Habitaciones para oficinas, laboratorios, almacén y salas auxiliares. **Fotografías:** Behnisch and Partner.

En el edificio Hysolar se alojan dos institutos: el instituto de Electrotecnia Física y el Centro de Investigación Alemán para la Navegación Aérea y Espacial. El primero realiza la investigación básica sobre los electrodos semiconductores que aprovechan la energía lumínica. El segundo se ocupa de buscar modos de optimizar el rendimiento de esta energía.

El programa previsto en este encargo era sencillo: algunas habitaciones para oficinas, unos cuantos laboratorios, un almacén y salas auxiliares, lo que ofrecía margen suficiente para la experimentación estilística. Por otro lado, se contaba con poco tiempo para el diseño y la construcción, lo que impidió a Behnisch proyectar como en él es habitual.

En consecuencia, sólo a primera vista resulta sorprendente que este proyecto proceda del estudio Behnisch & Partner. Los materiales, el colorido, la planta libre y lo que ya en otras obras de este despacho se distinguía como lugar discordante vuelve a ser reconocible aquí tras una observación más atenta. Justamente este concepto se convierte ahora en principio decisivo del Edificio Hysolar.

Jardín Botánico Lucille Halsell

Emilio Ambasz

Localización: San Antonio. Texas. EE.UU. **Fecha de realización:** 1987. **Arquitecto:** Emilio Ambasz.
Programa: Jardín botánico formado por conjunto de invernaderos.

El Jardín Botánico de San Antonio es un conjunto de diferentes invernaderos enclavados en una gran extensión de terreno de superficie irregular. Así como en otras zonas de clima más suave o menos horas de sol se suelen utilizar los habituales invernaderos acristalados, que permiten aprovechar mejor los rayos solares, en esta zona de Texas, de clima muy caliente, esta práctica resultaría un contrasentido.

El complejo se compone de varias edificaciones de base circular, parcialmente visibles -todas ellas de hormigón coloreado en albero oscuro para lograr una mayor identificación con el seco paisaje-, sobre las que descansan las espectaculares estructuras acristaladas, que recuerdan vagamente las formas de antiguas arquitecturas: pirámides y conos truncados. Una especie de calle enterrada, el eje principal, comunica las diferentes partes de este conjunto de hivernáculos. Se accede a ella por una gradería semicircular encajada en un muro que nos introduce en las entrañas de la tierra. Desde aquí, una estrecha galería conduce a un espacio más abierto presidido por una solitaria palmera. Continuando el recorrido se llega hasta otro recinto mayor inundado de una extraña luz procedente de la cubierta, que dibuja formas piramidales y semiesféricas. Esta luz tamizada ha permitido el cultivo de una variada flora. A partir de aquí, unas puertas giratorias dan acceso a un porche y a un patio, espacio central sobre el que aparecen otras construcciones (cuadradas en la parte derecha y alargada y circular en la parte izquierda).

Nos hallamos, en definitiva, ante un proyecto en el que la inteligencia ha sido utilizada para sintetizar las diferentes motivaciones.

Jardín Botánico en Graz

Volker Giencke

Localización: Graz, Austria. **Fecha de realización:** 1989–1990 y 1993–1994. **Cliente:** Universidad de Graz.
Arquitecto: Volker Giencke. **Colaboradores:** Ove Arup & Partners y Szyskowitz & Graber (ingeniería).
Fotografías: Ralph Richter/architekturphoto., Peter Eder, Atelier Giencke, Hans-Georg Tropper.

En cada uno de los tres cilindros se ha creado un clima diferente: subtropical, árido y templado. Bajo una cubierta plana e inclinada, que emerge de la tierra, se sitúa la zona de cultivo. Diseñada por ordenador, la estructura principal toma la forma de las secciones de los cilindros a modo de costillas parabólicas, mientras que la secundaria sigue las líneas generatrices. Construida con una aleación de aluminio que la hace ligera, sus secciones se reducen al mínimo, admitiendo así un 98% de luz natural en su interior. El sistema de calefacción de agua caliente transcurre por los tubos de la estructura parabólica permitiendo una temperatura constante en todo el interior.
La refrigeración se consigue con un nuevo sistema de propulsión, mezclando agua y aire para generar vapor de agua que reduce instantáneamente la temperatura a 5°C.
El cerramiento exterior está formado por una doble capa de elementos acrílicos transparentes que cubren la estructura como una piel. En el área de cultivo, la ventilación se consigue mediante elementos en la cubierta que se abren hidráulicamente.

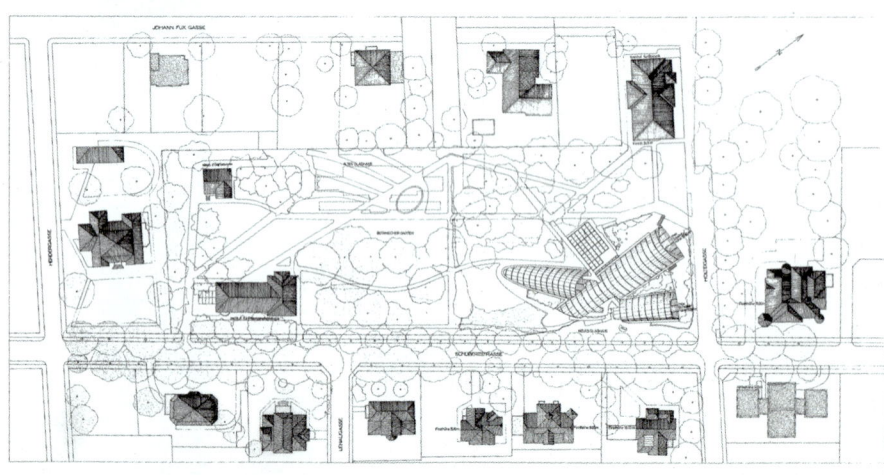

ESTEC

Aldo van Eyck, Hannie van Eyck

Localización: Noordwijk, Holanda. **Fecha de realización:** 1989. **Cliente:** Estec. **Arquitectos:** Aldo van Eyck, Hannie van Eyck. **Programa:** Edificio para albergar el Centro Europeo de Investigación y Tecnología Espacial: salas de conferencias y audiovisuales, restaurante, salón-invernadero, almacenes, oficinas, cocina y servicios. **Fotografías:** Alexander van Berge.

La proyección del nuevo complejo se ha realizado a partir de un esquema clásico que domina la planta y la subdivide de forma ortogonal tripartita. En esencia, la intervención ha sido planteada como un atrio inscrito en un cuadrado.
El primero recibió un tratamiento circular, mientras que los laterales del segundo se constituyen a manera de arcos.
El edificio requería una composición de gran flexibilidad por lo que los arquitectos recurrieron al uso de la columna endecagónica, que permitía una organización sinuosa y fluida, combinando las líneas curvas con las rectas. Este método es muy adecuado para facilitar encuentros sencillos y naturales, conformando polígonos que pueden asumir libremente la línea curva. Gracias a ese sistema el edificio se pudo distribuir en varios cuerpos geométricos de gran pureza, pero adoptando formas sinuosas y ondulantes, en concordancia con las características topográficas del terreno. El conjunto ha sido tratado mediante un matizado cromático que recorre todos los grados del espectro luminoso, definiendo los distintos espacios funcionales.

Del mismo modo, la factura inclinada y oblícua de la cubierta permitía reorganizar el espacio total, dibujando el juego de volúmenes y vacíos, presencias y ausencias, que configuran su morfología visual.

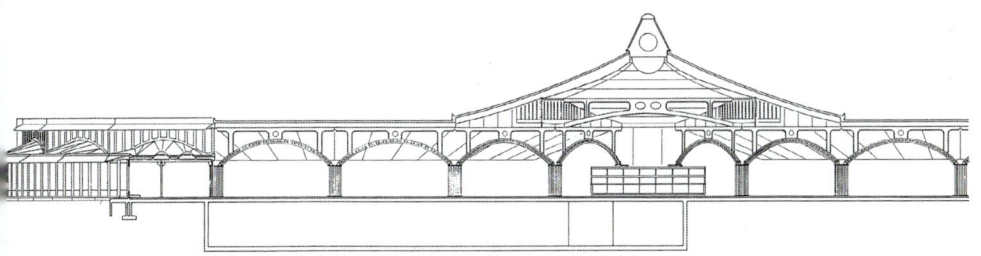

ESTEC 753

Fábricas

La actividad industrial se ha convertido en exponente del grado de desarrollo de un país. La idea de que el hombre es otro factor más de la producción ha evolucionado gracias a una mayor conciencia social. Ha aparecido un nuevo concepto de fábrica en el que la tarea de conseguir que el trabajador se sienta persona dentro de sus instalaciones se convierte en reto. La contemplación de los proyectos recopilados en este capítulo revela que el carácter de la actividad industrial planea sobre las obras que ésta genera, las cuales pueden calificarse como singulares.

A pesar de su evidente diversidad, todas ellas responden a unas constantes que hacen referencia a las condiciones que deben cumplir este tipo de edificaciones con vistas a conseguir una óptima funcionalidad. Entre ellas, destacan las siguientes: ajuste de la planta al proceso de producción, eliminación de elementos superfluos que encarecerían el coste y existencia de las instalaciones necesarias para que la permanencia del trabajador se produzca en las mejores condiciones.

Almacenes Ricola

The Box

Toto

Almacén y sala de exposición Holz Altenried

Centro Técnico del Libro de Marne-la-Vallée

Planta de tratamiento de grano

Planta de fosfatos

Fábrica de muebles Herman Miller

Pabellón Vitra de Conferencias

Fábrica Funder Werk 3

Financial Times

Terminal 8 oeste MTR

Almacenes Ricola

Herzog & de Meuron

Localización: Mulhouse, Francia. **Fecha del proyecto:** 1992. **Fecha de realización:** 1993. **Cliente:** H.P. Richterich, Ricola AG, Laufen/CH. **Arquitecto:** Herzog & de Meuron. **Responsable del proyecto:** André Maeder. **Arquitecto paisajista:** Dieter Kienast. **Paneles de policarbonato:** Marc Weidmann. **Programa:** Almacén y planta de producción. **Superficie:** 2.760 m². **Fotografías:** Margherita Spiluttini.

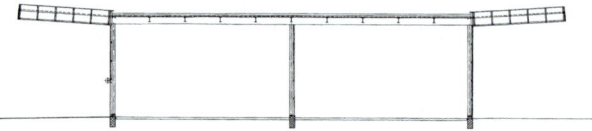

La nueva nave para la empresa Ricola-Europe S.A debía situarse al sur de la ciudad de Mulhouse, en una zona industrial en medio de los bosques de Alsacia. El solar, de dimensiones bastante grandes, es prácticamente llano, y la nueva nave debía servir tanto para la producción como para el almacenaje. Herzog y De Meuron plantearon un volumen rectangular de una sola planta, totalmente diáfano en su interior.
Los lados mayores quedan dominados por dos grandes marquesinas, que guarecen de la lluvia y de la radiación solar.
Se trata de dos grandes paños de paneles de policarbonato traslúcido en los que está estampado mediante serigrafía el dibujo de una planta.
Esta decisión determina la imagen paisajística exterior y la atmósfera luminosa del interior.

The box

Eric Owen Moss

Localización: Culver City, California, EE.UU. **Fecha de realización:** 1994. **Promotor:** Frederick Norton Smith. **Arquitecto:** Eric Owen Moss. **Colaboradores:** Lucas Ríos, Scott Nakao, Scott Hunter, Eric Stultz, Todd Conversano, Sheng-yuan Hwang, Paul Groh, Thomas Ahn (equipo de diseño), Joe Kurily (estructura), John Snyder (electricidad), Peter Brown-Samitaur (constructor). **Programa:** Recepción y sala de reuniones. **Fotografías:** Tom Bonner (también páginas 612/613).

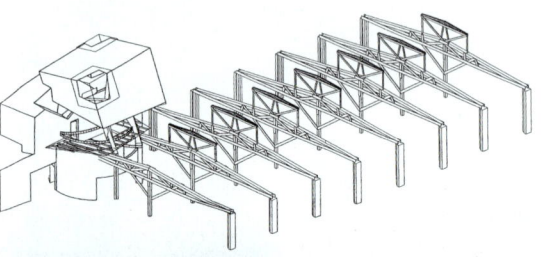

The box no es un edificio de nueva planta, sino un apéndice a una vieja nave industrial, que se ajusta a la tipología típica de estos espacios.

La planta es rectangular y la estructura de cerchas de madera con un pilar central y una linterna longitudinal. The box es un elemento de dimensiones muy reducidas, del tamaño de una casa unifamiliar, si no se cuenta la superficie de la nave existente. Sus funciones son mínimas: alberga la recepción en planta baja y una sala de reuniones y conferencias en el nivel superior. Conceptualmente, es una caja (de ahí su nombre), pero una caja a la que empiezan a sucederle cosas (y ese es el juego de Moss).

A pesar de su espectacularidad, los edificios de Eric Owen Moss son difícilmente comprensibles si no se visitan, y a pesar de su aspecto excesivo, están construidos con muy pocos materiales y con acabados uniformes. La fuerza proviene de su plasticidad, de la fluencia de formas y de su movimiento implícito. Están llenos de juegos, de rompecabezas y de acertijos espaciales. Moss no construye espacios, propone sensaciones y experimenta con secuencias de imágenes que deben ser reelaboradas en la mente del visitante que las recorre. Las formas de su arquitectura son improbables porque son apuestas y aventuras geométricas.

Toto

Naoyuki Shirakawa Atelier

Localización: Kitakyushu City, Japón. **Fecha de construcción:** 1994. **Promotor:** Sun-aqua TOTO Ltd.
Arquitecto: Naoyuki Shirakawa Atelier. **Colaboradores:** Sankyu Inc. (constructor). **Fotografías:** Nobuaki Nakagawa.

De noche se ve escrito TOTOTOTOTO sobre un fondo negro. Las letras están compuestas de puntos luminosos y flotan en el aire. De día, se lee lo mismo sobre un plano azul. Este anuncio está pensado para ser visto en movimiento, a la velocidad que circulan los automóviles por la autopista.

La arquitectura de Shirakawa deriva en general de principios geométricos claros y de volúmenes sencillos.

Se trata de una arquitectura que confía en la geometría como principio generador y como herramienta útil de proyecto. La complejidad aparece gracias al juego que se establece a lo largo del desarrollo de cada trabajo, en función de sus particularidades y de las solicitaciones específicas de cada caso.

En los edificios de Shirakawa hay normalmente patios, que son un fragmento de naturaleza privatizada; de ellos reciben la luz. Sun-Aqua TOTO no es tampoco un edificio de interiores explícitamente abiertos. Su estructura se basa en un eje paralelo a la de acceso. El pasillo, abierto en sus extremos, organiza la estructura y el funcionamiento de la fábrica. El resto son volúmenes que se adhieren a él.

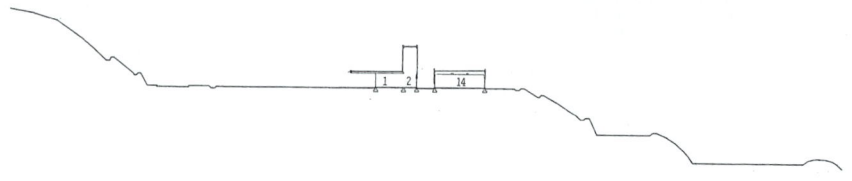

Almacén y sala de exposición Holz Altenried

Carlo Baumschlager, Dietmar Eberle

Localización: Hergatz, Alemania. **Fecha de construcción:** 1995. **Promotor:** Bernd.Altenried. **Arquitectos:** Carlo Baumschlager, Dietmar Eberle. **Colaboradores:** Michael Ohneberg (proyecto), Oliver Baldauf (supervisión), Büro Plankel (estructura). **Programa:** Almacén, *showroom* y oficinas. **Fotografías:** Ed Hueber.

El programa consiste en la creación de un contenedor dedicado a almacén y a sala de muestras y exposición, con un pequeño espacio que debe alojar despachos y locales administrativos.

El programa se distribuye entre una planta baja y oscura de almacén, una planta superior luminosa que alberga un espacio diáfano de muestras, y un núcleo de oficinas, servicios y locales auxiliares, situado en el extremo oeste del volumen.

Las fachadas que forman el volumen, así como la cubierta, se hallan ligeramente abombadas hacia el exterior, como si el volumen se hubiera hinchado. La piel de listones de madera se ha amoldado a la forma que determina el perfil cambiante de una sucesión de costillas de madera laminada encolada que es, de hecho, la estructura de esta caja de paredes curvas. Estas costillas son pórticos prefabricados de madera de abeto rojo. Cada uno posee un perfil diferente.

El revestimiento, de madera de alerce, es homogéneo. No hay diferencia entre la superficie de las fachadas y de la cubierta.

A través de su geometría y de su proceso constructivo, el proyecto sugiere el trabajo artesanal, como si de un objeto elaborado manualmente se tratara. Puede decirse que el objetivo de la construcción de este edificio es, en definitiva un anuncio de la empresa Holz-Altenried y su trabajo con la madera.

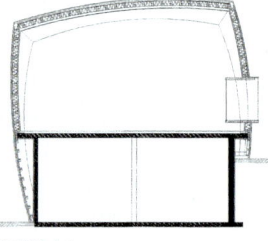

SCHNITT A-A

Centro Técnico del Libro de Marne-la-Vallée

Dominique Perrault

Localización: Bussy-Saint-Georges, Francia. **Fecha del proyecto:** 1992. **Fecha de realización:** 1995. **Arquitecto:** Dominique Perrault. **Colaboradores:** Maxime Gasperini, Jérôme Besse (asistentes), Daniel Allaire (ingeniero), Pieffet-Corbin (economista). **Programa:** Almacén de libros, talleres, oficinas, salas de reuniones y servicios. **Fotografías:** Georges Fessy (también páginas 756/757).

Las funciones básicas del centro técnico consisten, por un lado, en la conservación en buenas condiciones de obras o colecciones de rara consulta. Se pone un énfasis especial en las condiciones de temperatura y de humedad relativa. Por otro lado, para asegurar un buen funcionamiento y ser capaz de responder a la demanda de los usuarios, debe ser posible una transmisión o transporte de los documentos ágil, rápida y eficiente, con un margen de 24 horas desde la formulación del pedido hasta el momento en que éste es satisfecho.

Imagen técnica, superficies homogéneas en las que se marcan signos sencillos, claridad conceptual; se trata de un proyecto extremadamente ordenado y puro, bello por la ausencia manifiesta de todo lo superfluo. Un edificio silencioso, en definitiva, a pesar de que alberga infinidad de textos.

Planta de tratamiento de grano

Samyn & Partners

Localización: Marche-en-Famenne, Bélgica. **Fecha de construcción:** 1995. **Arquitectos:** Gh. André, J. L. Chapron, A. Charon, R. Delaunoit, Ch. Fontaine, D. Mélotte, S. Peeters, Ph. Samyn, D. Singh, B. Vleurick. **Constructor:** Bouny Construction sprl. Menuiserie Fréson sc (estructura y carpintería). **Programa:** Taller, almacén, oficinas, laboratorios y servicios. **Superficie:** 1.400 m². **Fotografías:** Ch. Bastin & J. Evrard.

Situado en el bosque de Ardennes, este edificio consiste básicamente en un espacio de taller para tratamiento de grano, almacenes frigoríficos y unos pocos despachos y laboratorios. El solar es un espacio irregular rodeado de robles espléndidos; lo que llevó a Philippe Samyn a intentar diseñar el edificio con una forma sencilla y única. Se trata de una cúpula de vidrio ovoide formada por una estructura de arcos de madera. En definitiva, se trata de una de las estructuras más sencillas de la arquitectura, que relaciona este edificio con el Yurt de Mongolia y la cabaña Zulú. Philippe Samyn retoma así las investigaciones sobre este tipo de estructuras que han realizado Mutschler y Otto en Manheim (1975), Kikutake en Nara (1987) y los edificios experimentales construidos en Dorset por Edmund Happold y los arquitectos Ahrends, Burton & Koralec en 1982. En el interior se han construido dos edificios auxiliares a sendos lados del taller central a fin de albergar las cámaras frigoríficas y los despachos.

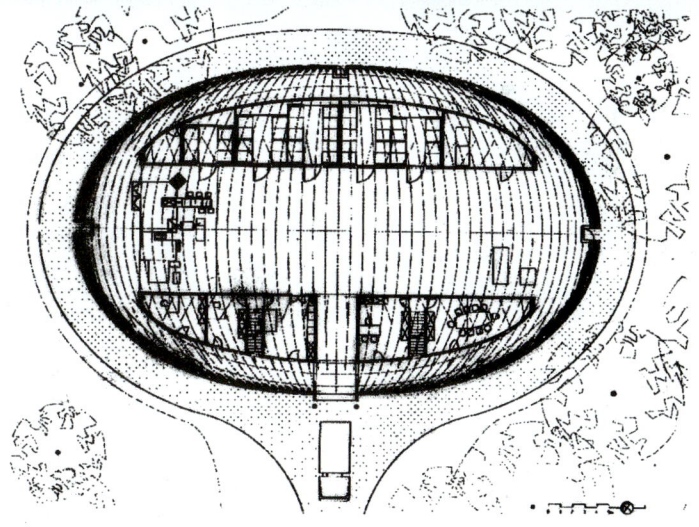

Planta de tratamiento de grano 769

Planta de fosfatos

Gustav Peichl

Localización: Nordgraben, Berlín-Tegel, Alemania. **Fecha de realización:** 1985-1987. **Arquitecto:** Gustav Peichl. **Programa:** Instalación depuradora, intervención paisajística exterior. **Fotografías:** Uwe Rau.

Esta instalación depuradora, materializada entre 1985 y 1987, forma parte de un plan de urbanización del área de la vecindad de Nordgraben, en Berlín-Tegel (Alemania), una zona tradicionalmente industrial. Se propuso la construcción de un volumen que constituyera una continuación histórica, a la par que una mejora cualitativa en todos los sentidos (técnico, tecnológico, estético, urbanístico y ambiental). Uno de los motivos que se repiten casi constantemente en el diseño es la creación de cuantas áreas sea posible, lo cual se corrobora con la proliferación de taludes cubiertos de césped, complementados con árboles que bordean las avenidas adyacentes o el interior de la planta.

La parte norte de este complejo ha de estar abierta al público en general como parque urbano, mientras que el sector oeste permanece como parte de un área que incluye la zona residencial adyacente.

Las unidades funcionales individuales se reparten radialmente en el centro de la planta, trazando la forma de una estrella que está formada por la torre de mezclas y el bloque central, y los tres depósitos de eliminación de residuos con sus respectivos sistemas de filtración. Los tres depósitos se hallan cubiertos por una capa de tierra, hecho que permite crear un terraplén triangular de color verde que presenta declives en todas las vertientes ocupadas por el césped. Para el tejado se recurre a planchas de metal provistas de unos canales internos para evitar la acumulación de agua.

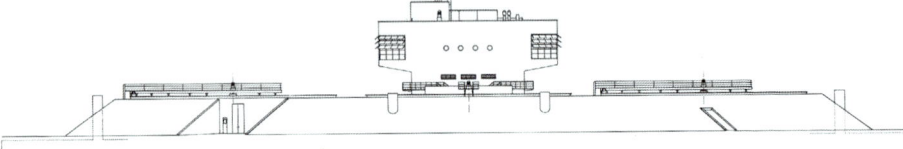

Fábrica de muebles Herman Miller

Frank O. Gehry

Localización: Rocklin, California, EE.UU. **Fecha de realización:** 1989. **Cliente:** Fábrica de muebles y distribución Herman Miller. **Arquitecto:** Frank O. Gehry. **Colaboradores:** Stanley Tigerman. **Programa:** Conexión de las unidades de producción y distribución de una fábrica de muebles. **Fotografías:** Hedrich-Blessing.

La obra está ubicada en un terreno inhóspito al borde de una llanura ligeramente ondulada. Es un terreno en el que la vegetación natural es escasa y en el que el clima se caracteriza por ser muy seco. El recurso elegido para contrarrestar la esterilidad del entorno fue la creación arquitectónica de una especie de plaza, populosa y cálida, como si fuese una pequeña urbe que acoge a 300 personas.

Frank O. Gehry ha contado asimismo con la importancia de la vegetación como elemento de ordenación espacial. La muestra más palpable de este ambicioso propósito es la curiosa cúpula semiesférica de estilo oriental, diseñada por Stanley Tigerman, colocada sobre un pequeño edificio de corte neoclásico en el que se alberga una sala de conferencias.

Pabellón Vitra de Conferencias

Tadao Ando

Localización: Weil am Rhein, Alemania. **Fecha de realización:** 1993. **Cliente:** Vitra Gmbh. **Arquitecto:** Tadao Ando. **Programa:** Pabellón de conferencias para la empresa productora de diseños Vitra: vestíbulo, sala de conferencias, salas de formación de personal, oficinas, biblioteca, ajardinamiento exterior con patio y servicios. **Fotografías:** Friedrich Busam / Architekturphoto.

La firma Vitra produce diseños de alta calidad, ya se trate de muebles que pueden ser considerados como clásicos o bien de objetos de diseñadores contemporáneos como Bellini o Philippe Starck, entre otros. Este pabellón de conferencias se halla situado cerca de la fábrica de la compañía en el sur de Alemania y en él se desarrollan diversas actividades, desde la formación de personal hasta conferencias con temas dispares. Tadao Ando decidió, a causa del emplazamiento extraodinariamente llano, no darle mucha altura para no violentar la tranquilidad del terreno. El edificio se ha hundido en el suelo. Parte de su volumen está enterrado en la tierra y un patio ha vaciado parte del solar. Tres elementos forman el edificio: un volumen rectangular paralelo a los muros que delimitan el patio hundido, otro volumen rectangular que penetra en este patio con un ángulo de 60 grados y un volumen cilíndrico que crea un vacío que corta a los dos volúmenes rectilíneos. El edificio del pabellón posee dos niveles, salas de conferencias, una biblioteca, salas privadas de oficinas y un vestíbulo. Todos estos espacios se abren al patio hundido, que funciona como dispositivo para atraer y retener esos elementos de la naturaleza, luz y viento, entre los espacios del edificio. Este patio refuerza el silencio austero de la arquitectura.

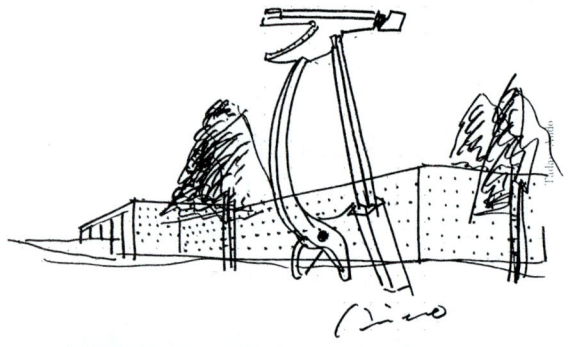

Fábrica Funder Werk 3

Coop Himmelb(l)au

Localización: St.Veit/Glan, Carintia, Austria. **Fecha de realización:** 1988-1989. **Arquitecto:** Coop Himmelb(l)au. **Colaboradores:** Wolf.D.Prix, Helmut Swiczinsky. **Programa:** Fábrica de madera: central de energía, nave de producción y puente de conexión entre naves. **Fotografías**: Gerald Zugmann.

Se trataba de construir una fábrica de transformación de la madera que debía convertirse en emblema de una nueva arquitectura fabril. El primer concepto se basó en la desmembración la nave, dividiéndola en varios elementos autónomos, como las diferentes piezas de un bodegón cubista. La edificación consta de dos partes, la central de energía y la nave de producción, mucho mayor. Estos dos volúmenes quedan conectados por un puente cubierto.

En la nave de producción el tejado ha sido construido en acero y conecta con tres aleros pequeños y una cubierta de ala grande de 650 m². Las paredes presentan unas piezas prefabricadas de hormigón y acero en su parte inferior, sobre las que se sitúan listones de latón. La fachada suroeste queda escindida por una esquina invertida, compuesta de acero y cristal, en la que se aprecia un entramado de vigas y travesaños colocados en diagonal.

Financial Times

Nicholas Grimshaw & Partners

Localización: Londres, Gran Bretaña. **Fecha de realización:** 1988. **Arquitectos:** Nicholas Grimshaw & Partners. **Superficie:** 14.000 m². **Fotografías:** Jo Reid.

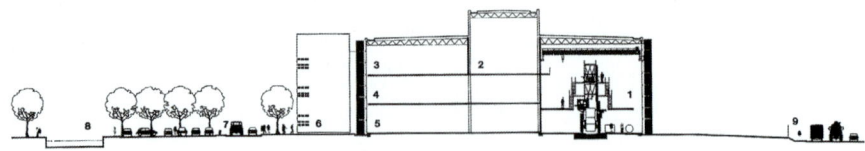

El encargo principal fue el de concebir dos prensas de imprenta para ubicarlas dentro de un recinto de nuevo cuño. El volumen está gobernado por la simplicidad y por la simetría.
De planta rectangular, posee dos tramos laterales de 18 m con una espina dorsal o eje de 12 m Dichos sectores están orientados en la cara norte (el que contiene las prensas) y en la sur (donde se emplazan los departamentos de funciones y servicios auxiliares). Uno de los aspectos más destacados del conjunto reside en la cubierta de vidrio transparente del recinto de las prensas de imprenta, de manera que éstas pueden contemplarse desde el exterior. Esta cubierta configura una enorme ventana de 96 m x 16 m, compuesta por cristales cuadrados que están atornillados en cada esquina y además sellados con silicona. Seis columnas dispuestas en los centros configuran dos secciones semicirculares de acero cuyos diámetros varían, unidas por láminas planas. Cada cara de la columna posee unos voladizos de acero que actúan a modo de protectores.
Las fachadas pertenecientes a las vertientes largas también se hallan materializadas en vidrio; en cambio, los extremos de la zona de envíos y las torres de escaleras de la entrada son macizos. La fachada de la entrada, que se sitúa en la vertiente sur, se halla guardada por torres de escaleras revestidas de aluminio, las cuales se hallan separadas y curvadas.

Terminal 8 Oeste de MTR

Koen van Velsen

Localización: Isla de Stonecutters, Kwai Chung, Hong Kong. **Fecha de finalización:** Noviembre de 1996.
Arquitecto: Koen van Velsen. **Cliente:** Modern terminals Ltd. **Programa:** Oficinas, taquillas y taller técnico.

Esta estructura de 15.000 m² alberga un edificio para oficinas de administración de 6 pisos, taquillas de entrada y salida y un taller técnico que incluye medios de apoyo para las operaciones de proceso de flete. Las instalaciones están localizadas en un terreno recuperado adyacente a la isla de Stonecutters, con vistas al muelle hacia el sur y hacia la terminal de carga al norte.

Dentro del contexto de la terminal de carga, con su sólida, agresiva imaginería de grúas y contenedores de acero, fue esencial crear una arquitectura que no se viera oprimida por los alrededores. También era imperativo que los edificios respondieran a la naturaleza utilitaria de sus funciones y a su vez utilizar materiales simples y eficaces.
El edificio de administración responde a esta premisa al tratar los elementos funcionales básicos, como son la escalera y las elevadas torres, de forma que parecen objetos escultóricos separados del entramado revestido de losetas de cerámica de las mismas instalaciones de la oficina. Esta separación se subraya con la aplicación de baldosas de cerámica de colores vivos en el ascensor y la escalera elíptica, cubierta posteriormente por un bloque de cristal anexo con un reflector dentro para crear una proyección del logo del cliente.
Las taquillas, utilizadas para comprobar las condiciones de los contenedores cuando entran o salen del lugar, son estructuras largas de acero de gran envergadura (45 metros) para proporcionar la máxima flexibilidad a las operaciones al nivel del suelo. El suelo de metal plateado perfilado, que lleva desde las taquillas a las instalaciones del taller, acentúa además la respuesta del contexto.
El coste total de la construcción es de aproximadamente 150 millones de HK$.

Rascacielos

Los rascacielos son indudablemente una celebración del avance tecnológico, un gesto orgulloso de la capacidad del hombre de construir cada vez más alto en su intento por alcanzar los cielos. Pero son también un producto de la calificación del suelo, del mercado inmobiliario, de la especulación. Las cuestiones básicas a las que se enfrentan los arquitectos de hoy son las mismas con las que se encontraron aquellos que diseñaron los primeros rascacielos de Chicago a finales del siglo XIX. ¿Cómo relacionar el rascacielos con un entorno ajeno a su escala? ¿Cómo llega al suelo? ¿Cómo se resuelve la estructura? ¿Cómo se viste este esqueleto? Los rascacielos construidos ahora son por lo menos conscientes de la problemática urbana e intentan afrontarla y dar respuesta al entorno en el que se sitúan.

Petronas Towers
Osaka World Trade Center
Suntec City
Torres Puerta de Europa
Umeda Sky Building
Melbourne Central
750 Seventh Avenue
Torre Carnegie Hall
Shangai World Financial Center
Jim Mao Building
Millennium Tower

Petronas Towers

Cesar Pelli & Associates

Localización: Kuala Lumpur, Malasia. **Fecha de construcción:** 1997. **Promotor:** Kuala Lumpur City Centre.
Arquitectos: Cesar Pelli & Associates. **Colaboradores:** Adamson Associates (arquitecto asociado), KLCC Berhad Architectural Division (mediciones), Thornton-Tomasetti Engineers, Ranhill Bersekutu (estructura), Flack + Kurtz, KTA Tenaga (mecánica), Lehrer McGovern (dirección), STUDIOS (interior), Balmori Associates (paisajismo). **Fotografías:** J. Apicella, P. Follet/C.P & A.

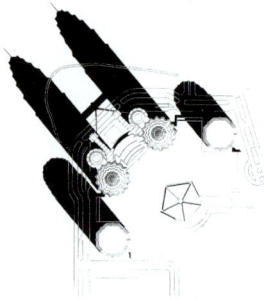

La decisión proyectual más importante fue hacer las torres simétricas, confiando a esta característica toda la carga figurativa y simbólica del proyecto. Entre ellas aparece el elemento clave de la composición en su conjunto: el vacío, concepto esencial en todas las culturas asiáticas. Aunque cada torre tiene su eje vertical, el eje del conjunto está entre ellas, precisamente en el espacio vacío. La fuerza del mismo se potencia mediante el puente peatonal que conecta las dos torres (de 88 plantas) en los niveles 41 y 42 donde se encuentran los miradores sobre la ciudad abiertos al público. El puente, con su estructura de soporte, crea una puerta hacia el cielo, una puerta de 170 metros de altura; una puerta al infinito que lo convirtieron en 1997 en el edificio más alto del mundo con sus 452 metros. Las torres disminuyen su sección en planta seis veces conforme van ganando altura y, en los últimos retranqueos, la fachada se inclina suavemente hacia el interior, completando la forma y reforzando el eje vertical de los edificios, que es rematado por las agujas en las cúspides.

En las Petronas Towers se ha intentando proteger el interior de un asoleamiento excesivo. Por ello las franjas continuas de ventanas son de altura reducida y están protegidas por parasoles que, junto con los múltiples retranqueos en planta de la fachada, crean un constante juego de sombras formando en su conjunto una fachada tridimensional.

El material de aplacado es acero inoxidable, material que potenciará los múltiples reflejos de la luz de Malasia.

Osaka World Trade Center

Nikken Sekkei

Localización: Osaka, Japón. **Fecha de realización:** 1995. **Arquitecto:** Nikken Sekkei. **Programa:** Edificio de oficinas y espacios de uso público: tiendas, restaurantes, cafeterías y auditorio. **Fotografías:** Kouji Okamoto.

El World Trade Center Osaka (WTCO) significa para el distrito de Nanko, en la isla artificial de Sakishima, su mayor signo identificativo. Con sus 256 m de altura distribuidos en 55 plantas y una superficie total de más de 150.000 m², el edificio más alto del oeste de Japón se ha convertido en poco tiempo en una referencia visual de toda la bahía y la región de Kansai. Su singularidad, imposible en el centro de una ciudad, la consigue no sólo a través de su gran envergadura, sino también a través de los diversos espacios públicos de su interior, que lo acercan a un público general no vinculado necesariamente con los espacios de oficinas. Un gran atrio de 3.000 m², conocido con el nombre de Fespa, de 21 m de altura libre, forma un espacio público vivo y relajante. Éste sirve tanto de acceso al núcleo principal de comunicaciones verticales de la torre, como a los diferentes servicios públicos, tales como tiendas, restaurantes, cafeterías y un auditorio para 380 personas, en un diseño global entendido como un gran parque interior. Este gran atrio no sólo da servicio al edificio sino que integra el complejo a su entorno urbano, tanto en función como en escala, sirviendo como gran puerta de acceso a la Cosmo Square.

Suntec City

Tsao & McKown

Localización: Singapur. **Fecha de realización:** 1997. **Arquitectos:** Tsao & McKown. **Programa:** Edificio de oficinas, centro de convenciones, comercios, cafeterías, restaurantes y varios espacios de ocio. **Fotografías:** Richard Bryant / Arcaid.

La escala del reciente desarrollo de Singapur compite sólo con la velocidad a la que se ha llevado a cabo. En este contexto se enmarca la actuación de Suntec City, donde el equipo de Tsao & McKown ha realizado un verdadero esfuerzo en la creación de un espacio cívico, en el que el peatón todavía tiene cabida en un entorno desarrollado en la altura. Localizado en la confluencia de las mayores arterias de tráfico de la ciudad, el solar ha sufrido unas modificaciones en el viario para hacer posible una mejor comunicación con el casco histórico. Entre éste y Suntec City se ha puesto en marcha un polo cívico a escala de la ciudad a lo largo de una franja verde paralela al agua, con lo que se facilitaría el posterior enlace. La escala de intervención de lo que hoy por hoy es el mayor complejo privado del país se acerca por un lado al contexto urbano de las torres, pero por otro presta una especial atención al peatón, aproximando su gran tamaño a la escala humana.

Torres Puerta de Europa

Burgee & Johnson, Domínguez y Martín

Localización: Madrid, España. **Fecha de realización:** 1996. **Arquitectos:** Burgee & Johnson, Domínguez y Martín. **Programa:** Edificio de oficinas: aparcamiento subterráneo, planta baja, entreplanta técnica, 24 plantas de oficinas y helipuerto. **Fotografías:** Robert Royal.

¿Por qué dos torres de vidrio se inclinan saludándose mutuamente a la entrada de Madrid? ¿Cuál es el motivo para construir dos edificios que parecen contradecir las estructuras tradicionales y sus soluciones para la transmisión vertical de cargas?
Las respuestas no son inmediatas y hay que buscarlas en el origen del proyecto con sus condicionantes previos y en la voluntad de los propietarios de conseguir una obra singular. Esta zona de expansión por el norte de Madrid ha sido objeto de numerosos proyectos de remodelación en los últimos tiempos. Los dos bloque debían separarse por una franja de terreno suficiente para evitar las tres estaciones de metro existentes, los correspondientes pasos inferiores para peatones y los derechos de acceso de una calle no edificada. Posteriormente se añadió la necesidad de construir un paso de vehículos bajo la plaza que descongestionaría el tráfico. A partir de estas premisas el arquitecto neoyorquino John Burgee propuso la construcción de dos torres inclinadas 15 grados y que tendían a un punto común situado en el eje del Paseo de la Castellana. Esta solución cualificaba el papel que la ordenación urbanística había asignado a las torres como parte de la repetición de edificios altos alineados a lo largo de la calle y conseguía destacar la imagen de estos dos edificios singulares, además de resolver la excesiva separación entre ambos que diluía su volumen en el perfil de la ciudad.

Umeda Sky Building

Hiroshi Hara

Localización: Osaka, Japón. **Fecha de realización:** 1993. **Arquitecto:** Hiroshi Hara. **Programa:** Edificio para oficinas: dos torres de 40 plantas unidas por una plataforma y ajardinamiento. **Fotografías:** Tomio Ohashi.

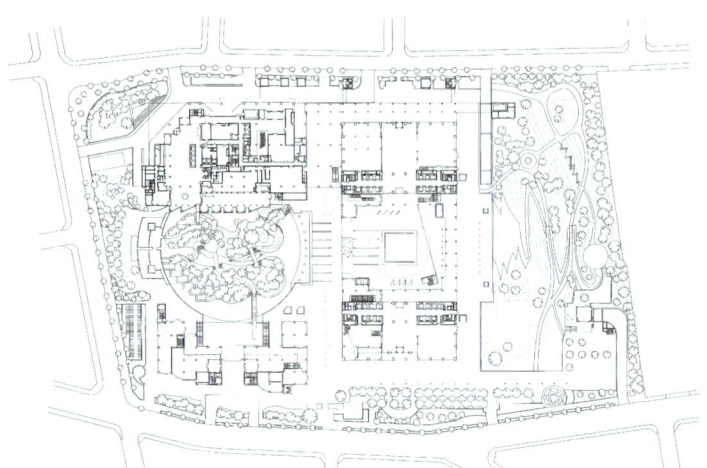

Situada al sur de Tokio, Osaka es una de las ciudades japonesas donde se concentra gran parte de la actividad económica asiática en un intento de descentralizar la producción del país. Hasta hace pocos años la zona donde se encuentra el proyecto Umeda City era un solar vacío en el norte de la ciudad, muy cercano a la línea de ferrocarril Kanjo que conecta perimetralmente Osaka. Como en cualquier otra intervención de este tipo, los promotores necesitaban un símbolo que fuera capaz de señalar un hito para el área de nueva creación, lo que lleva indefectiblemente en la ciudad moderna al rascacielos. Los rascacielos se han erigido en símbolo, no sólo de la ciudad moderna, sino también del progreso tecnológico. Según el gabinete de arquitectura japonés, no se trataba de construir el rascacielos más alto, sino de imaginar un nuevo tipo que se materializó en la forma de dos torres conectadas por sus cabezas. Para Hiroshi Hara, éste era el edificio que podía constituirse en la imagen de la ciudad del futuro.

Melbourne Central

Kisho Kurokawa

Localización: Melbourne, Australia. **Fecha de realización:** 1991. **Arquitecto:** Kisho Kurokawa. **Programa:** Oficinas, espacios comerciales y de ocio, acceso subterráneo a una estación de la línea de metro. **Fotografías:** Tomio Ohashi (también páginas 784/785).

Este complejo edificio del arquitecto japonés Kisho Kurokawa se sitúa en el céntrico distrito financiero de Melbourne. En sus más de 260.000 m² se alojan oficinas, espacios comerciales y de ocio, junto con un acceso subterráneo a una estación de la línea de metro. Se pretende, a través de la yuxtaposición de actividades varias en un solo edificio complejo, revitalizar un distrito de la ciudad que había ido perdiendo todo su dinamismo urbano. El solar de 26.067 m² no ocupa la totalidad de la superficie de la manzana donde se ubica y hace que la coexistencia con los edificios adyacentes se convierta en una orientación clara en la definición del proyecto. La parte baja del edificio, sobre la que sobresale la torre de vidrio, al tener un contacto con el entorno urbano inmediato, intenta en su composición volumétrica evidenciar la propia complejidad de la ciudad. Bajo el gran cono acristalado se abre un gran espacio central a modo de espacioso atrio que configura el corazón de las actividades del centro comercial. Sobre él asoman numerosos balcones en los distintos niveles que vierten sobre el espacio, y se realizan los movimientos verticales de comunicación entre ellos. El edificio se presenta, en definitiva, como un intento de aglutinar, en un solo complejo, toda la complejidad de una ciudad, en una combinacion heterogénea de usos, materiales y formas.

750 Seventh Avenue

Kevin Roche, John Dinkeloo and Associates

Localización: 750 7 th. Avenue, Nueva York, EE.UU. **Fecha de realización:** 1991. **Arquitectos:** Kevin Roche, John Dinkeloo and Associates. **Colaboradores:** Weiskopf & Pickworth (ingeniería de estructura). **Programa:** Rascacielos de uso empresarial. **Fotografías:** Paco Asensio.

Esta surrealista vista en el límite de la zona de teatros y salas de espectáculos junto a Times Square es una torre de acero con una antena corta y gruesa en su cima que lo hace parecer un enorme teléfono móvil. Las costumbres de la zona requerían un envolvente progresivamente escalonado, y así, Roche se decidió por una forma helicoidal para conseguir un diseño más dinámico que el tradicional conjunto de cajas rectangulares superpuestas. El resultado final ha sido duramente criticado por alguno de los arquitectos más importantes del AIA (American Institute of Architects). Lo que sí provoca cierta admiración y extrañeza es el recubrimiento a base de vidrio satinado. Se trata de una rejilla de cristal cubierta de cerámica que representa la línea horizontal y el cristal reflectante gris oscuro expresando la vertical. Estos dos componentes confieren al conjunto una textura realmente extraña.

Torre Carnegie Hall

Cesar Pelli & Associates

Localización: W. 57th. Street, Nueva York, EE.UU. **Fecha de realización:** 1990. **Cliente:** Rockrose Developement Corporation. **Arquitectos:** Cesar Pelli & Associates. **Colaboradores:** R. Rosenwasser Associates (ingeniería). **Superficie:** 49.000 m² **Fotografías:** Paco Asensio

En la calle W. 57, entre la Sexta y la Séptima Avenida, se encuentra un curioso cuarteto de edificios.
La Torre Carnegie Hall, ligera y dorada, está prácticamente pegada al afilado borde de la brillante y oscura Torre Metropolitan, a menudo conocida como 'El edificio de Darth Vader' y que constituye un compendio del radiante equilibrio que caracterizó a los años 80.
El segundo edificio más alto de la manzana de Nueva York, la Torre Carnegie Hall es una empresa comercial que utiliza espacio del adyacente Carnegie Hall para su desarrollo.
Pelli procuró relacionar su nuevo edificio con el icónico y renovador auditorio.
La torre, que consta de 60 pisos, extiende la gama de colores y las formas de su ilustre vecino, reinterpretando la masa, color y ornamentación del auditorio.
Pelli compara su posición como arquitecto trabajando entre el entramado de la ciudad a la del asistente de un gran pintor como Rafael.
La torre está compuesta por dos plafones entrelazados, de diferentes medidas.
La torre se eleva a unos 10 m del nivel de la calle como complemento del Russian Tea Room de cinco pisos.

800 Edificios públicos, corporativos y de negocios

Shangai World Financial Center

Kohn, Pedersen & Fox

Localización: Pudong, Shangai, China. **Fecha de construcción:** 1997-2001. **Arquitectos:** Kohn, Pedersen & Fox. **Programa:** torre y basamento: hotel, mirador, zona comercial y aparcamiento subterráneo. **Fotografías:** Edge Media NYC.

Ubicado en el centro financiero y comercial de Lujiazui, el edificio se erige como hito singular del distrito de Pudong. Dentro de la reactivación económica que Shangai está experimentando, Pudong es la zona de expansión en la que se han puesto más expectativas, situándose allí la gran mayoría de los rascacielos previstos para el siglo XXI. El Shangai World Financial Center, todavía no acabado, inició sus obras en 1997 para ser terminado en el año 2001.

El programa para este rascacielos de 94 plantas, 460 m. de altura y 300.000 m² de superficie construida, que incluye hotel, mirador, zona comercial y aparcamiento subterráneo, estará contenido en las dos partes de las que se compone el proyecto: la torre y el basamento. La torre alojará el hotel y el mirador en las plantas más altas, mientras que el resto quedará distribuido en el basamento. Una volumetría aerodinámica, el enorme orificio circular en las últimas plantas a escala urbana, el afilamiento de las aristas, una piel tersa que reflejará los cambios de luz a lo largo del día son las herramientas utilizadas para que este edificio se convierta en referencia del paisaje urbano de Shangai.

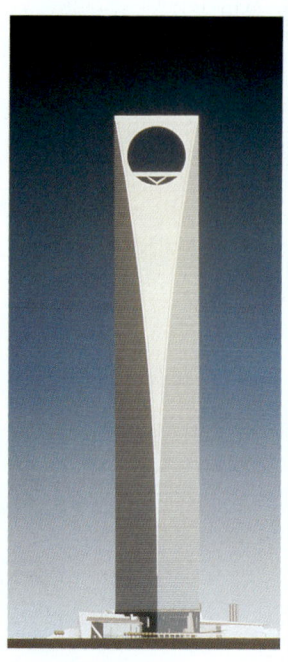

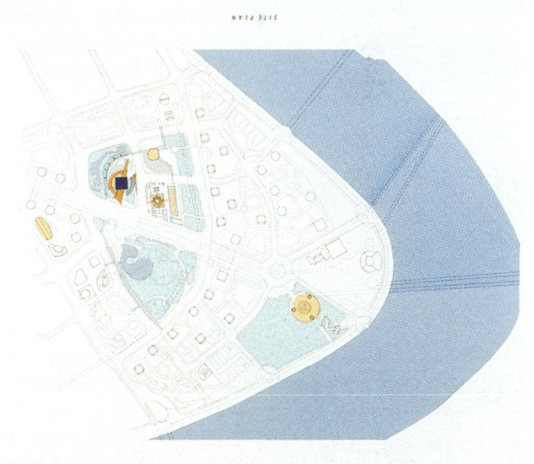

SITE PLAN

Jin Mao Building

Adrian D. Smith (SOM)

Localización: Shangai, China. **Fecha de realización:** 1998. **Arquitecto:** Adrian D. Smith (SOM). **Programa:** edificio de oficinas y hotel, centro comercial, cine, centro de convenciones, espacio público ajardinado exterior y aparcamiento subterráneo. **Fotografías:** Steinkamp / Ballog Chicago.

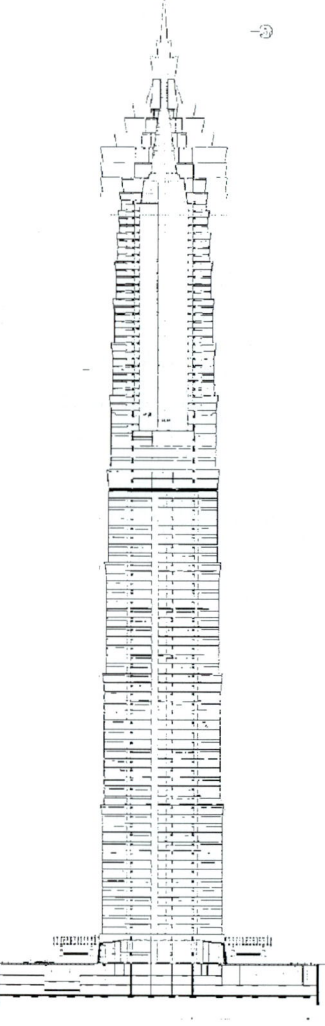

Recientemente terminado, este edificio de 88 plantas con sección escalonada en altura, y sobre todo con el remate superior, recuerda la forma de las pagodas chinas. La integración urbana, uno de los objetivos del proyecto, ha sido confiada a una imagen asumida por la cultura del país en la conciencia colectiva.

Junto a la torre se halla un edificio destinado a centro comercial, cine, centro de convenciones y servicios del hotel. Las entradas al rascacielos se producen indistintamente desde los cuatro lados del edificio, rodeado por un espacio público ajardinado que actúa como zona intermedia entre las calles circundantes y el edificio, reforzando una simetría que encontraremos también en la disposición de los núcleos de ascensores.

Las 50 plantas inferiores están destinadas a espacio de oficinas, mientras que en el resto se sitúa un lujoso hotel con preciosas vistas a la ciudad.

El programa se completa con tres plantas subterráneas de aparcamiento para coches y bicicletas.

Millennium Tower

Foster & Partners

Localización: Londres, Gran Bretaña. **Fecha de realización:** en proyecto. **Arquitectos:** Foster & Partners.
Programa: Torre de uso comercial y residencial. **Fotografías:** Richard Davies.

La Torre del Milenio de Londres, proyectada por Norman Foster, ha sido objeto de debate durante largo tiempo.
La oportunidad y necesidad de una construcción de estas características en este barrio concreto y algún problema de financiación fueron motivo de largas disputas entre arquitectos y urbanistas británicos, que provocaron constantes retrasos en la construcción, hasta el punto de que aún hoy no es realidad. El edificio lo forma una torre de 385 m. de altura al que se añade un mástil de otros 60 m. A lo largo de sus 91 plantas, la torre albergará una zona de comunicaciones en su parte más alta y, bajo ésta, 12 plantas dedicadas a apartamentos.
El resto del complejo lo formarán básicamente oficinas (60 plantas), tres restaurantes, un mirador, una zona comercial en la recepción y varias plantas de aparcamiento y almacenaje. De diseño claramente futurista, la torre pretende convertirse en el edificio-emblema del nuevo milenio.

Viviendas

La arquitectura residencial es una tipología paradigmática en cuanto a la evolución se refiere. Es el campo de experimentación privilegiado para examinar de cerca los sueños domésticos de nuestros días, el medio para investigar nuevas formas de vida, especular sobre los cambios en la entorno familiar, social e incluso laboral. En definitiva, la vivienda es la concreción de intereses, ansias y caprichos de comprador y arquitecto. Este apartado incluye una selección de residencias de fin de milenio. La elección no se ha basado en criterios económicos, estéticos o fetichistas; ha querido ir más allá de estas dictaduras y reunir viviendas que marquen un hito, que sean la innovación de hoy y el clásico del mañana. Tampoco se pretende convertirlas en prototipos, o en ejemplos; se incluyen porque asumen las particularidades de su época, del emplazamiento y de los clientes. Se han agrupado los proyectos en diferentes capítulos aunque todos tienen características en común. En primer lugar, respeto hacia el entorno, no específicamente a nivel ecológico pero sí en la manera en que las construcciones se posan sobre el territorio. Respeto, también, entre cliente y arquitecto, para que los deseos del primero sirvan de inspiración al segundo. Por otra parte, acierto en la elección de los materiales utilizados en la construcción. Aparte de fijar las tonalidades, la reflexión de la luz y las texturas de los acabados, los materiales completan la imagen definitiva de la casa y confieren al espacio múltiples sensaciones. Finalmente, la exclusividad que está implícita en este tipo de proyectos, ya que nacen de encargos muy personalizados. Las apetencias y posibilidades de cada propietario varían y conforman un proyecto único. Asimismo, el arquitecto tiene la oportunidad de profundizar en su labor creadora, aportar nuevas ideas y probar nuevas soluciones funcionales o constructivas.

Vivienda plurifamiliar en la ciudad
Vivienda plurifamiliar en la periferia
Residencias y hoteles
Vivienda adosada y entre medianeras
Vivienda unifamiliar en la periferia
Vivienda unifamiliar en el campo
Vivienda unifamiliar junto al mar

Vivienda plurifamiliar en la ciudad

Si bien durante toda la época del Movimiento Moderno la vivienda colectiva fue el gran tema por resolver y el exponente de la situación arquitectónica del momento, es cuestionable plantear actualmente el estado de la vivienda plurifamiliar en los mismos términos. Y el motivo no es que los arquitectos hayan perdido el interés por un tema tan importante, sino la dificultad de plantear soluciones concretas y realistas a un problema que incluye cada vez más parámetros. El planteamiento urbanístico, las normativas y la especulación económica son responsables de muchas de las desgracias realizadas en este campo. Sin embargo, los ejemplos aquí incluidos han sabido sortear las dificultades, investigando esta tipología en profundidad. No son meros ejercicios de maquillaje de fachadas, sino proyectos que contribuyen a un debate social, urbanístico y tipológico.

Viviendas en Haarlemmerbuurt

Apartamentos Gasometer B

Edificio de viviendas en La Croix Rousse

Edificio de viviendas en Oporto

Complejo residencial Kop van Zuid

Apartamentos en Tilburg

Residencia Les Chartrons

Edificio 113 de la calle Oberkampf

Viviendas en el centro histórico de Maastricht

Grand Union Walk

Viviendas en Haarlemmerbuurt

Felix Claus, Kees Kaan

Localización: Binnenwieringerstraat 8, Amsterdam, Holanda. **Fecha de realización:** Abril de 1995. **Promotor:** Lieven de Key. **Arquitectos:** Felix Claus, Kees Kaan. **Colaboradores:** Floor Arons, Roland Rens, Michael van Pelt (diseño), Stracke (estructura). **Programa:** Apartamentos. **Fotografías:** Ger van der Vlugt.

El barrio de Haarlemmerbuurt se encuentra entre el puerto de Amsterdam y los canales. Se trata de una zona muy animada, con una atmósfera mezcla del ambiente burgués de los canales y del paisaje de la ribera del río Ij.

La historia de esta área de Amsterdam se refleja en las fachadas de las casas: como en una película, las calles constituyen una cinta de estilos arquitectónicos de todas las épocas, cosidos unos a otros.

En el caso de la Binnenwieringerstraat, la actuación se realiza sobre una estructura existente: era muy pequeña, tan sólo 3,5 m de anchura por 8 m de profundidad. Por eso mismo, los arquitectos decidieron utilizar un espacio adyacente para ubicar todos los servicios e instalaciones necesarias de modo que el antiguo edificio pudiese albergar un apartamento confortable. De hecho, tras la remodelación, la antigua estructura únicamente contiene tres habitaciones. Así pues, la intervención permite preservar la antigua estructura con los típicos detalles constructivos realizados artesanalmente (imposibles de reproducir en la actualidad), sin tener que dañarlos para ubicar las instalaciones, las escaleras, los tubos de ventilación... Todo lo que resulta necesario para ajustarse a las normas y a las costumbres contemporáneas se construye en el anexo. El antiguo edificio, en vez de convertirse en un museo sobre la vivienda del siglo pasado, pasa a ser una planta libre de 7x3 metros, lo que constituye todo un lujo para una tipología de vivienda social.

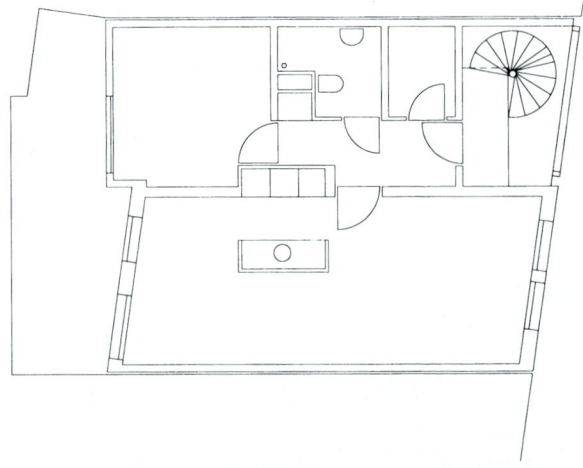

Gasometer B

Apartamentos Gasometer B

Localización: Viena, Austria. **Fecha de realización**: 2000. **Arquitecto**: Coop Himmelb(l)au. **Colaboradores**: Fritsch-Chiari (estructuras), Kress & Adams (iluminación). **Superficie**: 35.000 m². **Fotografías**: Gerald Zugmann.

Los cuatro Gasometer son unos antiguos depósitos de gas que habían abastecido a la ciudad de Viena. Después de su clausura se desmantelaron todas las instalaciones y se conservaron sólo las impresionantes fachadas de ladrillo. La particular ubicación de estas edificaciones en una zona industrial así como el carácter inusual de los espacios resultantes dio pie a que durante años se utilizaran como centros culturales para numerosas actividades.

Su localización presentó una magnífica oportunidad para desarrollar el tejido urbano en la periferia de Viena, ya que la intervención iba a modificar el sistema de comunicaciones: la extensión de una línea de metro y la construcción de una nueva autopista.

Aparte de Coop Himmelb(l)au, participaron en el proyecto otros tres talleres de arquitectos, que diseñaron nuevos conceptos de vivienda, un centro comercial y un complejo de ocio, y convirtieron el solar en un nuevo centro para la ciudad.

El proyecto que desarrolló Coop Himmelb(l)au para el Gasometer B consta de la adición de tres volúmenes nuevos: un gran cilindro en el interior del depósito, el sorprendente bloque de apartamentos –en forma de pantalla, justo delante de él– y un espacio multifuncional para celebrar eventos de distinta índole. El interior del cilindro y la nueva edificación fueron destinados a apartamentos y oficinas.

Para iluminar los espacios interiores se proyectó un patio cónico que proporciona luz natural. Las 360 viviendas se reparten en distintas tipologías, desde casas con terraza hasta pequeños estudios. Con la combinación de los usos de las oficinas y las residencias se pretende generar nuevas maneras de vivir y trabajar en un único ámbito.

818 Viviendas

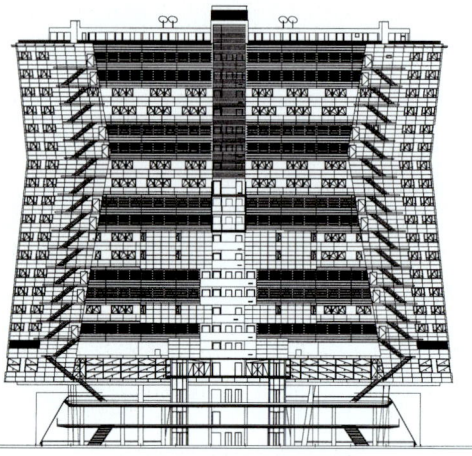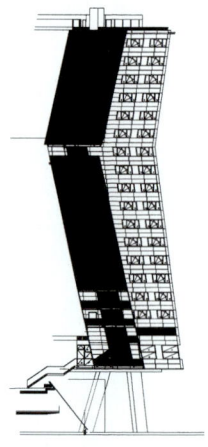

0 2 4

Edificio de viviendas en La Croix Rousse

Jourda & Perraudin Architectes

Localización: Rue Grataloup, Lyón, Francia. **Fecha del proyecto:** 1990. **Fecha de ejecución:** 1995. **Cliente:** OPAC, Lyón. **Colaboradores:** Gavin Arnold, EZCA, Claude Brenier, Catherine Vardanégo. **Arquitectos:** Jourda & Perraudin Architectes. **Fotografías:** Georges Fessy (también páginas 812/813).

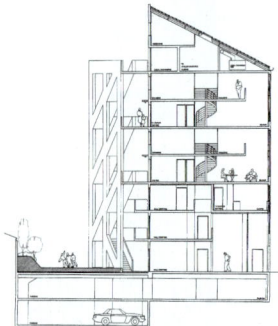

El bloque se sitúa en el barrio de La Croix Rousse, en Lyón. Se trata de un barrio con una antigua tradición artesanal debido a lo cual la mayoría de sus viviendas presentan tipologías de pequeñas superficies propias de los talleres, con un gran espacio de trabajo servido por unas pocas dependencias que facilitan los servicios indispensables. El nuevo edificio se propone establecer una cierta continuidad con dichas tipologías.

La decisión clave consiste en destinar la totalidad de la larga pastilla a las viviendas, expulsando de ella todo el dispositivo de escaleras y resolviendo los accesos mediante un elemento completamente aparte, colocado en la parte posterior del solar.

Esta pieza incluye las escaleras de acceso a los diversos pisos en sus dos extremos, pero su aparato expresivo es mucho mayor que lo que su estricta función requiere. Este espacio por donde se sube, se baja, se accede a los ascensores, o se entra o sale de las viviendas, se presenta como un auténtico espacio colectivo de relación para todo el bloque.

Las seis plantas del edificio acogen dos pequeñas viviendas simples en las plantas primera y segunda, y dos dúplex en las cuatro plantas superiores. Las mansardas albergan unos pequeños estudios-taller.

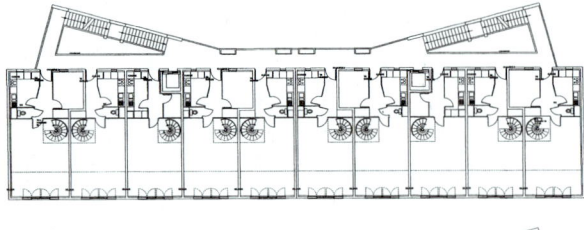

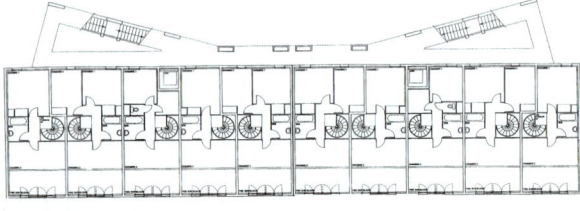

Edificio de viviendas en Oporto

Eduardo Souto de Moura

Localización: Rua do Teatro, Oporto, Portugal. **Fecha del proyecto:** 1992. **Fecha de ejecución:** 1995. **Arquitecto:** Eduardo Souto de Moura. **Cliente:** Eng. Miguel Cerquinho. **Constructor:** Soares da Costa / San José. **Colaboradores:** Graça Correia, Pedro Mendes, Silvia Alves, Francisco Cunha, Manuela Lara. **Fotografías:** Luis Ferreira Alves.

La Rua do Teatro se encuentra en un área de Oporto exterior a las murallas medievales. El nuevo edificio de viviendas se emplaza en un solar mucho más ancho que los de su entorno. Puesto que las viviendas vecinas presentan una escala bastante reducida, Souto de Moura se propone mediante su proyecto establecer una continuidad de criterio con ellas. Las dos construcciones vecinas se encuentran en alineaciones distintas: la de la izquierda es más alta y más profunda, y la de la derecha más baja y de escasa profundidad. Estas circunstancias conducen a Souto de Moura a un planteamiento volumétrico que respeta estrictamente las alineaciones de las casas vecinas, de modo que su propio edificio se encargará de asumir el cambio.

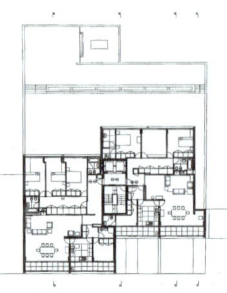

Complejo residencial Kop van Zuid

Frits van Dongen

Localización: Landtong, Rotterdam, Holanda. **Fecha de construcción:** 1998. **Arquitecto:** Frits van Dongen.
Colaboradores: A. J Mout, P. Puljiz, A. J. de Haas, M. Heesterbeek, F. Veerman, J. van Hettema, J. Molenaar.
Programa: 625 viviendas en cooperativa, 1 club de deportes, 6 pistas de tenis, espacios para juegos infantiles, 1000 m² de locales comerciales, 200 plazas de aparcamiento. **Fotografías:** Daria Scagliola & Stijn Brakkee.

El conjunto, que sólo alberga 625 viviendas, se sitúa en una lengua de tierra ex-portuaria con tres lados junto al río, dos más largos a ambos costados, y un tercero en el extremo. El conjunto compone en el muelle alargado un sistema de bloques lineales que forman tres patios semicerrados, puesto que los bloques transversales, destinados a vivienda masiva, son más altos, y los tramos paralelos a los muelles quedan cerrados por bloques menores, separados por los extremos de los primeros, que albergan viviendas unifamiliares en hilera. Ello forma un esquema de cinco grandes bloques equidistantes, aunque todos ellos distintos entre sí. Además de los tres patios, existe un gran espacio abierto intermedio destinado a un jardín público, encima de la losa del aparcamiento.

Las operaciones de alteración de la regularidad quedan casi garantizadas por el planteamiento inicial. Así, en los bloques escalonados los corredores de acceso, colocados en su espina dorsal, se unen en altura, de dos en dos, formando un doble espacio, de modo que la entrada a las viviendas superiores se realiza a través de un pasillo elevado. Pero además, hacia media longitud del bloque aparece un gran patio acristalado que permite la máxima entrada de luz a las zonas comunes de esta espina interior, en las que se apoyan los aseos, alguna cocina y, en muchos casos, armarios y trasteros. Las viviendas unifamiliares, orientadas a los muelles laterales, tienen un particular interés: aquí se recupera con rigor la regularidad tras un estudio minucioso de la unidad de vivienda.

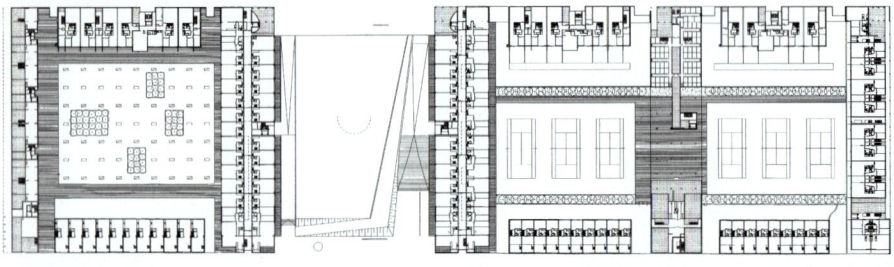

Apartamentos en Tilburg

Wiel Arets S.L.

Localización: Calle Timmermanspad, esquina Kuiperstraat, Tilburg, Holanda. **Fecha de construcción:** 1993-1995.
Arquitecto: Wiel Arets S.L. **Cliente:** Stichting Verenigde Woningcorporaties SVW. **Colaboradores:** Michel Melenhorts (coordinador), Tina Brandt, Reina Bos, Andrea Wallrath; DVHV Amersfoort (presupuesto). **Programa:** 67 apartamentos de 3 habitaciones divididos en tres bloques de 37, 14 y 16 unidades. **Fotografías:** Kim Zwarts.

Una antigua zona industrial del centro de Tilburg, se está transformando. El museo De Pond, por ejemplo, que alberga una importante colección de arte contemporáneo, se ha decidido instalar en una de las antiguas fábricas de la zona.
Los apartamentos que Arets propone están distribuidos en tres bloques sobre la calle Timmermanspad, la misma sobre la que se apoya el museo. Dos de ellos están colocados en forma de U en uno de los extremos de dicho museo, dando lugar a un jardín interior colindante con una de sus fachadas; el tercero es un bloque alargado, con vistas sobre el jardín de De Pond, justo en el solar opuesto a su entrada principal.

Cada apartamento tiene 77 m² de superficie. El acceso a cada uno de ellos se realiza mediante un corredor común, de tres metros de anchura.
El tratamiento exterior de las fachadas de los bloques es diferente según sean éstas principales, dando sobre la calle, o traseras, protegiendo el corredor desde el que se accede a cada unidad. Una es de estuco rugoso tipo "putz", con balcones interiores desde los que se pueden controlar los movimientos de la calle. La otra, dando siempre sobre superficies ajardinadas, está hecha de paredes de pavés en las que se abren ventanas relativamente grandes, pavés que ilumina el corredor de tres metros mencionado.

Residencia Les Chartrons

François Marzelle, Isabelle Manescau, Edouard Steeg

Localización: Rue Poyenne, Burdeos, Francia. **Fecha del proyecto:** 1991. **Fecha de construcción:** 1994. **Cliente:** Sonacotra. **Arquitectos:** François Marzelle, Isabelle Manescau, Edouard Steeg. **Programa:** Residencia de 102 habitaciones. **Fotografías:** Vicent Monthiers Schlomoff.

La residencia Les Chartrons se encuentra en el centro de la ciudad, y constituye un intento experimental para hallar unos parámetros cuantitativos, funcionales y estéticos que se correspondan con una calidad de vida aceptable para este tipo de residencias. Su punto de partida son habitaciones que disponen de un aseo propio, constituyendo un módulo de base cuya repetición y variaciones llevará a la organización de todo el conjunto. Además, dicho módulo, repetido cinco veces, forma parte de una unidad mayor compuesta por cinco dormitorios, que comparten una sala de estar y una cocina comunes. La disposición de dicha unidad es muy sencilla: organizada en dúplex, en la planta inferior se encuentran dos dormitorios y los espacios comunes, mientras que en la planta superior se ubican los tres dormitorios restantes. Si bien una escalera interior comunica las dos plantas, dando a la unidad un cierto carácter de vivienda convencional, existen accesos independientes a los cinco dormitorios, con lo cual el sistema de escaleras de todo el conjunto toma una complejidad y una importancia relevante. La implantación se organiza mediante la disposición de dos bloques de cuatro plantas en paralelo, que dejan un patio interior de una anchura no excesiva. La vida en el patio, que contiene algunos servicios comunes, viene determinada por el hecho de que de él arrancan todos los sistemas de escaleras y pasarelas que conducen a las diversas dependencias.

Edificio 113 de la calle Oberkampf

Frederic Borel

Localización: Edificio 113, Rue Oberkampf. París. Francia. **Fecha de realización:** Noviembre, 1993. **Cliente:** Ministerio de Telecomunicaciones y Correos. **Arquitecto:** Frederic Borel. **Colaboradores:** Joel Gallouedec, Carola Brammen, Massimo Mattiussi, SCGPM (contratista), G.I.I. (ingeniería). **Programa:** 80 apartamentos, edificio para una oficina de Correos y un pequeño centro comercial. **Superficie:** 7.000 m^2. **Fotografías:** F. Borel.

El contexto del proyecto es un solar urbano de pequeña anchura (20 metros) en la calle, y de gran longitud (87 metros). Una dificultad añadida es la presencia de paredes medianeras comunes en el solar, con una altura frontal máxima de 23 metros. Contenido dentro de límites naturales, parecidos a muros de fortificación, el proyecto se convierte en un microterritorio, un microcosmos urbano.

Los particulares requisitos del programa, que consistían en una oficina de Correos y la edificación de pequeños apartamentos (estudios y pisos de dos habitaciones) para gente joven, se convirtieron en los parámetros activos del proyecto.

La oficina de Correos, las tiendas y la entrada a las viviendas están organizadas alrededor de una transparencia a través de la cual percibimos una pequeña fracción de infinito: "presencia y ausencia de distancia".

Un pequeño paisaje, un jardín visible desde la calle se inserta en el espacio destinado a la distribución. Las viviendas ocupan la periferia del lugar y tienen vistas al jardín: el fragmento de suelo que respira, la última fachada que mira hacia el cielo.

La última parte, en la profundidad de la parcela, contiene tres niveles de viviendas con terraza, orientadas hacia el sur.

La configuración de los pisos, ideados para acoger a parejas jóvenes, propone un lugar adaptable a la evolución de la familia: la dependencia situada en el centro del espacio doméstico puede convertirse en habitación para niños, habitación para el dormitorio de los padres, una biblioteca-estudio o, incluso, para acoger el salón.

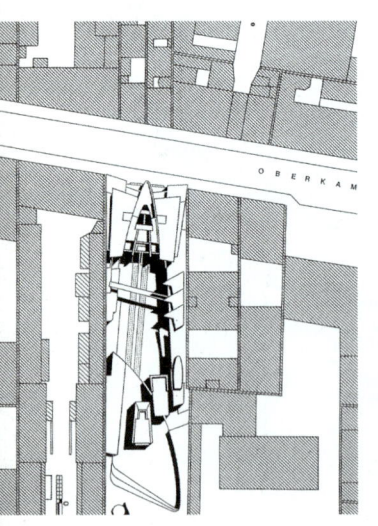

Viviendas en el centro histórico de Maastricht

Mecanoo

Localización: Herdenkingsplein "plaza del recuerdo", Maastricht, Holanda. **Fecha del proyecto:** 1990-1992.
Fecha de construcción: 1994. **Cliente:** Ayuntamiento de Maastricht (plaza), Stichting Pensioenfonds Rabobank (viviendas). **Arquitectos:** Mecanoo. **Colaborador:** Consultores técnicos ABT, Delft. **Programa:** 52 apartamentos.
Fotografías: Christian Richter.

Las viviendas se sitúan detrás de una pantalla de cedro barnizado que oculta las salas de estar. Los balcones y galerías, por los que se accede a cada una de las viviendas desde núcleos de escalera comunes, se resuelven en la misma línea que el pórtico perimetral, pavimentado de cuarcita. Esta galería conecta los dos bloques en los que finalmente se estructura la propuesta, creando la ilusión de una sola fachada para lo que en realidad serían bloques independientes.
La distribución interior del bloque que da sobre la plaza recuerda las tradicionales casas holandesas, con cada vivienda ocupando la totalidad de la crujía. El bloque que queda retranqueado se ocupa con dúplex, también de fachada a fachada, y unas viviendas en esquina, giradas hacia la plaza, y cuya fachada lateral, que da sobre los dormitorios, se pinta de blanco, para diferenciarla desde el exterior de las que ofrecen las ventanas de la sala de estar.
En los patios interiores se encuentran los jardines de las viviendas de la planta baja y unos pequeños cubículos de almacenamiento construidos con una piedra especial, autóctona, que se rescató de una demolición cercana. La misma piedra se emplea en el revestimiento de los núcleos de escaleras y en la reconstrucción del muro que definía el solar.

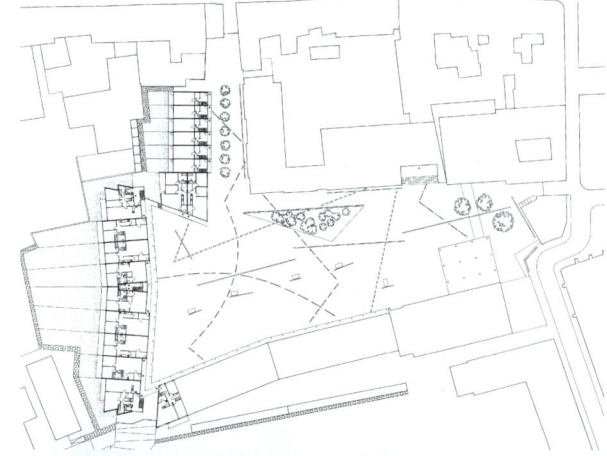

Grand Union Walk

Nicholas Grimshaw & Partners Ltd

Localización: Grand Union Walk, Candem, Londres, Reino Unido. **Fecha de realización:** 1986-1989. **Cliente:** J.Sainsbury, plc. **Arquitectos:** Nicholas Grimshaw & Partners Ltd. **Colaboradores:** Neven Sidor, Mark Fisher, Hin Tan, Ingrid Bille, Sally Draper, James Finestone, Thomas Fink, Rowena Fuller, Andrew Hall, Christine Humphrey, Gunther Schnell, Ulrike Seifritz, Simon Templeton. **Programa:** Complejo comercial y residencial: grandes almacenes, talleres y viviendas adosadas. **Fotografías:** John Peck.

El principal objetivo de este complejo comercial y residencial es conciliar las posibilidades de la arquitectura de alta tecnología (high-tech) con las necesidades de la planificación urbanística actual. Se optó por la construcción de un complejo formado por unos grandes almacenes, una red de talleres y un grupo de viviendas adosadas en un solar de planta triangular. En consecuencia, el terreno hacía viable una disgregación funcional en módulos, debido a la distinta dirección de los laterales del área de intervención. En los dos últimos modulos se distribuyó el programa comercial y de talleres, mientras que para el núcleo de viviendas se reservó el ala septentrional para ofrecer así una sugestiva combinación de arquitectura y naturaleza.
El importante papel concedido a la presencia física del agua en su relación con el edificio debía contemplar igualmente la seguridad de los futuros habitantes y la protección del medio ambiente del canal. La utilización de las características estructuras abombadas persigue reducir los riesgos de oblicuidad, reforzar el carácter privado de cada uno de los balcones y aumentar el campo visual sobre el agua.
La intervención ha basado sus propuestas en algunos puntos esenciales: el proceso, casi industrial, del montaje de estructuras; la alternancia de superficies rectas y curvas, transparentes y opacas; y, por último, una adecuada relación de espacios exteriores e interiores.

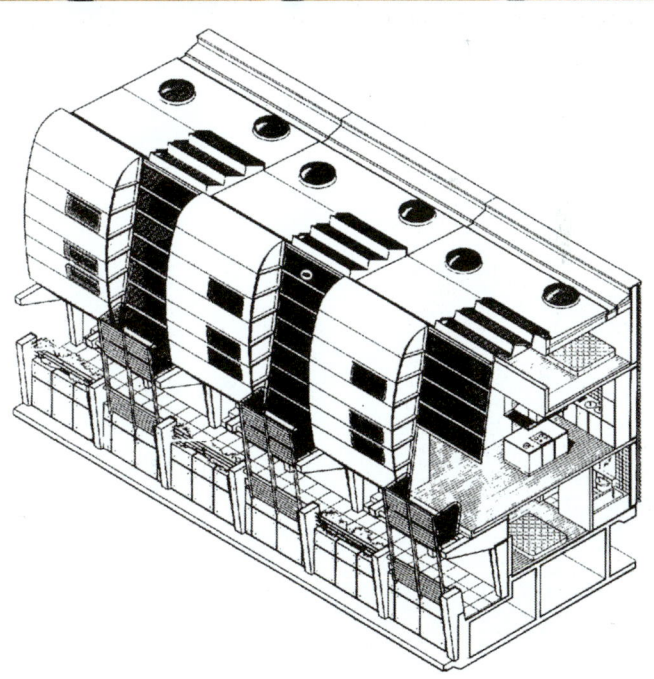

Grand Union Walk

Vivienda plurifamiliar en la periferia

La explosión demográfica y migratoria propició la construcción apresurada de polígonos residenciales en la periferia. Estos bloques sólo se plantearon en términos económicos y salvaron momentáneamente la necesidad de albergar un aumento considerable de población urbana. Estos edificios a modo de cajas no plantearon avances en el ámbito social ni en el constructivo. Actualmente, la periferia, lugar donde la ciudad se va deshaciendo gradualmente, está siendo colonizada por una arquitectura residencial plurifamiliar más atenta a conceptos de durabilidad y confort. Son proyectos que buscan un equilibrio entre funcionalidad y estética. Por una parte, investigando en la tipología residencial, asimilando los nuevos conceptos de familia, y por otro lado, adaptándose a un entorno ambiguo que se irá definiendo a medida que los edificios se coloquen sobre el territorio y le confieran particularidad.

Viviendas en Fukuoka

Viviendas en Makuhari

M-30

Nemausus I

Wozocos

Conjunto residencial La Venerie

Viviendas sociales en Alcobendas

Bloque de viviendas en Graz

Apartamentos en Graz

Viviendas en Fukuoka

Steven Holl

Localización: Fukuoka, Japón. **Fecha de construcción:** 1989-1991. **Arquitecto:** Steven Holl. **Responsable del proyecto:** Hideaki Arrizumi. **Colaboradores:** Peter Lynch, Thomas Jenkinson, Pier Copat; Schwartz-Smith-Meyer / Martha Schwartz (paisajismo). **Estructura:** Shimizu Corporation. **Fotografías:** Richard Barnes.

Se trata de un conjunto de 28 viviendas situadas en un área periférica de Fukuoka que constituyen un bloque básicamente unitario, aunque tratado según dos conceptos: el de "espacio articulado" y el de "espacio vacío", contenedor de silencio.
El bloque se ordena alrededor de cuatro grandes patios orientados al sur, cuya superficie inferior está constituida por una lámina de agua, y que son concebidos como vacíos destinados a la meditación, ajenos a la vida cotidiana vinculada a las viviendas, y elevados respecto a la calle.
Estos cuatro huecos quedan articulados con el resto del complejo mediante su conexión con otros tantos espacios porticados que dan al interior de la manzana, espacios de dos plantas de altura ligados a la vida de los comercios, a las terrazas de las cafeterías y a los juegos de los niños. Los huecos silenciosos orientados al sur y los porches contenedores de actividad orientados al norte quedan conectados por una rendija de una planta de altura. Además, una escalera de un solo tramo conecta unos con otros, salvando la planta de desnivel existente entre el plano del estanque y el suelo de los espacios porticados.
Estas son las piezas básicas de un sistema de espacios y recorridos públicos que articulan todo el bloque.

Viviendas en Makuhari

Steven Holl

Localización: Makuhari New Town, Chiba, Japón. **Fecha de construcción:** 1996. **Cliente:** Mitsui Fudosan Group.
Arquitecto: Steven Holl. **Responsable del proyecto:** Tomoaki Tanaka. **Superficie construida:** 8.415 m².
Programa: 190 viviendas y pequeños comercios. **Fotografías:** Paul Warchol (también páginas 840/841).

El objetivo del proyecto es la ordenación de una manzana completa de la ciudad de Makuhari, situada en la Bahía de Tokio.
Las principales operaciones consisten en:
1) Abrir el anillo original por sus cuatro esquinas, que Holl denomina "puertas", relacionadas cada una de ellas con una orientación cardinal: Puerta Norte, Sur, Este y Oeste.
2) Operar los giros y los cambios de volumetría pertinentes en los bloques para favorecer un óptimo asoleo.
3) Colocar un bloque central que divide el patio original en dos partes, generando de este modo dos patios más pequeños, denominados también "patio norte" y "patio sur". Esta base volumétrica forma lo que Holl define como un conjunto pesado y silencioso, que alberga los acontecimientos ordinarios y más generales de la vida. El programa incluye algunas piezas singulares, que en la mayoría de los casos toman la forma de viviendas unifamiliares. Éstas son seis y corresponden respectivamente a las cuatro puertas y a los dos patios. Las casas correspondientes a las cuatro puertas suelen quedar colgadas o semicolgadas sobre la gran grieta entre los bloques que constituye la puerta en sí, mientras que las que corresponden a los estanques tienden a volcarse sobre la superficie del agua, en una situación de inestabilidad.

M-30

Francisco Javier Sáenz de Oíza

Localización: Polígono 38, La Paz, Madrid, España. **Fecha de realización:** 1991. **Cliente:** Consejería de Ordenación del Territorio, Medio Ambiente y Viviendas de la Comunidad de Madrid. **Arquitecto:** Francisco Javier Sáenz de Oíza. **Programa:** Construcción independiente de 8 plantas para 400 viviendas. **Fotografías:** Francesc Tur

La revisión del panorama arquitectónico de las últimas décadas pone de manifiesto que la reordenación urbanística de áreas periféricas tiende a asociarse con la construcción de viviendas sociales, que se convierten en elementos estructuradores de estas zonas del extrarradio.

El edificio se planteó como un bloque continuo, de trazado helicoidal, que se apoyaba sensiblemente en su línea de contorno hasta llegar al límite del nudo vial, punto donde la obra se plegaba hacia el interior, configurando su imagen de anillo abierto. Sáenz de Oíza resuelve acondicionar el trazado de esta vía lateral, de forma que, en la vertiente nordeste de la parcela, la dirección del edificio se desplazó hacia el interior, con el objeto de definir mejor la zona de acceso al complejo y a los aparcamientos subterráneos.

La sinuosidad de la construcción es otra de las claves del proyecto, ya que de ella se derivan dos realidades arquitectónicas: el propio edificio y el espacio que envuelve, pulmón de oxigenación y escenario de instalaciones colectivas.

La elección del ladrillo macizo visto, de medio pie de espesor, como material predominante, también contribuye al aislamiento del interior de las viviendas del perturbador sonido automovilístico.

Nemausus I

Jean Nouvel y Jean-Marc Ibos

Localización: Nimes, Francia. **Fecha de realización:** 1987. **Arquitectos:** Jean Nouvel y Jean-Marc Ibos.
Programa: 114 viviendas, 145 plazas de aparcamiento, zona ajardinada. **Fotografías:** Pierre Berenger.

Los arquitectos han intentado alejarse de la imagen típica de las viviendas sociales, de una configuración más bien compacta y sólida, han optado por un conjunto de apartamentos donde se acentúan aquellos rasgos que destacan la sensación de movilidad y dinamismo. La concepción de estas viviendas se ha inspirado directamente en referencias culturales y estéticas cercanas al *loft*.

La necesidad de mantener un presupuesto, así como el carácter industrial de la zona han obligado a basarse en la utilización de materiales industriales y materias brutas, consiguiendo una curiosa combinación que recrea en un espacio personal un decorado propio de un espacio fabril. Con este proyecto experimental se han colmado una serie de objetivos previos: realizar unas viviendas más amplias de lo habitual; conseguir esa ampliación con el presupuesto que correspondería a unas viviendas de tamaño más reducido y, por último, destinar una parte de la superficie de la terraza a prolongar la vivienda aprovechando las óptimas condiciones climatológicas del emplazamiento.

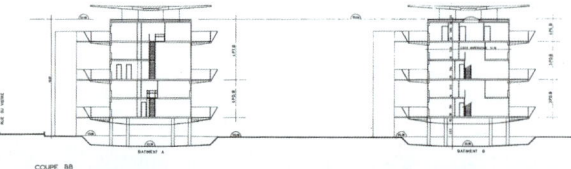

Wozocos

MVRDV

Localización: Woonzorgcomplex Joh. De Deo, Reimerswaalstraat, Amsterdam-Osdorp, Holanda. **Fecha de construcción:** 1994-1997. **Cliente:** Woningbouwvereniging Het Oosten, Amsterdam. **Arquitectos:** MVRDV. **Colaboradores:** Willem Timmer, Arjan Mulder, Frans de Witte; Bureau Bouwkunde. **Estructura:** Pieters Bouw Techniek, Haarlem. **Programa:** 100 viviendas para ancianos en el distrito oeste de Amsterdam. **Fotografías:** Hans Werlemann.

MVRDV recibió el encargo de la realización de un bloque de 100 apartamentos para ancianos en una zona al oeste del centro de Amsterdam. Tras analizar las normas urbanísticas redactadas por Van Eesteren para dicha zona, llegan a la conclusión de que sólo 87 de los 100 previstos se podrían realizar sin entorpecer el asoleamiento de los edificios vecinos. ¿Dónde podrían colocarse los trece restantes? Decidieron colgarlos de la fachada norte, suspenderlos en el aire, literalmente.
En el edificio, hay un corredor en la fachada norte, al que se accede por un único núcleo de escaleras y ascensor, y en el que se sitúan las entradas a cada una de las viviendas, las de interior de crujía y las que sobresalen en voladizo; y una fachada sur, a la que los apartamentos dan directamente. Éstos constan de tres habitáculos colocados en torno a una sala perimetral en donde está la cocina y un salón-comedor-dormitorio con un balcón. Los balcones varían sus tamaños y el color del material del que están recubiertos, así como las ventanas, cuya disposición parece independiente respecto a la composición en planta, coincidiendo algunas de ellas con la pared divisoria entre viviendas.
Los voladizos están construidos con entramados metálicos, rigidizados mediante diagonales, que se anclan a las paredes divisorias entre las unidades de cada crujía.

Conjunto Residencial La Venerie

Dubosc & Landowski

Localización: Montargis, Loiret, Francia. **Fecha de construcción:** 1994. **Cliente:** OPAC du Loiret. **Arquitectos:** Dubosc & Landowski. **Colaboradores:** Andrea Mueller, Monica Alexandrescu. **Programa:** 48 viviendas. **Fotografías:** J. M. Monthiers.

En este conjunto de viviendas, dos bloques simétricos se enfrentan creando un espacio interior más controlado, protegido e integrado en la trama urbana de Montargis.
En este caso se aprovecha al máximo la superficie útil que puede ofrecer el espacio construido. Esto se logra disponiendo las escaleras fuera del edificio, reduciendo así las zonas colectivas, que suelen quedar como espacios muertos.
Las viviendas se disponen transversalmente a los bloques, lo que les permite poseer una doble orientación. En la planta baja y piso la disposición es vertical. Se trata de viviendas dúplex para cuatro o cinco personas con acceso y jardín propio. El segundo nivel está formado por unidades para una o dos personas, se disponen longitudinalmente y se accede a través de escalera y corredor exteriores. Los dos últimos niveles están ocupados por viviendas para dos o tres personas organizadas nuevamente como dúplex.
Los materiales empleados son de origen industrial, lo que permite gran facilidad de montaje y una mínima manutención posterior.
El conjunto residencial de La Venerie es una nueva propuesta arquitectónica que intenta hacer compatibles la dimensión social de la vivienda colectiva y la autonomía que conlleva la vivienda individual.

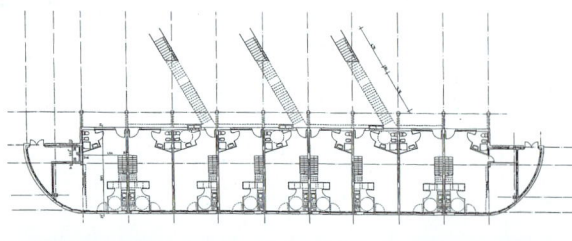

Viviendas sociales en Alcobendas

Manuel de las Casas

Localización: Alcobendas, Madrid, España. **Fecha del proyecto:** 1993. **Fecha de construcción:** 1996. **Cliente:** Ivima. **Arquitecto:** Manuel de las Casas. **Colaboradores:** José Luis Cano, Indagsa (estructuras), Ortiz & Cia (instalaciones), Felicidad Rodríguez (estudio plástico), Icíar de las Casas (jardinería y paisaje). **Constructor:** Ortiz & Cia. **Programa:** 198 viviendas sociales y garajes, 183 viviendas de tres dormitorios (70 m²), 15 viviendas de dos dormitorios (60 m²), 84 plazas de aparcamiento. **Fotografías:** Ángel Luis Baltanás, Eduardo Sánchez.

El conjunto está formado por una serie de bloques en peine perpendiculares a la vía de tráfico, y otros paralelos a los límites del solar, que cierran visualmente el conjunto. Los bloques se deforman por los testeros correspondientes a la calle, creando una fachada a la misma y cerrando así los espacios interiores al ruido y a las vistas del tráfico.

El conjunto se trata como una unidad residencial, es decir, la parcela se valla de modo que los espacios entre los bloques son de uso privado y peatonal. Los bloques, de cinco plantas, se plantean con una alta densidad de viviendas: cuatro unidades por planta. Las viviendas en sí se plantean como unidades lineales con los aseos y espacios de almacenamiento agrupados en un núcleo central, abriéndose la mayoría de ellas a dos fachadas para una mejor ventilación.
La estructura y los cerramientos exteriores se resuelven mediante un sistema basado en paneles de hormigón armado de grandes dimensiones, de 12 cm de espesor, que funcionan como muro de carga, y forjados de losas de hormigón de 7 cm Estos paneles se utilizan tanto en fachada como en el interior y en paredes transversales, proporcionando así una gran rigidez al conjunto.

Bloque de viviendas en Graz

Riegler & Riewe

Localización: Banhofstraße, Graz, Austria. **Fecha del proyecto:** 1991. **Fecha de construcción:** 1994. **Arquitectos:** Riegler & Riewe. **Colaboradores:** Margarethe Müller, Brigitte Theissl. **Programa:** 27 viviendas. **Fotografías:** Margherita Spiluttini, Paul Ott.

En el bloque hay dos tipos distintos de vivienda: unas de 50 m² con dos estancias y media y otras de 78 m² con cuatro y media.
El volumen, de tres plantas de alto por más de 75 metros de longitud, intenta, a través de su piel exterior, no parecer tan rotundo. Unas puertas correderas sobre rastreles recorren toda la longitud de las fachadas. La fachada que da acceso a las viviendas se ve interrumpida por los huecos de escalera. Como material de revestimiento de esta fachada han sido utilizados paneles de rejilla metálica, fijos en las cajas de escalera y móviles en las viviendas. En la que da al jardín, en cambio, se ha empleado nailon. Un movimiento continuo de las puertas protectoras tanto del sol como de la intimidad da apariencias siempre diversas, yuxtapuestas al fondo de huecos ritmados. La fachada más urbana, cercana a una calle, ofrece sobre unos pavimentos duros, unas alfombras de acceso a los portales en forma de rampa-escalera. Al otro lado, un jardín facilita un contacto más directo con el exterior en el lado por donde cada vivienda tiene mayor longitud de fachada y donde se disponen los estares.

Apartamentos en Graz

Ernst Giselbrecht

Localización: Graz, Austria. **Fecha de construcción:** 1998. **Arquitecto:** Ernst Giselbrecht. **Fotografías:** Paul Ott.

El edificio está situado según una orientación norte-sur y consta de cuatro pisos agrupados de dos en dos, tipo dúplex. Los que ocupan las plantas superiores gozan de balcones y de vistas hacia los alrededores, mientras que los que se sitúan en planta baja tienen acceso directo y más relación con el jardín.

Los accesos, las escaleras y los balcones no están dispuestos simétricamente y formando parte del edificio, aparecen como elementos independientes que varían formalmente según su uso o función.

Las paredes divisorias de los apartamentos atraviesan todo el grosor del edificio y constituyen el ritmo dominante de la estructura interior. Cada par de viviendas está unido por una galería.

Este esquema de muros y aperturas permite subdividir los apartamentos libremente, conformando así un sistema estructural regido por el espíritu del modernismo clásico.

Gracias al generoso acristalamiento, el volumen entero puede percibirse desde la entrada.

La escalera aparece como un elemento continuo que recorre el edificio hasta alcanzar la cubierta. La transparencia de la parte superior de las divisiones interiores permite concebir las diferentes habitaciones como cuerpos independientes en un espacio común. La percepción del lugar es más amplia, hay una visualización global del apartamento y las paredes se diluyen en el gran espacio multifuncional que constituye la vivienda.

Hoteles y residencias

Los proyectos incluidos en este apartado difieren de otras tipologías residenciales en un solo pero determinante aspecto: la temporalidad. Los hoteles, las casas de huéspedes, las residencias... requieren espacios habitables sometidos a una fuerte rotación de usuarios. Así, aparte de las exigencias funcionales particulares de cada proyecto, también tienen que cumplir con los requerimientos de múltiples usuarios. Esta necesidad se salva mediante la flexibilidad de los espacios para que puedan satisfacer a todos los clientes.
En este capítulo encontraremos hoteles en diferentes partes del mundo, residencias de estudiantes, recintos para visitantes, y, aunque difieren en cuanto a localización y uso, todos los ejemplos tienen algo en común: crean ambientes acogedores y confortables en edificios duraderos pese al desgaste que puedan sufrir.

Centro para visitantes de Yusuhara
Hotel Kempinski
Hotel Martinspark
Hotel Paramount
Sea Hawk Hotel
Residencia Cooper Union
Parador de Santa María de Bouro
Hotel Il Palazzo
Sapporo Beer
Casa de agua y vidrio
Centro de visitantes del Parque Nacional de Timanfaya
Hotel Arts
Residencia de ancianos de Vantaa
Vivienda colectiva para el Cheesecake Consortium

Centro para visitantes en Yusuhara

Kengo Kuma & Associates

Localización: Takaoka, Prefectura de Kochi, Japón. **Fecha de realización:** Marzo de 1994. **Arquitectos:** Kengo Kuma & Associates, Todahiro Odani & Associates, Plaza Design Consultant. **Colaboradores:** K. Nakata & Assoc (estructura). **Programa:** Restaurante y hotel (8 dormitorios occidentales y 8 orientales). **Fotografías:** Fujitsuka Mitsumasa.

Yusuhara-cho se encuentra en las fuentes del Shimanto, un río cuyas aguas tal vez sean las más transparentes de Japón. El emplazamiento es de una extraordinaria belleza: el río, el valle, las laderas cubiertas de cedros, los bancales escalonados donde se cultiva el arroz... Todo ello convierte este paraje en un lugar privilegiado al que se acercan numerosos visitantes.

Kengo Kuma es consciente de que el motivo por el que se decidió construir el edificio radica en el lugar.

En definitiva, se trata de un albergue para visitantes y, por lo tanto, sus ocupantes están allí precisamente para apreciar la belleza del entorno. Por eso mismo, la arquitectura debe comprometerse con el paisaje y desplegar una dialéctica con la naturaleza. El edificio consta de dos plantas. Tiene una forma marcadamente lineal siguiendo la orientación norte-sur. Su superficie total es de aproximadamente 1.300 m². Está claramente dividido en tres módulos con distintas funciones: en el primero se hallan el restaurante, la cocina y los servicios; en el segundo, los dormitorios (habitaciones de estilo occidental en planta baja y de estilo oriental en el primer piso); y, finalmente, existe un último edificio destinado a maquinaria e instalaciones.

El módulo del restaurante es el más complejo y rico. Se organiza sobre una oposición entre dos planos: el de la cubierta y el de un estanque artificial. Esos dos planos definen un espacio interior sin límites precisos, que varía continuamente con la luz.

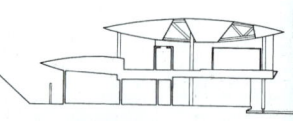

Hotel Kempinski

Helmut Jahn

Localización: Múnich, Alemania. **Fecha de construcción:** 1996. **Arquitecto:** Helmut Jahn. **Colaboradores:** Peter Walker (paisajismo). **Superficie:** 38.300 m². **Fotografías:** Helmut Jahn.

El hotel Kempinski es el primer edificio de la zona neutral del aeropuerto de Múnich, dedicada a actividades comerciales y de negocios, y proyectada como una ciudad dentro del propio aeropuerto. En este sentido, tiene un carácter modular, pues forma parte de una serie de construcciones en proyecto. La organización del hotel se corresponde con el sistema de niveles del aeropuerto. Las habitaciones rodean un jardín central cubierto. El hotel tiene un total de 400 dormitorios.

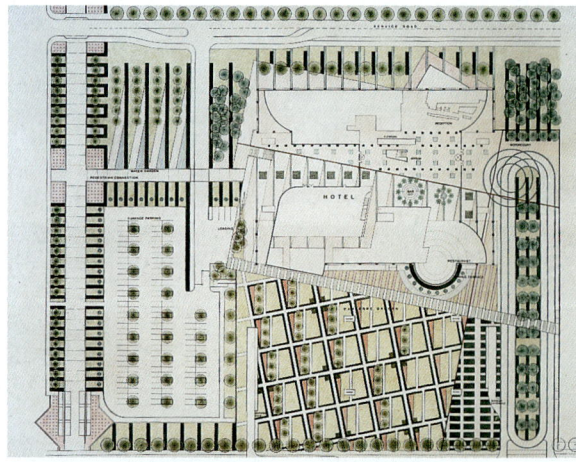

Hotel Martinspark

Dietmar Eberle & Karl Baumschlager

Localización: Dornbirn Vorarlberg, Austria. **Fecha de realización:** 1995. **Arquitectos:** Dietmar Eberle & Karl Baumschlager. **Programa:** Diseño y construcción de un hotel y de su restaurante como anexo. **Fotografías:** Eduard Hueber

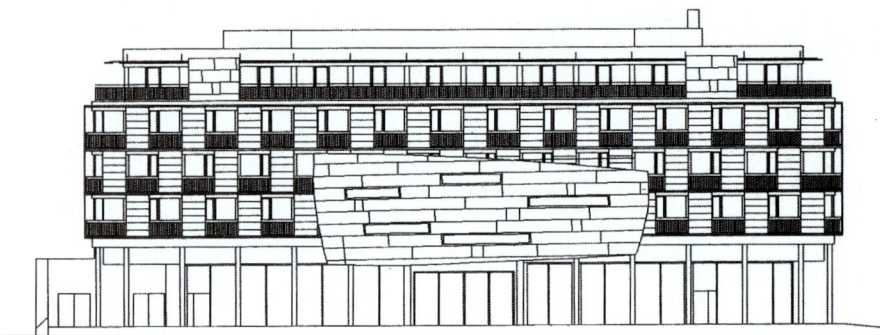

De planta rectangular, las habitaciones de este pequeño hotel se encuentran distribuidas alrededor de un patio central. El aspecto del hotel se caracteriza por el tratamiento de la fachada, a base de persianas correderas de lamas de color azul.

Los paneles azules se deslizan sobre los ventanales de vidrio en cada una de las plantas, creando un mosaico móvil. Sobre esta sobria estructura reticular, en la fachada oeste, se destaca vigorosamente un gran volumen de cobre oxidado: es el restaurante. Está sustentado por finísimos pilares metálicos y sus ventanas son muescas alargadas y estrechas, abiertas a alturas diferentes, que coinciden con las líneas longitudinales de las juntas de la chapa de cobre. El interior del restaurante es de una gran simplicidad. Se han suprimido los elementos decorativos, a fin de que los comensales puedan recibir sin ningún tipo de distorsión la singular forma del espacio.

Hotel Paramount

Philippe Starck

Localización: Nueva York, EE.UU. **Fecha de realización:** 1990. **Cliente:** Ian Schrager, Philil Pilevsky, Arthur Cohen, Morgans Hotel Group. **Arquitectos:** Philippe Starck. **Colaboradores:** Anda Andrei (arquitecto asociado), Michael Overington (dirección de obra). **Fotografías:** Peter Mauss/ESTO Photographics.

El programa del hotel incluye 610 habitaciones, dos restaurantes, un elegante club, un gimnasio, un espacio que actúa como guardería, zonas de tiendas y de exposiciones e incluso un pequeño cine. Lo que realmente importa es ofrecer comodidad funcional bajo una capa de diseño casi poético. La emblemática fachada del edificio ha sido respetada en su originaria estructura. Su planta baja está definida por una serie de 12 arcos de medio punto bajo los que se dispone levemente, sin marcos ni juntas visibles, una superficie acristalada. La estancia central se define como un volumen paralelepípedo de planta cuadrangular en un espacio de doble altura. La zona se convierte en el auténtico escenario de actuación, idea que se refuerza con el alfombrado de damero que recuerda el juego de la vida. El piso intermedio está ocupado por uno de los restaurantes del hotel y se conforma como una galería abierta hacia el patio interior. Una protección de cristal revela la ambigua funcionalidad de estos balcones que ejercen a la vez de mirador y escaparate. Las formas arquitectónicas reciben un tratamiento basado en la neutralidad cromática y estructural. La severidad y rigidez se traducen en el exterior mediante la utilización del color gris en paramentos, techos y pavimentación bajo la forma de estucos o enyesados. El colorido ofrece dinamismo y sensualidad a sus formas y proporciona vitalidad a las actuaciones de la estancia. Los motivos coloristas se repiten en los cuartos de baño. Las superficies pulidas y los espejos multiplican las perspectivas visuales y la sensación de amplitud. El tema recurrente de la rosa roja evoca sugerentes referencias de lirismo. El interior de las habitaciones ha sido diseñado personalmente por el propio Starck con una intención muy clara: crear una atmósfera confortable y acogedora en un intento de simular un segundo hogar.

Sea Hawk Hotel

Cesar Pelli & Associates

Localización: Fukuoka, Japón. **Fecha de realización:** 1995. **Arquitectos:** Cesar Pelli & Associates. **Programa:** Hotel/ Resort ajardinamiento exterior. **Fotografías:** Taizo Furukowa, Osamu Murai, Cesar Pelli, Yukio Yoshimura.

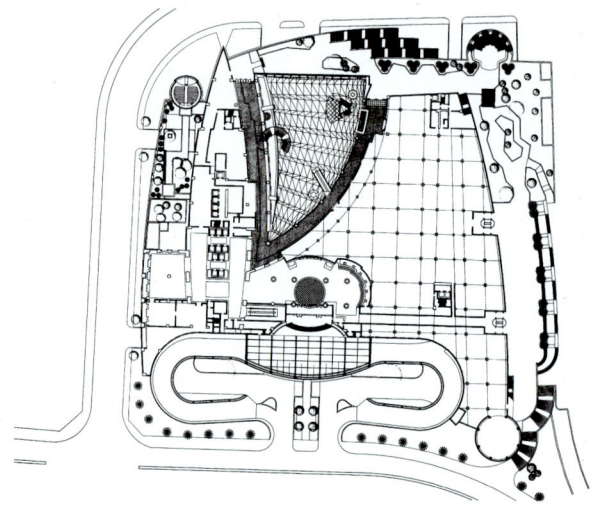

Construido en la orilla del mar, visible desde la ciudad y erigiéndose como un faro, el diseño del hotel crea una composición de formas esculturales en la bahía. Las curvas del techo y de las paredes se relacionan con los elementos: el agua y el viento. El conjunto se compone de diferentes volúmenes.

En las 34 plantas de la alta torre (con planta en forma de barco) se ubican las 1.052 habitaciones con vistas al mar. La composición de las curvas fragmentadas juega con el perfil de los techos monumentales del estadio de béisbol. Esta alta torre contrasta con las formas redondeadas de las cúpulas de cristal del volumen más bajo.

Las paredes presentan un acabado en losetas cerámicas que forman una rica textura de diferentes colores y diseños.

El vestíbulo es una elegante y tranquila entrada para los huéspedes del hotel, en contraste con el alto, luminoso y activo espacio del acristalado atrio. En forma de cuerno completamente acristalado y abierto hacia el mar, el atrio se propone como una plaza urbana, con fuentes y árboles que invitan tanto a conversaciones privadas como a actos públicos.

Residencia Cooper Union

Prentice & Chan, Olhausen

Localización: Nueva York, EE.UU. **Fecha de realización:** 1992. **Arquitectos:** Prentice & Chan, Olhausen. **Programa:** Residencia de estudiantes: dormitorios, aulas de ceremonias, zona de servicios comunes, campus. **Fotografías:** Paco Asensio.

El diseño para este proyecto persiguió englobar tanto la síntesis de las tendencias de los siglos XIX y XX, como la adaptación a los códigos zonales existentes y la inclusión de un campus. Uno de los elementos más significativos es la secuencia de rejillas superpuestas en la fachada, que dictan las formas cuadradas y rectangulares del edificio. Se trata de tres estructuras separadas y cruzadas, con un carácter volumétrico muy racional. La expresión de lo viejo y lo nuevo se realiza a través de las diferentes anchuras de los estratos de la fachada: las franjas estrechas guardan el carácter del vecindario, mientras que el ancho muro exterior de la torre tiene un aspecto más contemporáneo.

En el interior se encuentra un campus con espacios privados. El diseño de la planta ofrece apartamentos de dos dormitorios que recuerdan el concepto de loft, salas de ceremonias y zonas comunes. Generosas ventanas crean un interior luminoso y ventilado.

Pousada Santa Maria do Bouro

Eduardo Souto de Moura, Humberto Vieira

Localización: Braga, Portugal. **Fecha del proyecto:** 1989. **Fecha de construcción:** 1997. **Cliente:** Enatur.
Arquitectos: Eduardo Souto de Moura, Humberto Vieira. **Colaboradores:** Manuela Lara, Antonio Loussa, Marie Clement, Ana Fortuna, Pedro Valente. **Fotografías:** Luís Ferreira Alves.

Este proyecto tiene como propósito la adaptación, es decir, hacer uso de las piedras disponibles para construir un nuevo edificio. Es un nuevo edificio en el que intervienen diversas voces y funciones (algunas ya registradas, otras todavía pendientes); no es una reconstrucción del edificio en su forma original.

Para este proyecto, las ruinas son más importantes que el "convento", son ellas las que son abiertas y manipulables, así como lo fue el edificio durante su historia.

La disposición no pretende expresar o representar un caso excepcional justificando algún manifiesto original, sino que se atiene a un tipo de arquitectura, más o menos inmutable a lo largo del tiempo.

Durante el proceso de diseño, se buscó una lucidez entre la forma y el programa. Encaradas como dos posibles trayectorias, se decidió rechazar la consolidación pura y simple de las ruinas en aras de la contemplación, optando alguna vez por la introducción de nuevos materiales, usos, formas y funciones "entre les choses", como dijo Le Corbusier. Lo "pintoresco" es una cuestión de destino, no una parte de un proyecto o programa.

Hotel II Palazzo

Aldo Rossi

Localización: Fukuoka, Japón. **Fecha del proyecto:** 1986. **Cliente:** Mitsuhiro Kuzawa. **Arquitecto:** Aldo Rossi. **Colaboradores:** Shigeru Uchida (dirección artística). **Fotografías:** Nacasa & Partners Inc.

La proyección se inició a finales 1986, cuando Mitsuhiro Kuzawa, propietario del hotel, propuso al italiano Aldo Rossi el diseño arquitectónico y a Shigeru Uchida la dirección artística del establecimiento; además solicitó las colaboraciones de un excelente grupo de creadores para desarrollar aspectos concretos del proyecto. El objetivo era lograr cambiar la percepción del hotel, hacer que fuera contemplado en un sentido de prática social, cultural e intelectual, superando la mera función de alojamiento. La intervención debía influir en el paisaje urbanístico de la ciudad (Fukuoka, Japón) a través del impacto y la potencia visuales para convertir al edificio en el reorganizador de un paisaje excesivamente variado. Los autores principales, Aldo Rossi y Shigeru Uchida, son dos de los grandes nombres de la arquitectura y el interiorismo desde hace bastantes años y para la realización del diseño interior de este proyecto se rodearon de un grupo de creadores de primerísima línea.

Sapporo Beer

Toyo Ito

Localización: Sapporo, Japón. **Fecha de construcción:** 1989. **Superficie:** 300.000 m². **Arquitecto:** Toyo Ito. **Fotografías:** Nacasa & Partners.

La Compañía Sapporo Beer es una de las muchas industrias situadas entre el Aeropuerto de Chitose y la ciudad de Sapporo. El proyecto fue una colaboración entre el cliente, la cervecera Sapporo, Y. Ueda (de Ueda Proyectos Culturales), S. Fukukawa (paisajista) y Y. Kanno (compositor).

La Casa de Huéspedes, que se ideó para acomodar a los visitantes de la fábrica, está construida en el jardín, que ocupa una tercera parte del solar y está compuesto por el Estanque Odin, la Colina de los Olmos, el Bosque de Fairies, la Plaza del Fuego y el Marshland, a semejanza del paisaje escandinavo. La Casa de Huéspedes fue diseñada para que se confundiera con la topografía existente, así que está totalmente enterrada excepto la fachada que da al jardín. Esto convierte al conjunto en un movimiento de tierras más que en una construcción arquitectónica. El bar, el restaurante y un área de descanso están ubicados en espacios poligonales iluminados por claraboyas y decorados con frescos cenitales y tejidos. Las torres de ventilación, las claraboyas y los toldos de la entrada aparecen por encima del nivel del solar y están diseñados para simular las alas de un avión y así modelar el paisaje. El proyecto es un descanso en el camino de los visitantes de la fábrica, que llegan a la Casa de los Huéspedes adentrándose hacia el interior de la tierra y encontrando ambientes cálidos y luminosos.

Casa de agua y vidrio

Kengo Kuma

Localización: Shizuoka, Japón. **Fecha de realización:** 1995. **Arquitecto:** Kengo Kuma. **Programa:** Casa para huéspedes de una compañía japonesa. **Superficie construida:** 1.125 m². **Fotografías:** Futjitsuka Mitsumasa.

La Casa de Agua y Vidrio se sitúa al borde de un acantilado, sobre la costa de Atami, mirando al Océano Pacífico.
Los materiales utilizados son siempre ligeros, como el vidrio, el acero o la madera; son, según Kengo Kuma, materiales del presente. El suelo del último nivel está cubierto por una superficie de agua que tiene 15 centímetros de profundidad. Tres volúmenes de vidrio, dos cuadrados y uno oval, se han situado sobre ella y se reflejan sobre el agua. Los cubre una cubierta de lamas metálicas.
El acceso se produce desde el aparcamiento, a través de una puerta abierta en un muro de granito, que da directamente sobre un puente de acero y hormigón. En el piso de abajo hay una habitación de estilo japonés, una sala de administración, una sala de reuniones y un gimnasio. En el piso del nivel del acceso está el comedor. A mano derecha, la cocina y el sushi-bar, y a mano izquierda las habitaciones para los invitados. El último piso contiene, en los dos volúmenes rectangulares, habitaciones para los invitados y, en la sala oval, el comedor.
La idea central de la Casa de Agua y Vidrio es el estudio de las maneras diferentes de ver, en este caso la naturaleza. Todo ello, bajo una impresión general de calma y equilibrio y un uso objetivo de los materiales.

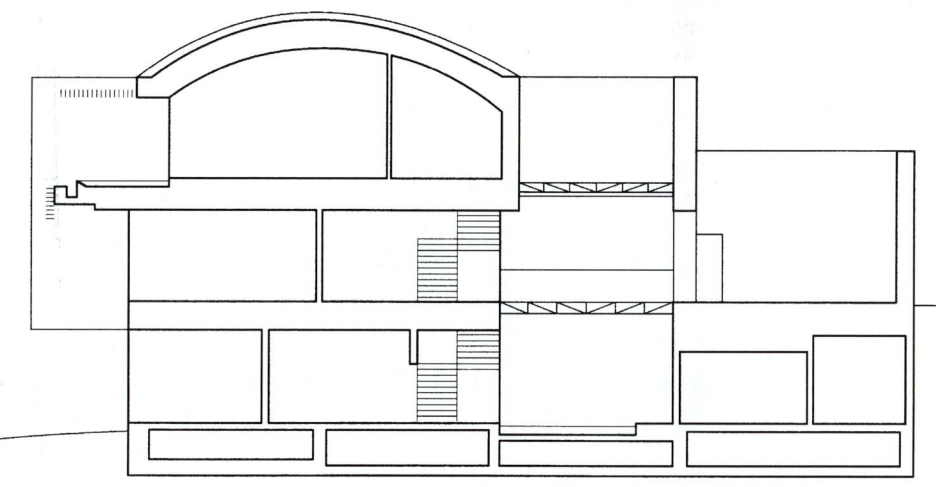

Centro de visitantes del Parque Nacional de Timanfaya

Alfonso Cano Pintos

Localización: Lanzarote, Islas Canarias, España. **Fecha de construcción:** 1993. **Cliente:** Instituto Nacional para la Conservación de la Naturaleza. **Arquitecto:** Alfonso Cano Pintos. **Programa:** Edificio que alberga el Parque Nacional de Timanfaya. **Fotografías:** Alfonso Cano Pintos, Steve Chasan.

Alfonso Cano Pintos creyó oportuno que el edificio tuviera cierta presencia, rechazando la idea de que la arquitectura podía "contaminar" visualmente tal extremo paisaje.

El programa del edificio debía resolver diferentes funciones. Primero, y como principal uso del complejo, acoger e informar sobre lo que el visitante se va a encontrar en el Parque Natural. Para ello se construyeron un espacio de exposición explicativa, una sala de proyecciones, además de un pequeño local para la venta de libros y de objetos relacionados con el parque, una sala polivalente, una biblioteca, despachos para la administración del centro y otras instalaciones complementarias. Por otro lado, otro cuerpo de edificación soluciona los requerimientos del personal del parque: dos viviendas para los guardas, vestuarios, retén de primeros auxilios, almacenes y aparcamiento de vehículos todo-terreno. La calidad de los materiales utilizados, el blanco de los encalados del exterior, el hormigón lavado y la chapa de acero cortén realzan el contraste entre lo artificial y lo natural.

Hotel Arts

SOM (Skidmore, Owings & Merrill), Bruce J. Graham

Localización: Barcelona, España. **Fecha de realización:** 1992. **Cliente:** Hotel Arts. **Arquitectos:** SOM (Skidmore, Owings & Merrill), Bruce J. Graham. **Programa:** Edificio para el Hotel Arts, restaurantes, salas de convenciones y centro comercial. **Fotografías:** David Cardelús.

A modo de puerta abierta al mar, las torres, visibles desde toda la ciudad, se han convertido en símbolo de las nuevas operaciones de apertura de Barcelona al mar, que tanto tiempo venía ignorando. El hotel ofrece una imagen distintiva: una estructura metálica que se exhibe a lo largo de las 43 plantas de la torre. Es el propio esqueleto el que configura la imagen global del proyecto desde cualquier punto de vista. Detrás de la estructura, un cerramiento en muro cortina de aluminio se ancla allá donde es necesario, creando una profundidad en fachada, rica en matices de luces y sombras.

A los pies de la torre, con el fin de suavizar el contacto con tierra, se despliegan 16.000 m² de comercios, restaurantes, cafeterías y un gran almacén, estructurados alrededor de un gran estanque abierto en su contacto con el mar. Sobre éste, como flotando sobre el agua, Frank O. Gehry instaló un enorme pez recubierto de aluminio anonizado, que además de arrojar sombra sobre el patio-estanque, conforma el símbolo distintivo de la zona comercial y de toda la franja de la playa

Residencia de ancianos de Vantaa

Heikkinen & Komonen

Localización: Vantaa, Finlandia. **Fecha de realización:** 1993. **Cliente:** Fundación Foibe. **Arquitectos:** Heikkinen & Komonen. **Colaboradores:** Janne Kentala. **Programa:** Residencia de ancianos: bloques residenciales y bloque de servicios de uso común. **Fotografías:** Jussi Tiainen (también páginas 861/862).

Esta residencia de ancianos es un nuevo ejemplo de una arquitectura que en los últimos años ha vuelto a reclamar las miradas de la crítica internacional. Aunque todos los edificios pertenecen a un mismo conjunto, se ha querido distanciar las diferentes dependencias y desvincular unos edificios de otros, a fin de conseguir que los ancianos no tengan la impresión de encontrarse en un centro hospitalario, sino que sientan como propios los espacios que habitan. Los arquitectos han separado los apartamentos particulares de los residentes en varios bloques y han concentrado los usos comunes en un edificio independiente. El bloque de servicios divide el terreno longitudinalmente, siguiendo las líneas topográficas del terreno. A un lado quedan el hospital y los antiguos edificios de la villa Rekola; al otro, los apartamentos. El edificio central contiene un restaurante, una biblioteca, algunas salas para actividades de los residentes, un gimnasio, una piscina, una sauna, las dependencias específicas de los ancianos con demencia senil y otros servicios variados como peluquería, podología…

Vivienda colectiva para el Cheesecake Consortium

Fernau & Hartman

Localización: Mendocino, San Francisco, EE.UU. **Realización:** 1994. **Arquitectos:** Fernau & Hartman. **Colaboradores:** T. Gray, K. Moses, E. Stussi. **Superficie construida:** 8.000 m². **Programa:** Conjunto de viviendas unifamiliares, porches, pérgolas, plataforma para montar tiendas de campaña para visitantes, lavandería, biblioteca y taller. **Fotografías:** Richard Barnes.

El proyecto consiste en la construcción de un conjunto de viviendas en un bosque de Mendocino County, al norte de San Francisco, para un grupo de amigos. El proyecto se estructuró finalmente en tres cuerpos, cada uno de ellos con varios componentes: un edificio de dos plantas con los espacios comunes en planta baja y dos apartamentos en el segundo piso, un ala residencial con cinco apartamentos y la lavandería y la biblioteca en los testeros y, finalmente, un taller en el que se pueden reparar coches, revelar fotos, hacer trabajos de marquetería o jugar al pimpón.

En total, una superficie construida de 5.000 m² y 3.000 m² de porches, pérgolas, plataformas para montar tiendas de campaña para visitantes ocasionales y terrazas que conectan los diferentes edificios y propician la vida al aire libre.

Paralelamente, se ha previsto que todas las habitaciones sean fácilmente accesibles por personas de edad, incluyendo rampas y ascensores preparados para admitir sillas de ruedas.

Viviendas adosadas y entre medianeras

Las casas entre medianeras se caracterizan por la obligación que tienen hacia las edificaciones vecinas. Su implantación se rige por el respeto hacia las construcciones colindantes que las limitan. Se observan dos estrategias de acercamiento: la primera se basa en el estudio del entorno, adaptándose a los parámetros de proporción y estilo, sirviéndose de los gestos arquitectónicos preexistentes. La otra estrategia es desmarcarse con una construcción genuina que apoveche su originalidad para realzar sus cualidades y las de los edificios vecinos. Ambas aproximaciones resultan en viviendas contemporáneas respetuosas con el lugar que ocupan, ya sea en la ciudad o en pueblos pequeños. Todos los proyectos aquí presentados ponen especial atención en cómo rentabilizar el espacio, más delimitado que en edificaciones exentas. El esfuerzo del arquitecto radica en la voluntad de crear ambientes perceptivamente amplios.

- Casa estudio en Islington
- Casa Price/O'Reilly
- Casa y estudio (para un artista de Ikebana)
- Oficinas y vivienda del arquitecto Stanley Saitowitz
- Residencia Zorn
- Casa Duffy
- Casas unifamiliares en Montagnola
- Viviendas panorámicas sobre el lago Gooi
- Casa doble
- Patio Villas
- Casa Plateada

Casa estudio en Islington

Caruso St. John

Localización: Londres, Reino Unido. **Fecha de realización:** 1994. **Arquitectos:** Caruso St. John. **Colaboradores:** Alan Baxter and Associates (estructura). **Programa:** Vivienda y estudio. **Fotografías:** Hélène Bisnet.

La intervención de Adam Caruso y Peter St. John supone la reconversión de un antiguo almacén de dos plantas situado en Islington, en el norte de Londres, en vivienda y estudio. El almacén tenía una planta rectangular de 4,7 m de fachada por 9,8 m de profundidad, lo que representa una superficie útil de aproximadamente 45 m² por piso. La planta era completamente libre, sin divisiones ni ningún pilar exento.

Caruso y St. John decidieron substituir la antigua fachada por un muro de vidrio. Esta pantalla está formada por un doble vidrio Climalit (8+24+6) con propiedades aislantes tanto térmicas como acústicas. Las lunas son traslúcidas de manera que, aunque dejan pasar la luz, aislan visualmente el interior del exterior. Funcionan como una pantalla de seda o de papel chino. Durante el día la fachada es completamente hermética, como si estuviese revestida de chapa metálica. Por la noche, se convierte en una lámpara que ilumina la calle.

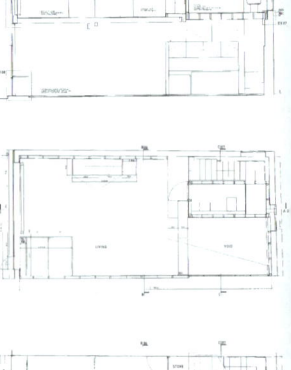

Casa Price/O'Reilly

Tina Engelen, Ian Moore

Localización: Redfern, Sidney, Australia. **Fecha de construcción:** 1996. **Arquitectos:** Tina Engelen, Ian Moore. **Fotografías:** Ross Honeysett.

Esta casa de dos plantas está construida sobre una parcela que antes ocupaban dos casas tradicionales con azotea. Las autoridades locales insistieron en que su aspecto se pareciese al de una casa tradicional y no al de un almacén. La fachada principal está dividida en dos franjas verticales: y tanto los elementos horizontales como la proporción de cada una de estas franjas están diseñados en relación con las casas contiguas. Por el contrario, la fachada trasera está compuesta por un único hueco de seis metros de altura por siete de ancho.

La distribución interior se ajusta a esta polaridad. Tras la fachada principal, se encuentran las salas pequeñas de la vivienda, divididas en dos plantas: garaje, almacén y aseo (en planta baja), dormitorios y baño (en planta primera). Mientras que junto al jardín se ha construido un único espacio a doble altura que funciona como sala de estar, comedor, cocina y, eventualmente, como estudio de fotografía.

Casa y estudio (para un artista de Ikebana)

Hiroshi Nakao

Localización: Tokorawa, Japón. **Realización:** 1996. **Arquitecto:** Hiroshi Nakao. **Colaboradores:** Hiroko Serizawa. **Programa:** Taller y vivienda de tres dormitorios. **Fotografías:** Nacasa & Partners.

La casa es una tumba. Es un exterior inyectado en el mundo, convertido en interior, y cerrado. En definitiva, se trata de una tumba invertida. Los muros exteriores están revestidos de un acero que cambia dramáticamente, del negro al rojo, a medida que se oxida. Y después, sutilmente, vuelve poco a poco hacia el negro. La casa está sumergida en la ocurrencia y recurrencia del negro. El interior está teñido de negro. Como una imagen laminar que se deslizase por el mundo, el negro temporalmente acoge y silencia toda substancia. Y sólo hace falta sentarse y esperar. Esperar a aquello que consigue recuperar la memoria profunda y hacerla hablar: la luz. Un ciclo interminable de reflejos que aparecen y se desvanecen para iluminar los contornos de la materia (o la carne) o para enmudecerlos, en un proceso de renovación continua. La casa organiza la dinámica de la memoria y el olvido. El espacio, su centro, a su vez se comprime y se estira. Se despliega la profundidad horizontal y verticalmente. En este espacio, nuestros cuerpos, inestables y retraídos, alcanzan un ritmo nuevo y otra gravedad. La casa organiza el movimiento, nos echamos y nos ponemos de pie. Memoria y olvido, de pie y echado. La casa, en definitiva, es una tumba. Una tumba que reclama al pensamiento, vida. Una caja negra que trata de engendrar vida.
(Texto: H. Nakao)

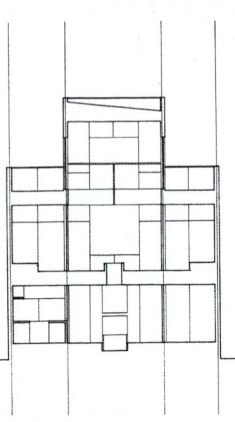

Oficinas y vivienda del arquitecto Stanley Saitowitz

Stanley Saitowitz

Localización: Redfern, Sydney, Australia. **Fecha de construcción:** 1993. **Arquitecto:** Stanley Saitowitz.
Fotografías: Richard Barnes (también páginas 894/895).

El emplazamiento, situado al sur de Market Street, consiste en un típico solar urbano de 7,5 x 24,5 m. La coincidencia entre cliente y arquitecto, sumada a las características prototípicas del solar, determinaron que el proyecto se concibiese como un ejercicio de investigación.
La fachada de chapa de aluminio y ventanas correderas contrasta con los edificios vecinos, de estilo victoriano, poniendo de manifiesto unos interiores a otra escala y otro concepto de arquitectura.
El edificio está dividido en tres unidades, todas ellas dotadas de amplios espacios a doble altura. La parte más alta está ocupada por la Stanley Saitowitz Office, iluminada por un gran tragaluz central. El nivel intermedio lo ocupa la vivienda del arquitecto, y la planta baja, el aparcamiento.
La estructura está formada por dos líneas de pilares situadas a un 1,5 m de las medianeras. Estas dos franjas en voladizo contienen todos los servicios del edificio, así como los elementos de comunicación vertical. De este modo, la crujía central queda completamente libre.
El propio sistema constructivo y las instalaciones conforman la imagen arquitectónica. La estrategia fue escoger materiales que no necesitasen acabados: con el tiempo se podrían cubrir, pero nunca perderían el cromado o el chapado de madera.

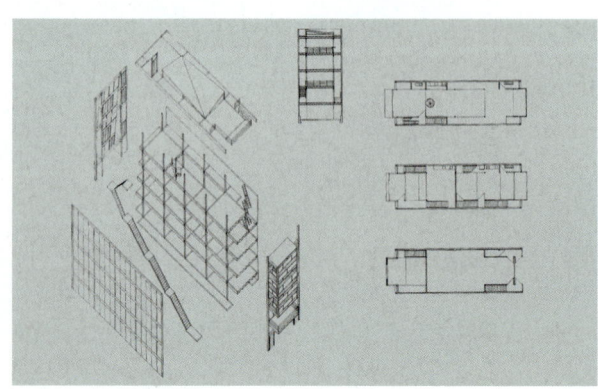

Residencia Zorn

Krueck & Sexton

Localización: Chicago, EE.UU. **Fecha de realización:** 1995. **Arquitectos:** Krueck & Sexton. **Fotografías:** Korale Hedrich Blessing.

La casa Zorn está situada en una zona residencial en el norte de Chicago. Está dispuesta en el solar de tal forma que rompe el ritmo de las fachadas adyacentes y aprovecha las vistas hacia el sur.
La casa ha sido proyectada como un sencillo volumen de ladrillo y vidrio, cuyo interior se articula en torno a un espacio de doble altura, que es la zona común. La fachada que da al sur es la de mayor transparencia; interesaba recibir el máximo de luz. Una ventana vertical abierta al oeste, alargada, estrecha, que se adelanta ligeramente respecto del plano de fachada, permite las vistas a la calle a la vez que se prolonga por la cubierta, a fin de proporcionar luz cenital, iluminando de forma difusa la parte central del segundo piso.
El punto de partida de la arquitectura de Krueck & Sexton es el concepto de rectángulo. Inicialmente concebida como un rectángulo puro, la casa ha sido transformada, ligeramente quebrada, ha sufrido deslizamientos y se le han superpuesto diferentes fragmentos. Las fracturas y corrimientos se producen a veces en sección, a veces en planta.

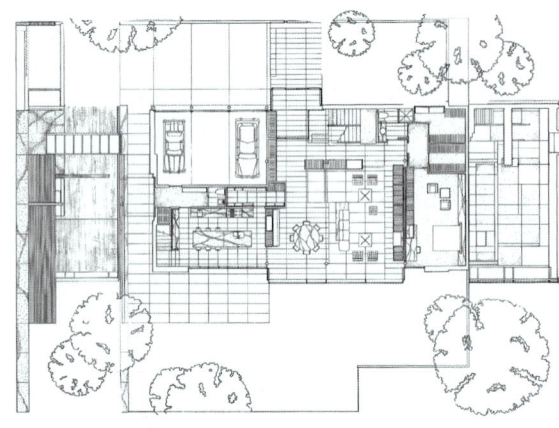

Casa Duffy

Bercedo + Mestre

Localización: Sitges, Barcelona, España. **Fecha de realización:** 1998. **Arquitectos:** Bercedo + Mestre. **Colaboradores:** D. Schleipen (diseño), J.M. Ambrós (arquitecto técnico), J. Marín (constructor), R. Mayne (carpintería), Islathermic (aluminio). **Programa:** Vivienda unifamiliar entre medianeras. **Fotografías:** Jordi Miralles, Dominik Schleipen.

El proyecto consiste en la reforma y en la ampliación de una vieja vivienda de autoconstrucción existente, entre medianeras, muy degradada y húmeda, de una sola planta y con un pasillo central y habitaciones pequeñas a ambos lados. La casa está en un solar urbano de cerca de 7 m de ancho, entre un edificio de cuatro plantas y otro de tres.

El proyecto consigue desplegar un paisaje íntimo, un territorio privado en el que se encadenan lugares y escenarios distintos. Por eso, las formas son sencillas y están desnudas. Se ha derribado una parte del forjado de la casa existente con la intención de intercalar un patio interior justo después del acceso. En contraste con el hermetismo de la fachada que da a la calle, al cruzar la puerta de entrada, el visitante se encuentra en un lugar imprevisible. A partir de esa paradoja inicial, se establecen una serie de recorridos en los que se intercalan constantemente los espacios interiores y exteriores, propiciando relaciones visuales poco habituales y situaciones complejas. Se trata de una casa de la que se sale y se entra constantemente. Los arquitectos han procurado que su intervención generase un espacio exterior privado en el que los propietarios pudiesen hacer vida al aire libre.

Casas unifamiliares en Montagnola

Mario Campi, Franco Pessina

Localización: Lugano, Suiza. **Fecha de realización:** 1988. **Cliente:** Mr. Corecco. **Arquitectos:** Mario Campi, Franco Pessina. **Colaborador:** Benedikt Graf, Gianmarco Ciocca, Enzo Vanetta. **Programa:** Construcción de tres viviendas unifamiliares. **Fotografías:** Eduard Hueber.

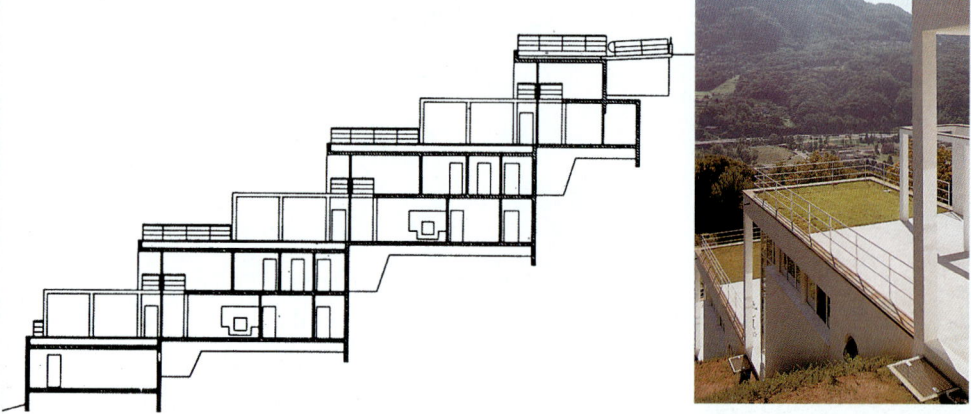

El proyecto lo conforman tres viviendas unifamiliares que los arquitectos presentan como un bloque unitario que se amolda con naturalidad al relieve topográfico, descendiendo de oeste a este. En la zona meridional, la escogida para disponer la escalera adosada de acceso a las distintas viviendas, el dibujo de la fachada adquiere un aspecto más cerrado y compacto, con un escalonamiento de seis superficies que traducen los conceptos de dúplex y doble altura, y presentan las puertas alternas de acceso al interior.

El alzado opuesto se ha presentado más abierto. La geometría básica del edificio se organiza, en esta vertiente septentrional, en los tres cuerpos de viviendas.

En el interior, Campo y Pessina centran su propuesta de trabajo en los motivos del espacio y de la luz, organizando las distintas dependencias en relación a las panorámicas. Los tres módulos han recibido el mismo tratamiento, aunque el situado en el punto más elevado es de menores proporciones. En total, el conjunto presenta siete planos horizontales que, sobre la sala de estar, adquieren un mayor desarrollo vertical, debido a un vacío en el forjado de separación de niveles que provoca la doble altura.

Una de las estrategias más eficaces del conjunto es el aprovechamiento espacial que hace utilizar la cubierta de cada módulo como terraza.

Viviendas panorámicas sobre el lago Gooi

Neutelings & Riedijk

Localización: 4º cuadrante de la orilla del lago Gooi, Huizen, Holanda. **Fecha de construcción:** 1994-1996.
Cliente: Bouwfonds Woningbouw S.L., Haarlem. **Arquitectos:** Neutelings & Riedijk. **Colaboradores:** Willem Bruijn, Gerrit Schilder; Juurlink & Geluk, Rotterdam (paisajismo). **Programa:** 32 viviendas unifamiliares con garaje incorporado. **Fotografías:** Stijn Brakkee.

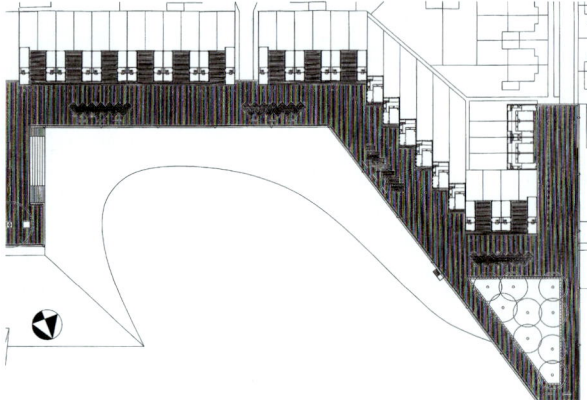

El proyecto forma parte de un plan más vasto, integrado por 152 viviendas, del cual la primera fase lo forman estas 32 viviendas-panorama, con una distribución interior en planta que intenta extraer el máximo provecho de su privilegiado enclave: agua en uno de sus lados; mucha luz en su lado opuesto.
Dos son las tipologías de vivienda empleadas en esta nueva realización de Neutelings & Riedijk; ambas se desarrollan dentro de una crujía de seis metros, y ambas surgen de explotar al máximo las posibilidades visuales del lago. Las que lo encaran frontalmente provienen de la superposición alterna de dos viviendas pareadas, la sala de estar de una se encabalga sobre la de la otra, ocupando la anchura total de las dos casas juntas, doce metros.
Las que lo encaran oblicuamente son viviendas adosadas, deslizándose unas sobre las otras, dando lugar a una fachada dentada.
Todas las casas tienen jardín, aparcamiento propio situado dentro del mismo volumen edificado y, o bien una generosa terraza en la cubierta (las primeras aquí descritas), o una terraza suspendida sobre el jardín trasero (las últimas que hemos mencionado).
El paseo entre el borde del lago y las viviendas se ha diseñado de manera conjunta con estas últimas.

Casa doble

Thomas Herzog y Michael Volz

Localización: Pullach, Munich, Alemania. **Fecha de realización:** 1989. **Arquitectos:** Thomas Herzog y Michael Volz. **Colaboradores:** Michael Streib, Julius Natterre, Bois Consult, Lausana (estática), Rainer Wittenborn (concepción cromática) **Programa:** Vivienda unifamiliar, ajardinamiento exterior. **Fotografías:** Dieter Leistner.

Esta vivienda se configura como una combinación de técnicas y materiales tradicionales con otros de carácter más innovador que persiguen nuevos propósitos cualitativos. El resultado es una casa que sintetiza la simplicidad estética con el pragmatismo más inteligente y deviene una especie de prototipo o modelo que puede ser utilizado con sobria naturalidad en diversos ambientes.
El tema inicial de la proyección era el de construir un edificio residencial, con dos apartamentos, en un terreno llano y despejado de Pullach, en la periferia de Múnich, zona de tradición arquitectónica rural muy característica. A este condicionamiento tipológico, había que sumar las exigencias del cliente, que deseaba una edificación de madera con una particular atención a la problemática del ahorro energético y, sin embargo, con un presupuesto bastante limitado. Todo este conjunto de factores influyó de manera decisiva en la proyección de la futura vivienda, en espcial los aspectos técnicos relacionados con la energía solar, por lo que el equipo de Herzog (con Michael

Volz y Michael Streib) estuvo asesorado en todo momento por el Instituto de Sistemas de Energía Solar de Friburgo de la Fraunhofer Gesellschaft.

Patio Villas

Rem Koolhaas (OMA)

Localización: Rotterdam, Holanda. **Fecha de realización:** 1984-1988. **Arquitecto:** Rem Koolhaas (OMA). **Colaboradores:** George Heintz, Götz Keller, Jeraen Thomas, Thÿs de Haan, Jo Schippers, Petra Blaisse, Yves Brunier (paisajista). **Programa:** Casa unifamiliar de dos plantas, ajardinamiento y aparcamiento. **Fotografías:** Peter Aaron/ ESTO.

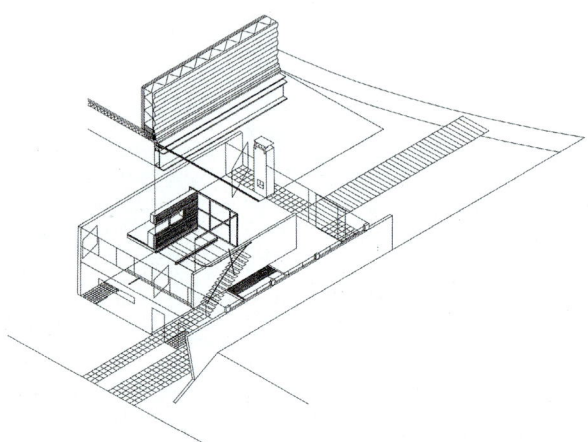

La villa constituye una reflexión casi filosófica acerca de las posibilidades de la arquitectura en el tema de la vivienda. Todo el interior se ha dispuesto en torno a un prisma de luz que no sólo actúa como distribuidor de dependencias, sino que incide especialmente en el tema de la transparencia y la claridad. La ausencia de barreras físicas para la organización de espacios es casi total.

En el exterior el edificio se ha definido con la voluntad de parodiar el estilo tradicional de las villas autóctonas, con la utilización del cromatismo y las franjas acristaladas como motivos más expresivos. La simplicidad de todos los detalles y componentes, la levedad de los planos de división y la escasez de mobiliario proporcionan al estilo de vida de sus habitantes un carácter de lujo sobrio y elegante. Las dos plantas presentan una superficie de distintas dimensiones, debido a la inclinación de la pendiente. El patio acristalado es el motor central de organización. Con su disposición no centralizada, se sugieren levemente cuatro espacios distintos: al norte, el comedor; hacia el sur, el jardín, la sala de estar; el muro metálico oriental del prisma acoge la cocina; en el lado opuesto, entre el cubo y el paramento exento, aparece el hueco rectangular de la escalera, flanqueado por la sinuosa estructura de protección.

Casa Plateada

Thom Mayne y Michael Rotondi, Morphosis

Localización: Los Ángeles, EE.UU. **Fecha de realización:** 1987. **Arquitectos:** Thom Mayne y Michael Rotondi, Morphosis. **Programa:** Vivienda familiar en las afueras de Los Ángeles. **Fotografías:** Morphosis.

Esta vivienda, que consta de tres pisos construidos del modo más inusual en un emplazamiento completamente irregular, incorpora el área de día en el piso superior y las habitaciones y zonas de servicio en los pisos inferiores. De este modo, los habitantes pueden ver el Océano Pacífico, que de otro modo hubiera quedado tapado por la línea de casas al otro lado de la carretera de la costa. Los planos también muestran claramente la intersección de dos unidades distintas: un bloque central, que contiene los baños, la cocina y el ascensor; y una segunda unidad diagonal que contiene el resto de las habitaciones. Se ha prestado una especial atención a la entrada circular, situada en un lado de la unidad central del edificio. Ésta conduce a un vestíbulo que da acceso a un patio a la izquierda, y a la derecha, a una zona de huéspedes frente al baño y la sauna. El piso superior contiene el área de trabajo y el gran salón, situado entre la cocina y el comedor. Finalmente, encontramos también un sótano utilizado como garaje y almacén, con su propia área de servicio.

Vivienda unifamiliar en la periferia

La periferia siempre ha ido relacionada a conceptos de disolución, ambigüedad, incluso de abandono. El aire peyorativo que ha ido adquiriendo se debe a actuaciones precarias fruto de la especulación. Las últimas décadas de este siglo se caracterizan por un interés en renovar estas áreas: en primer lugar a nivel urbanístico, mejorando las infraestucturas y otorgando al territorio las ventajas de la ciudad y el campo.
Por otra parte, a nivel arquitectónico se ha profundizado en el estudio de la tipología residencial, para asimilar los requerimientos funcionales de las viviendas de la periferia, altamente concurrida en estos últimos años.
Los ejemplos presentados asumen las particularidades del lugar y los intereses de clientes y diseñadores.

Casa Burnette

Villa Wilbrink

Casa con estudio Rotterdam

Casa Lawson-Western

Casa Koechlin

Casa Hakuei

Casa Kidosaki

Casa en Yokohama

Casa Blades

Casa Check

Casa Phyche

Casa en Vaise

Casa Burnette

Wendell Burnette

Localización: Sunnyslope. Arizona. EE.UU. **Fecha de construcción:** 1995. **Arquitecto:** Wendell Burnette.
Programa: Casa unifamiliar, aparcamiento, ajardinamiento. **Fotografías:** Bill Timmerman.

Los muros laterales de la casa Burnette presentan unas rendijas verticales que siguen un ritmo constante, cada dos metros y medio en el muro sur, y cada metro y veinticinco centímetros en el muro norte. Estas aberturas seriadas funcionan como un reloj de sol. Según la hora del día y la época de año, los haces de luz a través de una u otra rendija dibujan sobre el suelo una línea con una inclinación determinada.

La casa Burnette se encuentra en el desierto de Sonora, en la ciudad de Sunnyslope.
La casa de Burnette está situada justo en el lugar donde muere una antigua carretera abandonada que penetraba en el desierto produciendo un corte en el territorio.
En el centro, la vivienda está cortada en dos por un patio interior, que constituye el acceso tanto desde el garaje como desde el jardín. Se trata de un lugar ambiguo en el que se mezclan todos los niveles de la casa y en el que la luz se introduce por rincones imprecisos produciendo un fuerte contraste de luces y sombras. Una escalera formada por cuadrados de chapa de acero de medidas distintas, que parecen estar suspendidos en el aire, acaba en un pequeño estanque de agua, que dobla la imagen de la escalera y hace desaparecer el suelo.

Villa Wilbrink

Ben van Berkel

Localización: Amersfoort, Holanda. **Fecha del proyecto:** 1994. **Arquitectos:** Ben van Berkel. **Colaboradores:** A. Krom, P. Van der Evre, B. Medic, BV, ABM. **Programa:** Vivienda unifamiliar, patio y jardín. **Fotografías:** Hélène Bisnet, Kim Zwarts.

Desde la calle, la imagen de la casa es un único plano inclinado cubierto de grava. Se diría que la fachada principal se ha hundido bajo el suelo. Ese plano está recortado por la rampa que desciende hasta el garaje y por un paso peatonal que conduce al patio central. Así pues, no existe una entrada concreta y reconocible a la vivienda, sino una forma de ir introduciéndose en ella paulatinamente.

El patio central tiene una forma imprecisa. Está abierto a oeste, pero se accede a él desde el paso peatonal. El edificio del garaje lo aísla de la calle. Esto permite convertirlo en el centro vital de la casa. Recibe sol de sur y todas las habitaciones están abiertas a él por grandes ventanales.

El interior de la casa tiene forma de L. La sala de estar se encuentra justo en la esquina. En el ala corta se ubican los servicios (cocina, despensa, lavadero) y en la larga, los dormitorios. El baño es un cuerpo adherido a la casa con las paredes exteriores revestidas de madera. Sobresale del volumen general y ayuda a cerrar el patio.

Casa con estudio en Rotterdam

Mecanoo Architekten

Localización: Rotterdam, Holanda. **Fecha de realización:** 1989-1991. **Cliente:** Erick van Egeraat y Francine Houben. **Arquitecto:** Mecanoo Architekten b.v. **Colaboradores:** Erick van Egeraat, Francine Houben (proyecto), Theo Kupers, Bjarne Mastenbroek, Cock Peterse, Inma Fernandez, Birgit Jurgenhake, Marjolijn Adriaansche, Van Omme & De Grooth (contratista). **Programa:** Vivienda unifamiliar con estudio, jardín, piscina y garaje. **Fotografías:** Scagliola, Brakee, Francine Houben.

El edificio está situado al final de una hilera de casas construidas en el siglo pasado y rodeadas de viviendas unifamiliares y bloques de apartamentos construidos por algunos de los principales arquitectos holandeses actuales. En la planta baja se sitúa el recibidor-distribuidor, un garaje y el estudio de los arquitectos-propietarios. Este estudio tiene acceso a un jardín de inspiración japonesa a través de una puerta de vidrio. La piscina queda separada de la casa por medio de una tarima de madera. El salón está situado en el primer piso, con unas vistas excelentes sobre el rio. Se trata de un amplio espacio en el que se encuentran, además del salón, la cocina y el comedor. En la fachada sur se construyó una terraza con vistas al canal. La fachada norte, de cristal, continúa en el piso superior, donde una biblioteca sirve de antecámara a las tres habitaciones.

Casa Lawson-Western

Eric Owen Moss

Localización: Los Ángeles, EE.UU. **Fecha de realización:** 1994. **Arquitecto:** Eric Owen Moss. **Fotografías:** Tom Bonner.

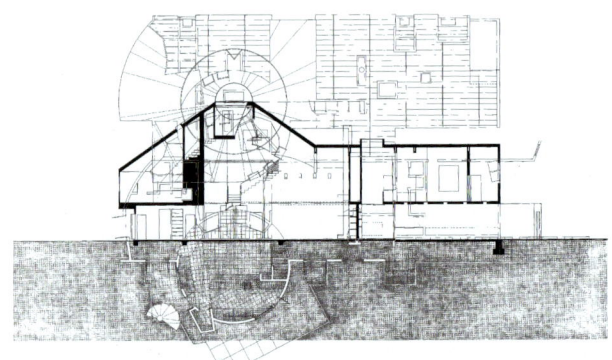

Las propias ideas funcionales, espaciales y formales de los clientes fueron recogidas e interpretadas por el arquitecto, constituyéndose en verdaderas premisas de arranque del proyecto.
La casa se sitúa en uno de los barrios más prósperos de la ciudad de Los Ángeles. La posición de ésta, a lo largo del límite norte de la parcela, permite el emplazamiento de un jardín frente a la fachada sur. El acceso, tanto rodado como peatonal, se produce desde un extremo del edificio, creando en el interior un recorrido secuencial que desemboca en la cocina, verdadero núcleo funcional y espacial de la vivienda. La planta baja alberga las zonas comunes conectadas entre sí; la cocina tiene un anillo perimetral donde se concentran espacios de servicio y almacenaje, y de donde parte la escalera principal de la casa; la gran sala de estar es un volumen abovedado de considerable altura en el que se alza una chimenea metálica; contiguo a ambos, el comedor constituye una pieza de una escala más doméstica. Completan la planta una sala de juegos colindante a la cocina, en la fachada oeste, y el garaje y la zona de huéspedes, en la zona este. La posición central de la escalera produce en la primera planta un esquema de distribución dividido en dos zonas opuestas, unidas entre sí por una pasarela sobre la sala de estar. En la zona oeste, la habitación principal y sus dependencias, con acceso directo a una terraza exterior en la que se ubica el jacuzzi y que se comunica con el jardín mediante una escalera de caracol exterior. En la zona este, se encuentran dos habitaciones y el lavadero sobre el que una ventana distorsionada en esquina caracteriza la fachada de acceso.

Casa Koechlin

Herzog & de Meuron

Localización: Basilea, Suiza. **Fecha de construcción:** 1994. **Arquitectos:** Herzog & de Meuron. **Programa:** Vivienda, aparcamiento y jardín. **Fotografías:** Margheritta Spiluttini.

La casa Koechlin está construida desde dentro hacia fuera. El patio puede ser tanto abierto como cerrado. La parte superior puede cerrarse con una superficie corredera de vidrio. De alguna manera, el patio se convierte a partir de una cierta época en un invernadero. Esta dualidad tiene unas consecuencias directas en el diseño de los otros espacios de la casa. El patio no tiene un límite claro, sino que puede diluirse y pasar a formar parte de la sala de estar, en planta baja, con una ventana en fachada, o bien adueñarse de una franja del forjado de planta primera para crear una terraza. Según los propios arquitectos esto propicia que los espacios se interpenetren, que fluyan y que pasen a englobarse unos dentro de otros. Otra de las ideas con peso en el proyecto es la intención de que el exterior tenga una presencia constante en el interior, que la casa participe del paisaje del entorno, del jardín y de la vistas de la ciudad a lo lejos. El acabado final de los muros exteriores es un enlucido del propio color gris del cemento, que le confiere una extraordinaria gravedad.

Casa Hakuei

Akira Sakamoto

Localización: Tokio, Japón. **Año de inauguración:** 1996. **Cliente:** Familia Hakuei **Arquitecto:** Akira Sakamoto.
Colaboradores: Reinhold Meyer (ingeniero de estructuras), Kaiser Bautechnik (control de obra), Roger Preston (ingeniero mecánico y eléctrico). **Fotógrafo:** Nacása & Partners

La residencia Hakuei se encuentra en un solar ubicado en los suburbios relativamente pequeño y estrecho. Para Sakamoto la decisión de construir un edificio de volúmenes sencillos y muros blancos significa crear un silencio en la ciudad en el que los paseantes puedan reposar la mirada. En este proyecto, más importante incluso que la composición de los volúmenes edificados, fue definir el patio como un espacio exterior pero al mismo tiempo privado, sobre el que organizar toda la vida de los habitantes de la casa.
Akira Sakamoto construye un muro lateral que atraviesa el solar desde la entrada a su límite posterior y actúa como una pantalla, El muro está situado en el lado este, por lo que el sol de tarde incide en su superficie y se refleja sobre todos los espacios de la casa. Frente a este muro, Sakamoto construye tres cajas blancas, dos de ellas macladas.
La simplicidad radical de esta casa parece querer desnudar la memoria de lo superfluo, ralentizar las voces que atraviesan el espacio de una ventana a otra y redibujar sobre las paredes blancas los movimientos de las personas que cruzan las salas.

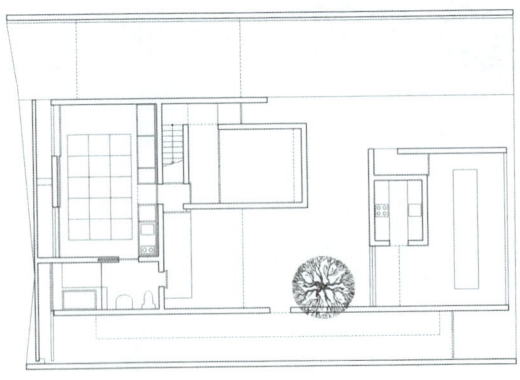

Casa Kidosaki

Tadao Ando

Localización: Osaka, Japón. **Fecha de construcción:** 1990. **Arquitecto:** Tadao Ando. **Programa:** Casa unifamiliar. **Fotografías:** Richard Bryant / Arcaid.

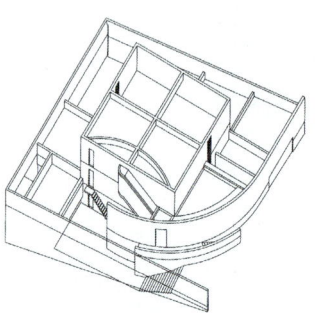

En una parcela de planta irregular, se ubica esta edificación cuyo cuerpo principal lo constituye un cubo perfecto, de 12 m de lado, alrededor del cual se articula el resto de la construcción. Este volumen cúbico se localiza prácticamente en el centro del solar, dejando espacio abierto tanto en el norte como en la vertiente opuesta. El área que queda en la parte septentrional constituye la entrada a la vivienda. Esta zona tiene la particularidad de romper la linealidad de los alzados que delimitan el terreno. Así, uno de los paramentos externos laterales, el que está orientado hacia el oeste, empieza a curvarse por el centro desplazándose para desembocar en el frente norte originando un espacio abierto que configura el acceso a la casa. El interior se dibuja a base de líneas de trazo neto, que definen un espacio austero y despojado de barroquismos, fiel a la esencia nipona.
Los volúmenes son ininterrumpidamente abiertos, muy amplios y vacíos. Se podría decir que se trata de una construcción sin formas, que se integra con la naturaleza produciendo un espacio casi flotante.

934 Viviendas

Casa en Yokohama

Kazuo Shinohara

Localización: Yokohama, Japón. **Fecha de realización:** 1987. **Arquitecto:** Kazuo Shinohara. **Programa:** Construcción de una vivienda unifamiliar como anexo a una antigua casa. **Fotografías:** Richard Bryant / Arcaid.

Esta casa se planeó como una extensión de una antigua casa de madera, con la intención de preservar la mayor cantidad posible de árboles en el lugar que se iba a ocupar. El nuevo edificio invade sólo una pequeña parte del antiguo jardín. La casa está situada en Yokohama, Japón, en la cima de una pendiente muy pronunciada en una parcela amplia y apacible. El solar estaba cubierto por gran cantidad de enormes árboles, por lo que esta zona verde fue tratada con un gran respeto. La nueva estructura se añadió al edificio existente, un bungalow rectangular completamente regular y de forma uniforme, sobre un lado y forma de L con dos pisos. La planta baja contiene la entrada, que está situada entre los dos edificios, el dormitorio principal, una habitación con un tatami y un baño. Al segundo piso se accede por una escalera cercana a la entrada y contiene la cocina, el comedor, un espacioso salón y una alacena.

Casa Blades

Morphosis

Localización: Santa Bárbara, California, EE.UU. **Fecha de construcción:** 1996. **Arquitecto:** Morphosis.
Programa: Casa unifamiliar, jardín, piscina y aparcamiento. **Fotografías:** Morphosis (también páginas 920/921).

En junio de 1990, un terrible incendio arrasó cientos de casas unifamiliares construidas en las colinas de la costa de Santa Bárbara, cerca de Goleta, en California (EE.UU).
Lo que quedaba junto a las cenizas era un terreno en ligera pendiente con rocas dispersas y un grupo de robles autóctonos.
La estrategia de Morphosis fue construir un muro elíptico y circunscribir todos los espacios de la vivienda en su interior. El muro elíptico tiene un labio o borde superior que trata de sugerir que esa habitación exterior está parcialmente cubierta. Está construido en hormigón visto.
Frente a la elipse del jardín, la cubierta de la casa dibuja otra curva en el plano vertical.

La superficie de la casa es de aproximadamente 350 m^2, organizados en tres grandes espacios adyacentes a cinco pequeñas habitaciones exteriores. Cada área está concebida como una secuencia de zonas que se superponen, en las que el límite entre lo común y lo privado se ha diluido intencionadamente.

Casa Check

KNTA

Localización: Singapur, Malasia. **Fecha de construcción:** 1995. **Arquitectos:** KNTA. **Colaboradores:** Joseph Huang, Ove Arup & Partners-Singapur (estructura); Hin Yin Choo, Michael Chorney, Finbarr Fin, Chee Meng Look, Bruce Ngiam, Ben Smart, Mong Lin Yap, Jacks Yeo, CCL Chartered Surveyors; Ee Chiang & Co.Pte Ltd. (contratista principal); Ho Kong Aluminium Pte Ltd., Xin Hefen Engineering Pte Ltd. (contratistas especialistas). **Fotografías:** Dennis Gilbert.

El solar donde se ubica la casa Check tiene un carácter marcadamente longitudinal, que se refleja tanto en el diseño de la vivienda como en el de los jardines. En la planta baja, las formas son fluidas y curvilíneas, mientras que en la planta piso se vuelven rectas y angulares. La vivienda está concebida como una secuencia de etapas y de lugares que se suceden de una manera natural. Un pequeño camino adoquinado permite acceder en automóvil hasta la casa, atravesando el jardín anterior. Una rampa curva permite acceder hasta la entrada desde la zona de aparcamiento, dominada por la imagen escultórica de una prégola metálica suspendida de un tensor en uno de sus lados.

En la sala de estar convergen todos los elementos de la casa, en un espacio a doble altura. Las vistas se abren tanto al jardín de la entrada como al posterior, donde se encuentra la piscina. Es un espacio abierto, envuelto por grandes ventanales.

El comedor está situado junto al jardín de entrada a la casa. Es una sala circular que se ha proyectado alrededor de una mesa central redonda para doce personas.

En el extremo norte de la casa, junto a la piscina, se ha incorporado un pequeño pabellón con bloques de vidrio y una cubierta de dos alas en voladizo, sustentada sobre una sola viga.

Los muros, construidos en hormigón, constituyen la estructura base de la casa. Sobre ellos se anclan o se cuelgan los diversos elementos realizados con otros materiales.

Casa Phyche

Rene van Zuuk

Localización: Almere, Holanda. **Fecha de realización:** 1991-1992. **Cliente:** Rene van Zuuk y Marjo Körner.
Arquitecto: Rene van Zuuk. **Fotografías:** Herman H. van Doorn.

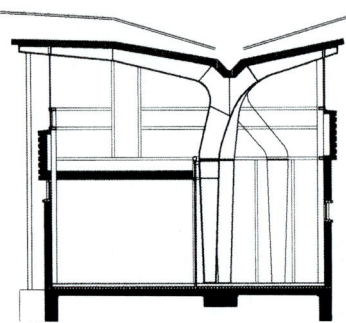

El proyecto es una composición de volúmenes, superficies y elementos encajables; se diseña a partir de los materiales, renunciando conscientemente a su uso fetichista y a los patrones estandarizados.

En la planta de la casa se distinguen dos bandas longitudinales contiguas: una, de doble altura, al norte; la otra, con dos niveles, ocupa la mitad sur. Desde la esquina noroeste del conjunto una cortina de cristal traslúcido entra en la casa describiendo un arco al que se une, a partir del punto de tangencia, el forjado intermedio de la zona adyacente meridional. Recogidas por el arco de cristal se levantan cuatro estructuras, cuatro árboles de acero: sus troncos se doblan y sus brazos se despliegan soportando las dos alas de la cubierta. Uno de los árboles queda en el ámbito de la entrada; los otros tres se entrelazan con aspas de tensores metálicos en el interior de la sala, dominando el espacio. La estructura orgánica se complementa con otros dos soportes con forma de Y, formados por perfiles en I, que apuntalan la cubierta en el ala que más vuela, pasando por delante de la fachada sur.

Casa en Vaise

Jourda & Perraudin

Localización: Vaise, Francia. **Fecha de realización:** 1990. **Arquitectos:** Françoise-Hélène Jourda, Gilles Perraudin. **Programa:** Vivienda unifamiliar, ajardinamiento y aparcamiento. **Fotografías:** Stephane Couturier.

Esta casa representa la implantación directa de los conceptos arquitectónicos de sus arquitectos, ya perfilados en alguna de sus obras anteriores, como la Ciudad de la Música de París y el Centro Cultural Gandhi en Nueva Delhi. El proyecto refleja claramente la preocupación de sus autores por poner en contacto a los habitantes con las condiciones climáticas del exterior, así como por la integración del edificio en el paisaje. El proyecto es testigo directo de un nuevo enfoque filosófico del acercamiento entre el espacio inhabitado y la naturaleza y de los puntos de conexión entre cultura y paisaje.

El terreno donde se emplazó la construcción tiene forma de polígono irregular de seis caras. Para preservar al máximo la vegetación, los arquitectos decidieron una distribución de dos plantas rectangulares de altura reducida. De esta forma se ajustaban también a la idea de esta familia de cuatro hijos con deseos manifiestos de entrar y salir de la casa constantemente. La distribución consta de un salón-comedor, cocina, dormitorios, cuartos de baño, una sala de juegos, una bodega y terrazas que representan la continuidad visual entre el interior y el exterior. Los arquitectos consiguieron lo que buscaban inicialmente: crear una arquitectura biotecnológica donde los materiales fueran utilizados de acuerdo con su función determinada dentro de la estructura general.

Vivienda unifamiliar en el campo

En la sociedad actual, donde las ciudades ocupan el centro y despliegan su paisaje cuadriculado y su velocidad, el campo supone un desplazamiento hacia otra clase de actividades. Cualquier persona que decide construirse una casa en una pradera o junto a un bosque, asume una decisión inicial: la voluntad de cierto aislamiento, la consecución de mayores grados de tranquilidad y el inicio de un doble viaje: la aproximación a las cosas más simples e irreductibles, y por otro lado, un paulatino desprendimiento de las redes de relaciones y obligaciones que constituyen el tejido urbano. Se incluyen aquí casas que tiene una forma precisa y reconocible. Todos los proyectos se relacionan con la naturaleza de manera diferente, se adaptan al paisaje, lo alteran, lo embellecen y despliegan las motivaciones de aquellos que las habitan.

Villa M
Villa en el bosque
Casa en Tateshina
Casa Barnes
Casa Tipo / Variante
Casa Huf
Casa Häusler
Casa Dub
Aktion Poliphile
Casa Bom Jesus
Casa Grotta
Casa Bernasconi
Villa Neuendorf

Villa M

Stéphane Beel

Localización: Zedelgem, Bélgica. **Fecha de construcción:** 1994. **Arquitecto:** Stéphane Beel.
Colaboradores: Dirk Hendriks, Paul van Eygen, Hans Verstuyft, Harm Wassink, Hans Lust, Philippe Viérin (diseño), SCES (estructura), R.Boydens (instalaciones). **Fotografías:** Lieve Blancquart.

El solar donde se encuentra Villa M es un claro en el bosque de aproximadamente una hectárea, completamente plano.
El resultado es una vivienda alargada (60 m de longitud por 7 de anchura), paralela a uno de los muros existentes.
Las diferentes zonas se sitúan a lo largo de la casa de una manera secuencial, separadas por silencios arquitectónicos que pueden ser pequeños patios, o bien volúmenes exentos que albergan los servicios. Estos silencios tienen la función de distanciar salas contiguas. De esta manera, aunque no existan puertas que interrumpan la continuidad espacial, se consigue separar las habitaciones y aislar la cocina del comedor, o el comedor de la sala de estar.
Desde el jardín, cuando la luz decae, el interior de la casa aparece como un escenario. A través de las enormes aberturas de vidrio, pueden seguirse los movimientos de las personas por las habitaciones.

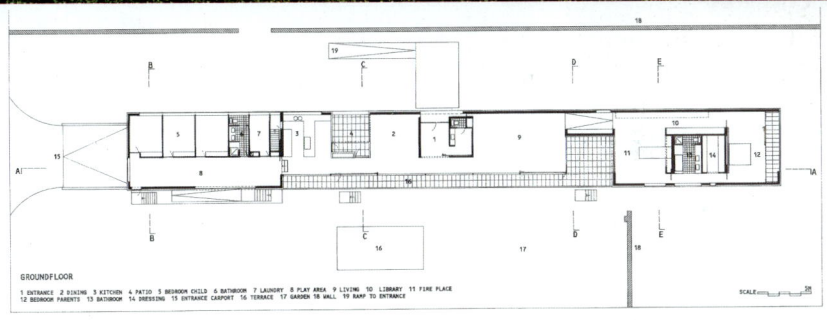

GROUNDFLOOR
1 ENTRANCE 2 DINING 3 KITCHEN 4 PATIO 5 BEDROOM CHILD 6 BATHROOM 7 LAUNDRY 8 PLAY AREA 9 LIVING 10 LIBRARY 11 FIRE PLACE
12 BEDROOM PARENTS 13 BATHROOM 14 DRESSING 15 ENTRANCE CARPORT 16 TERRACE 17 GARDEN 18 WALL 19 RAMP TO ENTRANCE

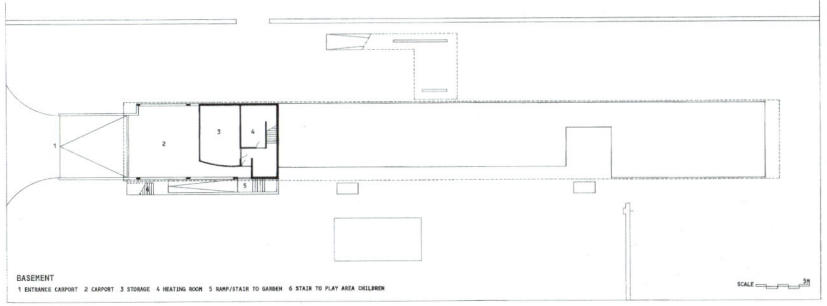

BASEMENT
1 ENTRANCE CARPORT 2 CARPORT 3 STORAGE 4 HEATING ROOM 5 RAMP/STAIR TO GARDEN 6 STAIR TO PLAY AREA CHILDREN

Villa M 951

Villa en el bosque

Kazuyo Sejima

Localización: Chino, Nagano, Japón. **Fecha del proyecto:** 1994. **Arquitecto:** Kazuyo Sejima. **Colaboradores:** R. Nighizawa, S. Funaki, Matsuvi Gengo + O.R.S. **Programa:** Vivienda unifamiliar. **Fotografías:** Nacasa & Partners.

La villa en el bosque de Tateshina acota un espacio de defensa frente a lo inmenso, modula un recinto de identidad en medio del caos natural. Kazuyo Sejima escoge la planta circular para expresar la sensación de homogeneidad que el bosque le produce. Este entorno poblado de vegetación no determina ningún eje. Los rayos del sol desaparecen filtrados por las ramas y la orientación se hace difícil. El cliente, un galerista de Tokio, deseaba una casa que pudiese funcionar como segunda residencia, con posibilidad de acoger a invitados, y que contase con un área de exposición-*atelier*. Este programa se organiza en torno a un espacio central circular que cumple este cometido y que genera en su perímetro un anillo donde la arquitecta coloca las áreas destinadas a las funciones básicas de una vivienda.

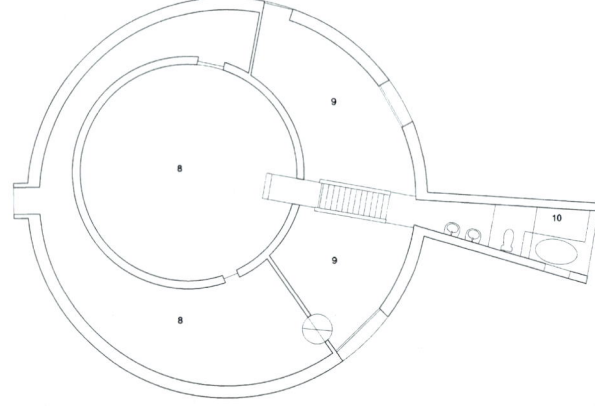

Casa en Tateshina

Iida Archischip Studio

Localización: Tateshina, Nagano. Japón. **Fecha de construcción:** 1994. **Arquitectos:** Yoshihitko Iida. **Colaboradores:** Niitsu (constructor). **Programa:** Vivienda unifamiliar, ajardinamiento y porche exterior de doble altura. **Fotografías:** Koumei Tanaka.

La casa se encuentra en una zona de vacaciones, al pie de la montaña de Tateshina, en Nagano. El terreno presenta una suave pendiente en dirección sudoeste, y alrededor de la vivienda se extiende el bosque. El proyecto de Iida se desarrolla a partir de la construcción de dos piezas paralelas de planta rectangular, algo desplazadas una respecto de la otra. Ambas están situadas siguiendo la dirección de la pendiente del terreno. El acceso se produce por el extremo más elevado y, desde el vestíbulo, una rampa desciende siguiendo la inclinación natural de la montaña y conduce al visitante hasta la sala de estar y la gran terraza de madera. La rampa continúa y, finalmente, se pierde otra vez en el bosque. Una segunda rampa asciende desde el vestíbulo hasta un pequeño puente que conecta con el volumen vecino. En la segunda planta, se encuentra el baño. Se trata de una habitación inusualmente abierta, con panorámicas sobre el bosque, donde relajarse y demorarse durante horas en la bañera.

Casa Barnes

Patkau Architects

Localización: Nanaimo, Columbia Británica, EE.UU. **Realización:** 1993. **Arquitectos:** Tim Newton, John Patkau, Patricia Patkau, David Shone, Tom Robertson. **Colaboradores:** Fast & Epp Partners (estructura), Robert Wall Ldt. (contratista). **Programa:** Vivienda unifamiliar y ajardinamiento. **Fotografías:** Undine Pröhl.

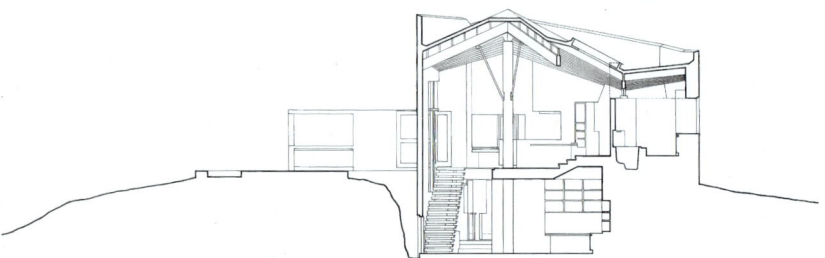

Según los arquitectos, la casa Barnes forma parte de un proceso de investigación sobre la arquitectura iniciado hace algunos años y que continúa en la actualidad. Esa investigación se concentra en la búsqueda de lo particular, lo real y lo heterogéneo.

En el caso de la residencia Barnes, lo particular es fundamentalmente el emplazamiento y el paisaje exuberante que rodea la casa: un afloramiento rocoso rodeado de vegetación, con vistas sobre el estrecho de Georgia y la isla de Vancouver. El proyecto juega con ambas escalas: por un lado, el territorio, la topografía y las panorámicas, y, por otro, el terreno abrupto, rocoso, lleno de aristas, desniveles y perfiles afilados. En cierto modo, las formas de la casa evocan ambos paisajes y los trasladan a una escala intermedia.

Casa Tipo / Variante

Vincent James, Paul Yaggie

Localización: Wisconsin, EE.UU. **Fecha de construcción:** 1996. **Arquitectos:** Vincent James, Paul Yaggie.
Colaboradores: N. Blantard, N. Knuston, A. Dull, S. Lazen, K. Scheib, Coen + Stumpt (paisajismo), Yerigan Construction (constructor). **Programa:** Casa unifamiliar, ajardinamiento y garaje. **Fotografías:** Don F. Wong.

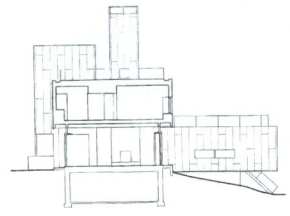

Los propietarios aportaron al proyecto un concepto que les fascinaba y que ellos definían con el término: "tipo/variante". La casa Tipo/Variante es una colección de espacios que responde a los ritmos y a las pautas de la vida doméstica. Empleando exclusivamente volúmenes similares a cajas de madera, se crean diferentes situaciones arquitectónicas contiguas. Cada una tiene su proporción, orientación e iluminación natural específicas. Paralelamente, los giros y los ángulos de las distintas piezas del edificio definen varios espacios exteriores semicerrados.
Tanto las habitaciones como los patios de la casa están concebidos como espacios sencillos e inmediatos, de formas simples, que adquieren vida con el uso diario y el ciclo de las estaciones. Tanto las soluciones constructivas como los acabados seleccionados están inspirados en la arquitectura rural típica del norte de Estados Unidos. El resultado final es al mismo tiempo abstracto y familiar, por lo que resulta compatible con el deseo de los propietarios de que su vivienda fuera rústica y cálida, y que con ella pudiese establecerse una relación sentimental.
Los materiales exteriores, principalmente chapa de cobre y piedra azulada, están colocados según tramas distintas que aportan una gran variedad de ritmos y de texturas a las fachadas. Con el tiempo, el cobre pasa del tono miel brillante a un color azul púrpura, después tiende a un marrón saturado y, finalmente, a un verde blanquecino.

Casa Huf

Ernst Beneder

Localización: Blindenmarkt, Baja Austria, Austria. **Fecha de realización:** 1990-1993. **Cliente:** Dr. Josef y Dra. Maria Huf. **Arquitecto:** Ernst Beneder. **Colaboradores:** Anja Fischer. **Fotografías:** Ernst Beneder, Marguerita Spiluttini.

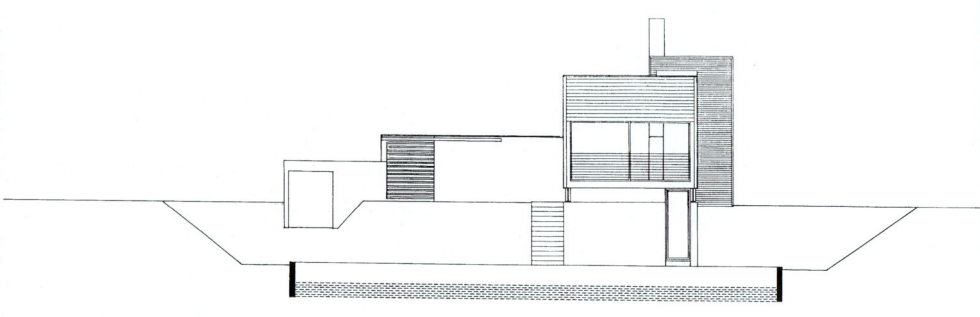

La Casa Huf se plantea como segunda residencia de 75 m² y programa sencillo. El terreno, cercano a los húmedos bosques del río Ybbs, se encuentra junto a un gran estanque artificial. Alineada con el camino por su lado norte, la casa es un prisma longitudinal, revestido de madera, que se apoya en el terreno plano y sobrevuela el desnivel hasta alcanzar el agua. El interior se concibe como un único espacio en el que se disponen objetos. La escalera, que desde el patio lleva a la cubierta, pasa junto a la chimenea y sobre el mueble granate de la cocina con total naturalidad. Al prisma le acompañan una base de hormigón semienterrada y una torre de aluminio maclada que contiene el baño, en planta baja, y una galería-dormitorio superior, a un nivel intermedio.

El baño queda fuera del perímetro del prisma, separado por una puerta semitransparente. Una de las ventanas del dormitorio queda enfocada al patio; la otra se abre a la terraza y al comedor a través de la escalera. Justo cuando el terreno empieza a descender, el suelo interior se eleva cinco escalones, pasando a ser de parqué en la sala de estar.

El revestimiento en franjas horizontales de alerce da a las fachadas una tonalidad en crudo grisáceo similar a la del hormigón.

En el patio, el entramado de listones de madera da calor a este espacio abierto.

Casa Häusler

Karl Baumschlager, Dietmar Eberle

Localización: Hard, Austria. **Fecha de construcción:** 1993. **Arquitectos:** Karl Baumschlager, Dietmar Eberle. **Superficie:** 230 m². **Programa:** Vivienda unifamiliar y ajardinamiento. **Fotografías:** Eduard Hueder–Ardi–Photo Inc.

La casa Häusler es una vivienda unifamiliar en Hard, Austria, localizada en un terreno plano y abierto. Consiste esencialmente en un volumen rectangular que muestra su textura de hormigón gris dentro del cual se desarrolla el proyecto. La fachada de acceso y las laterales están prácticamente cerradas al exterior. Únicamente el lado sur está abierto. Esta fachada está compuesta por una estructura regular de hormigón, que establece una retícula uniforme, detrás de la cual aparecen diferentes planos hechos de láminas de madera, más o menos retrasados. La fachada norte, de acceso, es un rectángulo de hormigón gris que tiene tan sólo, como elementos compositivos, el hueco de la entrada y una ventana horizontal, estrecha y alargada, a la derecha, que llega hasta la esquina.
La casa recuerda a las esculturas de hormigón realizadas por el artista norteamericano Donald Judd: formas geométricas puras de grandes dimensiones situadas en paisajes abiertos, desplegando un orden extraño y desconcertante.

Casa Häusler

Casa Dub

Bolles + Wilson

Localización: Münster. Alemania. **Fecha de construcción:** 1994. **Arquitectos:** Bolles + Wilson. **Programa:** Casa unifamiliar, patio interior y ajardinamiento. **Fotografías:** Christian Richters.

El proyecto de la casa Dub consiste en la reforma (una pequeña modificación) de una casa de los años 60 de estilo moderno.
El primer añadido, palabra que ellos mismos utilizan, consiste en una pared de gresite cerámico de color azul intenso en el patio interior, un estallido de color, rotundo y optimista.
El segundo elemento se trata de un estudio contiguo al muro azul, algo más bajo, revestido de cinc por el exterior, y de madera en su interior. Este segundo muro incorpora un juego de ventanas de diferentes tamaños, a alturas distintas, de referencias neoplasticistas.
El tercer añadido es, a diferencia de los dos anteriores, un plano horizontal: una pérgola de barras de cinc que ocupa el espacio originado por el ligero desplazamiento entre los dos muros antes mencionados, entre los que se ha construido un acceso al edificio.
En el interior, dos elementos más: una chimenea de formas geométricas, con un tubo de extracción de humos circular de aluminio, y una puerta giratoria de madera de grandes dimensiones, casi un muro basculante.

Aktion Poliphile

Studio Granda

Localización: Wiesbaden, Alemania. **Fecha de realización:** 1989-1992. **Cliente:** Galerie z.B., Francfort. **Arquitectos:** Studio Granda. **Fotografías:** Norbert Migueletz.

El proyecto se compone de dos casas que se alzan sobre las fértiles tierras del norte de Wiesbaden, en Alemania: la casa de Saturno y la casa Delia. Saturno simboliza la idea de la paradoja del tiempo, que crea para posteriormente destruir su propia creación. Su descendiente Delia es el símbolo de la casta bondad de la juventud, la energía y la salud. Delia simboliza los tiempos modernos. Su lado oscuro, prudentemente escondido, refleja la fría sombra, triste y perezosa, de su vecino Saturno, formando ambas casas un sistema privado. Saturno es sólido e impenetrable. Su cubierta está hecha de plomo, y las paredes son de un rojo oscuro enlucido. Nada pasa a su través, sus paredes no tienen ningún rasgo ni facción característicos, a excepción de un corte arcado en el flanco del muro. Desde el resguardado jardín, una ranura profunda, de doble altura, revela su interior, manifestado por unas series de brechas más pequeñas en el lado del muro. Cabe destacar la pared norte del edificio, donde encontramos un entramado de una gran belleza y originalidad, al que tampoco le falta su dosis de simbolismo. Saturno y Delia. Madera y piedra. Fragilidad y solidez. Simbolismo, belleza y utilidad. Tres palabras que sólo unidas dan sentido a Aktion Poliphile. Tres palabras que, en su armónico encuentro en este proyecto, suponen también una lección magistral para los que se aferran a la caduca creencia de que la belleza riñe con el pragmatismo. Simbolismo, belleza y utilidad. No basta ni con una, ni con dos. Sólo con las tres y su perfecta interdependencia se conforma Aktion Poliphile.

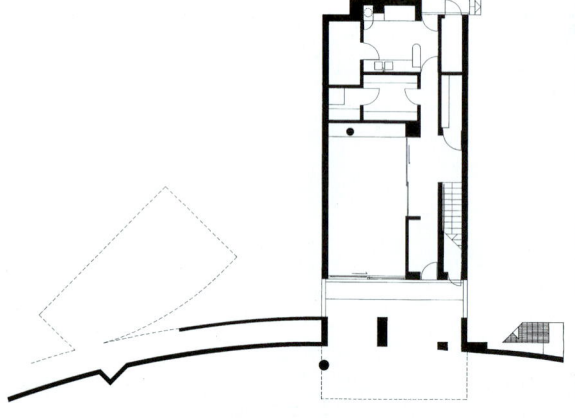

Casa Bom Jesus

Eduardo Souto de Moura

Localización: Braga, Portugal. **Fecha de construcción:** 1994. **Arquitecto:** Eduardo Souto de Moura.
Programa: Vivienda unifamiliar y ajardinamiento. **Fotografías:** Luis Ferreira Alves (también páginas 948/949).

La simplicidad conceptual y de lenguaje que exhibe la casa Bom Jesus en las afueras de Braga constituye un claro ejemplo de cómo responder de manera adecuada, pero sencilla y sutilmente a unas preexistencias físicas.
La composición de esta vivienda unifamiliar integra dos volúmenes que representan dos programas y dos sistemas constructivos diferentes, aunando dos casas en un mismo proyecto. Un volumen de piedra natural que, procedente de la irregular orografía del terreno, atraviesa la casa y un cubo de hormigón y vidrio que se asienta sobre la plataforma que delimita el muro de piedra simbolizan el encuentro entre lo existente y lo nuevo.
La casa Bom Jesus se asienta en un terreno con pronunciada pendiente hacia el suroeste y orientado hacia la anárquica silueta de la ciudad de Braga. El acceso rodado a la finca desde cotas bajas hace que la aproximación a la vivienda, colindante con el límite superior del terreno, se produzca a través de un sendero empedrado que asciende suavemente hacia ésta en un recorrido casi ritual.

Casa Grotta

Richard Meier

Localización: Nueva Jersey, EE.UU. **Fecha de construcción:** 1988. **Arquitecto:** Richard Meier.

Esta casa está situada en un campo ligeramente inclinado, con bosques al noroeste y bellas vistas al sur y al este. Dos ejes desde el centro del volumen construido forman ángulos rectos con los edificios principales, proyectando el interior de la vivienda dentro de la naturaleza que la rodea y dando a la casa una situación privilegiada en un lugar que resulta difícil de definir. Los círculos y cuadrados son elementos estilísticos muy importantes y utilizados por el arquitecto neoyorquino Richard Meier. Los últimos propietarios de la casa, una pareja de coleccionistas de arte, también acabaron rindiéndose a un amor por la arquitectura inspirado por la geometría de este diseño. El edificio está estructurado alrededor de un espacio cilíndrico central con una altura de dos pisos, aunque este volumen virtual está parcialmente absorbido por el cuerpo ortogonal en el que está inscrito dentro de una base cuadrada. La casa es un claro ejemplo de muchos de los tópicos utilizados en los trabajos de Meier, como puede ser el uso del color blanco. La casa es casi completamente blanca, el color preferido por el arquitecto, ya que agudiza la percepción de los colores que existen en la luz natural y la naturaleza en sí misma. El juego entre luz y sombra, masa y volumen puede ser mayormente apreciado gracias al contraste con la superficie blanca.

Casa Bernasconi

Luigi Snorzzi

Localización: Carona, Suiza. **Fecha de realización:** 1988-1989. **Cliente:** Raffaele Bernasconi. **Arquitecto:** Luigi Snorzzi. **Colaborador:** Gustavo Groisman, Hans Peter Jenny. **Fotografías:** Filippo Simonetti.

La casa se sitúa en el valle de Carona, sobre una zona caracterizada por una fuerte pendiente hacia lo alto, en dirección sur, y una gran explanada hacia el flanco septentrional.
El acceso al edificio se produce a través de una zona situada en la cota más elevada de la finca, donde se disponen los aparcamientos y se descubre la visión de la casa desde una perspectiva sudoeste. El programa funcional del interior responde a una residencia distribuida en tres plantas, a las que se añade otra subterránea donde se instalan las bodegas.
La sencillez del interior se traduce en las fachadas: hormigón visto, volúmenes simples y aberturas estratégicamente dispuestas.
La visión de la edificación desde el acceso descubre la presencia de dos módulos prismáticos: el primero, de tendencia horizontal, en el que se halla la vivienda propiamente dicha; y el segundo, con geometría de perspectiva vertical y superpuesto, que acoge el proceso comunicador de las distintas superficies.
A la serena armonía del contraste entre el hormigón visto y el cristal hay que añadir la utilización del travertino tanto en el pavimento como en las escalinatas de acceso. La utilización de ese material persigue obtener una sutil modulación de los efectos lumínicos en los desniveles de la escalera y en el acabado de los suelos.

Villa Neuendorf

Claudio Silvestrin

Localización: Mallorca, España. **Fecha de realización:** 1988-1991. **Cliente:** Hans y Carolie Neuendorf. **Arquitecto:** Claudio Silvestrin. **Colaboradores:** Tietz & Partners (ingeniería), J. Salis Construcciones (construcción). **Fotografías:** Marco de Valdivia.

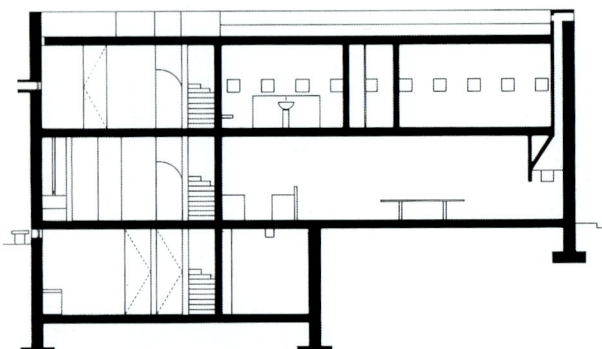

La casa se ha construido a partir de materiales naturales y locales. Como respuesta al contexto árido y rojizo, los muros se han erigido prácticamente desnudos, con hendiduras verticales que evocan los surcos del terreno y con el juego de luces y sombras provocado por los escasos árboles de los alrededores. El edificio no se ha concebido para ser accesible directamente mediante vehículo. Tras el camino rural que se aproxima a la casa, se dispuso un aparcamiento sombreado del que partía una rampa ascendente de 110 m de longitud, para acceder a la vivienda. La piscina se ha diseñado como prolongación de la obra, con un desarrollo lineal de casi 40 m por sólo 3,5 m de ancho. A pesar de la simplicidad del dibujo de tendencia cúbica del edificio, cada una de las cuatro fachadas ofrece un frente específico y diferencial. Una vez se ha penetrado a través de la estrecha hendidura de acceso al edificio, aparece un patio interior de 12 x 12 m en torno al cual se conformó la planta de L del cuerpo de la vivienda. Simples y cuadrangulares aberturas de generosa amplitud constituyen la forma de ingreso a las dependencias básicas de la residencia, estructurada en dos alturas. En la primera, se han dispuesto los sectores de convivencia. En la superior, se distribuyen los distintos dormitorios con sus anexos correspondientes. El movimiento de la iluminación sobre los alzados y las dependencias se aprovecha para conseguir dramáticos efectos visuales e imprimir emoción y dinámica al conjunto. Las formas y límites constructivos se contagian del lenguaje minimalista del conjunto. Por encima de cualquier componente ajeno a la esencia espiritual del edificio, imperan las ideas de espacio, luz y amplitud.

Vivienda unifamiliar junto al mar

El medio influye profundamente en el desarrollo humano, hasta el punto que cada parcela tiene su propio espíritu territorial. Una buena casa ha de estar adaptada y ser respuesta directa no solo al clima y otras condiciones ambientales de su propia región, sino también a la forma tradicional de vida de sus ocupantes. La costa se caracteriza a menudo por una diversidad geográfica y social altamente significativa, por lo cual no se puede generalizar y es mejor hacer un estudio más concreto y minucioso.
A continuación se presentan proyectos ubicados en un medio tan bello y singular como es el entorno marítimo. Son casas que establecen unos diálogos especialmente interesantes con el paisaje, siempre diferente y cambiante. Además, estas viviendas tienen, aparte de una función residencial, un uso vacacional y de ocio, ya que un espacio frente a la playa ofrece un ambiente ideal para escapar del ruido y del estrés de las grandes ciudades.

Ampliación de la casa Neutra
Casa en Sag Pond
Casa Cashman
Casa en Capistrano
Casa Schnabel
Casa en Venice
Casa Villangómez
Residencia en el lago Weyba
Casa en Sausalito
Casa en Ackerberg

Ampliación de la casa Neutra

Steven Ehrlich Architects

Localización: Santa Mónica, California, EE.UU. **Fecha de construcción:** 1996-1998. **Arquitectos:** Steven Ehrlich Architects. **Programa:** Ampliación-anexo de una vivienda unifamiliar. **Fotografías:** Tom Bonner.

La residencia de los Lewin en Santa Mónica fue diseñada por Richard Neutra en 1938.
Está ubicada a los pies de un acantilado delante de la playa de Santa Mónica en California. Inicialmente ocupaba 550 metros cuadrados a los que los actuales clientes han querido añadir una zona de ocio, una piscina, una ampliación del garaje y las dependencias del servicio. Para amortiguar el ruido de la vecina autopista, Steven Ehrlich opta por colocar el nuevo garaje y las habitaciones del servicio formando una efectiva barrera acústica. Esta ubicación crea un primer patio común a ambas partes. El siguiente patio que nos encontramos al proseguir nuestro camino desde la calle tiene también la casa original de Neutra como telón de fondo y relaciona visualmente la antigua sala de estar con el nuevo pabellón que aloja la zona de ocio. Un puente acristalado cruza este espacio exterior para unir las salas.
La meticulosidad, tanto en el planteamiento general como en los detalles, convierten este proyecto en un espacio residencial único por su comodidad y elegancia.

Casa en Sag Pond

Mario Gandelsonas, Diana Agrest

Localización: Sagaponack, Southampton, Nueva York, EE.UU. **Fecha de realización:** 1989-1992. **Cliente:** Richard Ekstract. **Arquitectos:** Mario Gandelsonas, Diana Agrest. **Colaboradores:** Wal-Siskind (interiorismo); Claire Weisz (proyecto arquitectónico); Tom Bader, Peter Frank, Maurice Harwell, Thomas Kalin (consultores); Robert Silman, Associates (ingeniería estructural); David Dominsky (contratista). **Fotografías:** Paul Warchol.

La casa, rodeada de campos, está constituida por seis torres conectadas entre sí por puentes que rodean una bóveda de unos 33 m de longitud. La bóveda, construida hacia el norte, recoge espacios comunes de la vivienda, mientras que los puentes y torres contienen las habitaciones privadas, las cuales se sitúan en dos alas independientes. Una primera ala, orientada al sur, recoge el baño principal y la suite; la otra, con orientación hacia el norte, está habilitada con dormitorios, que disponen de escaleras independientes, para los invitados. La estructura formal de la casa se desarrolla a lo largo de dos geometrías, cuya unión genera la forma triangular del hall, provocando una distorsión antiperspectiva de las escaleras y la torsión del tejado parabólico. Este movimiento afecta a su vez al volumen de las chimeneas y a la despensa que separa los espacios principales y comunes de la bóveda. El invernadero cilíndrico es la única torre donde la estructura se compone de columnas verticales de acero y de anillas de madera.

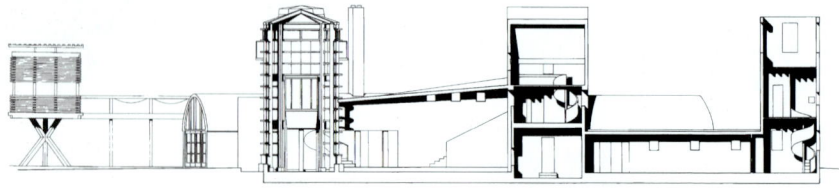

Casa Cashman

Ed Lippmann

Localización: Sidney, Australia. **Fecha de construcción:** 1996. **Arquitecto:** Ed Lippmann. **Colaboradores:** O. Arup (ingeniería). **Programa:** Vivienda unifamiliar. **Superficie:** 200 m². **Fotografías:** Peter Hyatt.

Esta casa fue construida para una familia que quería pasar los fines de semana y la época estival lejos de la gran ciudad. El terreno se sitúa cerca de la playa. De difícil acceso y rodeado de una espesa vegetación, forma parte de una reserva natural.

El estudio geotécnico recomendaba que la construcción fuera muy ligera. Se trata de una zona de lluvias torrenciales, con un suelo muy poco consolidado y graves problemas de erosión. El resto de la casa está construido con una estructura metálica ligera y una cubierta de chapa metálica ondulada.

La casa está concebida como un pabellón acristalado y abierto, casi como si fuera una gran terraza cubierta. La vivienda está dividida en dos zonas: una de una sola planta, que alberga los espacios comunes (sala de estar, comedor y cocina), y otra de dos, en la que se ubican los dormitorios y los baños.

Casa en Capistrano

Rob Wellington Quigley

Localización: Capistrano Beach, California, EE.UU. **Fecha de construcción:** 1994. **Arquitecto:** Rob Wellington Quigley. **Colaboradores:** T. Cruz, C. Herbst, M. Falcone. **Programa:** Vivienda unifamiliar, parterre vegetal, garaje. **Fotografías:** Undine Pröhl.

Capistrano Beach es una localidad en la costa californiana donde se han construido una serie de viviendas unifamiliares en primera línea de mar y sobre la arena. Forma parte de este conjunto de fragmentos individuales sin figuración compartida que son un dibujo discontinuo sobre la uniformidad de la arena. Su arquitectura es narrativa y figurativa y, a la vez, abstracta; la paradoja y la disonancia son su estrategia estética. Está compuesta por yuxtaposiciones, tensiones, fragmentaciones integradas en una difícil unidad final que, sin embargo, se consigue recorriendo sus espacios. Los paramentos orientados a este y oeste forman planos paralelos que contienen el volumen de la vivienda. En las caras norte y sur estos planos rígidos se desdibujan y vacían en algunos puntos para mostrar el interior, haciendo que el mar se cuele por las aberturas y que la vida doméstica se escape hasta la arena. Esta vivienda es una secuencia sensible de espacios con volumetrías muy diferentes, sistemas de obtención de luz diversos y referencias estilísticas contrastadas.

Casa Schnabel

Frank O. Gehry

Localización: Los Ángeles, California, EE.UU. **Fecha de construcción:** 1987-1989. **Arquitecto:** Frank O. Gehry.
Fotografías: Mark Darley.

En la zona de acceso al solar, en el sector occidental de la parcela, se ha proyectado una sencilla caja prismática estucada que alberga el garaje. Sobre ésta se ha dispuesto otra de menor tamaño y girada respecto al eje de la anterior, donde se sitúan las dependencias del servicio. Para conectar este módulo con el de la cocina, Gehry planteó la creación de una galería arcada, sostenida por pilastras revestidas de cobre natural, que atraviesa parte del espacio ajardinado.

El solar previsto para la ubicación del edificio consistía en una gran parcela de características topográficas inexpresivas: una superficie rectangular que, en planta general, culminaba en un área trapezoidal irregular, aprovechada mediante un descenso de nivel para crear un espacio de mayor privacidad respecto al entorno.
El bloque de planta rectangular contiene, en su nivel inferior, la cocina, una sala de estar a dos alturas, con iluminación cenital en el centro y un pequeño estudio.
En el piso superior se articulan dos dormitorios, con sus respectivos baños, en torno al vacío estructural conformado por el estar.
El aspecto externo se ha acabado con un simple estuco grisáceo.

Casa en Venice

Antoine Predock

Localización: Venecia, California, EE.UU. **Fecha de realización:** 1990. **Arquitecto:** Antoine Predock.
Fotografías: Timothey Hursley.

gran terraza desde donde una escalera conduce a un solárium.
El aspecto más destacado de esta vivienda es el uso de materiales y técnicas con el fin de reflejar la propia obra en sus suelos, donde se combina la cerámica oscura con pavimentos recubiertos de moquetas hechas de materiales naturales; y en el agua, de manera que la imagen producida esté siempre presente pero quede invertida.
Un muro de contención revestido de granito negro, rebosante de agua que se desliza por su superficie, es el único elemento que separa la edificación del paseo público. La ventana pivote con marco de metal rojo que se encuentra al final del eje, gira horizontalmente formando una abertura de 13" de altura con vistas al océano. Dentro del edificio, zonas iluminadas por la luz natural se combinan con áreas de iluminación difusa logradas gracias a un sistema de cristales oscuros.

Esta vivienda, que se erige en primera línea de mar, se levanta sobre una base rectangular y se desdobla en tres pisos diferenciados. Un sótano, al nivel del suelo y parcialmente oculto por muros de hormigón, realiza la función de garaje y servicios. La primera planta alberga una espaciosa sala de estar, el comedor y la cocina; a otra altura se encuentran un estudio y un baño.
En la planta superior figuran los dormitorios, el mayor con baño y vestuario propios, y una

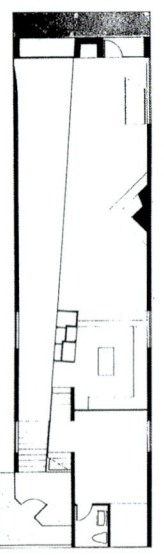

Casa Villangómez

Salvador Roig, F. J. Pallejà, J.A Martínez Lopeña, Elías Torres

Localización: Ibiza, España. **Fecha de realización:** 1988-1990. **Cliente:** Mariano y Alejandro Villagómez.
Arquitectos: Salvador Roig, F. J. Pallejà, J.A Martínez Lopeña, Elías Torres. **Fotografías:** Hisao Suzuki.

El programa de la casa es el habitual, una vivienda unifamiliar con tres dormitorios y patio interior que debía perseguir la más adecuada correspondencia entre secuencias paisajísticas y dependencias, así como una luminosa transparencia interior. La construcción puede dividirse en dos bloques de vocación prismática, cuyo encuentro se resuelve con una tipología en forma de L.
La intersección entre los mismos se produce de manera oblicua, con vocación triangular, al objeto de definir un espacio interno orientado hacia el mar que actúa como patio y, al mismo tiempo, establece y organiza la comunicaciones físicas y visuales de toda la vivienda. Para asegurar una imprescindible condición de intimidad, los arquitectos emplearon dos estrategias: en primer lugar, tanto la casa como el patio se elevaron unos 60 cm. por encima del terreno natural para disfrutar al máximo de las secuencias visuales exteriores; por otra parte, el sector abierto del patio orientado hacia el mar se limitó esbozando una serie de paramentos exentos e inconexos entre los que se podían apreciar los alrededores y la visión constante del mar, captando desde la terraza y el interior fragmentos verticales de una realidad horizontal.
La casa aparece al viandante entre los troncos de los árboles, en una visión fragmentaria de extraña percepción. A esta sensación contribuye el diseño de distintos alzados, con soluciones específicas según el paisaje al que se enfrentan.

Residencia en el lago Weyba

Gabriel Poole

Localización: Noosa Heads, Australia. **Fecha de realización:** 1996. **Arquitecto:** Gabriel Poole. **Colaboradores:** Elisabeth Poole (diseño), Rod Bligh-Bligh Tanner (estructura), Barry Hamlet (aluminio). **Fotografías:** Peter Hyatt.

Poole organiza el espacio-morada en tres pabellones diferenciados según el programa de una vivienda. Situado en un extremo, el pabellón de entrada contiene cocina, office, comedor y sala de estar-estudio. La superficie que ocupan pude ser doblada extendiendo los paneles de vinilo y acero, creando así una zona de porche. El límite del espacio interior puede ser constantemente modificado gracias al empleo de cerramientos móviles y a la ampliación del pavimento más allá de la línea que marca la estructura. En el segundo pabellón encontramos la zona de baño, con área de ducha y lavabo. El color de determinados paramentos contrastando con los muros monocromos de fibrocemento, la luz y la visión de la naturaleza desde el interior invitan a relajarse. El tercer pabellón está ocupado por el dormitorio principal.

La cubierta es la parte evidente, explícita, de la casa. Su recubrimiento de policarbonato y su pendiente, sus bordes y sus encuentros hacen patente la manera en que sus habitantes se enfrentan a los elementos.

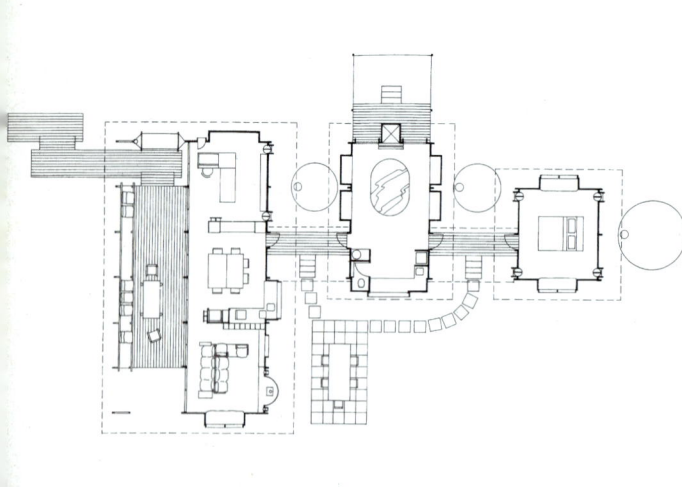

Casa en Sausalito

Mark Mack

Localización: Sausalito, California, EE.UU. **Fecha de construcción:** 1987. **Arquitecto:** Mark Mack.

Esta casa unifamiliar se estrecha contra la esquina noroeste de un terreno emplazado en la cima de la cresta de Wolfback, en California, y se abre hacia un paisaje excepcional que ofrece, simultáneamente, la vista del océano Pacífico y de la bahía de San Francisco. Esta vivienda que se levanta sobre una base irregular, ligeramente arqueada, alcanza dos pisos de altura. Las distintas estancias de la casa, según su función, se dividen entre la cara norte, la parte pública de la edificación, cerrada y masiva, exagerada por el marco achaflanado de las ventanas insertadas, y la orientación sur, privada, que se muestra abierta y diáfana, con grandes ventanales y terrazas dispuestas a las dramáticas vistas de la bahía y del Pacífico. Además, los espacios internos se desarrollan en ambos niveles alrededor del volumen de la chimenea, situada en el baricentro de la construcción, que se articula como elemento funcional divisorio.

Casa Ackerberg

Richard Meier

Localización: Malibú, California, EE.UU. **Fecha de construcción:** 1986. **Arquitecto:** Richard Meier.

Relacionada con el estilo autóctono de patios típico del sur de California, esta vivienda se sitúa entre las montañas que estrechan el tramo de la carretera de la costa y la playa que se asoma al océano Pacífico. La tierra elegida para la construcción del edificio consiste en tres zonas llanas y los solares adyacentes de cara a la playa de Malibú, cercada por una región montañosa al norte y por la línea de costa y el océano al sur. La vivienda está inscrita en una base con forma de L y dividida en dos pisos: la zona familiar y la zona de estar. El acceso principal está en la cara norte, desde el cual, pasando a través de un pasillo cubierto, uno llega a un vestíbulo con pisos en desnivel con la superficie cubierta de cristal. Este espacio conduce al salón, el comedor, la cocina y los baños, al patio interior y las habitaciones de huéspedes. Subiendo la escalera al segundo piso, conectado con el primero a través del espacio abierto del salón, se encuentra una estantería suspendida que se abre al nivel más bajo. Varias habitaciones y una suite con vestidor y lavabo completan el plano básico. Está secuencia espacial libre se completa por una pista de tenis ya existente en la sección sur y una piscina de reciente construcción en la parte oeste.